经济法文库(第二辑)

Economic Law Library

经济法前沿问题(2016)

The Economic Law Herald 2016

◎ 顾功耘 罗培新 主编

北京大学出版社
PEKING UNIVERSITY PRESS

图书在版编目(CIP)数据

经济法前沿问题.2016/顾功耘,罗培新主编. —北京:北京大学出版社,2017.11
ISBN 978-7-301-28932-7

Ⅰ.①经… Ⅱ.①顾…②罗… Ⅲ.①经济法—研究—中国—2016 Ⅳ.①D922.290.4

中国版本图书馆 CIP 数据核字(2017)第 266949 号

书　　　名	经济法前沿问题（2016） JINGJIFA QIANYAN WENTI（2016）
著作责任者	顾功耘　罗培新　主编
责 任 编 辑	朱梅全　吕　正　朱　彦
标 准 书 号	ISBN 978-7-301-28932-7
出 版 发 行	北京大学出版社
地　　　址	北京市海淀区成府路 205 号　100871
网　　　址	http://www.pup.cn
电 子 信 箱	sdyy_2005@126.com
新 浪 微 博	@北京大学出版社
电　　　话	邮购部 62752015　发行部 62750672　编辑部 021-62071998
印 刷 者	三河市北燕印装有限公司
经 销 者	新华书店
	730 毫米×980 毫米　16 开本　22.75 印张　421 千字 2017 年 11 月第 1 版　2017 年 11 月第 1 次印刷
定　　　价	72.00 元

未经许可，不得以任何方式复制或抄袭本书之部分或全部内容。
版权所有，侵权必究
举报电话：010-62752024　电子信箱：fd@pup.pku.edu.cn
图书如有印装质量问题，请与出版部联系，电话：010-62756370

"经济法文库"总序

我国改革开放三十余年来的经济法制状况,可以用"突飞猛进"这几个字形容。仅从经济立法看,在完善宏观调控方面,我国制定了预算法、中国人民银行法、所得税法、价格法等法律,这些法律巩固了国家在财政、金融等方面的改革成果,为进一步转变政府管理经济的职能,保证国民经济健康运行提供了一定的法律依据。在确立市场规则、维护市场秩序方面,我国制定了反不正当竞争法、消费者权益保护法、城市房地产管理法等法律,这些法律体现了市场经济公平、公正、公开、效率的原则,有利于促进全国统一、开放的市场体系的形成。

然而,应该看到,建立与社会主义市场经济相适应的法制体系还是一个全新的课题。我们还有许多东西不熟悉、不清楚,观念也跟不上。尤其是面对未来逐步建立起的完善的市场经济,我们的法制工作有不少方面明显滞后,执法、司法都还存在着许多亟待解决的问题。

三十余年的经济法研究呈现出百家争鸣、百花齐放的良好局面,各种学术观点和派别不断涌现。但是,总体来说,经济法基本理论的研究还相当薄弱,部门法的研究更是分散而不成系统。实践需要我们回答和解释众多的疑难困惑,需要我们投入精力进行艰苦的研究和知识理论的创新。

在政府不断介入经济生活的情况下,我们必须思考一些非常严肃的问题:政府介入的法理依据究竟是什么?介入的深度与广度有没有边界?政府要不要以及是否有能力"主导市场"?我们应如何运用法律制度驾驭市场经济?

在国有企业深化改革过程中,我们不能不认真研究这样一些问题:国有的资本究竟应由谁具体掌握和操作?投资者是否应与监管者实行分离?国有企业应覆盖哪些领域和行业,应通过怎样的途径实现合并和集中?如何使国有企业既能发挥应有的作用,又不影响市场的竞争机制?

加入WTO以后,我国经济、政治、社会生活的方方面面都会发生重大影响。我们必须研究:市场经济法制建设将面临什么样的挑战和机遇?在经济全球化的背景下，我们的经济法制将如何在国际竞争中发挥作用？国外的投资者和贸易伙伴进入我国，我们会提供一个什么样的法律环境？我们又如何采取对策维护国家的经济安全和利益？

面对环境日益恶化和资源紧缺的生存条件，循环经济法制建设任务繁重。如何通过立法确定公众的权利义务，引导和促进公众介入和参与循环经济建设？怎样增强主动性和控制能力，以实现经济发展与环境资源保护双赢，实现利益总量增加？如何发挥法律的鼓励、引导、教育等功能，通过受益者补偿机制，平衡个体与社会之间的利益？

在市场规制与监管方面，如何掌握法律规制监管的空间范围、适当时机和适合的力度？在法律上，我们究竟有什么样的有效规制和监管的方式、方法和手段？对各类不同的要素市场，实行法律规制和监管有什么异同？

……

我们的经济法理论研究应当与经济生活紧密结合，不回避现实经济改革与发展中提出的迫切需要解决的问题，在观念、理论和制度等方面大胆创新。这是每一个从事经济法科学研究者和实际工作者应尽的义务和光荣职责。我们编辑出版"经济法文库"，就是要为经济法研究者和工作者提供交流平台。

"经济法文库"的首批著作汇集的是上海市经济法重点学科和上海市教委经济法重点学科的项目成果，随后我们将拓展选择编辑出版国内外众多经济法学者的优秀研究成果。我们坚信，这些优秀成果一定会引起社会各方面的广泛关注，一定会对我国的经济法制建设起到推动和促进作用。

期望"经济法文库"在繁花似锦的法学苑中成为一株奇葩。

华东政法大学　顾功耘

CONTENTS 目 录

第一编 经济法总论

新发展理念与中国经济法的发展
——理念、基本原则与制度　　张金艳
一、新发展理念及其与经济法的互动　　2
二、经济法理念与新发展理念的契合与回应　　7
三、经济法基本原则与新发展理念的契合与深化　　14
四、新发展理念下经济法律制度的创新与完善　　18
五、小结　　25

货币权力的宪法保障研究　　王泽群
一、货币权力的宪法性　　27
二、美国货币权力宪法配置的经验与教训　　33
三、货币权力宪法保障的中国实践　　43
四、我国货币权力的宪法保障进路　　50

第二编 宏观调控法律制度

房地产市场调控法律问题研究
——一线城市房价暴涨原因分析及政府决策应对　　陈冲
一、引言——一线城市房产暴涨现状　　54
二、房价高位持续上涨的危害　　55

三、我国房地产市场价格与宏观调控目标
　　　　背离　　　　　　　　　　　　　　　57
　　四、三大一线城市房地产市场调控政策
　　　　梳理与反思　　　　　　　　　　　64
　　五、他山之石与经验借鉴　　　　　　　69
　　六、我国一线城市房地产调控的优化建议　73
　　七、结语　　　　　　　　　　　　　　77

税务争议中的替代性解决机制研究　　　陈　雷
　　一、引言：税法需要什么样的纠纷解决机制　78
　　二、规范梳理与现实反思：传统税务争议
　　　　解决机制的检视　　　　　　　　　79
　　三、追本溯源：两大法系代表性替代解决
　　　　机制的缘起和发展　　　　　　　　84
　　四、理论破局、制度兼容与现实可塑：税务
　　　　ADR 适用的理论和现实依据　　　　87
　　五、刚性需求与柔性法治：替代性措施的
　　　　介入阶段　　　　　　　　　　　　90
　　六、和解性、评价性与裁决性：替代性的
　　　　介入方式　　　　　　　　　　　　94
　　七、税务 ADR 程序构建与配套制度的
　　　　完善　　　　　　　　　　　　　　99
　　八、结语　　　　　　　　　　　　　　102

第三编　市场秩序规制法律制度

论我国电力竞争性市场的法律规制
　　——从资本规制到竞争规制的制度演化　管晓薇
　　一、问题的提出　　　　　　　　　　　104

二、电力竞争性市场的决定性因素：资本
结构　　　　　　　　　　　　　　　104
三、构建电力竞争性市场：从资本规制到
竞争规制　　　　　　　　　　　　109
四、规范电力竞争性市场：多重法律规制
清单　　　　　　　　　　　　　　119
五、电力竞争性市场建构重点：政府电价权
规制　　　　　　　　　　　　　　126
六、结语　　　　　　　　　　　　　　135

网约车管理新政的经济法检视
——互联网经济时代政府如何介入市场
规制　　　　　　　　　　　丁　冬
一、问题的提出　　　　　　　　　　　137
二、网约车的发展历程、运作逻辑与积极
效应　　　　　　　　　　　　　　138
三、政府介入网约车市场规制的理由及
方案　　　　　　　　　　　　　　142
四、网约车规制困境的成因与风险　　　145
五、规制策略的改进　　　　　　　　　151
六、结语：网约车规制的现实效应与替代
进路　　　　　　　　　　　　　　156

**行为法经济学在金融消费者权益保护规则
制定中的应用**　　　　　　　　李　婧
一、行为法经济学与我国的金融消费者
权益保护立法　　　　　　　　　　160
二、行为法经济学的禀赋效应与三种偏离　164
三、行为法经济学的法律除偏方法论对
我国金融消费者保护规则制定的总体
启示　　　　　　　　　　　　　　170

四、具体的金融消费者保护法律规则设计　　177

公私合作(PPP)项目准入制度研究　　曹　书
　　一、引言　　190
　　二、PPP项目准入的前提条件：适用范围的界定　　191
　　三、PPP项目准入的形式要件：合作类型的选取　　193
　　四、PPP项目准入的程序要件：PPP模式操作流程的规范化　　200
　　五、PPP项目准入的实质要件：物有所值与公共财政承受能力评估　　207

第四编　国有经济参与法律制度

国有企业从资源优势走向竞争优势的法律抉择
　　——以我国民航业市场化改革为样本　　贺大伟
　　一、问题的提出　　216
　　二、从资源优势走向竞争优势
　　　　——新一轮国企改革的界碑　　218
　　三、国有企业资源优势转型的法治维度　　222
　　四、国有企业竞争优势重塑的制度进路　　232
　　五、结论　　244

第五编　对外经济管制法律制度

外资准入制度改革相关法律问题研究　　王　洋
　　一、外资准入改革问题的提出　　247
　　二、外商投资准入改革的原则与价值　　255

三、外商投资准入改革相关制度构建	258
四、改革的后续路径与配套措施	263
五、结语	265

资本市场对外开放中境外投资者引入的法律对策研究
——以原油期货的制度安排和规则设计为例　　　　　黄　鹜

一、原油期货在资本市场对外开放中的意义	268
二、资本市场对外开放中境外投资者引入的法律障碍	272
三、原油期货制度安排与规则设计中境外投资者引入的法律对策	277
四、资本市场对外开放中进一步引入境外投资者的法律构想	282
五、结语	286

第六编　市场运行监管法律制度

我国互联网股权众筹监管制度设计　　　　冀　希

一、引言	289
二、问题的提出	290
三、域外监管思路及其借鉴	296
四、国内监管路径设计	304
五、结语	311

险资举牌上市公司法律监管规则的反思与
完善 .... 胡　鹏
　　一、引言 313
　　二、险资举牌上市公司的行为动因与积极
　　　　价值 315
　　三、险资举牌上市公司中的问题省思 319
　　四、险资举牌上市公司法律监管规则检视 324
　　五、险资举牌上市公司法律监管规则的
　　　　完善 328
　　六、结语 332

单用途商业预付卡监管的法律问题研究 .... 张逸凡
　　一、单用途商业预付卡的界定 335
　　二、单用途商业预付卡监管的必要性分析 341
　　三、单用途商业预付卡的监管范围 347
　　四、单用途商业预付卡的监管主体 348
　　五、单用途商业预付卡的监管方式 350

第一编 经济法总论

新发展理念与中国经济法的发展
——理念、基本原则与制度

张金艳*

【内容摘要】 新发展理念的推进需要法治思维与法治方式的保障。我国经济法作为促进、保障经济发展之法,理应在推进新发展理念过程中发挥重要作用。理念、基本原则与制度是法律发挥正确作用的先导与保障,经济法作为适应经济形势发展变化之法,理应在新发展理念指引下,对经济法理念、基本原则、具体制度等基础理论问题进行检视,进一步完善与丰富其内容,从而更好服务与保障新发展理念的推进与实现,促进、保障经济健康、协调、可持续发展。本文立足新发展理念的价值核心与经济法治内涵,通过对我国经济法理念、基本原则及制度现状的梳理与分析,提出新发展理念视域下我国经济法理念、基本原则与基本制度的完善建议。

【关键词】 新发展理念 经济法 理念 基本原则 制度 完善

---

* 张金艳,华东政法大学博士研究生。

党的十八届五中全会审议通过了《中共中央关于制定国民经济和社会发展第十三个五年规划的建议》(以下简称《建议》),提出全面建成小康社会的目标和"创新、协调、绿色、开放、共享"五大全新发展理念(以下简称新发展理念),明确了未来中国经济社会进一步发展的道路与方向。《建议》把坚持依法治国作为如期实现全面建成小康社会奋斗目标、推动经济社会持续健康发展必须遵循的六条原则之一,强调运用法治思维和法治方式推动新发展理念。新发展理念的推动与经济法密切相关,经济法是其重要法治保障。从经济法的产生、发展,以及改革开放三十多年来对我国经济法基础理论的研究与探讨来看,某种意义上来说,经济法就是经济政策的法律化,其本质是保障和促进经济发展之法,是国家解决社会经济问题之法。经济法学界理应用经济法治思维对推进新发展理念有所回应,同时用新发展理念指引经济法治建设,为经济法理念、基本原则及具体制度注入新鲜血液。应在新发展理念指导下进一步梳理、检视经济法现有的理念、基本原则及制度,剔除不符合新发展理念的内容,进一步构建与完善符合新发展理念的经济法理念、基本原则与制度,从而更好地指导具体的经济立法、执法、司法和守法,最终为推进新发展理念提供法治保障。

一、新发展理念及其与经济法的互动

(一) 新发展理念的内涵及价值取向

1. 新发展理念的内涵

创新发展理念为新发展理念之首,目的是着力解决发展动力不足问题。在经济发展新常态下,制约我国经济发展的主要因素在于创新不足,尤其是科技创新在拉动经济发展中的贡献严重不足。必须突出科技自主创新在经济社会发展中的支撑作用,更多依靠科技进步和创新推动经济发展,实现从"要素驱动""投资驱动"向"创新驱动"的转变,使经济增长获得新的动力源泉。协调发展重在解决经济社会发展的不协调问题。目前中国经济发展面临的主要问题就是发展的不平衡、不协调问题,这种不平衡、不协调问题由来已久,具有历史、现实、自然、社会、机制体制、政策措施等深刻复杂的多元因素,主要表现为城乡二元结构下的城乡发展不平衡、区域发展不平衡、社会文明程度与经济社会发展不匹配等,经济发展的不平衡严重制约国民整体社会福利水平的提升,进而影响全面小康社会建设及人民幸福指数。绿色发展着力解决人与自然的关系,实现人与自然和谐相处。长期以来,我国经济发展模式一直是以牺牲环境、资源为代价的不可持续发展模式,不仅浪费了大量自然资源,而且造成大量生态环境问题,进而制约经济社会的发展。随着物质生活水平和生态环保意识的进一步提升,百姓渴望蓝天和净水的呼声越来越高。因此,生态环境问题不仅是经济社会问题,更是民生问题。为此,党的十八大将生态文明建设纳入五位一体的发展布局。生态文明首次作为一种文明形态和发展理念被写进党的报告中,可见国家进一步解决生态环境问题的决心。开放发展着力解决经济发展的内外联动问题。在经济全球化背景下,开放不仅是一种海纳百川的姿态,更是一种发展理念和时代潮流。改革开放初期,我国的开放政策主要是引进来,如今综合国力大幅提升,全球经济治理体系和规则正在发生深刻变化,必须强调走出去,主动在国际经济体系中掌握话语权,引领国际经济游戏规则的制定,让中国的影响辐射全球。"一带一路"与亚洲基础设施投资银行的设立,标志着我国开放发展进入新阶段、新水平。共享发展着力解决经济社会发展中的公平、正义问题。长期以来,我国经济发展注重对效率、效益的追求而忽视对公正、公平的兼顾,导致不同行业、不同区域、不同群体收入差距过大,城乡基础设施、公共服务水平差距较大,缺乏有效的制度设计保障公平、正义的实现与社会主义制度优越性的彰显。长此以往,以人为本的社会主义核心价值观就会受到冲击,必须进一步解决经济社会发展中的公平、正义问题,走共享经济发展之路。

2. 新发展理念的价值取向

五大新发展理念虽然内涵不同、目标不同,却是一个有机联系的统一整体,共同着力从不同角度解决中国经济社会发展中存在的一系列问题。创新发展是前提,协调、绿色、开放发展是支撑,共享发展是目的和归宿。新发展理念作为今后五年乃至更长时期我国经济社会发展的思路、方向与着力点,引领着我国发展的新实践,开拓了我国发展的新境界。其突出的价值取向主要有以下几个方面:

(1) 以人为本的价值取向

新发展理念集中体现了人民本位的发展观。创新是人类的本质属性,推动经济社会的进步与发展。五大发展理念以创新为首,动员全体人民参与到"大众创业、万众创新"的大潮中,依靠人民自己的首创力量,充分发挥人民群众的主体作用,利用创新带动发展,将发展成果反哺大众。

(2) 全面协调发展的价值取向

在新发展理念中,创新是引领发展的第一动力,协调是持续健康发展的内在要求,绿色是永续发展的必要条件和人民对美好生活追求的重要体现,开放是国家繁荣发展的必由之路,共享是中国特色社会主义的本质要求。[①] 无论是横向

---

① 参见杨信礼、何海燕:《深刻理解五大发展理念的价值取向》,载《特区实践与理论》2015 年第 6 期,第 22 页。

的平衡、协调发展还是纵向的可持续绿色发展、内外联动的开放发展及公正、共享发展,无不体现着协调发展的价值理念。

(3) 人与自然和谐发展的价值取向

人与自然和谐发展又称为绿色发展,是可持续发展的主要表现及永恒主题,只有在发展过程中尊重大自然、与自然和谐相处,才能最终实现经济社会的可持续发展。在深刻领会传统发展理念与发展模式带来的生态灾难后,人类早已开始反思如何与大自然和谐相处,认识到只有尊重自然规律的发展才能实现发展的永续性。可持续发展理念在20世纪80年代勃兴后,早已由当初的战略性口号转化为世界各国的具体行动。尊重大自然、与自然和谐相处的绿色发展观也早就融入党的发展理念和政策文件中。科学发展观的五个统筹之一就是"统筹人与自然和谐发展",新发展理念中的绿色发展理念更是对其的传承与发展。

(二) 新发展理念与经济法之间的互动

1. 新发展理念的实现需要经济法治的保障

新发展理念是对以往发展理念的升华与发展,其贯彻落实无疑需要法治的保障与引领。在全面推进依法治国的今天,法治与发展休戚相关。良好的法治是经济社会发展的保障和助推器,反之,则有可能阻碍发展。中国法治化进程一直在推进,以往法制体系的不健全、不完善及非法治思维的羁绊虽然会在一定意义上阻碍中国市场经济发展进程,但总体来看,中国改革开放三十多年来取得的巨大经济发展成就离不开越来越完善的法制保障,法治与经济发展之间明显地呈现出正相关关系,即经济发展和法治建设相互影响、相互促进。① 市场经济就是法治经济,更与经济法治密切相关。新发展理念是重启改革背景下、经济发展新常态下的全新发展理念与发展战略选择,要践行新发展理念,经济法治战略保障一马当先。经济法治战略是国家法治战略的重要组成部分,是指一国根据现实的环境与条件,为配合实现未来的经济发展目标而选择的有关法治的谋划与安排。② 市场经济体制的建立、健全,经济发展战略的实施,经济全球化过程中国家核心竞争力的提升,无不需要经济法治战略的积极配合、良性互动与强力支撑。③ 在战略高度布局经济法治,才能更好发挥其对新发展理念的保障与推动作用。目前我国的经济法治基础还处于半市场、半法治化的较低水平,必须立足于国际化、市场化、高水准的标准打造经济法治战略,保障新时期新发展理念的

---

① 参见江必新、邵长茂:《贯彻五大发展理念的法治保障》,载《现代法学》2016年第6期,第4页。
② 参见顾功耘:《论重启改革背景下的经济法治战略》,载《法学》2014年第3期,第3页。
③ 同上书,第3—6页。

贯彻与落实。无论是创新、协调发展,还是绿色、开放、共享发展,都离不开经济法保障、促进经济发展之法本质与功能的体现与发挥。

经济法作为国家干预或介入本国经济运行之法,从产生之日起就与一国经济运行密切相关,并始终致力于保障、促进、振兴本国经济的健康发展。中国经济法建立在不成熟的市场经济基础之上,担负着培育市场机制、促进经济发展的使命,其国家干预内核经历了从全面干预到减少干预、适度干预转变的发展历程。三十多年来,人们已经认识到,经济法是促进发展的现代法,具有突出的政策性,是国家用以促进经济与社会发展的重要工具。① 中国经济法在三十多年的发展中一直贯穿着中国意识,以中国改革开放实践中所反映的问题作为制度构造的逻辑起点和发展理据。② "十三五"规划中的新发展理念本身就是国家以规划手段干预经济的表现,而经济法本质上就是确认和规范国家干预之法。③ 只有在以经济法治为主的法治保障下,新发展理念才能真正贯彻与落实,这不仅是市场经济时代的保障,更是法治经济时代的彰显。

2. 经济法理论需融入新发展理念的新鲜血液

"十三五"规划提出的新发展理念不仅明确了未来一段时期国家经济社会发展的最新方向,具有重要的指导意义,而且规划本身就是国家以计划(规划)手段干预经济运行的重要表现。经济法作为规范国家干预经济运行、促进与保障经济发展之法,理应融入新时期国家经济发展与运行的最新理念与精神,否则,就难以发挥其促进经济发展之法的功能。理论研究立足于经济法发展现状,并在推动经济法发展过程中具有重要意义。我国经济法理论研究建立在不发达的市场经济基础上,在伴随市场经济体制逐步建立的过程中不断创建、丰富自身的理论体系。其发展得益于中国持续推进的经济体制改革,在与改革的互动因应中不断发展与完善,呈现出经济法经济性、现代性的特点,这种与时俱进的经济法理论创新反过来又更好地促进与保障经济社会发展理念的实现,最大限度发挥其促进经济发展之法的功能。也就是说,只有坚持经济法理论与实践同步发展,才能更好发挥经济法的作用。从中国的经济体制改革和经济法制度变迁的实践看,理论与制度发展的不同步是一种常态。④ 而理论与制度的发展又立足于经济发展实践与最新发展理念并随之与时俱进。经济发展新阶段下提出的新发展理念实则蕴含了丰富的经济法治内涵,经济法理念等基础理论研究必须深刻理解与挖掘其与新发展理念之间的关联并对此有所回应,将新发展理念融入经济

---

① 参见张守文:《论促进型经济法》,载《重庆大学学报(社会科学版)》2008 年第 5 期,第 98 页。
② 参见鲁篱:《中国经济法的发展进路:检视与前瞻》,载《现代法学》2013 年第 4 期,第 33 页。
③ 参见邱本:《论国家干预及其法治化》,载《财经法学》2016 年第 4 期,第 38 页。
④ 参见张守文:《中国经济法理论的新发展》,载《政治与法律》2016 年第 12 期,第 4 页。

法的发展观,不断创新与发展经济法理论,才能更好发挥其在新时期保障、促进经济发展的功能。

目前经济法基础理论研究还存在诸如总论与分论脱节、理论与实践脱节、中国与外国脱节等问题,甚至有人认为,经济法研究无法与政治、经济体制改革保持适当的距离,受政治、经济政策影响太大,缺乏应有的独立品格。① 但是,不可否认,关于经济法基础理论研究的脚步并未停止,这也是我们进一步研究的基础。要进一步探寻新发展理念下我国经济法理念、基本原则的因应,必须正视中国经济发展正处于新常态下经济转型期的现状,结合相关研究现状,在现有研究基础上进一步探寻,要打破现有理论研究瓶颈,开拓全新的研究视角和研究方法。只有立足于本国市场经济、经济法及经济法学的现状,才能避免研究的空泛与脱节。经济法本身是现代法,极少有现代化与传统冲突的痛苦,其开放性和对新观念、新理论的强劲吸纳能力,便于从现代化的理论和实践中获得支撑。②

相对于其他法律部门而言,经济法乃振兴经济之法,肩负着促进经济发展、维护公共利益的使命。③ 从经济法产生、发展的轨迹可以看出,围绕、适应经济发展形势不断丰富、调整自身理论与制度体系,一直是经济法作为新兴部门法的重要特质。经济法是经济政策的法律化,自然与经济政策密切相关,因为没有哪个法律部门在与经济形势、经济政策的紧密联系上可与经济法媲美。经济法的本质是通过规范、保障国家对经济生活的适度介入,促进经济健康发展。经济法本身也在根据经济形势、经济发展理念、主流经济理论的发展变化而实现自身的修正与完善,因时因事而变是经济法最永恒的主题。经济法应是发展变化的法。如果经济法的发展不与经济发展理念、经济发展动态保持一致,则很难作为国家经济发展的重要部门法完成其促进、保障经济发展的使命。经济法之花只有开在最新经济发展形势的当下,才会保持旺盛的生命力,经济发展形势是养分和土壤,经济法自身不断更新的理念与追求是经济促进、保障之花长盛不衰的内生力量。不对经济发展最新理念作出回应的经济法是无法实现其推进、保障新发展理念的历史使命的。经济法的理念、基本原则关系到经济法发展之本,在新发展理念视域下对其进行检视与完善,不仅是经济法基础理论自身发展与完善的重要契机,更是经济法自身现代性、开放性、包容性的重要体现。而这种发展与完善本身就是创新发展理念的应有之义,因为创新不仅包括技术创新,更重要的是制度创新。作为制度规则最重要表现形式的经济法律制度,其创新与发展本身

---

① 参见谭正航:《我国经济法研究范式的转换——兼评陈云良教授的转轨经济法理论》,载《社会科学论坛(学术研究卷)》2009年第7期。
② 参见管斌:《中国经济法学总论30年研究:关键词视角》,载《北方法学》2009年第4期。
③ 参见龙兴盛、陈建:《论后资本主义时代经济法的发展路径》,载《求索》2013年第9期。

就是对新发展理念的实现,同时又通过创新的理念与制度保障创新经济发展的实现。

在基础理论与制度适应经济发展变化适时更新与完善方面,经济法一直在路上。作为具有现代性特征的经济法,非常注重法律对社会和经济的开放性,将经济法定位为回应型法,强调经济法对现实问题的主动关注和积极回应,注重经济法对社会变迁和经济转型的对接和协调。① 紧贴经济发展形势,围绕促进、保障经济发展的使命,结合最新经济发展理念,检视、丰富与发展自身理论,是经济法自身发展的基本特质。经济法也是在与最新经济发展政策、形势的密切互动中走过自身理论发展的幼年、青年、壮年时期的,新时代的召唤是其不断成长的动力,虽然也经历了成长过程中的自我迷失与偏离,但最终在围绕服务、促进、保障市场经济发展的核心任务中不断回归与成长。经济法基础理论研究是经济法自身不断成熟与发展的重要推动力,一代又一代的经济法学人在不懈努力中推动着中国经济法理论的发展。在与最新经济发展理念互动与回应方面,经济法从未止步。②

二、经济法理念与新发展理念的契合与回应

(一) 经济法理念与新发展理念的契合

1. 人本主义理念

人本主义是指以人为本,法律应将人作为目的、动力、尺度和中心,保障和实现人间正义和人的自由、平等以及人的全面自由发展,防止法对人的异化。③ 该理念虽然是所有法律的普适理念,但是经济法的人本理念却有不同于其他法律的含义解读。我国经济体制转轨时期的经济关系日益复杂,利益多元化导致的矛盾冲突日益加剧,要通过法律尤其是经济法的调整与规范解决日益激化的各种矛盾冲突,必须树立以人为本的理念,从平衡协调各方利益、合理界定政府与市场的界限、注重对市场主体人文关怀的角度体现对绝大多数人利益的维护与

---

① 参见鲁篱:《中国经济法的发展进路:检视与前瞻》,载《现代法学》2013年第4期,第34页。

② 在经济法理念、基本原则、制度研究方面,学界结合和谐社会建设、科学发展观等国内不同时期的经济发展政策与理念,不断探索经济法理念的更新与发展,适时检视理念、基本原则自身与经济发展形势的回应,在对经济发展形势准确理解与把握中深刻思考经济法的理念与基本原则,探寻中国经济法的特质与使命,丰富了关于经济法理念、基本原则的内容。如代表性经济法学者在对和谐社会背景下经济法理念、基本原则的审视与发展,科学发展观理念下中国经济法理念、基本原则的结合等方面的及时研究与回应,进一步奠定了今天经济法理念、基本原则的内容之基,使经济法基础理论研究更加成熟。这就为新发展理念下经济法理念、基本原则的回应与更新提供了路径依赖与经验选择。

③ 参见李昌麒主编:《经济法理念研究》,法律出版社2009年版,第6—7页。

调和。经济法就是通过有限政府干预、柔化行政法规范下政府行政管理的刚性，体现出对干预对象的人文关怀，最终通过平衡与协调各主体之间的利益，实现民生共享。无论是对微观市场竞争秩序的维护、消费者权益保护，还是通过计划、财税、金融、国有参与等手段对宏观经济的调控，都越来越体现了政府对市场的尊重与人文关怀，通过效率与公平、自由与秩序之间的平衡协调实现以人为本的理念追求。新发展理念的内涵之一就是以人为本，创新发展理念作为新发展理念之首，关注对人的创新积极性的激发，通过大众参与创新的力量驱动经济发展，最终将创新的成果以共享的方式反哺大众。协调发展、开放发展、绿色发展理念本身就是通过区域、城乡、国内国外、人与自然、经济社会等的统筹发展实现社会和谐，共建小康社会，具有浓厚的人本主义关怀。

2. 实质公平与正义理念

公平与正义是所有法律的理念追求。从某种意义上说，任何法律都应是正义的化身，[①]但不同部门法对公平与正义的目标追求不同。经济法的正义观不同于传统民法形式正义观[②]的实质正义，民商法更多关注形式公平正义，其逻辑基础是平等的（民事）法律主体之间实力上的均衡，即任何一方不具有操纵另一方的"经济权力"。[③] 追求经济发展的实质公平与正义是经济法的使命和应有理念。经济法关注主体在形式平等下因经济实力、信息占有、救济能力等方面的差异所导致的实质不平等的存在，通过对强势一方的适当限制和对弱势一方的倾斜性保护来实现实质公平与正义。这种实质公平的实现更多仰赖经济法对机会公平、结果公平、代内及代际公平的追求与保障，体现了经济法以人为本的人本主义理念，这种人本主义理念具有共生、和谐与发展三个层次。[④] 共享其实是社会和谐的重要体现，马克思、恩格斯等经典作家早有论述。马克思对共产主义社会的美好未来之描述为"自然界之间、人与人之间矛盾的真正解决"，恩格斯称之为"人类同自然界的和解以及人类自身的和解"。共享理念与和谐社会理念、以人为本的科学发展观、包容性增长理念[⑤]一脉相承。推进共享理念，发展共享经济，自然离不开经济法的保障。经济法从其产生之初就关注分配问题，在现代意义的经济法产生之前，莫莱里和德萨米所提出的"经济法"就是指分配法。时至

---

① 参见徐国栋：《民法基本原则解释》，中国政法大学出版社1992年版，第235页。
② 虽然民商法在具体制度设计时已经考虑到法律关系主体的实力差异并尝试通过具体制度的设计来调和，但是囿于其私法属性，在对实质公平、正义追求与实现方面仍力有不逮。
③ 参见刘嘉明：《论经济法理念的建构——以其对社会变革主流理念的突出体现为视角》，载《山西警官高等专科学校学报》2014年第1期，第47页。
④ 参见李昌麒主编：《经济法理念研究》，法律出版社2009年版，第6—7页。
⑤ "包容性增长"是发展经济学的一个新概念，胡锦涛2009年11月在亚太经济合作组织上发表的重要讲话《合力应对挑战 推动持续发展》中强调"统筹兼顾，倡导包容性增长"。

今日,虽然经济法的内涵已发生很大变化,但是注重财富的合理分配依然是经济法尤其是财政法的重要内容。经济法理念、基本原则中的实质公平、正义以及社会整体经济利益等内容与共享发展理念密切相关。共享理念涵盖的实质正义与经济法的正义观不谋而合。同时,共享经济理念与协调发展理念密切联系,只有实现经济发展的平衡、协调,才有可能实现实质公平、正义和社会整体经济利益的最大化。

3. 社会本位理念

社会本位理念是经济法区别于其他部门法的重要内核,是指经济法以社会整体利益①作为自己调整的出发点和归宿,这是经济法的基本法律调整本位。与社会本位相对应的是国家本位和个人本位。国家本位是以国家利益维护作为法律调整的主导思想,行政法就是典型的国家本位法。个人本位则是以个体利益保护作为法律调整的主导思想,民商法就是典型的个人本位法。当然,所有法律都不可能只关注一种利益的调整和保护,而是以某一利益作为调整和保护的主导或本位思想。经济法的社会本位根植于其赖以产生的历史背景下并不断发展与修正,是对民商法个人本位的一种发展。亚当·斯密的古典自由主义经济学和孟德斯鸠、霍布斯的自然法学思想定位了自由资本主义时期盛行的民商法的个人本位思想。当资本主义发展到垄断阶段,个人本位主导的民商法调整出现无能为力的尴尬,经济法作为以纠正市场失灵、追求社会整体经济利益为出发点的国家干预之法开始产生,并将社会本位作为其调整基石。这一经济法理念最终深深根植并体现于经济法的基本原则与具体制度之中。也就是说,经济法的社会本位理念从其产生之初就已经决定了,经济法作为平衡协调经济运行之法,无论是微观市场规制还是宏观经济调控,无不围绕对个体利益、国家利益、社会利益的协调,最终实现社会整体利益最大化的目标。新发展理念的总体目标就是实现经济社会的全面、协调、健康、永续发展,就是实现社会整体利益的最大化。

4. 促进经济发展理念

促进经济发展是经济法的本质功能,也是其蕴含的重要理念。在经济发展的不同时期,经济法蕴含的发展理念也在不断丰富和发展。如今,经济法的发展理念可以理解为可持续发展、协调发展等理念。可持续发展是包括经济、社会、

---

① 有的观点称为社会公共利益或社会整体经济利益。本文认为,社会公共利益范畴过大,社会整体经济利益范围有些狭窄,故取社会整体利益说。社会整体利益是指与个人利益、团体利益和公共利益都相关的社会利益,是融个人利益、团体利益以及公共利益为一体的社会利益。这种社会利益具有整体性、经济性、平衡性、持续性、包容性以及协调性等特点。参见顾功耘:《和谐社会的构建与中国经济法的使命》,载《法学》2007年第3期,第17页。

生态环境可持续发展在内的比较广义的概念,但其提出却是源于对传统发展模式下生态环境问题的解决。传统的发展模式以浪费资源、牺牲环境为代价,是不可持续的发展模式。要实现经济社会的可持续发展,必须关注生态环境问题的解决,在环境资源承载力范围内发展经济,兼顾代际公平和代内公平,走可持续发展之路。经济法的可持续发展理念是随着其赖以依存的经济社会背景的发展变化逐步被赋予的一种全新发展理念,也是可持续发展观、科学发展观在经济法领域的具体体现,表现出经济法对经济发展与生态环境问题解决的科学、理性认识,与新发展理念中的绿色发展理念内涵相通。要贯彻绿色发展理念,离不开以可持续发展为理念的经济法的保障。市场本身的趋利性决定了环境问题作为一种外部性存在,只能依靠国家干预解决,以纠正市场失灵为己任的经济法则是国家干预经济运行过程中协调经济发展与人口、资源、环境之间关系的重要保障。当然,经济法的可持续发展理念并不局限于此,还有经济安全、稳定之内涵。协调发展理念的提出源于经济社会发展中的各种不平衡和不协调问题,必须依靠国家之手依法予以解决。而运用国家之手干预或协调本国经济运行本就是经济法中国家干预的应有之义,国家干预经济运行的目的亦是实现经济的协调发展。这种经济发展的协调体现在区域之间经济发展的协调、城乡之间经济发展的协调、行业之间经济发展的协调等方面。可见,经济法的协调发展理念与新发展理念中的协调发展理念相互因应。

(二) 新发展理念下经济法理念的回应

经济法理念是对社会进步与时代发展需要的凸显与回应,具有辩证发展性。经济法理念的形成和变迁,是深深根植于特定的社会历史条件中的。只有适宜的土壤,适合的条件,经济法理念才会变迁。[1] 新发展观下,经济社会发展理念的更新必然带动经济法理念的更新与发展,经济法理念应对全新经济社会发展理念有所因应。经济法的理念更新是对经济法基本原则、具体制度丰富与拓展的前提与动力。与时俱进的经济法理念始终贯彻经济法是经济发展保障、促进法的宗旨,但是在经济发展新常态下,保障、促进经济发展的核心宗旨还应有更加丰富的符合经济社会发展趋势的解读,融入创新、协调、绿色、共享、开放等全新的元素,从而指导经济法基本原则的进一步提炼、丰富与发展,在经济法新理念指导下,将新时期立法者的立法动机转换成具体的经济法律规范和经济法律制度。经济法理念的实时更新与进一步弘扬必将通过新发展理念下经济法的制定与实施更好实现经济法保障、促进经济发展之宗旨。这不仅是源于经济法的

---

[1] 参见成涛等:《经济法的理念与运作》,上海人民出版社2005年版,第9页。

经济性①,更是其现代性②的体现和要求。经济法的经济性使其与经济社会发展理念紧密相连,现代性决定了其开放、发展的时代活力,从而表现出不同于其他部门法的特点。

检视经济法的理念与新发展理念之间的关系,不难发现,二者在很多领域都很契合,这种契合其实反映了经济法与经济社会发展政策之间的高度一致性。作为与经济发展密切相关的法律,经济法从某种意义上讲就是经济政策的法律化,具有经济性、现代性、整体性、综合性等特征。③ 国民经济和社会发展规划本身也具有法律约束力,而不应仅仅作为政策来对待。经济社会总是向前发展的,与经济生活密切相关的经济法必须回应新形势下经济社会发展的要求,与新时期的经济发展理念保持一致。虽然经济法发展观中的协调理念、可持续发展理念、人本理念、实质公平正义理念、社会本位理念等都能在与新发展理念的比对中找到一定的契合点,但是经济法学理论的发展有时候会滞后于经济社会发展实践,呈现出不一致性。当既有的法律理念不能够很好地指引立法和司法实践时,新的法律理念就会产生并带来法律的变革。④ 法律理念应该随着时代的变迁而进行适时的调整,但我们不能将法律内容的每次变动都视作"脱胎换骨"的表现,更不能超越历史盲目追求理念的变革或更新。⑤ 在新发展理念下,应对现有的经济法理念适当予以彰显与强化,通过对其理念内容的丰富与扩大解读,实现其对经济法治建设的引领作用。

1. 经济法理念中创新发展理念的彰显

如今以科技创新、制度创新、机制体制创新为主体的创新发展是中国经济转轨时期驱动发展的重要引领力量,也是未来国家或企业核心竞争力提升的重要元素。创新发展理念的提出具有全新、特殊的国际和国内背景,也是中国经济转型的重要发展方向和驱动力量。党的十八大明确提出创新驱动发展战略,将科技创新摆在国家发展全局的核心位置,作为提高社会生产力和综合国力的战略支撑,并提出到2020年使我国进入创新型国家⑥行列。与国际上认可的科技创

---

① 经济法与其他部门法相比,确实具有突出的"经济性",因为它与经济活动、经济规律、经济机制、经济体制、经济政策、经济杠杆、经济制度等都有着直接而密切的联系。参见张守文:《论经济法的现代性》,载《中国法学》2000年第5期,第57页。
② 经济法的现代性主要表现在精神追求上的现代性、背景依赖的现代性和制度构建的现代性等方面。参见张守文:《论经济法的现代性》,载《中国法学》2000年第5期,第56—60页。
③ 参见程宝山:《经济法基础理论精要》,立信会计出版社2008年版,第79—81页。
④ 参见冯果:《经济法的价值理念论纲》,载《经济法研究》2014年第1期,第115页。
⑤ 同上书,第116页。
⑥ 国际上普遍认可的创新型国家,科技创新对经济发展的贡献率都在70%以上,研发投入占GDP的比重超过2%,技术对外依存度低于20%。

新对经济发展的贡献率标准相比,我国尚有差距。① 在科技创新领域,我国大而不强。为力争到 2020 年进入创新型国家行列,②必须深化体制机制改革,加快实施创新驱动发展战略。《中共中央国务院关于深化体制机制改革加快实施创新驱动发展战略的若干意见》(以下简称《意见》)指出,到 2020 年,基本形成适应创新驱动发展要求的制度环境和政策法律体系,为进入创新型国家行列提供有力保障。要营造激励创新的公平竞争环境,建立技术创新市场导向机制,强化金融创新的功能,完善成果转化激励政策。由此可见,创新驱动发展战略的推进无疑与经济法的保障密不可分,需要经济法在创新发展理念指导下,通过对创新理念的强化与引入,进一步构建激励与保障创新的相应法律制度,为创新驱动发展保驾护航。虽然经济法理念中具有推动和保障创新发展的理念元素,但是并没有充分体现对创新的激励与保障功能,不利于创新驱动发展战略的实施。作为创新驱动发展战略的重要法律保障,经济法应该对现有的发展理念进行丰富与发展,进一步融入创新发展的全新理念,积极发挥经济法在促进创新驱动发展中的引领与保障作用。当然,激励与促进创新的主要法律制度是知识产权制度,但是知识产权制度的私法保障还不足以全方位激励创新,以政府干预为核心的经济法律制度保障在创新驱动发展过程中应发挥不可或缺的制度引领作用。只有从促进、保障整个创新市场健康发展和科技创新产业形成等方面发挥经济法的保障与促进作用,才能真正保障创新发展理念的进一步贯彻与实现。在知识经济时代,科技和知识创新成为经济发展的原动力,经济主体的竞争能力取决于创新能力。③ 技术创新的方向和速率不能不受到身处其中的制度框架所施加的激励性或者阻滞性影响。④ 目前,我国整体科技创新能力不强,在驱动经济发展中的作用发挥不够,很大程度上在于促进、保障创新的制度环境不够,而相关制度的缺失又在于对法律在保障、促进创新中价值、理念及作用的认识贫乏。经济法作为保障、促进经济发展之法,只有在理念层面上深刻认识到创新在驱动经济发展过程中的重要作用,完善经济法在新时期的发展观,才能通过理念、原则指引下的经济法律制度构建保障、引领创新驱动发展的过程。否则,如果对全新的发展理念与发展趋势缺乏认识,仍然停留在过去发展观念的基础上,就很难与新形

---

① "十二五"以来,我国科技进步贡献率已由 50.9%增加到 55.1%,但核心技术对外依存度高达 50%。

② 李克强总理向十二届全国人大四次会议作政府工作报告时强调,到 2020 年,力争在基础研究、应用研究和战略前沿领域取得重大突破,全社会研发经费投入强度达到 2.5%,科技进步对经济增长的贡献率达到 60%,迈进创新型国家和人才强国行列。

③ 参见张文显等:《知识经济与法律制度创新》,北京大学出版社 2012 年版,第 8 页。

④ 参见〔美〕G. 多西、C. 弗里曼等合编:《技术进步与经济理论》,钟学义、沈利生等译,经济科学出版社 1992 年版,第 2 页。

势下的发展方向保持一致,很难正确发挥经济法对经济发展的促进、保障作用。因此,应在经济法现有理念基础上对其保障、促进创新发展的理念进行积极解读,这不仅是经济法对过去传承、反思、颠覆与修正①的现代性的体现,更是包括技术创新、制度创新在内的创新发展的应有之义。

2. 经济法理念中共享发展理念的强化

共享发展是包容性经济发展的重要内容,虽然经济法促进经济发展的理念可以扩充解读为共享发展理念,但是目前对该发展理念的认识并不深刻。共享发展理念与提高发展包容性相呼应、相一致。要提高发展包容性,就必须坚持共享发展理念。共享发展要求正确处理经济发展过程中的效率与公平、先富与后富、国际与国内、形式公平与实质公平、发展速度与质量、发展成果与代价等关系,②最大限度保障民生,体现了经济社会发展中的人本主义关怀。经济法的人本主义理念、社会本位理念及社会整体利益观、实质公平正义理念虽能在一定意义上反映共享发展的要求,但是在过去的经济法发展理念中并没有突出强调。作为新时期、新阶段的一种新型经济发展理念,经济法应在现有理念基础上丰富和强化共享发展理念的内容。对共享发展理念的突出其实也是对经济法实质公平与正义理念的强化。当今经济社会发展过程中还存在许多不平衡、不协调、不公正的现象,贫富差距的拉大,社会矛盾的激增,都与体现实质公平与正义的共享发展不相适应。究其原因,还是对国际国内共享发展、包容性发展理念的领悟与理解不够,这无疑会限制对经济法共享理念的认识与解读,进而制约相关经济法原则及基本制度的提炼与构建。而这种从理念到原则和具体制度的缺失或弱化,必将影响共享发展理念的贯彻与实现。因此,应在新发展理念指导下,于经济法发展理念、实质公平与正义理念、人本主义理念等理念中融入或强化共享理念的元素和要求,真正通过经济法理念的创新与发展带动经济法基本原则与制度的科学提炼与完善构建,从而保证新发展理念的实现。

3. 经济法理念中开放发展理念的变迁

开放发展在我国经济发展中一直占有重要地位。改革开放以来,国家历来重视在坚持改革的同时搞好开放发展,经济法作为促进经济发展之法,自然注重自身保障、促进对外开放作用的发挥。但是,随着国际国内经济发展形势的变化,我国对外开放的形式、内容与重点也在发生变化,开放发展与对内改革之间的联动关系也在变革。改革开放三十多年来,对外开放一直是我国的基本国策,

---

① 参见江帆:《经济法的价值理念和基本原则》,载《现代法学》2005 年第 5 期,第 120 页。
② 参见胡元聪:《包容性增长理念下经济法治的反思与回应》,载《法学论坛》2015 年第 3 期,第 62 页。

引进来、走出去、共同增长也一直是国内外经济发展联动的主要内容。但是,过去我们的对外开放更多注重引进来,吸引外资、增加外汇储备是对外开放的重点,通过多种渠道和优惠政策吸引外资是当时开放发展的主要内容,各种经济立法也以此作为立法重点,无论是税收、金融还是投资环境与条件,均对外资予以倾斜,形成内外资企业差别待遇的局面,久而久之,导致内资企业的不满。随着我国综合国力的逐步增强、外汇储备的逐年增加,我国经济发展对外资的依赖已经大大减弱,对外开放的政策与方向也在进行调整,对外资的很多优惠立法、政策与措施逐步取消,内、外资基本处于同一起跑线上竞争。发展过程中出现的问题,归根到底,是发展的理念问题,发展理念的革新则指向解决发展过程中出现的新问题、新情况。① 当今经济社会发展背景日益复杂,经济发展压力日益加大,过去的内外联动模式已经难以适应如今的发展形势和环境,新时期开放发展理念的提出就是为了优化内外联动的发展模式。如今的开放发展更注重在引进来的同时大步走出去,通过完善对外开放机制,不断积极参与国际事务,争取在国际经济社会发展中的话语权,以对外开放促进深化改革。开放发展理念的更新必将要求经济法发展理念的变迁,经济法发展理念及其指导下的立法也在进行着调整与改变。经济法必须将开放发展理念充分融入其发展理念中,通过理念的更新带动具体制度的创新与完善,从而更好促进、保障开放发展理念的实现。

三、经济法基本原则与新发展理念的契合与深化

(一) 经济法基本原则与新发展理念的契合

1. 适度干预原则

经济法产生之初就被打上了国家干预的烙印,无论是西方经济法由自由竞争走向国家干预还是我国经济法由过度干预走向放权让利、适度干预,不同的产生路径却使得经济法具有共同的国家干预特质。但是,国家干预的领域、强度与范围始终都随着对政府与市场关系这一历久弥新话题的厘清与讨论有所变化,在经济发展的不同阶段、不同国家,表现出此消彼长的变化态势。伴随改革开放一路走来的我国经济法也在对政府与市场关系的不断界定中逐步走向成熟,政府适度干预理念逐步成为经济法的最高精神内核。党的十八届三中全会标志着我国重启改革大幕的拉起,新常态下的中国经济步入了改革的深水期,充分发挥

---

① 参见郭灏:《从开放发展理念看中国内外联动问题》,载《创新》2016年第3期,第63—64页。

市场在资源配置中的决定性作用是本次改革的主导思想,政府的适度干预、有效干预就成为衡量有限政府、有为政府的重要标准。新发展理念一方面体现了国家对未来经济发展方向的总体规划,另一方面又处处体现了尊重市场、尊重民生的人文关怀。

2. 经济民主原则

经济民主原则的内涵是给予经济主体更多的经济自由和尽可能多的经济平等。[①] 该原则其实是正确处理政府与市场关系的一种体现。在市场经济体制下,经济主体应该拥有更多的经济自由与经济权利,政府不应干预过多。微观规制、宏观调控、国有参与、市场监管与涉外经济领域无不体现经济民主原则。我国正处于深化改革的深水期,党的十八届三中全会明确了深化市场经济体制改革的方向,即确定市场在资源配置过程中起决定性地位,同时发挥政府的作用。这就要求科学界定政府与市场之间的边界,政府应充分尊重市场经济规律的作用,不应过多干预经济运行,应积极改变目前存在的干预越位或缺位的问题,即该干预的要积极干预,市场能自己解决的一定交给市场,充分尊重市场经济主体的经济自由与经济权利。要进一步简政放权,尤其是将政府的权力关进制度的笼子,建立权力清单、负面清单和责任清单。新发展理念是在我国经济发展新常态下、深化经济体制改革背景下提出的,在市场决定的前提下,政府应尽量做有限政府、有为政府,与经济法的经济民主原则和适度干预原则相互呼应。

3. 经济安全原则

经济安全原则是指一国经济战略利益的无风险或低风险的状态。如今,经济发展过程中面临的不安全因素很多,既有对外开放领域的经济风险,又有国内经济发展不平衡、不协调、不可持续的风险等,这些风险都会影响到经济社会的稳定。新发展理念的提出就是为了解决目前经济社会发展过程中面临的经济发展难题或风险。因此,新发展理念下必然要求作为保障、促进其实现的经济法贯彻经济安全原则,只有通过法律手段保障经济发展处于无风险或低风险的状态,才是健康、良性的发展。

(二) 新发展理念下经济法基本原则的深化

1. 适度干预原则在创新发展理念下的合理诠释

适度干预原则作为经济法的基本原则,其提炼主要基于对政府与市场关系边界的合理划分,以尊重市场基本规律为出发点,以纠正市场失灵为使命,在市

[①] 参见顾功耘主编:《经济法教程(第三版)》,上海人民出版社、北京大学出版社2013年版,第68页。

场充分发挥作用之余辅以政府适度、合理干预。创新发展解决发展的动力问题，其中技术创新是基础，制度创新是保障。新常态下，要从根本上解决我国发展方式粗放、产业层次偏低、资源环境约束趋紧等急迫问题，兼顾发展速度与质量、统筹发展规模与结构，关键是要依靠科技创新转换发展动力。[①] 在科技带动经济发展过程中，经济法的促进与保障必不可少，通过一系列激励、促进和保障创新的经济法律制度设计，为创新驱动发展提供知识产权法律制度保障之外的经济法律制度保障，才能真正实现创新发展理念。这就需要坚持和强化经济法在促进和保障创新驱动发展中的作用，通过具体制度的完善与创新，保障创新发展理念的实现。在经济发展新常态和创新驱动发展战略背景下，经济法作为与市场经济发展联系最密切的法律，理应在知识产权法律制度保障之外，从经济法调整国家干预经济运行关系的角度，引领激励和促进创新制度的构建与完善，发挥经济法在创新驱动发展战略中的重要作用。

虽然经济法在促进、保障创新发展中的作用不可替代，但必须遵循适度干预原则，充分尊重市场在创新市场资源配置中的决定性作用，充分发挥知识产权制度的基本保驾护航作用，对创新市场进行必要的政府干预，决不能在促进、保障创新发展过程中喧宾夺主，过度干预创新市场发展，否则只会适得其反。因为促进、保障创新的产业政策、财税、金融、国有参与等宏观调控政策手段以及反垄断、反不正当竞争等市场规制手段等在干预创新市场发展的同时，有可能会因权力寻租、滥用等政府干预失灵而成为阻滞创新的障碍，必须把握国家或政府干预或介入的度，设计科学、合理的经济法律制度，否则可能会适得其反。因为创新尤其是科技创新的主体主要是企业，创新源于企业中企业家精神淋漓尽致的发挥，而只有良好的市场经济体制与合理的产权制度、激励制度设计才能真正激发企业家精神，过度的政府干预恰恰难以产生企业家精神，难以真正促进创新。这就意味着在强化经济法保障、促进创新发展理念的同时，必须遵循经济法的适度干预原则，合理划分政府与市场在创新发展中的界限，进一步弥补知识产权制度在保障、促进创新发展中的不足，从经济法角度为促进、保障创新发展发挥制度补充与衔接保障作用。也就是说，经济法促进创新理念与品格的彰显必须恪守经济法适度干预的基本原则，虽然其促进、保障创新的作用不可替代，但是必须坚持适度干预原则，切不可打着促进、保障创新的旗号对创新市场干预过多、过繁，否则只会抑制创新与发展。

---

① 参见常啸：《创新发展：内涵比你想象的更多》，http://news.xinhuanet.com/comments/2016-03/23/c_1118419985.htm，2017年1月9日访问。

2. 效率优先、兼顾公平原则的正确解读

效率优先、兼顾公平原则为经济法的基本原则之一,是指经济法在追求社会整体经济利益最大化过程中处理效率与公平时,应坚持效率优先,同时兼顾公平。随着包容性增长及共享发展理念的提出,有些学者认为该原则应予以修正,理由是该原则会强化对效率的追求而忽略公平,应修正为效率与公平并重。该观点认为,我国在过去的几十年中,基于国情,认为做大"蛋糕"比分配"蛋糕"更为重要。因此,法律较多地追求促进效率,追求 GDP 的增长。[①] 本文认为,效率优先、兼顾公平原则下的确存在立法对经济发展效率追求的倾斜,但这并不是导致公平缺失的原因。因为新发展理念的核心是发展,只有经济不断发展,"蛋糕"不断做大,才有大众对改革发展成果的共享。而要做大"蛋糕",就必须依靠市场经济体制下市场经济主体创新与发展活力的不断激发,这是符合市场经济的基本规律的,也是符合以人为本理念的。新发展理念中的创新发展其实就是希望依靠理论、制度、科技及文化的创新来推动经济社会的发展,只有不断发展经济,才有可能实现共建、共享。追求效率本身就会导致贫富差距,这是市场竞争过程中优胜劣汰的结果,是通过市场机制实现的第一次分配。兼顾公平则是对利益二次分配时的要求。效率优先并不否定公平,效率是源,公平是流。没有利益的创造,当然就没有利益的再分配。[②] 追求效率是市场规律使然,兼顾公平是政府的责任。近年来出现的贫富差距过大,不排除是在市场竞争过程中,有人利用法律的疏漏、利用权力和竞争优势以及其他违法行为而大量占有经济资源和利益,[③] 但这并不是效率优先原则的问题,而是立法不完善、市场体制不完善所致,需要进一步深化改革,完善立法。因此,在新发展理念下,应给予效率优先、兼顾公平原则正确的解读,这与共享发展理念并不冲突。只有充分发挥市场在资源配置过程中的决定性作用,通过市场竞争机制的完善,鼓励市场主体积极创新与发展,通过对效率追求的鼓励与认可,才能实现经济发展的繁荣,在经济快速发展的基础上,通过政府对公共服务的提供、对社会保障的加强、对弱势群体的关注等有效干预,实现二次分配的公平,从而真正实现共建共享。否则,一味强调效率与公平并重会有违市场经济的基本规律,抑制或侵害市场主体参与经济发展的积极性和经济自由及经济权利。当然,相关法律制度的完善与市场机制体制的成熟是坚持效率优先、兼顾公平原则下共享发展理念实现的主要路径。

---

① 参见胡元聪:《包容性增长理念下经济法治的反思与回应》,载《法学论坛》2015 年第 3 期,第 63 页。

② 参见顾功耘:《略论经济法的理念、基本原则与和谐社会的构建》,载《法学》2007 年第 3 期,第 20 页。

③ 同上书,第 19 页。

四、新发展理念下经济法律制度的创新与完善

(一) 宏观调控法律制度

1. 创新发展理念视域下

基于创新发展理念的要求,政府应在财政、税收、金融、产业等领域充分发挥有形之手对科技创新相关市场的干预作用,纠正该市场在宏观市场领域的失灵现象,如知识产品消费性市场失灵,对科技创新企业的财政、金融、税收等支持与激励不够,区域知识产权产业发展不均衡等。对于科技创新风险较大、周期较长又关系国计民生的重要技术领域,为鼓励企业科技创新,政府可通过财政支持、金融便利、税收优惠等经济激励措施和政府采购、政府与企业合作研发等政府参与方式,积极有效干预市场,矫正市场失灵,激励与保障创新活力。具体而言:

(1) 产业宏观调控法律制度的完善。在创新驱动发展战略下,知识密集型产业将在产业发展与布局中占据重要地位,这就需要进一步完善知识密集型产业法律制度,为科技创新走向产业化、规模化提供宏观调控法律保障,通过经济法保障下的产业结构优化与调整,促进创新驱动发展战略的实施。目前,我国产业布局与结构尚存在不合理之处,需要进一步调整与优化,相应的法律制度必须跟进。我国产业法中与创新有关的主要是《科技进步法》,尚未形成促进科技创新发展的系统性产业法律制度,建议进一步完善相关立法,在产业宏观调控领域为创新发展保驾护航。

(2) 财税、金融宏观调控法律制度的完善。鉴于科技创新本身较长的周期性和高风险性,前期研发所需资金至关重要,但其仰赖银行等金融机构的资金支持却非常有限,因为银行等金融机构基于风险管理意识不愿意为高风险性的研发提供资金支持。研发成功获取知识产权之后又依赖成果的运营与转化,否则研发就没有意义。当今知识产权不仅是一种权利,更是一种商品,可以进行交易和投资。但是,目前知识产权资本化、证券化过程中尚存在一定的障碍,由于缺乏明确具体的知识产权价值评估标准,权利人通过知识产权质押融资、知识产权证券化等途径进行融资的难度仍然较大,而知识产权运营和知识产权产业化又需要大量的资金支持,否则很难形成规模效应。如果从研发到运营整个环节都得不到金融或政府财政支持或税收优惠,无疑会影响创新主体的创新积极性,不利于整个技术创新市场的培育和发展。建议进一步完善促进技术创新的财政、税收、金融法律制度,加大财政、税收、金融对创新的支持力度。

2. 协调发展理念视域下

协调发展理念是针对我国经济发展的不平衡、不协调提出来的,主要解决经

济发展的不协调问题。经济法作为国家协调本国经济运行之法①,实现主体利益的平衡、协调是经济法本身应有之义。平衡、协调,是指经济法的立法和执法从整个国民经济的协调发展和社会整体利益出发,协调具体经济关系,协调经济利益关系,以促进或强制实现社会整体目标与个体利益目标的统一。② 我国经济发展中存在的不平衡、不协调主要体现在区域发展不平衡、城乡发展不平衡等方面。在半市场经济状态下,这种不平衡、不协调不能依靠市场自己来解决,必须依靠国家之手,运用法治的力量来推进。经济发展的不平衡、不协调和不可持续等问题的解决也绝不是轻而易举的事。我们要用法治的方法推进改革,同时要用法治的方法巩固改革的成果。③ 作为保障经济协调发展的重要经济法子部门,目前宏观调控法在保障、促进经济协调发展方面虽然发挥了应有的作用,但还存在一系列问题,如宏观调控法律制度不健全、宏观调控手段落后、调控主体法律责任难以落实等,导致调控效果不尽如人意。如金融、房地市场调控效果的差强人意无不在拷问经济法促进、保障经济社会发展之能力。建议在协调发展理念指引下,审视现有的经济法律制度设计,进一步通过计划、财政、金融、税收领域宏观调控法律制度的完善解决城乡协调发展、区域协调发展等问题,通过宏观调控法律制度自身的成熟与完善保障协调发展理念的实现。

3. 绿色发展理念视域下

绿色发展理念下,低碳经济、循环经济的发展不仅需要产业结构的调整,更需要政府在税收、金融领域的支持。我国税法中有关生态环保税种④的开征是税法生态化的重要体现⑤,虽有相关法律体现绿色发展理念,但并不充分。如碳金融⑥法律制度作为将绿色环保理念链接金融领域的重要制度安排,目前尚需进一步构建与完善。低碳经济的发展与气候危机等环境问题的解决需要资金和技术的支持,由于环境问题解决的长期性、复杂性和高风险性,银行等金融机构出于金融安全与效率的考量,一般不愿意对此予以支持,这就需要在政府的干预与引导下通过金融法律法规构建碳金融法律制度,要让金融活动"绿"起来,充分

---

① 此处采国家协调说,虽有争议,但是"协调""介入""干预""规制"等提法的主要内核是一致的。
② 参见潘静成、刘文华主编:《经济法》,中国人民大学出版社1999年版,第64页。
③ 参见顾功耘:《法治经济建设与经济体制改革》,载《法制与社会发展》2013年第5期,第30页。
④ 目前与环境保护相关的税种主要有资源税、消费税、车辆购置税、车船税、企业所得税、增值税、进出口税等。
⑤ 2016年12月25日通过,将自2018年1月1日起施行的《环境保护税法》是我国第一部专门的环保税法。
⑥ 碳金融是以低碳经济为核心的各种金融活动的总称,为绿色金融的重要组成部分,主要包括银行绿色贷款、直接服务于限制温室气体排放的各种技术和项目的直接投融资以及碳期货期权等碳排放衍生品等金融活动。

发挥绿色金融对可持续发展的支撑作用。目前碳金融在国际上已有较为长足的发展，以解决气候危机为主要目的的《京都议定书》《巴黎协定》等国际公约是碳金融制度构建的重要国际法律依据，国外亦有相关立法①。我国政府也十分重视碳金融的立法②与实践，但是却存在高层级立法缺乏针对性，专门性立法级别较低的矛盾。作为碳金融重要法律依据的《商业银行法》《银行业监督管理法》《保险法》以及正在修订的《证券法》均没有关于碳金融及其监管的相关规定。立法的缺失必将影响制度构建，应尽快将碳金融纳入金融监管的范畴，在鼓励和保护碳金融产品创新、拓宽碳排放权交易融资渠道的基础上，加强监管以防范风险，同时应鼓励民间资本投向绿色产业，通过制度完善为绿色发展保驾护航。

4. 共享发展理念视域下

共享的前提是将"蛋糕"做大，并做好"蛋糕"的公平分配。要实现"蛋糕"做大后的合理分配以保证公平与正义，必须依赖财政法律制度的完善。应在经济法社会本位和社会实质公平与正义等价值理念及社会整体经济利益原则指引下，进一步完善分配制度和转移支付制度，设计合理的一次、二次、三次分配制度，构建更加完善的财政转移支付制度，同时加强相关立法与问责机制建设。

(二) 市场规制法律制度

1. 创新发展理念视域下

在创新驱动发展过程中，良好的、有利于促进创新的市场经济环境至关重要。在知识产权制度促进、保障创新之外，国家利用有形之手对科技创新市场进行合理、必要干预必不可少，知识产权上升为国家战略本身就蕴含了强烈的国家干预意味。在市场规制领域，国家及其政府的主要干预就是在科技创新市场出现竞争秩序失范时的及时纠正，为创新主体的自主创新提供有序的竞争氛围，通过打击垄断、不正当竞争等方式，加大对制假、贩假等不正当竞争及知识产权侵权行为的打击力度，净化市场创新环境，保护市场创新主体的合法权益，为激励科技创新提供法律制度支撑。此外，可通过消费者权益保护制度的完善，引导消费者自觉保护知识产权，抵制盗版等侵权现象，形成尊重创新的良好消费氛围。在进行市场规制、维护良好竞争秩序时，一定要妥善处理好政府与市场、市场规制法与知识产权法之间的互补与衔接关系，最大限度发挥其在保障、促进创新过

---

① 如英国2008年的《气候变化法案》，美国2007年的《低碳经济法案》、2009年的《清洁能源安全法》等。

② 如2007年《中国应对气候变化国家方案》和2008年《循环经济促进法》。此外，为支持绿色金融发展，近年来，银监会、中国人民银行等先后出台了《节能减排授信工作指导意见》《绿色信贷指引》《绿色信贷实施情况关键评价指标》《关于构建绿色金融体系的指导意见》等政策文件。

程中的重要作用。如反垄断法一方面肯定与承认知识产权的合法垄断,另一方面又对滥用知识产权优势的不当行为进行反垄断规制。2008年《反垄断法》第55条规定:"经营者依照有关知识产权的法律、行政法规规定行使知识产权的行为,不适用本法;但是,经营者滥用知识产权,排除、限制竞争的行为,适用本法。"在西方发达国家知识产权强权背景下,《反垄断法》该条的域外适用也对有力打击国外大型科技型企业在中国市场的滥用知识产权垄断行为提供了重要法律依据。2015年,国家发改委对高通公司滥用知识产权垄断行为处罚60.88亿元人民币,就是反垄断与知识产权博弈的典型案例,集中体现了知识产权法与反垄断法在互动中的冲突与协调。与对知识产权滥用行为的反垄断规制不同,反不正当竞争法则主要通过关于不正当竞争行为的一般条款和对商业标识混淆行为、侵犯商业秘密等侵犯知识产权的行为进行规制以维护竞争秩序、保护知识产权与科技创新。但是,两法在促进创新、保护竞争方面却能实现功能互补。反不正当竞争法与知识产权法的关系,不是等同关系,不能相互替代,而是相互配合、补充地发挥法律功能。① 应尽快完善相关市场规制法律制度,如进一步完善与细化反垄断法关于知识产权垄断滥用的规定,妥善处理竞争市场维护与保护创新、公共利益与个人利益保护之间的关系。为更好发挥反不正当竞争法在维护竞争、鼓励创新和知识产权保护领域的补充调整功能,正在修订中的《反不正当竞争法》在完善对侵犯知识产权行为进行规范的同时,还需谨慎处理增加行为种类与防止知识产权过度保护的关系。②

2. 绿色发展理念视域下

绿色发展理念不仅应体现在经济法理念、基本原则等理论层面,更应在理念指导下具体化为相应的法律制度,目前经济法中所确立的很多制度都体现了可持续发展原则与理念。如反垄断法关于对自然垄断行业合法垄断地位的规定与反垄断豁免,就是源于自然垄断行业本身若完全、过度竞争则会导致资源浪费与闲置的考虑。修订后的《消费者权益保护法》中绿色消费理念的植入则是可持续发展原则在消费者权益保护法中的体现。③ 虽然经济法生态化的体现越来越明显,但是与绿色发展理念的贯彻与要求还有一定距离,很多单行法并没有较为鲜明地体现和贯彻绿色发展理念下的可持续发展原则,立法目的与基本原则的表述更多还是关注单纯的竞争秩序维护、宏观经济平衡等经济发展的目标。真正

---

① 参见吴汉东:《论反不正当竞争中的知识产权问题》,载《现代法学》2013年第1期,第38页。
② 参见陈丽苹:《与知识产权有关的不正当竞争行为类型研究——以我国〈反不正当竞争法〉的修改为视角》,载《法学杂志》2016年第8期,第62页。
③ 《消费者权益保护法》第5条第3款规定:"国家倡导文明、健康、节约资源和保护环境的消费方式,反对浪费。"

将生态环保理念具体化为法律规范的单行法还是少之又少。如新出台的《食品安全法》虽然涉及环境保护部门,但是并没有在关注食品安全的同时对环境问题有所关注。"互联网+"时代共享单车的出现与迅速发展,不仅是新时期贯彻绿色发展理念的重要表现,同时也是"大众创业、万众创新"的新型业态。该市场在极大方便公众绿色出行、纾解交通拥堵的同时,也面临规范混乱、道德风险丛生的尴尬,亟须规范与引导,这就需要相关法律制度的创新与完善。

3. 共享发展理念视域下

在共享理念下,要想做大"蛋糕",必须保证微观市场经济的有序运行,激发和保护市场主体的经济自由与经济权利,充分处理好政府与市场之间的关系,让市场在资源配置中发挥决定性作用,只有这样才能有经济发展的速度与效率,才能不断使社会财富的"蛋糕"不断增大,才能有更多对"蛋糕"的分享机会与份额。这就需要以竞争法为核心内容的市场规制法的不断完善。目前,我国《反垄断法》已颁布实施,《消费者权益保护法》已修订,史上最严《食品安全法》已实施,修订后的《反不正当竞争法》即将出台,这些都为政府微观市场规制提供了重要法律依据。但是,如何合理设计符合共享发展理念的市场规制法律制度,从做大"蛋糕"的源头完善相关制度,仍是需要进一步思考的问题。

(三)国有经济参与法律制度

共享发展的前提是要做大"蛋糕",要想做大"蛋糕",必须充分发挥国有经济的优势主导地位,依靠创新做大做强,利用国有资本的有效增值和国民经济的发展壮大来增加社会物质财富。国企改革是中国经济体制改革的重中之重,在国企分类改革过程中,从长远来看,对于竞争性国有企业而言,其核心竞争力的提升主要依靠科技创新的力量而非政策、资源优势。国有企业核心竞争力提升不仅需要自身的创新与发展,更需要外部激励创新的市场环境与良好的制度设计保障,如果不能打破垄断,去除对国企"父爱般"的疼爱,仅靠资源和政策优势维持的所谓竞争力是不可能持久的,知识经济产业化的实现也是空话。提高国有企业核心竞争力,必须培育、养成国有企业的企业家精神,从维持性创新走向破坏性创新,要加大自主知识产权保护力度,打破国企垄断状态,培育激励创新的市场竞争环境,通过市场发育的成熟、竞争环境的改善,激励国有企业激发自主创新能力,真正提升其在国际经济领域的竞争实力。在创新发展理念和知识产权强国战略背景下,实现创新驱动发展不仅仅是知识产权界的事情,更需要经济法的保障与促进,经济法从理念、基本原则到具体制度均应对此有所回应,应从市场失灵矫正、竞争市场培育与产业化调控等领域为创新驱动发展保驾护航。如果不以法治塑造有利于创新的市场环境、产权制度、投融资体制、分配制度、人才培养引进使用机制,市场中盛行的丛林法则必将导致"劣币驱逐良币"的恶果,创新发展也就无从谈起。① 国企改革法律制度的进一步完善是其中重要一环,只有围绕国企分类改革进行相应制度设计,为竞争性国企不断进行包括企业治理制度改革在内的一系列改革提供制度保障,才能充分激活国有企业的活力,进一步促进国有资本的保值增值,利用国有企业的优势和力量,为经济共建、共享保驾护航。同时,共享理念视域下,要保证"蛋糕"做大后的公平分配,也必须进一步完善国有经济参与制度。要利用国有经济参与来解决国有公共企业对社会公共服务等公共产品的供给问题,就需要对国有经济参与制度进一步完善,以国企改革为核心,根据不同种类国有企业的特质,围绕国有企业产权制度明晰、企业治理制度完善、规范国有企业高管薪酬、促进国有企业混改、加强国有企业立法等核心问题,进一步提高竞争性国企核心竞争力,真正推进与保障共享发展理念的推进。此外,还要注重国企与民企之间的公平竞争与协调发展问题,将协调发展理念贯穿于国企改革与发展过程中,通过进一步推进国企与民企之间的合作与混改,推进国企由资源和政策优势进一步走向竞争优势,为民营企业发展进一步预留空间,同时也是在国际经济竞争领域贯彻竞争中立原则的重要表现,这也符合开放发展理念的要求。前文提及,目前存在的一些与共享发展理念不相适应的社会现象如贫富差距过大等缺乏实质公平的现象,并不是市场经济体制下对效率追逐、不顾公平的结果,而是政府在保障公平过程中的缺位问题。让一般市场经济主体提供公共物品与公共服务以实现共享发展是不现实的。政府应加强公共产品的供给,真正让大众分享经济发展的成果。为防止公共企业在经营中将公法责任遁入私法,需要准确定位国有公共企业的法律属性,进一步完善公共企业法律制度。应从市场准入与退出、治理机制、交易行为、价格管制、信息披露以及公共利益救济等多方面进行特别规制,最终促进公共产品的有效供给。②

(四) 市场监管法律制度

在新发展理念尤其是创新发展理念下,市场监管法律制度也应与时俱进。"互联网+"时代科技创新的力量使金融领域的创新日新月异。P2P网贷、股权众筹等新型的金融业态与金融产品的出现在解决中小企业及个人融资难问题的同时,科技的迅猛发展及其与金融的迅速融合也带来了一系列风险及监管难题。如何在鼓励金融领域创新的同时,进一步防范与化解金融风险,规范对互联网金

---

① 参见江必新、邵长茂:《贯彻五大发展理念的法治保障》,载《现代法学》2016年第6期,第5页。
② 参见胡改蓉:《论公共企业的法律属性》,载《中国法学》2017年第3期。

融的监管,则成为市场监管部门必须思考与解决的重要问题。要设计合理的预防与化解金融创新风险、最大限度保护投资者利益的金融监管尤其是科技金融①监管法律制度,强化对金融市场稳定与投资者利益保护目标的追求,应让技术创新成为金融发展的加速器而非阻却器。应让百姓共享创新与发展的成果,而不应让不当监管下的金融创新成为"屠戮"投资者的"屠刀"。② 在共享发展理念下,要想做大"蛋糕",有效的市场监管与对外经济管制必不可少。只有对市场进行有效监管,最大限度降低市场风险,保证市场参与者尤其是中小投资者合法权益,才能保持市场参与者参与市场投资的持续热情与信心,才能促进整个金融市场的繁荣和发展,从而保证"蛋糕"越做越大。这也是共享发展理念中投资者参与经济共建的保证。股灾发生后中小股民的利益保护、对监管者的问责机制等均是必须研究解决的重要问题,相应的监管法律制度必须完善,这不仅关系到我国金融市场的安全,更关系到广大投资者的合法利益和共享经济的发展成果。

(五) 对外经济管制法律制度

在新发展理念尤其是开放发展理念下,对外经济管制法律制度要进一步完善。开放发展理念要解决中国经济发展中的内外联动问题。开放是全球经济背景下国家经济发展永恒的主题。近年来,随着全球经济体系游戏规则的进一步调整和中国综合国力的进一步提升,我国对外开放、走向世界的战略也在发生变化。我国由原来的大力引进来和优惠政策留住,到今天的内外资一律平等,主动走出国门,逐步争取在国际经济游戏规则中的话语权和主动权。在 TPP、TIPP 等国际经济游戏规则的挑战与压力下,自贸区探索、"一带一路"等积极努力与尝试,无不彰显中国对外开放的决心与努力,也是在应对不利国际经济形势下的一种自我救赎。对外开放需要法治保障,尤其需要涉外经济法治保障。无论全球经济一体化如何发展,没有国界的对外开放都是不现实的,至少在中国目前经济发展状态下,以开放的心态走向世界,仍要注意对外开放中的国家经济安全问题。经济法将国家经济安全原则作为基本原则之一,就是考虑到对外开放过程中,内资、外资进出国境过程中的国家经济安全问题。国家经济安全原则在经济法中的制度体现不仅表现在市场规制法领域,还表现在宏观调控法、国有经济参与法领域以及涉外经济管制法领域。前者如我国《反垄断法》中规定的对外资并购境内企业时的国家安全审查原则。后者如金融宏观调控、国有经济对涉及国

---

① 科技金融为互联网科技迅速发展下金融业发展的最新阶段,国务院《"十三五"国家科技创新规划》中,明确了科技金融的性质和作用,与金融与科技相结合的金融科技(Fintech)有所区别。

② 2015 年的股灾与金融创新下的金融监管不当不无关系。

家安全和国民经济命脉的重要行业与领域的绝对控制力保持以及涉外经济领域的禁止类外商投资项目设置等,均体现了国家经济安全原则。在开放理念指引下,对我国经济安全的保障依然是经济法的重要任务,依然应作为经济法理念与原则的重要体现。只有严防国家经济安全底线,才能真正促进开放发展。当然,在保障国家经济安全的前提下,可以检视现有法律制度是否有阻碍对外开放的一些不合理限制,进一步完善相关法律制度,保障促进开放理念的顺利推进。如关于行政审批制度、负面清单制度、外资准入制度的完善等,为"一带一路"建设和开放发展营造良好的经济法治化的国际营商环境,高质量走出去和引进来。在共享发展理念下,对外经济管制的完善也很重要,要想做大共享的"蛋糕",在自贸区法制建设过程中,必须进一步完善关于外商投资的相关法律制度,在保证经济安全的同时提高经济效益,充分扩大和分享开放的成果。

五、小　　结

新发展理念涉及经济社会发展的方方面面,其推进必须依靠法治思维和法治保障。新发展理念与经济法相应理念、基本原则与具体制度并不完全对应,但是关系密切。在新发展理念视域下对经济法理念、基本原则与基本制度的梳理与检视,不仅是经济法研究的需要,更是新发展理念实现的需要。只有在新发展理念指引下,立足于中国经济发展现实与未来经济发展方向,检视经济法的理念、基本原则、基本制度等核心内容,并根据新发展理念进一步丰富与发展其内容,才能真正发挥经济法在保障、促进经济发展中的重要作用,同时在不断发展变化的经济土壤之上,经济法才能保持不断发展的旺盛生命力。当然,虽然经济法在保障新发展理念中的作用至关重要,但其实现绝不是经济法一个部门法的任务,还需要多个部门法之间的衔接与配合,相信新发展理念与经济法之间的互动与因应必会带动与促进新发展理念实现过程中的整体法治保障效应。

货币权力的宪法保障研究

王泽群[*]

【内容摘要】 货币权力是一种法律权力，它是由一国宪法和相关法律规定的，是国家主权的重要组成部分。货币权力如果不受宪法制约，往往会因其滥用而引发恶性通货膨胀。美国的货币权力的宪法配置过程说明将对货币权力的规制纳入宪法规制范畴之内是历史发展的必然选择。货币权力的行使是一个动态的过程，只有在宪法的框架下建立有效的宪法监督机制监督货币权力的行使，才能实现公民个人权利和国家权力之间的平衡。我国现行权力配置体系下，货币权力的行使呈现出以国务院为主导，人民银行负责具体执行，全国人民代表大会及其常委会适当监督的特点。我国现行货币权力配置体系下主要存在着货币政策目标设定不清晰、中央银行欠缺独立性、货币政策制定缺乏权力机关监督以及缺少对政府行使货币权力行为的有效问责制度等问题。因而，从宪法层面改进货币权力的配置、完善货币政策目标的制定和执行机制、增强人民银行的独立性以及将行使货币权力的政府行为纳入行政问责范围将是实现我国货币权力的宪法保障的主要进路。

【关键词】 货币权力　宪法配置过程　货币政策目标　货币政策制定　宪法保障

货币权力作为国家经济权力的重要组成部分，对经济发展和个人权利的影响极大。货币权力如果不受宪法制约，往往会因滥用而引发恶性通货膨胀。对货币权力的规制纳入宪法规制范畴之内是历史发展的必然选择。随着人民币的使用范围和规模的稳步扩张，人民币也越来越被国际社会接受和认可，人民币国

---

[*] 王泽群，华东政法大学博士后。

际化大有不可阻挡之势。一般来讲，保持币值稳定是决定货币国际化的重要因素之一，而货币权力的宪法保障则是保证币值稳定最为有效和重要的手段。

一、货币权力的宪法性

（一）货币权力的内涵和外延

货币权力是一种法律权力，它是由一国宪法和相关法律规定的，是国家主权的重要组成部分。货币权力问题本身的复杂性决定了我们在讨论货币权力的内涵和外延问题时需要进行分层次的具体分析。

从货币权力的发展过程来看，货币权力可以分为金属货币时期的货币权力和信用货币时期的货币权力。金属货币时期的货币权力由市场主体享有，这是由金属货币本身的价值属性决定的。在信用货币之前，国家权力没有介入货币或者对货币干预还不大的时候，货币作为价值尺度衡量商品价值的能力来自于货币的自身价值。[①] 市场中的货币主要由各市场主体提供，国家公权力仅对商品货币的重量与纯度进行检验和确认。各市场主体通过提供或撤离金属货币的方式行使货币权力，从而影响货币的数量和物价的波动。在信用货币时期，国家通过发行信用货币的方式获得货币权力，改变了金属货币时期货币权力主体和货币权利主体合一的基本货币权力结构。国家成为货币权力的行使主体，其他市场主体则普遍需要接受由国家政府安排的货币发行数量和货币政策。在信用货币体制下，因为作为货币权力主体的国家与货币权利主体之间的力量对比愈发悬殊，货币权力也愈发受到政治因素的影响。随着信用货币本位制的出现，国家的货币权力也出现了复杂化和隐蔽化的趋势。宪法是现今为止被公认为最好的限制政治权力的政治运行模式。随着国家力量对经济发展干预的增强，宪法配置权力成为规范国家经济权力的有效工具。货币权力作为国家经济权力的重要组成部分，对经济发展和个人权利的影响尤为突出。在货币权力不受宪法制约的情况下，往往会因货币权力的滥用而引发恶性通货膨胀，并导致其对国民财产权益的侵犯。将对货币权力的规制纳入宪法配置的范畴是历史发展的必然选择。

从货币权力的内容来看，货币权力可以分为货币发行权和货币政策调控权。货币发行权主要由政府和中央银行行使，负责与货币的面值、种类、数额以及发行程度等方面政策的制定和执行。一般而言，货币发行是中央银行核心业务之

---

① See Shubik, M. and Smith, D. Fiat Money and the Natural Scale of Government. Cowles Foundation Discussion Paper No. 1509 SSRN Elibrary, 2005:4.

一,并与其他业务密切相关。一定程度上,中央银行的所有业务都是从货币发行发展延伸出来的。中央银行如果没有垄断的货币发行权,就无法进行货币供应量的调节。① 因此,货币发行权的行使必须在宪法的框架下进行,符合法律的规定。货币政策调控权是指通过对倾向供应总量、货币价格以及金融市场的走向等多方面的分析,为包括银行机构、其他金融机构、社会公众乃至整个金融市场在内的监管对象提供有效的货币信息,运用货币政策工具引导市场经济主体的资金流动方向,实现其对货币市场的调控作用,达到稳定币值,防范金融风险的目的。维护币值稳定和防范金融风险是货币政策调控权的目的,而货币政策工具则是实现货币政策调控权目的的有效方式。一般而言,货币政策调控工具可以根据金融市场的变化规律进行改革和创新。② 在宪法层面实现对货币权力的有效规范,就是要实现对货币发行权和货币政策调控权的有效规范,防范货币发行权被个人或利益集团挟持,保证货币监管权有效的规范实施。

从货币权力的影响范围来看,货币权力分为本国之内的货币权力和国际政治领域上的货币权力。货币权力是国家法律所赋予的一种金融权力,货币权力的基础是商品交换和市场经济,商品到达哪里,市场经济就扩展到哪里,货币权力也就延伸到哪里。当一国货币跨出国境成为世界货币时,它就取得了国际货币权力的地位。19世纪70年代英镑成为世界货币,伴随着商品和炮舰的远征,英镑权力扩展到全世界。第一次世界大战使英国经济大伤元气,坚守了近百年的金本位制受到沉重打击。1929—1933年的经济大危机进一步削弱了英镑的霸权地位,英国被迫放弃金本位制,在货币权力的国际竞争中甘拜下风,其国际货币地位开始从全球转向英镑区。第一次世界大战后美国成为世界第一强国,纽约成为国际金融中心。1944年7月第二次世界大战结束前夕,44个国家签署了《布雷顿森林协定》,规定美元与黄金挂钩,1盎司黄金＝35美元,其他国家的货币与美元挂钩,形成了以美元为中心的国际汇率机制和货币体系,美国的货币权力得到世界认可,美元的霸主地位从此确定。一般而言,一国的货币权力只限于本国境内,但美元是公认的世界货币,对美元的操控不只对美国经济产生影响,对其他国家的资本市场、汇率、外汇储备、国际借贷和外贸价格等都会产生直接的影响,从而使美国的货币权力悄无声息地跨出国境扩展到全世界。美国货币权力的扩张,一方面是从实体经济的价值衡量与信用功能延伸到虚拟经济中的交易与获利功能;另一方面,美国货币权力跨越国境成为影响他国经济、区域经济和世界经济的无形之手。美国对货币权力的操控曾有力地促进了美国经

---

① 参见马德伦:《积极探索现代经济条件下的货币发行规律》,载《中国金融》2010年第11期。
② 参见张宇润:《货币的法本质》,中国检察出版社2010年版,第128页。

济、他国经济和世界经济的发展与繁荣,也曾给美国自己和全世界带来了经济灾难。上述所说的货币权力已经不是一国货币在国内的权力,即国内法所赋予的权力,而是指货币权力的国际性和扩张性,即超越国境的货币权力,又称国际货币权力。这种货币权力需要具备以下三个条件:一是要具有经济和金融实力;二是要具有国际信誉度;三是要具有国际支配力。只有具备上述条件才能对国际金融和国际经济产生重大影响,成为名副其实的世界经济的"无形手"。从历史上看,只有英镑和美元具备了这种功能和作用,而美元是当今世界经济中仍然发挥重要影响的"无形手"。

(二) 货币权力规制的宪法思想

随着社会经济的不断发展,国家权力的内容得以不断地丰富,进入现代社会以来,如何处理国家权力与经济发展之间的关系问题一直是备受各国学者和政治家关注的话题。在经济金融发展与政治发展高度融合的社会,国家对经济干预的方式更为隐秘。在凯恩斯主义的影响之下,国家对经济的干预更是无孔不入,越来越多的政府更积极地投身于利用发行货币的方式获得更多的财政收入。信用货币制的出现和发展为国家通过发行货币来吞噬公民财产变得更为方便。事实上,当人们发觉大量发行的货币造成恶性通货膨胀时,已为时较晚了。面对这样的事实,弗里德曼、哈耶克、布坎南等人先后提出了货币宪法的概念,希望通过货币宪法的形式来规范货币发行领域的政府行为,从而保障公民的个人权利。

货币学派的创始人弗里德曼认为,无节制的货币发行、通货膨胀和扩张性的财政政策是存在于资本主义世界的罪恶。因此应当制定一部货币宪法,以约束货币供应当局,防止其滥用货币发行权。① 他明确提出了以宪法和法律规则来限制政府经济与货币权力,从而根治通货膨胀的主张。他写道:"我们认为,我们需要有一项与宪法第一项修正案相同的法案,来限制政府在经济和社会领域的权力——一项经济上的'人权法案',以补充和加强原来的'人权法案'"。② 作为具有极大影响力的经济学家,哈耶克也极力反对政府垄断货币的发行权,他认为历史基本上就是政府制造通货膨胀的过程,政府就是不稳定的根源。所以应当废除政府对货币发行权的垄断,实现货币的私有化。③ 货币虽然是自由的人民相互合作的广泛秩序中不可缺少的要件,但从它诞生之日起,政府就在十分无耻

---

① 参见刘蓉、刘为民:《宪政视角下的税制改革研究》,法律出版社 2008 年版,第 23 页。
② 参见〔美〕米尔顿·弗里德曼、〔美〕罗斯·弗里德曼:《自由选择》,胡骑等译,商务印书馆 1982 年版,第 193—196 页。
③ 参见〔美〕F. A. 哈耶克:《货币的非国家化》,姚中秋译,新星出版社 2007 年版,第 32—36、114、135—136 页。

地滥用它,从而使它成了人类合作的扩展秩序中一切自我调整过程遭到扭曲的首要根源。政府管理货币的历史,除了少数短暂的幸运时期外,历来就是一部不断欺诈行骗的历史。在这方面,同竞争中供应各自货币的任何私人机构所能做出的事情相比,政府一直表现得更加不道德。① 政府控制货币政策,在此一领域所导致的主要隐患或威胁乃是通货膨胀。当政府政策主要考虑特殊情况而非一般情形、主要考虑短期问题而非长远问题的时候,它就极难抵御通货膨胀的影响。对于社会主义者来讲,他们之所以赞成通货膨胀,乃是因为通货膨胀会导致个人对政府的日益依赖,以及它能促使人们要求政府采取更多的行动。然而,大凡希望维护自由的人士必须认识到,如果政府有什么行动能使其拥有越来越多的控制权,那么这就是通货膨胀,而且它很可能是造成政府权力不断扩张之恶性循环过程中的最为重要的独一无二的因素。②

公共选择学派的代表人物布坎南则更加重视宪法元规则的作用。他认为,授予政府发行不兑换货币的垄断权,使它能够以接近于零的成本创造具有经济价值的财产。绝大多数国家的政府都拥有创造货币的垄断特权,垄断者通过首期货币的发行就可获得货币的所有交换价值,通过首期后发行足够多的货币,货币当局可将现有货币的资本价值减少到接近于零。③ 所以,他明确指出,可以相信政府仁慈地根据效率和平等原则分配税收负担份额,但是无法同样相信这个政府把货币印制维持在可欲的限度之内。④ 政府与个人的货币博弈不公平,因为个人必须在政府下一期发行货币前作出持币选择,而政府永远可以在个人行动后再选择策略。在这个意义上,通胀对货币所征收的税是回溯性的。回溯性使人们更易受到侵害,个人无力防止政府货币权力的侵害,从而引出了对货币宪法的需求。只有通过宪法规则约束货币当局的自由抉择权力才能抵制通胀。⑤ 面对利维坦政府对纳税人财产权所造成的威胁,仅仅依靠外在的货币规则并不能改变货币发行的性质,不如剥夺政府的货币发行权,或者是以"宪法性质的征税规则"取代货币政策的自由裁量空间。⑥ 彼得·波恩霍尔认为,货币体制是指规范控制拥有货币供应量最终决定权的机构和组织的体系性规划,如果将注意

---

① 参见〔美〕F. A. 哈耶克:《致命的自负——社会主义的谬误》,冯克利、胡晋华译,中国社会科学出版社 2000 年版,第 32 页。
② 参见〔美〕F. A. 哈耶克:《自由秩序的原理》,邓正来译,三联书店 1997 年版,第 320 页。
③ 参见〔澳〕杰弗瑞·布伦南、〔美〕詹姆斯·M. 布坎南:《宪政经济学》,冯克利等译,中国社会科学出版社 2004 年版,第 133 页。
④ 同上书,第 158 页。
⑤ See G. Brennnan and J. M. Buchanan, Monopoly in Money and Inflation: The Case for a Constitution to Discipline Government, 1981.
⑥ 参见〔澳〕杰弗瑞·布伦南、〔美〕詹姆斯·M. 布坎南:《宪政经济学》,冯克利等译,中国社会科学出版社 2004 年版,第 133—159 页。

力转向所有规范货币体制的正式规则的法律法规,那么,我们可以将这些法律法规统称为"货币宪法"。各国政府对于长期通货膨胀存在偏爱,以至于货币体制和货币宪法是很重要的。鉴于政府对于通货膨胀的偏爱,只有当政府(掌权者)的"手脚"被适当的货币体制或者货币宪法所束缚时,最终才可能出现通货膨胀的"缺席"。相对于其他国家,政府行为受到货币体制和货币宪法控制的国家更不易于发生通货膨胀。经验性事实证明,政治竞争导致了政府青睐于施行通货膨胀型的货币政策。[①] 还有学者认为,货币是宪法的中心问题,对政府权力分配的考察最好从研究对货币的控制入手,因为政府任何事务的执行都需要资金的花费。对货币的控制,一定程度上控制了政策。[②] 货币政策的规则化作为货币宪法秩序下的具体制度,可以消除货币增长的随意变动,避免因此而造成的经济不稳定和不确定性。[③] 除此之外,还有很多经济学家对货币宪法领域做了大量深入的研究。

(三) 货币权力的宪法性内涵

货币具有支配性的权力,抽象的、普遍性的货币效力可以超越边界和国界,正式或非正式地与任何物品、服务以及价值进行交换。所以,货币可以被理解为某种更强的权力,可以在符号意义上拥有整个世界、操纵整个世界。[④] 在商品货币时期,市场主体能够通过货币的生产和供应影响货币的交换价值,而在信用货币体制下,政府垄断了货币的生产权力和货币政策的调控权力。货币在产生之初,被视为充当商品交易的一般等价物。它因自身所存在的稳定价值而被人们普遍接受并予以认可。货币先于国家而产生——但是国家产生后,货币变得不只是市场交易媒介,它因国家的存在成为一种权力。这种权力不仅对社会财富具有"分配效应",同时也能够为货币发行者直接带来财富。国家天然趋向于取得货币权力。[⑤] 一是,商品交易的发展要求国家提供统一的货币市场。货币发行由个人控制时,货币发行量没有计划且容易发生欺骗及伪造问题。国家取得货币权力,实现货币发行的高度集中,可以更有计划地统一发行的货币,有利于保持币值稳定,有利于建立良好的货币发行与商品流通秩序。在统一的货币市

[①] 参见〔美〕彼得·波恩霍尔:《货币宪法、政治经济体制与长期通货膨胀》,载《学习论坛》2011年第4期。

[②] See Harden, Money and the Constitution: Financial Control, Reporting and Audit, Legal Studies, 1993, pp.16—37.

[③] See Friedman, Monetary and Fiscal Framework for Economic Stability, The American Economic Review, 1948, pp.245—264.

[④] 参见季卫东:《宪政新论:全球化时代的法与社会变迁》,北京大学出版社2005年版,第501页。

[⑤] 参见赵柯:《货币的政治逻辑与国际货币体系的演变》,载《欧洲研究》2011年第4期。

场中,货币政策可以得到更有效的执行。二是,国家获得货币权力后,货币被有意识地作为一种权力工具来运用,增加了道德风险发生的概率。

金属货币时期,由本身具有价值的稀缺金属充当货币,币值较为稳定并且具有可预测性,市场主体都有能力影响货币的生产和供应。市场主体平等享有货币生产与供应的权力,政府只对商品货币的重量与纯度进行检验和确认,通常设立官方的铸币厂为市场主体铸造货币并收取铸币税。在信用货币之前,国家权力没有介入货币或者对货币干预还不大的时候,货币作为价值尺度衡量商品价值的能力来自于货币的自身价值。① 商品货币下市场主体平等地行使货币权力,货币权力与货币权利没有实质的分离。市场交易者既是货币权力的主体,也是货币权利的主体,他生产供应货币或将其从流通中撤离的货币权力的行使,影响着货币数量变化和物价的波动,实际上也对他自己的货币权力造成影响。市场的根本作用在于协调各种要素的供需,如果没有货币的使用,就无法发挥市场的基础作用。只有借助使用货币,才能比较商品在各种不同用途下的边际效用。只有以货币为衡量标准,才能更清晰地分析比较当前商品与未来商品之间的价值差异。② 但是随着不可兑换纸币作为信用货币的出现,国家信用成为被普遍接受的货币价值。从表面上来看,纸币是由国家强制推进而被民众接受的,但事实上,如果纸币缺少了国家信用的保证,很快就会因没有货币价值而遭到人们抛弃。在国家信用成为货币价值后,享有货币发行的垄断权的政府可以更容易地通过对货币数量的调节达到保持币值稳定,促进经济发展的目的。相较于对普通商品的垄断,货币的垄断更容易使每一个人的财富遭到剥夺。因为政府享有的货币权力可以达到改变货币的数量和货币购买力的效果,进而影响货币的市场价值。信用货币条件下,政府通过垄断货币发行与实行货币政策的权力,改变了货币的权力结构,由于缺乏对政府货币权力的规范和制约,信用货币下货币属性常常被破坏。一方面,信用货币的本质属性与之前的货币形式仍然是相同的,要求人们的普遍接受;另一方面,发行货币与控制货币数量的货币权力则由政府及其相应机关掌握。货币权力的主体与货币权利的主体不再重合。随着市场的发展、交易的深化与社会原子化,个体更加强调独特性,它的分立和孤独状况愈加明显,个体间的沟通和社会的整合更需要超个体的力量。这种趋势下,国家或政府的权力越来越庞大,它与个体间的力量悬殊也愈来愈大。当代各国都出现了强大的中央政府,这也是与市场经济的发展相伴的,虽然不能说市场经济必然导致强权的政府,但政府对市场经济各个方面的重大影响是客观存在的。市场

---

① See M. Shubik, D. Smith, Fiat Money and the Natural Scale of Government, Cowles Foundation Discussion Paper No. 1509 SSRN Elibrary, 2005, p. 4.

② 参见〔奥〕米塞斯:《货币、方法与市场过程》,戴忠玉等译,新星出版社2007年版,第68页。

主体丧失了生产供应货币的权力,货币的数量与货币政策由政府行使,货币权力面临政治因素的严重影响,货币常常成为政府获取短期目标的工具,而由市场和个人承受其不利后果。信用货币改变了货币各主体间的力量对比关系,使得权益、损失、权力与责任的分配不均衡,商品货币下市场调节的具有一致性、连续性和可预测性的货币秩序遭到破坏。因而,如何实现政府控制货币垄断权的情况下的货币价值稳定便成了现代宪法性难题。

将货币权力与宪法的关系的讨论仅仅停留于文本宪法层面显然是不够的。只有将对货币权力的限制上升为合理的制度制约才能够实现真正的权力控制。这就要求建立一整套以货币宪法为基础而设计出来的法律规则体系并使之有效运行。究其根本,之所以需要在宪法层面规范货币权力,就是因为当政府控制了货币权力之时,会因为政府的利益而滥用货币权力引发通货膨胀,进而侵害公民个人权利,造成公民个人权利和国家权力之间的冲突。这种冲突的解决必然是一个宪法问题。货币权力的行使是一个动态的过程,只有在宪法的框架下建立有效的宪法监督机制监督货币权力的行使,才能实现公民个人权利和国家权力之间的平衡。既然对货币权力的限制是一个宪法性问题,那么它就应该具有以下几个层面的属性:一是货币权力的配置以货币宪法的存在为前提;二是货币宪法以限制政府的货币权力及与货币权力相关的权力为内容;三是货币宪法的根本目的就是保障公民的财产权不被侵害;四是货币宪法的实施需要以货币宪法为前提的法律规则体系的有效运行为保证。

二、美国货币权力宪法配置的经验与教训

(一)美国货币权力宪法配置的基本发展史

美国货币权力的形成、模式选择与机制塑造经历了一个复杂、曲折的历史过程,充分反映了美国市场经济体制构建的过程和联邦与地方经济权力的配置过程。货币权力作为国家经济权力中的重要组成部分,对经济发展和个人权利的影响极大。美国以货币宪法为基石,建立了以货币权力协商制衡为核心内容的货币宪法体制。从历史发展的角度来看,美国货币宪法的轨迹呈现为:以货币权力配置为主线,以 1787 年《联邦宪法》和 1913 年《联邦储备法》为标志,经历了形成、运行、变革三个历史阶段,实现了货币权力的配置从分散到形式集中、从形式集中到实质集中、从实质集中到协商制衡的宪法配置转型。在每个历史发展阶段,因为主要矛盾的不同,每个发展阶段又有不同的主题。在主权国家尚未建立之时,因货币权力而产生的主要矛盾在于如何将分散配置于不同主体间的货币权力收归联邦政府享有。《联邦宪法》生效后,货币宪法进入运行阶段,这一时期

的主题是如何在宪法框架下实现对联邦货币权力的限制和保障公民的个人权利,货币宪法斗争的焦点在于确定货币本位制和建立中央银行两大货币事件。联邦储备系统成立后,一定程度上打破了传统三权制衡的权力配置模式,联邦储备系统与总统、国会就有关货币权力行使问题开始进行协调,并由此形成了货币权力宪法配置的协商制衡模式。

1. 货币权力主权化阶段

早在英国殖民时期,英王对北美殖民地的货币发行享有当然的权力并严格控制殖民地的金属货币量。在1663年以前,英国禁止任何硬币流向北美,而殖民地不得阻止贵金属出口英国。[①] 殖民地商品经济的快速发展和交易总量的日益增长与有限货币量之间的矛盾不断凸显,为解决货币短缺问题,1652年马萨诸塞州私设铸币厂,铸造含银量低于23%的硬币投入贸易,但斯图亚特王朝复辟后国王取消了该州的铸币权。1690年以后,一些州开始发行纸币或取款凭证,这引发了大幅度的通货膨胀。为严格控制殖民地的货币发行权,1764年9月1日英国国会通过了《货币法案》,禁止所有殖民地发行货币并明确否认纸币的法定货币地位。与此同时,英国政府出台了严禁殖民地走私贸易的相关规定,以断绝北美商人获得金属货币的途径。上述措施使北美殖民地经济遭受重创,南部种植园主因无法用贬值的法币偿债而纷纷破产;北部从事走私贸易的商人、造船主都因信用萎缩而无法经营,水手、渔民纷纷失业,农民因无法偿债而濒于破产。[②] 英国政府的做法进一步激化了北美殖民地与英国之间长期存在的经济矛盾,使美国独立战争爆发。在独立战争爆发不久后召开的第二届大陆会议上,各州代表起草了宪法性文件《邦联和永久联合条例》,简称《邦联条例》。该条例中关于货币权力的配置问题规定,邦联政府和各州分别享有合众国的铸币权、货币管理权和纸币发行权等权力。独立战争期间,第二届大陆会议以发行大陆币方式筹集战争经费,各州也积极效仿,大量发行纸币,最终引起恶性通货膨胀。但根据《邦联条例》,邦联议会只有管理铸币成色和币值的权力,而没有禁止各州铸币和发行纸币的权力,邦联政府没有向各州公民直接征税的权力,而这又间接地削弱了邦联政府的货币权力。战后的一段时期,由于各州不断增发纸币,从而导致货币严重贬值,为避免贬值的纸币流入,一些州开始限制与其他州的贸易往来,使经济遭受严重打击。[③] 1787年在费城召开制宪会议,会议把原来的邦联制

---

① 参见〔美〕柯蒂斯·内特尔斯:《美利坚文明的渊源:北美殖民地生活史》,阿普尔顿一世纪-克劳夫茨出版社1963年版,第263页。
② 参见〔美〕加里·M.沃尔顿、休·罗考夫:《美国经济史》(第10版),王珏等译,中国人民大学出版社2011年版,第139页。
③ 参见〔美〕吉尔伯特·C.菲特、吉姆·E.里斯:《美国经济史》,司徒淳等译,辽宁人民出版社1981年版,第149页。

改为联邦制并制定了美利坚合众国宪法。新制定的联邦宪法明确规定：货币权力属于国家主权性质，国家货币权力由国会享有，任何一州都不得铸造货币、发行和使用金银以外的任何物品作为偿还债务的货币。联邦制下的国会享有完全的货币权力，包括铸造货币、确定金属货币成色和本位制及厘定外币等权力，这些权力不受各州政府的限制。新宪法还规定，联邦政府享有国家主权，财政权、税收权、货币权和举债权归国会行使。美国第一部宪法的相关规定对于美国货币权力的形成及其性质与功能定位具有深远的历史影响，具体表现在以下几个方面：

一是完成了货币权力主权化的法律界定，把货币权力明确归为国家主权范畴，第一次确立了货币权力的主体是国家，而不是地方政府，这是美国人经济法律观念的一次历史性升华。

二是把铸币权和纸币发行权授予联邦议会，使美国形成统一的货币和稳定的币值，从而为美国形成统一的国内市场奠定了必要基础。

三是赋予国会"厘定外币价值"的权力，意味着国会有权调整外币与美元的价值比，使外币与美元的价值标准相对应，从而保证联邦体制内各州货币兑换价值的稳定。

四是国会拥有征税权和举债权，为国家有效行使货币权力和保持财政稳定提供了重要保证。

2. 构建货币权力体系阶段

在联邦宪法生效后，美国政府开始按宪法精神和对货币权力的相关规定构建新的货币体系，这一过程既是一个实践过程，也是一个充满激烈争论、利益博弈和不断修正与完善的过程。货币体系的基础是首先要确定货币本位制和货币单位。1792年美国国会通过了《铸币法案》，该法案接受了亚历山大·汉密尔顿主张实行金银复本位制的提议和托马斯·杰斐逊以美元（dollar）为基本货币单位的提议，把黄金白银的实际兑换比例确定为15∶1，采用十进制货币系统。但1836年以后银圆一直未进入流通领域，国会于1873年通过新的铸币法案，改金银复本位制为金本位制。但在1873年到1900年期间，美国的相关利益集团，特别是白银供应商积极游说政府和国会，要求恢复金银复本位制，其中1878年《布兰蒂-埃里森法案》在被总统否决后在国会强行通过，恢复了金银16∶1的兑换比率并要求财政部每月购买200万—400万美元的银币投放市场。1890年国会通过《谢尔曼购银法》，要求政府增加购买白银的同时，使用可以被持有人自由兑换白银或黄金的钞票。1900年支持金本位制的共和党人当选总统，随即颁布《金本位制法》，复本位制被正式废除，黄金成为美国的唯一价值标准。在实行金本位制期间，美国曾在南北战争期间进行了建立信用货币制度的尝试，即发行不与黄金直接挂钩的法定货币。为筹措战争经费，北方政府以发行国债——"绿钞"（因背面印成绿色而得名）来募集资金，林肯总统于1862年批准法定货币法案，认定绿钞为法定货币并允许发行和流通。政府发行的绿钞没有预留相应的黄金储备作为支撑，也没有宣告绿钞何时可以用金属赎回，只是承诺将以政府所有的税收、内部关税、消费税、债务及所有属于联邦政府的每一种权力作为担保，以确保绿钞的流通性。内战结束后，一些经济学家建议应趁此机会建立信用货币制，使绿钞体制长久存续下去，但财政部长休·麦卡洛克持反对意见，国会否定了建立信用货币制度的建议，美国又重回金本位制。[1]

构建国家货币体系的核心问题是建立中央银行，但美国在建立中央银行问题上一开始就存在很大争议，这种争议既有法律层面的，也有利益层面的。1790年亚历山大·汉密尔顿向国会提交了《关于建立联邦银行的报告》，主张建立第一合众国银行，以管理财政和支持公共信用为宗旨，行使铸造货币和提供贷款的权力，认为这样的银行可以提高资本流通速率，可将有限资本投入到最需要支持的工商业，既能促进经济发展又能增加财税收入。但詹姆斯·麦迪逊和托马斯·杰斐逊等持反对意见，认为宪法没有授权国会建立银行，建立合众国银行妨碍州银行的自由发展，侵占了各州的经济自主权。南方种植园主、农民及其他小生产者也对建立第一合众国银行表示反对，他们要求实行宽松的货币政策，认为第一合众国银行坚持稳健信用政策不能满足他们低息贷款的要求。汉密尔顿的回答是：宪法虽没明确规定联邦有建立中央银行的权力，但建立中央银行是国家执行财政政策和行使货币权力的有效方式，符合宪法精神，且对风雨飘摇中的美国经济崛起大有裨益。汉密尔顿最终说服了华盛顿，国会批准成立第一合众国银行，但规定存续期仅为20年，是否延期再由国会决定。1811年，第一合众国银行因特许状未能续发而宣告终结。1812年，美英战争爆发，美国又一次陷入战争资金短缺的困境，是否应建立国家银行来挽救危局再次成为焦点。虽然银行业较为发达的东北部很多州表示反对，但包括时任总统的麦迪逊等原来反对建立中央银行的人转而支持建立第二合众国银行，最终国会通过了建立第二合众国银行的议案。设立第二合众国银行的宗旨是：为政府提供特殊设施，作为公款的保管处、收取者和支付者并调控货币等。然而，第二合众国银行成立后却积极参与地方信贷业务，与各州银行形成了一种竞争关系，各州银行纷纷采取措施进行反制，而第二合众国银行也不甘示弱。结果，第二合众国银行的成立非但没有使经济好转，反而酿成了更严重的经济危机。1832年杰克逊总统上台后否决

---

[1] See United States Notes, John Joseph Lalor, Cyclo-paedia of Political Science, and Political Economy, and of the Political History of the United States, Rand McNally & Co, Chicago, 1881.

了关于第二合众国银行特许经营续期的提案,第二年又把联邦政府在第二合众国银行的存款全部提出,使其实力遭受重创并终于在 1836 年解散,此后联邦政府基本放弃了对银行业的监督管理权,美国进入了近 27 年的"自由银行"时代,这也是货币市场一片混乱的时代。

南北战争爆发后,政府必须要担负起维护货币价值的统一和稳定的责任,时任财政部长蔡斯于 1863 年 1 月 26 日向参议院提交了旨在"提供全国通货"的法案,该法案未受到强烈反对,总统于 2 月 25 日签署通过了《国民通货法》。1864 年 6 月,国会在对《国民通货法》稍作修改的基础上通过了《国民银行法》。该法放弃了第一、第二合众国银行时期的中央集权式管理模式,转而采用双重银行体系的方式建立国民银行体系,以起到类似中央银行的作用。在这一体系下,财政部下设"货币监理署"对银行业进行统一监管,保证全国性货币的发行。各国民银行需用其资本额的 1/3 购买政府债券,并把这些债券作为保证金存放于财政部,然后按这些债券面值的 90% 领取由财政部印制的钞票来发行。[①] 1863 年 3 月国会通过立法,对州银行发行银行券征收 10% 的税,一方面诱使各州银行加入国民银行体系,另一方面限制州银行的纸币发行量,这样联邦政府取得了管理国民银行钞票发行的权力,美国历史上第一次出现了统一的国家货币。然而,《国民银行法》的实施未能建立起真正意义的中央银行,因为税收促使州银行加入国民银行体系不具强制性,仍有相当数量的州银行不断扩展业务并保持旺盛的生命力,最终形成了延续至今的双重银行体制。另外,该法授予财政部设立"货币监理署"并具有一定的货币创造能力,而这项权力本应属于中央银行。

3. 危机与新政推动货币权力机制重塑阶段

1907 年的经济危机直接导致美国政府产生了放弃国民银行体系的想法,1913 年威尔逊总统签署通过了《联邦储备法案》,成立联邦储备系统,负责发行联邦储备券。与国民银行体系相比,联邦储备系统算得上是一个真正的中央银行,是具有一定独立性的货币金融决策机构,其货币发行权又受到合理制约,既不受个别集团的控制,又能全面客观地考虑到各方利益。联邦储备系统由联邦储备委员会和 12 个联邦储备银行构成。联邦储备委员会的七名委员由总统提名、参议院批准,任期 14 年,每两年任命 1 位,退出 1 位,从而可以不受总统影响。财政部长和货币监理署长是当然委员。凡符合条件的州银行可自愿申请加入联邦储备系统。然而,联邦储备系统仍然缺乏强大的、必要的货币管理权,地方储备银行各自为政,在危机时期不能发挥最后贷款人功能,因而在 1929—

---

① 参见关绍记:《美国银行制度的改革和联邦储备体系的建立》,载《山东大学学报(哲社版)》1998 年第 1 期。

1933年大萧条时期未能有效地起到遏制经济危机恶化和蔓延的作用。于是，罗斯福总统推动并签署《1935年银行法》，对联邦储备系统结构、机制和权力配置进行改革，具体内容包括以下几个方面：一是规定财政部长和货币总监不再兼任联储委员会成员，以保证联储委员会独立于财政部；二是各联储银行董事会选举的主席、副主席，必须得到联储委员会的批准，确立了联储委员会的权威性，使各联储银行能够听从联储委员会的指挥；三是联储委员会掌握了公开市场业务的决策权和调整准备金率的权力。此次改革使联储委员会获得真正意义上的货币管理权和国家货币政策的决策权，打破了私营金融的垄断和政府对货币金融体系的控制和干预，使美联储成为名副其实的中央银行，这是美国货币权力的重新配置、货币管理机制的重新塑造、中央银行功能的最终定位。然而，在货币管理的实践中，财政部对美联储的影响却无时不在。1951年2月26日，杜鲁门总统召开财政部长、美联储委员会主席、战时动员委员会主席和总统经济顾问委员会主席参加的跨部门会议，协商美联储与财政部的关系，最后美联储与财政部达成谅解协议：在未来的债务管理和货币政策制定上，财政部长和美联储主席将在平等协商基础上共同制定政策。至此，美联储才在制度上摆脱了财政部的约束，与财政部平等对话，成为联邦政府中具有独立地位的机构。

美国货币权力的演变虽然曲折复杂，但核心内容和本质问题主要集中于以下四个方面：

一是在殖民地时期各州向英国当局争取货币主权，即争取把货币权力控制在自己手中，从而把经济命运掌握在自己手中，这一诉求随着独立战争的胜利实现了。事实证明，政治上没有主权就不能实现经济独立和货币主权化。

二是集权模式和分权模式之争。联邦政府主张货币发行权、监管权应由国家操控，而银行业发达的州和相关利益阶层则主张由各州来操控货币权力，最终结局是集权模式占了主导地位。

三是国会与政府关于货币权力的博弈。由于历史和政治原因，在相当长的时期内美国的货币权力一直操于国会之手。经过改革和演变，政府最终成为货币权力实际掌控者，但受到国会的合理制约。

四是政府内部的权力配置和美联储争取独立性的变革。虽然美联储作为央行属于政府部门，但它在业务上一直受制于财政部，在人事关系上受制于政府和国会。经过改革和协调，美联储最终获得了独立地位并理顺了与财政部的关系，从而使它能够成为美国货币政策的真正决策机构。美国货币权力的机制主要体现在三个方面：一是美联储实施货币权力的机制。它主要是通过控制美联储银行体系、通过利率、贴现和准备金杠杆控制商业银行体系和公开市场业务等，来执行自己的货币政策。二是美联储自身也受到相关机制的约束，如发行货币要有相关的发行准备,即把它的资产,包括国债、证券、票据等作为发行准备;制定货币政策应与财政部对等协商,定期向国会报告金融政策和各种重要问题;政府有权对美联储进行审计和审查等。① 三是美联储的独立性也是靠相应机制塑造的,如人事任命制度形成的独立性;经营资金不靠政府拨款,而靠自己的国债和证券组合获得的利息收入;有发行纸币的权力,但不为财政赤字和国家债务买单;有认购国债的权力,但没有必须购买的义务;在制定货币政策时可与财政部协商,但最后决策者仍是美联储。

美元国际地位的确立与二战后美国强大的经济实力和军事实力密不可分,与此同时,我们也不能否认美国宪法制度对美元确立霸主地位的影响也是持久而深远的。美国在制定1787年宪法时将货币与货币权力内容写入宪法,预示着将货币权力纳入联邦宪法框架内加以配置和限制,这是货币权力良性行使的基础。在联邦三权分立的宪法模式下,货币权力的宪法配置最终演变为联邦储备系统与总统、国会、最高法院共同构成的协商制衡模式,使美国可以更加从容地面对世界货币市场的风云变幻,奠定了美国货币权力向国际扩张的宪法基础。

(二) 美国货币宪法史的启示

1. 货币与货币权力入宪是货币市场良好运行的基石

1787年美国人将货币与货币权力相关内容写入宪法,成为人类历史上第一部涉及货币权力内容的成文宪法。随后,以联邦宪法为起点,美国人民开始了长达160多年的货币宪法性斗争。二战结束后,美元逐渐崛起并雄踞世界霸主地位至今。货币与货币权力宪法化功不可没。

货币与货币权力入宪宣告货币主权,这对美国来说尤为重要。北美殖民地时期,北美大陆的货币发行权由英国国王享有,殖民地毫无货币主权可言。奉行重商主义的英王更是对殖民地长期施行严格的金属货币管制,殖民地金属货币异常短缺,经济因此发展异常缓慢。各殖民地发行纸币缓解"币荒",刺激经济发展之后,英国为了偿还战款禁止在殖民地发行纸币,殖民地的经济因此一落千丈。邦联成立后,各州享有独立的货币权力,邦联会议的货币权力形同虚设,通货膨胀严重。在货币主权缺失的情况下,建立货币体制无从谈起,经济秩序混乱不堪。摆脱了英国殖民统治的美国人,为了将经济命运牢牢掌握在自己手中,联邦宪法中将货币权力设定为只有国会享有的具有国家主权性质的权力,各州不再拥有货币权力。这是人类历史上第一次将货币主权以文本的形式展现在世人面前。

---

① 参见陈宝森:《当代美国经济》,社会科学文献出版社2001版,第300—301页。

货币与货币权力如何入宪是人民民主选择的结果。谢斯起义在持续了5个多月后,各州决定在费城召开会议修改《邦联条例》来挽救刚刚成立不久的国家政权。在长达116天的制宪会议过程中,来自各州的代表针对各宪法提案进行激烈讨论,在敲定宪法草案后,又对宪法草案进行逐条逐句的斟酌和表决,最终制定了《美利坚合众国宪法》。随后宪法进入生效程序,在全国范围内宣传宪法精神和内容。各州分别对是否批准宪法生效进行讨论并作出决定。1788年,宪法在获得九个州同意后生效,随后其他四州也批准宪法生效。由联邦宪法的制定和生效过程我们可以看到,这是一部充分尊重人民意愿的、人民高度参与的通过民主程序产生的宪法,宪法内容能够反映人民最真实的意愿。由此可见,通过宪法制度对货币及货币权力加以规范是人民民主选择的结果。

美国的宪法体制发展从来都与经济发展有着密切的关系。美国联邦宪法的起源主要是为了促进北美地区的经济发展,以更有效地保障私有产权,防止各州政府破坏契约义务,遏制贸易歧视和地方保护主义的倾向。[①] 货币权力的宪法配置制遵循有限原则。联邦宪法主要涉及铸币权、厘定外币价值、纸币发行权、国债发行权等与货币相关的权力。铸币权授权给国会,为美国形成统一的货币市场奠定了必要基础。赋予国会厘定外币价值的权力,意味着国会可以通过调整外币与美元的价值比来实现联邦体制内各州货币兑换价值与美元汇率的稳定。国会享有国债发行权为关键时刻国家有效行使货币权力提供了重要保证。将国会是否拥有纸币发行权留白,为未来可能出现的货币危机预留了回旋的空间。概括来讲,货币权力归国会享有。但是在三权分立的宪法体制下,货币权力与一般国家权力无异,国会在行使货币权力时要受到来自总统和最高法院的制约。总统可通过人事任免、货币政策执行以及议案否决等手段影响货币权力的行使。最高法院则可通过判例的形式对国会或总统有关货币权力的行使或影响作出符合宪法精神的判断。货币权力在立法权、行政权和司法权之间独立且相互制约的权力配置方式,保证了货币权力的行使符合美国人民和国家的利益。

2. 货币权力宪法配置的不断修正以应对货币市场变化

美国联邦宪法既非神授也非"在一定期限内由人类的智慧和决心写出来的最伟大的作品",而是一部切实可行的文件。它被人规划来满足某些迫切的需要,并被人修改以适应意外情况,它漂浮在经济繁荣的海洋之上,它又被足智多谋而有政治头脑的人民改编以满足两百多年来变化着的需求。在富有生命力的联邦宪法的原则之下,美国人总是可以找到解决货币难题的办法。

---

① 参见张千帆:《宪政、法治与经济发展:一个初步的理论框架》,载《同济大学学报(社会科学版)》2005年第2期。

遵照联邦宪法的规定,财政部长汉密尔顿向国会提交建立金银复本位制的议案,并获国会通过。但是,问题也随之而来,由于金银价值比的不断变化以及金属货币的短缺,在随后的百余年里,但凡货币市场发展变化都会在国会掀起一股关于货币本位制之争。货币法案通过不久,就曾因黄金与白银价值比的不断变化而数次修改法案,却仍然避免不了"劣币驱逐良币"的发生,造成金属货币外流。南北战争时期又因是否应该发行"绿币",以及"绿币"是否应该退出货币市场而发生争论。这就是著名的"绿币运动"。值得一提的是,这一时期发生的系列"绿币案"中,联邦最高法院最终以司法判例的形式确认了国会发行"绿币"的合宪性,维护了货币金融市场的稳定。"绿币运动"尚未结束,"白银运动"又悄然登上政治舞台。"白银党"在国会中积极要求修改法律以恢复金银复本位制,而这一斗争因反对"白银运动"的麦金莱赢得总统大选而告终。总统对企图恢复金银复本位制加以否定,并很快促成了《金本位法》的生效。每次发生货币本位制危机时,美国政治家们都可以在宪法原则之下,找到解决货币市场的权力斗争的办法。

早在制定联邦宪法时,起草者并没有对建立国家银行的意义予以充分认识。联邦国家建立后,围绕是否建立国家银行问题掀起了激烈的宪法性斗争。筹备建立第一银行时,关于建立全国银行是否符合宪法精神就成为各方争论的焦点。最终汉密尔顿运用暗含理论对全国银行的合宪性作出了解释,获得了总统及多数人的赞同,赢得了胜利。第二银行成立后,其合宪性仍然被质疑。联邦最高法院在马卡洛诉马里兰州案中再次运用暗含权力的理论,从司法审判的角度肯定了第二银行存在的合宪性。但是,随着第二银行业务进入快速膨胀期,第二银行触犯了更多利益方,针对它的反对声音日益高涨。尽管第二银行在统一和管理货币金融市场上发挥了巨大的作用,但终因总统否决第二银行议案而未能获得续期许可。随后美国进入放任管理的自由银行阶段。尽管内战爆发后,为了筹集资金建立了国民银行体系。但是与第一银行和第二银行相比,国民银行松散的管理模式并没有从根本上改变原有的自由银行制度,根本无法应对频繁发生的金融危机。货币权力在宪法框架内运行和管理,保证了货币政策始终朝着正确的方向发展,虽然过程会有曲折,甚至倒退,但不至于偏离正确的轨道太远。1907年金融危机爆发之后,美国人终于找到了解决货币本位制和国家银行之争的办法。1913年《联邦储备法》出台,联邦储备系统应运而生。从某种意义上来说,《联邦储备法》是宪法性斗争的直接产物。它是民主党和共和党政治妥协的产物,是政府力量与私人力量谈判的结果。在美国联邦体系的分权与制衡模式中建立起来的结合了公共与私人利益的中央银行,以其巧妙的制度设计为美国货币的迅速崛起铺平了道路。

历史上，美国尝试建立第一银行和第二银行的失败，说明建立中央银行系统的障碍主要来自两方面：一方面是各州不愿让渡州权力归联邦所有，另一方面是来自金融垄断可能损害公共利益的担忧。前者是联邦宪法生效以来一直争斗不休的问题，后者则是涉及如何限权的问题。为了争取更多的政治力量支持，联邦储备系统借鉴了联邦制结构，被设计成一个分散的中央银行系统。联邦储备系统由联邦储备理事会和12家储备银行共同构成。分散在全国的12家储备银行代表各州利益，可以相对自主地处理地区事务。联储理事会则负有监督储备银行的责任，对储备银行行为构成制约，在提高效率的同时保证权力的有效行使。同时，联储理事会内部由7名理事构成，他们均由总统任命并经国会确认，保证国会可以对联邦储备系统施加影响，达到限权的目的。

从货币权力的宪法配置层面来讲，作为美国中央银行的美联储在业务上一直受制于财政部，在人事关系上受制于政府和国会。随着美联储体制改革的完成，人事任命制度的完善，经营资金不受制于行政权等措施保证了美联储的独立地位。经过改革和协调后的美联储最终获得了独立地位并理顺了与财政部的关系，使其能够成为美国货币政策真正的决策机构。获得独立地位的美联储可以通过利率、贴现率和准备金杠杆控制商业银行体系和公开市场业务等，保证了美联储货币政策的有效实施。但同时美联储自身也受到相关机制的约束，例如美联储行使货币发行权需对国会负责，将国内通货膨胀率维持在较低的水平是美联储的重要目标；美联储在制定货币政策时应与总统及财政部协商；政府还有权对美联储进行审计和审查等等。这些措施使美联储在行使货币权力时会受到足够的制约，从而实现权力的限制和公民权的保护。

3. 货币权力配置直接影响美元的国际影响力

货币权力是国家法律所赋予的一种金融权力，货币权力的基础是商品交换和市场经济，商品到达哪里，市场经济扩展到哪里，货币权力就延伸到哪里。当一国货币跨出国境成为世界货币时，就取得了国际货币权力的地位。[①] 19世纪末，美国已变成世界上最强大的国家。伴随着1913年美国建立联邦储备制度，发行联邦储备券，美元正式开启了走向世界货币之路。

从时间上来看，美国货币权力向国际扩张是在其国内货币权力宪法配置结束之后发生的。1944年7月44个国家签署了《布雷顿森林协定》，规定美元与黄金挂钩，1盎司黄金＝35美元，其他国家的货币与美元挂钩，形成了以美元为中心的国际汇率机制和货币体系，美国的货币权力得到世界认可，美元霸主地位从此确立。从权力行使来看，美国国内货币宪法的斗争经验为美国应对世界货

---

① 参见王泽群：《美国"货币权力"的经济学考察》，载《求是学刊》2014年第3期。

币的市场变化提供了宝贵的经验。美联储的成立使美国拥有了从容应对世界货币市场变化的调节工具。通过美联储执行的货币政策不但是调节美国宏观经济的主要杠杆,也对世界经济产生直接影响。除了货币政策,美国还应用汇率政策、国际信贷政策、虚拟经济政策以及跨国投资等方式影响世界经济。货币权力的合理配置是美元走向国际的保证,而美元的特殊地位又进一步加强了美国对国际货币权力的控制。

三、货币权力宪法保障的中国实践

(一) 我国历史上的货币制度及中央银行制度

近代中国历史上正式颁行的宪法主要有北洋政府时期的1923年《中华民国宪法》和国民政府1947年颁布的《中华民国宪法》。另外,1912年《中华民国临时约法》和1931年《中华民国训政时期约法》也是重要的宪法性文件。在上述四部宪法性文件中,除了《中华民国训政时期约法》未涉及货币权力配置及中央银行制度的问题,其他三部宪法或宪法性文件均将货币权力的配置集中于立法机关。如1912年《中华民国临时约法》第19条第3项规定参议院有"议决全国之税法、币制及度量衡之准则"的职权;1923年《中华民国宪法》第23条第7项规定"币制及国立银行由国家立法并执行之";第25条第7项则规定"省银行由省立法并执行,或令县执行之";1947年《中华民国宪法》第107条第9项规定"币制及国家银行由中央立法并执行之";第108条第5项则规定"银行及交易所制度由中央立法并执行之,或交由省县执行之"。此外,与货币或银行制度相对应的是,在前三部宪法性文件中对人民财产权利的保护均作了明确规定:1912年《中华民国临时约法》第6条第3项规定"人民有保有财产及营业之自由";1923年《中华民国宪法》第13条规定"中华民国人民之财产所有权,不受侵犯;但公益上必要之处分,依法律之所定";1947年《中华民国宪法》第15条规定"人民之生存权、工作权及财产权应予保障",且第23条规定"以上各条列举之自由权利,除为防止妨碍他人自由、避免紧急危难、维持社会秩序、或增进公共利益所必要者外,不得以法律限制之"。与以上三部宪法文件不同,1931年《中华民国训政时期约法》不仅没有规范国家确立币制的权限,也未明确提出保护人民之财产权(仅以第19条规定人民依法律得享有财产继承权),反而以三个条文强调人民之财产权需接受法律和公共利益之限制。1931年《中华民国训政时期约法》的第16条规定"人民之财产,非依法律不得查封或没收";第17条规定"人民财产所有权之行使,在不妨害公共利益之范围内受法律之保障";第18条规定"人民财产因公共利益之必要,得依法律征用或征收之"。①

从以上四部宪法或宪法性文件的相关条文可以看出,在宪法层面对货币权力进行配置、中央银行制度、财政制度乃至财产制度进行规范和调整是规范性宪法或宪法性文件的标配。在上述四部宪法或宪法性文本中,对货币、财政、金融等权力未作具体规定的1931年《中华民国训政时期约法》本身也是一部以专制独裁为特色的宪法性文件。该部宪法性文件的第30条规定:"训政时期由中国国民党全国代表大会代表国民大会行使中央统治权";第72条规定:"国民政府设主席一人,委员若干人,由中国国民党中央执行委员会选任,委员名额以法律定之";第85条规定:"本约法之解释权,由中国国民党中央执行委员会行使之"。这些具有典型以党代政色彩的内容本身就决定了这是一部缺少合法性基础的宪法性文件,也必然难以得到民众的推崇,真正推行实施就无从谈起。然而遗憾的是,在民国时期的特殊的历史环境下,其他三部宪法或宪法性文件也未能得到很好地推行。一名学者曾这样总结民国时期产生严重的通货膨胀现象的原因,他写道:"对财政预算和银行体系的行政控制,已证明是个最不健康的结合体。政府预算是由政治当权者操持,而不是由正当渠道选举出来的权威来加以严格审查、监督;中央银行被当作是政府的账房,从而其创造货币的能力不但不是国民经济的福星,反而成为祸根。在中国,政治当权者操有对财政预算和中央银行独裁统治的大权,而这些人对其所控制的经济能量的性质却一无所知。通货膨胀如脱缰之马而任其所之,政府的最后命运,早已注定。"②从某种意义上来讲,民国时期之所以会产生恶性通货膨胀并因此激发了严重的社会经济领域矛盾,也正是由于没有一部真正意义上的宪法所造成的。但是,从文本意义上来讲,1923年《中华民国宪法》、1947年《中华民国宪法》以及 1912年《中华民国临时约法》将货币权、金融权以及财政权以宪法或宪法性文本的形式予以确认不失为一个良好的开端。值得一提的是,在国民党败退台湾之后,1947年《中华民国宪法》作为台湾地区推行宪法体制的基础性文件被沿用至今。这足以说明在宪法层面对货币、金融以及财政权力进行合理配置是一部具有生命力的宪法所应该具备的基本要素。

(二) 新中国成立后我国货币制度及中央银行制度的变迁

自中华人民共和国成立后,第一届、第四届和第五届全国人民代表大会分别于 1954 年 9 月、1975 年 1 月、1978 年 3 月和 1982 年 12 月先后制定、颁布了四

---

① 参见卞修全:《近代中国宪法文本的历史解读》,知识产权出版社 2006 年版,第 171—235 页。
② 参见张公权:《中国通货膨胀史:1937—1949》,杨志信译,文史资料出版社 1986 版,第 240 页。

部《宪法》,此外还有一部临时宪法性文件《中国人民政治协商会议共同纲领》。其中,《中国人民政治协商会议共同纲领》第 39 条规定:"关于金融:金融事业应受国家严格管理。货币发行权属于国家。禁止外币在国内流通。外汇、外币和金银的买卖,应由国家银行经理。依法营业的私人金融事业,应受国家的监督和指导。凡进行金融投机、破坏国家金融事业者,应受严厉制裁。"现行的 1982 年《宪法》第 15 条规定:"国家实行社会主义市场经济。国家加强经济立法,完善宏观调控。国家依法禁止任何组织或者个人扰乱社会经济秩序。"第 89 条第 6 项规定:"国务院行使下列职权:领导和管理经济工作和城乡建设。"

此外,除了宪法层面对货币权力作了相应的规定,对货币权力及中央银行制度给予最详细规定的当属中央银行法。1986 年国务院颁布了《银行管理暂行条例》,虽然此法已于 2000 年被宣告失效,但是在一段历史时期可谓是我国的"中央银行法"。这部法律的第 3 条曾规定:"中央银行、专业银行和其他金融机构,都应当认真贯彻执行国家的金融方针政策;其金融业务活动,都应当以发展经济、稳定货币、提高社会经济效益为目标。"经过多年的实践总结和反复论证,全国人大于 1995 年正式通过了《中国人民银行法》,此法经 2003 年修订后成为真正意义上的更为有效的中央银行法。在该法中,多处对货币权力的配置及其相关问题予以规范。该法第 2 条规定:"中国人民银行是中华人民共和国的中央银行。中国人民银行在国务院领导下,制定和实施货币政策,防范和化解金融风险,维护金融稳定。"第 3 条规定:"货币政策目标是保持货币币值的稳定,并以此促进经济增长。"第 4 条对中国人民银行履行的具体职责加以罗列。① 第 5 条规定:"中国人民银行就年度货币供应量、利率、汇率和国务院规定的其他重要事项作出的决定,报国务院批准后执行。中国人民银行就前款规定以外的其他有关货币政策事项作出决定后,即予执行,并报国务院备案。"第 6 条规定:"中国人民银行应当向全国人民代表大会常务委员会提出有关货币政策情况和金融业运行情况的工作报告。"第 7 条规定:"中国人民银行在国务院领导下依法独立执行货币政策,履行职责,开展业务,不受地方政府、各级政府部门、社会团体和个人的干涉。"

从上述对我国与货币权力相关的宪法条款及法律法规内容的整理不难看

---

① 《中国人民银行法》第 4 条规定:"中国人民银行的具体职责主要有:发布与履行其职责有关的命令和规章;依法制定和执行货币政策;发行人民币,管理人民币流通;监督管理银行间同业拆借市场和银行间债券市场;实施外汇管理,监督管理银行间外汇市场;监督管理黄金市场;持有、管理、经营国家外汇储备、黄金储备;经理国库;维护支付、清算系统的正常运行;指导、部署金融业反洗钱工作,负责反洗钱的资金监测;负责金融业的统计、调查、分析和预测;作为国家的中央银行,从事有关的国际金融活动;国务院规定的其他职责。中国人民银行为执行货币政策,可以依照本法第四章的有关规定从事金融业务活动。"

出,对于货币权力配置的基本原则可以在宪法中间接找到。在宪法的下位法中央银行法中规定了关于货币权力配置的基本内容,单从规定的条文的数量来看还是相当可观的。

(三) 我国现行法律法规中的货币权力配置

1. 货币权力的归属

从宪法层面来看,国家享有经济立法权,但是具体的经济管理工作由国务院执行。《中国人民政治协商会议共同纲领》第39条明确规定了"货币发行权属于国家",具体的货币流通业务由国家银行经理。但是,在此后正式生效的《宪法》中并未将"货币发行权属于国家"这一内容予以明确。我们仅能从1982年《宪法》第15条规定"国家加强经济立法,完善宏观调控"的内容来推定货币方面的立法应属于国家,进而推定国家享有货币权力。而又由1982年《宪法》第89条规定"国务院领导和管理经济工作和城乡建设"的内容推定国务院享有对货币权力的行使权。综上所述,虽然现行宪法并未就货币权力的归属问题予以明示,但是我们仍能通过宪法条款的内容间接推断出我国的货币权力属于国家,货币权力的行使权归属于国务院。

从中央银行法的层面来看,国务院享有货币权力的行使权,中国人民银行是国务院行使货币权力的具体执行者。1986年颁布的《银行管理暂行条例》规定"中央银行、专业银行和其他金融机构,都应当认真贯彻执行国家的金融方针政策"。这一条款有两层含义,一是国家享有货币金融方面方针政策的制定权,二是中央银行与其他专业银行在贯彻执行国家的金融方针政策方面的职能是等同的,皆是执行国家金融方针政策的工具。从这一点来看,中央银行仅是政府机构货币政策的执行者,其主观能动性严重受制于政府机构。在随后制定的《中国人民银行法》中,中央银行的货币权力的归属和行使问题得到了进一步明确,中央银行的货币管理权力获得进一步扩大。按照《中国人民银行法》的规定,中国人民银行在国务院领导下,制定和实施货币政策,防范和化解金融风险,维护金融稳定。除年度货币供应量、利率、汇率和国务院规定的其他重要事项需报国务院批准后执行外,中国人民银行可就其余政策事项直接作出决定并予执行,仅需报国务院备案即可。

2. 货币权力的制衡

在分析我国货币权力的制衡问题时,首先应对我国货币权力的配置结构予以明确。就我国的实际情况来讲,货币权力属于国家,国务院享有货币权力的执行权,中国人民银行在国务院的领导下负责执行货币权力。由此可知,我国讨论货币权力的制衡问题主要就是讨论货币权力如何在全国人民代表大会及其常委会、国务院、中国人民银行以及其他相关政府部门或机构间如何达到权力制衡的问题。从《中国人民银行法》的具体规定可知,国务院对货币权力的执行具有决定权、领导权以及监督权。中国人民银行在制定和实施货币政策时受国务院的领导和监督。具体而言,中国人民银行在制定和实施年度货币供应量、利率、汇率和国务院规定的其他重要事项方面的货币政策时受国务院领导,而其在制定和执行一般货币政策时则要受到国务院的监督。而对于我国的权力机关来说,我国宪法仅规定了全国人民代表大会对国务院主要领导的任命和罢免权,但并未涉及全国人民代表大会对国务院执行货币权力情况是否享有审查权的内容,中国人民银行更无需对全国人民代表大会就有关货币政策情况和金融运行情况做出工作报告。全国人民代表大会常务委员会仅享有听取中国人民银行对有关货币政策情况和金融业运行情况的工作报告的权力,并未规定它享有表决权。但是,从1982年《宪法》第67条中有关全国人民代表大会常务委员会享有监督国务院工作的内容来看,国务院执行货币权力的工作内容理应受到全国人民代表大会常务委员会的监督。因此,在我国现行货币权力配置框架下,中国人民银行的地位得到进一步提高。有研究者通过理论模型和计量数据分析证实了一个独立的中央银行能够避免过分的货币扩张而保持物价的相对稳定,并且证明:"在1995年《中国人民银行法》颁布后,中央银行独立性的大幅度提高确实对抑制通货膨胀起了积极的作用。"[①]相较于其他政府机构而言,中国人民银行在制定和执行货币政策时具有更强的独立性,不受其他政府机关、地方政府和国有企业或个人的干涉。

总而言之,在我国现行货币权力配置体系下,货币权力的行使呈现以国务院为主导,中国人民银行负责具体执行,全国人民代表大会及其常委会适当监督的特点。

(四) 我国现行货币权力配置体系下存在的问题

1. 货币政策目标设定不清晰容易导致权力滥用

《中国人民银行法》第3条规定:"货币政策目标是保持货币币值的稳定,并以此促进经济增长。"从价值判断上来讲,将货币政策目标设定为"保持币值稳定"是无可厚非的事情,也理应是每个国家的货币政策制定者和执行者应该坚持的最高准则。但是从衡量政府行使货币权力的行为与保持货币币值稳定的货币政策目标是否相一致的角度来讲,仅有《中国人民银行法》的第3条规定显然是

---

① 参见高远、王世磊:《中央银行独立性、收入不平等与通货膨胀——来自中国的实证检验》,载《当代经济科学》2005第3期。

不够的。如何稳定一个国家的价格水平和通货膨胀程度是一个极其复杂的问题,各国比较通常的办法是使用生活消费品物价指数(CPI)来衡量一国的币值稳定情况。但是在我国现行法律法规的规定下,是无法找到使用生活消费品物价指数来衡量我国币值稳定情况的法律依据的。在没有稳定标准的情况下,衡量货币政策是否达到保持货币币值稳定的目标只能是一种价值判断,而一个价值判断的结果往往会带来更多的问题。

首先,价值判断的标准是多样性的,而货币价值的衡量本身具有极高的复杂性,这使得对货币政策最终执行情况的评价容易出现偏差。这也是为什么政府对货币政策的执行情况的判断和公民的主观感受之间出现较大差异的一个重要原因。其次,货币发行权及货币政策的调控和行使本身具有一定的复杂性和隐蔽性。相较于其他政府行为而言,一般公民对于货币权力的行使更缺乏必要的参与和公开的讨论。在此种情况下,再加之对货币政策目标的完成情况缺少科学合法的有效说明,会使政府的公正性和权威性受到质疑。最后,货币权与财政权天然地具有千丝万缕的联系。在我国货币权和财政权均由国务院统一领导和监督的现实情况下,政府在通货膨胀中将会获得更多的经济利益。在缺少对货币政策目标实现程度有效衡量机制的情况下,政府将更容易倾向于通过牺牲货币政策目标的手段来攫取更多的政治和经济利益。综上所述,单纯地规定"货币政策目标是保持币值稳定"是无法达到真正的立法目的的,只有通过以立法的方式确立稳定通货膨胀指标的选择标准的法律程序才能解决目前的困境。

2. 中央银行独立性的欠缺影响货币政策的制定和实施

中央银行的独立性能对币值稳定带来明显效果,众多经济的实证分析对此予以了证明。独立的央行可以避免政府对货币的操纵,保障适用规则化的货币政策。[1] 变动的政策由于时滞会导致积极的反周期政策,从而发挥不了货币政策的预期作用;独立的央行不受政治压力干扰可以采取稳定的规则向市场保证币值的稳定,从而保证了经济政策的一致性。[2] 大量的实证研究都支持央行独立性越高,通货膨胀率越低。[3] 独立的央行对通货膨胀有明确的抵制作用,同时,货币政策需要独立的央行以保障其效果。《中国人民银行法》中关于中国人民银行地位问题的规定为:"中国人民银行在国务院领导下制定和实施货币政策,防范和化解金融风险,维护金融稳定。""中国人民银行就年度货币供应量、利

---

[1] See M. Friedman, A Monetary and Fiscal Framework for Economic Stability, The American Economic Review, 1948, 38(3), pp. 245—264.

[2] See J. Von Hagen, R. Suppel, Central Bank Constitutions for Federal Monetary Unions, European Economic Review, 1994, 38(3), pp. 774—782.

[3] See S. Eijffinger, E. Schaling and M. Hoeberichts, Central Bank Independence: A Sensitivity Analysis, European Journal of Political Economy, 1998, 14(1), pp. 73—88.

率、汇率和国务院规定的其他重要事项作出的决定,报国务院批准后执行"。在这样的法律框架之下,国务院享有货币发行权,而中国人民银行在制定和实施货币政策时也将置于国务院的领导之下。较于1986颁布的《银行管理暂行条例》中将中央银行单纯地视为国务院执行货币政策的工具而言,2003年修改后的《中国人民银行法》增强了中国人民银行的独立性,但是中国人民银行受国务院的行政领导仍是一个不争的事实。缺乏独立性的中国人民银行在维护币值稳定、保障货币政策实施以及避免政府对货币的操纵等方面执行的货币政策效果将受到影响。

3. 货币政策制定缺乏权力机关的监督

从我国政治体制的设计来看,全国人民代表大会及其常委会是国家的最高权力机关,其享有对国务院职权及行为的监督权,国务院所行使的货币权力也应该在全国人大及其常委会的监督范围内。从历史上来看,中央银行推行稳健货币政策的动力主要来自三个方面:(1)货币决策者个人的政治和经济利益;(2)政府在货币稳定中所具有的共容利益,也就是说政府从因货币稳定而增加的社会总产出中获得多大的份额,或者它将会因为货币失去稳定而要遭受的损失;(3)货币决策者个人和政府的权力所受到监督和约束的程度。① 由此可以看出,对政府的货币权力及货币决策的执行者的权力进行监督和约束是推进稳健货币政策的动力之一。而从我国目前的立法现状来看,宪法和《中国人民银行法》等相关法律法规中关于全国人大及其常委会对国务院以及中国人民银行的货币权力的执行情况的监督力度显然是不够的。目前仅在《中国人民银行法》第6条中明确规定了"中国人民银行应当向全国人民代表大会常务委员会提出有关货币政策情况和金融业运行情况的工作报告"的内容。而关于全国人大与国务院和中国人民银行在货币权力行使方面的监督权如何行使并无具体法律法规涉及。《中国人民银行法》中规定的常委会也仅对中央银行有听取其工作报告的权力,并无相应的问责制度匹配,从而使得常委会对中国人民银行的监督作用十分有限。

4. 缺少对政府行使货币权力行为的有效问责制度

任何规范的法律规则都以一定的责任机制为基础,即便是所谓软法也是以一定的鼓励或否定后果作为行为激励的措施。对于涉及权力的规则,具有责任约束的规范就更是不可或缺。从我国现行法律中尚无法找到对国务院及中央银行的货币权力执行行为后果的相应的问责制度。《中国人民银行法》第七章有关法律责任的规定共有十个条款,涉及人民银行或其组成人员责任的条款共有三

---

① 参见〔美〕曼瑟·奥尔森:《权力与繁荣》,苏长和、嵇飞译,上海人民出版社2005年版,第2页。

条。其中第 48 条是唯一与人民银行执行货币政策有关的内容。该条规定:"中国人民银行有下列行为之一的,对负有直接责任的主管人员和其他直接责任人员,依法给予行政处分;构成犯罪的,依法追究刑事责任:(一)违反本法第三十条第一款的规定提供贷款的;(二)对单位和个人提供担保的;(三)擅自动用发行基金的。"而另外两条分别涉及人民银行工作人员泄露国家秘密以及商业秘密,或者有贪污受贿等不当职务行为时承担刑事或行政责任的内容,这两条规范实际上只是重申了出现上述行为时适用行政法或刑法的问题,并不针对人民银行所履行的特殊职责。由上可知,现行法律中关于政府行使货币权力职能的问责方式基本停留在对负有直接责任的主管人员和其他直接责任人员进行依法追究责任的程度,而对行政主体的问责制度尚未建立起来。

四、我国货币权力的宪法保障进路

近些年人民币国际化的进程正在不断推进当中,人民币的使用率和范围都在不断提高。人民币真正实现国际化还是取决于内功,这不仅是指本国内的经济、金融、军事等水平的提高,还包括宪法法律制度对货币权力的有效保障。宪法对货币权力的有效保障,不仅是建立健全国内货币金融市场,保持币值稳定的基础,同时也是增强货币国际影响力和应对国际货币金融市场变化的重要保障之一。

(一)在宪法层面改进货币权力的配置

从我国目前的情况出发,货币权力的立宪规范应该同时满足以下三个要求:首先,币值稳定,抑制通货膨胀的发生是货币权力入宪的目的;其次,保证货币权力行使机关按照货币经济发展规律独立自主发挥货币调控职能是货币权力入宪的难点;最后,构建合理的约束机制,防止货币权力的滥用。从形式上来讲,货币权力宪法化可以有多种表现形式,可以是制定货币宪法,也可以是增加宪法条款,抑或是以宪法修正案的形式实现宪法对货币权力的保障。但货币权力宪法化不仅指修改宪法,将货币条款入宪,还包括在宪法的指导下,建立一整套宪法规则,实现对货币发行机制、货币政策的制定和执行机制、货币权力的监督机制等一系列的宪法性规则。

就具体内容而言,应该包括货币发行权、货币政策调控权以及中央银行的地位问题等货币宪法领域最为基本的内容。就具体实施而言应该包括以下方法:一是修改宪法条款,明确货币权力为国家权力,全国人民代表大会依宪法享有货币权力。明确中央银行的法律地位,合理的宪法配置保证中国人民银行一定的具有独立性的法律地位。二是以宪法为基础,制定或修改相关法律,建立与货币权力相关的宪法规则体系,将货币权力的宪法配置落到实处。三是建立宪法监督机制,保证货币权力不得滥用。应当确立全国人民代表大会及其常委会对国务院和中国人民银行的权力监督机制,并设立问责机制。同时,人民银行应当受全国人大的监督,并向全国人大报告工作。

(二) 完善货币政策目标的制定和执行机制

从具体的实施来看,完善货币政策目标的制定和执行机制至少包括以下几个方面的问题:一是以立法的方式确立币值稳定的衡量标准,做到至少要以成文法的形式确定认定币值稳定标准的法律程序。二是通过适当的立法手段遏制政府推行通货膨胀政策的行为,从而实现减少财政权对货币权过度干预的目的。将政府财政收支水平同货币通货膨胀率挂钩,将财政政策与货币政策间的相互影响公开化,从而为实现币值稳定的货币政策目标保驾护航。三是建立与实现货币政策目标相一致的问责机制。对国务院的货币政策决策机构及中国人民银行的货币政策委员会的相应人员的任命、职权、罢免等相关的人事任免制度予以规范。充分考虑货币政策制定和实施的复杂性,将个人问责制同集体问责制相结合,为实现货币政策目标提供人事制度保障。四是充分重视信息公开制度,提高公众在货币决策过程中的参与和监督力度。在条件允许的情况下,允许部分货币政策在更为公开透明的环境下予以论证。向有需求的个人和研究机构提供更多更为全面的有关货币政策制定和实施情况的统计信息和研究资料。

(三) 增强人民银行的独立性

央行的地位问题关乎一国的币值稳定和经济发展。我们可以发现央行的独立程度与央行的组织架构、宪法规范以及经济社会环境都息息相关,因而在处理我国央行地位问题时应结合我国的宪法体制、历史传统、经济社会以及文化背景等多方面因素的具体情况,从实际出发,建立与我国宪法体系相适应的具有独立性的中央银行。

中国人民银行是我国的中央银行,其独立性发展,由1969年它是财政部领导下的独立业务单位,1977年作为国务院部委一级单位与财政部分设,1995年以法律形式的明文规定,2003年修正的《中国人民银行法》将人民银行的金融监管职能剥离,呈现逐渐增强的历史趋势。2003年修订的《中国人民银行法》第2条第2款对人民银行的法律地位作了界定:"中国人民银行在国务院领导下,制定和执行货币政策,防范和化解金融风险,维护金融稳定"。由此可以看出,人民银行在我国权力结构中应为隶属于国务院的行政机构。从对央行独立性的要求来看,这样的安排显然是不够的。

从我国的实际情况出发,在设计提高人民银行独立性的制度时应着重考虑如何防范行政权扩张。就具体内容而言,可以从以下几方面展开:一是从宪法层面确立人民银行的独立地位。修改宪法条款,明确货币权力为国家权力,全国人民代表大会依宪法享有货币权力,人民银行是直接对全国人大负责,依宪授权行使货币权力的国家机关。二是建立宪法监督机制,保证货币权力不得滥用。应当确立全国人民代表大会及其常务委员会对人民银行的权力监督机制,并设立问责机制。人民银行应当受全国人大的监督,向全国人大报告工作。三是以宪法为基础,制定或修改相关法律,通过制定人员任命、任期、财政来源等具体措施保障人民银行独立地位。四是从中国的政治结构和经济体制出发,协调人民银行与外部体制间的关系,尤其是与财政部的关系,并建立科学的、具有可操作性的协调机制,保证人民银行独立制定货币政策的同时,实现人民银行与国务院、财政部等部门的协商与合作。

(四) 将行使货币权力的政府行为纳入行政问责范围

如何将政府行使货币权力的行为纳入行政问责范围将是一个具有多样性和复杂性的系统工程。政府行使货币权力的行为本身的复杂性以及影响的广泛性,决定了可以将多种行政问责方式引入对政府行使货币权力的问责范围之中,但同时又要使各种问责方式有效衔接,遵守责权相当的原则,做到既不过分追责,也不过分偏袒。首先,应该明确哪些主体可以成为被问责的对象。有权对国务院以及人民银行进行问责的前提是需在宪法层面对国务院和人民银行对维护货币币值稳定和有效执行货币权力的行为予以确认的。其次,要明确哪些行为可以被问责。对违背货币政策目标的行为予以公开问责是应该被支持的,但具体哪些行为可以被问责应该在法律中予以明确的体现。再次,要对追责方式予以明确。对哪些行为可以适用对个人职务、名誉或者待遇的惩罚性追责方式,哪些行为可以采取纠正错误政策行为的方式来进行补救性追责要进行细致的划分。最后,要充分论证行政问责制度中的问责人的资格问题。在我国的现行宪法法律框架之下,司法机关是否享有对中央银行行为的合宪性或合法性审查的权力,立法机关是否可以发起和主导行政问责,以及公众是否有权和以什么样的方式参与到对行使货币权力的政府行为的问责过程中来,都需要进行严密的论证。除此之外,我们还需要对货币决策和执行者的问责主体、问责程序以及归责原则进行更为细致的研究。

第二编　宏观调控法律制度

房地产市场调控法律问题研究
——一线城市房价暴涨原因分析及政府决策应对

陈　冲[*]

【内容摘要】 从2015年政府提出去库存起，一线城市房地产市场经历了又一轮高位上涨，其价格已经远超居民的收入水平和支付水平，但市场传递的信号仍然供不应求，购房者通过贷款、融资或其他金融杠杆参与住房交易。房价持续上涨造成企业成本大、社会资源配置扭曲、积聚经济风险，容易削弱城市竞争力、损害其他实体经济、诱发金融危机和社会矛盾。但是，由于全国范围内的土地财政、实体经济空心化、房地产市场信息不对称的原因，以及城市之间公共产品分配不均、一线城市人口持续正流入、国有企业不当参与拍卖土地以及房产商及中介扰乱市场供需信息等原因，造成一线城市房价与经济严重背离。

一线城市的房屋已经不仅限于居住属性，更多是投资属性。本文结合房地产市场稳定房价、防范风险、促进经济增长的宏观调控目标，以北京、上海和深圳三大城市为例，对其政府调控措施进行了梳理和归纳，指出政府调

---

[*] 陈冲，华东政法大学博士研究生。

控行为中未遵循市场基本规律、政策出台不公开透明等不当之处,分析市场现状与调控目标背离的原因。同时,对新加坡、德国以及重庆等域内外稳定健康的房地产市场调控政策进行介绍,归纳适合我国尤其是一线城市借鉴的政策方法。最后对我国一线城市房地产调控提出有益建议。

【关键词】 房价　房地产调控　租售比　土地财政

一、引言——一线城市房产暴涨现状

根据相关统计数据,截至 2017 年 1 月,北京房价均价为每平方米 67003 元,上海为 48589 元,深圳为 47667 元,居全国各城市前三位,超第四位南京 26272 元两倍。① 故本文将一线城市定位为北京、上海和深圳三处。从房价走势来看,除深圳房价在高位波动外,北京和上海房价均为高位上涨。

从房价的涨幅来看,在一线城市中,上海与北京的房价并驾齐驱。更为关键的是,尽管 2016 年 10 月 6 日"沪六条"政策实施,但上海 10 月份二手房住宅价格仍然上涨了 0.3%,而深圳二手房价环比下跌了 0.6%。② 直至截稿日,北京、上海的房价仍然稳健上涨,深圳房价有所回落。

中国房地产从 2000 年起进入上涨通道,整体处于牛市,且经历了 16 年多的暴涨阶段。2016 年初至今,中国多处一线城市房地产市场的价格出现井喷式上涨以及恐慌式抢购;为规避限购限贷,涌现出密集式"假离婚"和"假合同";面对房价一路高涨,卖家跳单引发的诉讼纠纷也使司法机关不堪重负。为何民众寄望于政府调控,但政府越调越贵?为何房价离谱上涨,但购房者越挫越勇地抢购?为何在去库存的大背景下,出现了一二线城市过热、三四线城市巨量库存难去的两极分化趋势?北京、上海、深圳等城市依靠经济、政治以及区位优势,引领着我国房地产市场需求的整体走势。③ 一线城市政府在房地产市场调控和参与中有何错位和失当行为,如何发挥市场在资源和要素配置中的决定性作用,如何对政府的角色进行重新定位和反思,是解决房地产行业可持续发展和社会稳定问题的当务之急。

---

① 数据由中国房地产行业协会发布,来源于 http://www.creprice.cn/,2017 年 6 月 17 日访问。
② 参见黄志龙:《上海房地产调控为何层层加码?》,http://wallstreetcn.com/node/276509,2017 年 3 月 1 日访问。
③ 参见李懋、秦化清:《我国大中型城市房地产需求比较及政策启示》,载《求索》2016 年第 7 期。

二、房价高位持续上涨的危害

房价的上涨对于增加当地政府的财政收入、高价房产交易可以征得高额税收、对于 GDP 的增长和政绩考核均有所裨益。故房价稳定增长历来也是政府宏观调控的目标之一。房价不受控制地连续高位上涨,弊处远大于益,其危害性主要体现在以下几方面:

(一) 企业生产成本大,削弱城市竞争力

房地产相关行业有利可图,人力资源、社会资金也会向相关行业流入,对于其他行业、企业也造成负面影响,严重阻碍我国实体经济的发展,甚至出现上市公司卖学区房保壳①的案例。从企业角度看,房价带动租房、买房的成本高升,企业占有、使用非所有权的房屋、土地等固定资产的成本也将大大提升,房价上涨必然直接导致企业的固定资产成本和人力资源成本的高升,甚至在一定程度上抵消了企业通过创新技术而"降成本"的努力,从长远看,不利于企业创新潜力的释放。从劳动力角度看,企业为节约人力资源的成本,可能会选择考虑缩减劳动力或迁移至劳动力成本更低的地区,在一定程度上造成大城市失业率的提高。从城市长远发展角度看,房价高位不断攀升使得高层次人才进入门槛高、融入难度大,削弱企业人才聚集力,也易将高层次人才挤出大城市,进而削弱城市竞争力。

(二) 社会生产资源配置扭曲,积聚风险

房价越高,实体经济越贫瘠,房价的快速上涨会从实体领域吸引资金进入,尤其在中国经济结构转型升级和实体经济增速下行的背景下,房地产对实体经济和其他领域的投资挤出效应异常明显。房地产行业利润高,且一般房地产商多具有国企背景,更容易拿到银行贷款,社会资金也通过各种渠道转移到房地产行业,对其他行业的发展造成阻碍。房价过快上涨引发资源配置扭曲,加剧经济中现有的结构性矛盾。资金流向的过多集中也潜藏了金融风险和社会风险。为了去库存和促进房产交易的成交,社会上开发出"首付贷",以及部分地区推出大学生零首付买房的政策。目前中国尤其是一线城市,在供给和需求两端加杠杆,家庭住房交易杠杆率、按揭贷款还款负担率、开发商开发贷和公司债及负债率都

---

① *ST 宁通 B 拟处置的两套房产账面价值为 129.74 万元,评估价为 2272.62 万元,增值额为 2142.88 万元,增值率 1651.68%。参见王璐:《上市公司靠卖两套北京学区房保壳 12 年狂赚 16 倍》,http://finance.sina.com.cn/roll/2016-09-21/doc-ifxvyqwa3650455.shtml,2016 年 10 月 25 日访问。

处于历史高位。这种过高的杠杆交易正是美国发生次贷危机的根源,应引起高度警惕和严厉监管。

(三) 经济泡沫大,危害社会稳定发展

由于房价高位上涨,严重背离居民收入水平和当地经济发展水平,经济泡沫过大。开发商以高价拍得土地,房屋楼板价已经远超居民支付能力,实质上房价不断攀升直接导致了货币贬值,居民生活成本不断攀高。购买者均对房价一致看涨,以各种渠道筹措资金买房,甚至染指高利贷,房产高位换手,像俄罗斯轮盘赌一般,谁都不相信自己会是最后一棒。房地产行业泡沫如此之巨,一旦泡沫破裂,将会对购房者、开发商,甚至整个房地产行业造成巨大冲击。而居民通过加杠杆买房,住房成本占据生活成本的大半,一旦房价下跌,居民财富将会急剧缩水,引发社会矛盾和经济衰退。日本经济泡沫破裂时房价比最高位时下降了七成以上,当年房地产价格大幅下跌和经济低迷也直接导致了日本金融机构的坏账攀升。1992年至2003年间,日本先后有180余家金融机构破产,银行坏账从1993年的12.8万亿日元上升到2000年的30.4万亿日元。①

(四) 房屋买卖违约纠纷多,司法资源不堪重负

笔者就职于司法机关,从全市法院房屋买卖合同纠纷案例来看,也在高位呈逐年增多态势。在无讼案例库中输入"房屋买卖合同纠纷"的案由检索关键词,可以看到如下数据:②

按裁判年份/案件数									
2008	2009	2010	2011	2012	2013	2014	2015	2016
1036	3100	6511	7175	6854	19227	72938	104810	120605

案例多为房价上升过程中,卖方反悔,捂房惜售造成的矛盾,给司法审判造成了极大负担。司法纠纷的状况是社会稳定和谐发展的晴雨表,也反映了社会矛盾的集中度。除去案例样本搜集不完全以及部分案件未审结的因素,样本的大数据也反映出该类案件纠纷基本呈逐年增多趋势,尤其在近五年高位增长,与房价激增的趋势呈正相关,且北京、上海、深圳三地的此类案例近年均在万件以

---

① 参见任泽平:《全球历次房地产大泡沫:催生、疯狂、崩溃及启示》,http://futures.jrj.com.cn/2016/09/05221821418276-3.shtml,2017年3月1日访问。

② 参见无讼案例库,http://www.itslaw.com/search?searchMode=judgements&sortType=1&conditions=searchWord%2B,2017年3月11日访问。

上。根据部分仲裁机构的信息反馈,房屋买卖合同纠纷也在仲裁案件中占据首位。① 有限的司法资源难以应对数量巨大的纠纷,容易造成案件积压、拖延审理,造成民事矛盾进一步激化,严重影响司法公信力。

三、我国房地产市场价格与宏观调控目标背离

(一) 房地产市场调控目标

房地产市场的宏观调控,是指以政府为主体,综合运用经济、行政和法律手段,通过调节、引导和控制房地产市场的相关经济变量和市场参数,进而改变房地产相关参与主体所面对的市场门槛和资格,使其从自身利益出发,作出有利于优化配置资源的理性选择。其中,房地产市场的经济变量主要指的是房地产的需求和供给配比;房地产市场参数主要指房地产市场机制运行中的自我调节变量,包括价格、利率、税率等,是房地产市场宏观调控的主要内容。实施宏观调控,旨在通过调节房地产市场的供给和需求促进供求平衡,实现房地产市场的综合平衡和内部结构的合理化。房地产政策长久以来兼顾多重目标,如促进经济发展、保障民生、增加政府财政收入、推进城镇化进程、实现城乡社会综合治理、维护金融市场稳定等。但是,这些目标并非总是同向一致,在许多情况下会产生冲突和背离。我国房地产市场宏观调控要围绕以下三大主要目标,兼顾其他目标:

1. 房价平稳上涨

房地产行业在国民经济链中处于中间环节,具有很强的关联效应。通过前向效应带动建材业、冶金业、机械制造业、金融业等,通过后向效应带动装修业、家电业、金融保险业、仪表业等相关产业的发展,房地产业的兴旺繁荣能够有力地带动十几个相关产业的兴旺繁荣。此外,房地产业的发展不仅仅增加本行业的就业和税收,还往往通过其带动作用增加相关产业的就业和税收,促进国民经济的发展。房地产市场需求的合理增长对宏观经济的稳定增长作用巨大。② 房地产是带动固定资产投资的重要项目,其产业链长、规模效应大,故在一定程度上,房价的平稳增长对于宏观经济的发展有重要作用,也是政府的财政税收的主要来源和保障。③ 由于商品房的经济属性,故也会根据大环境的经济周期呈现

---

① 参见樊金钢:《房屋买卖合同纠纷居仲裁案件首位》,载《黑龙江日报》2017 年 2 月 20 日第 05 版。
② 参见许宪春、贾海、李皎、李俊波:《房地产经济对中国国民经济增长的作用研究》,载《中国社会科学》2015 年第 1 期。
③ 参见向为民:《房地产产业属性及产业关联度研究》,重庆大学 2014 年博士论文。

一定幅度的波动,但从长时段看来,应该随着国民经济的发展呈现正相关的平稳上升趋势。然而,目前全国范围内的房价普涨,尤其是一线城市的房价暴涨,已经与经济发展指标发生了严重的脱轨和背离,使商品房不再局限于商品属性,更多地被赋予了投资和金融属性,存在巨大泡沫。根据经济发展规律,如房地产价格不能得到有效控制,势必会发生破裂、断崖式下跌,重创国民经济,造成经济社会萧条。

正是基于房地产行业与金融、贸易、旅游、建材、建筑、交通等产业联动性强、辐射面宽的特征,房地产市场的宏观调控的目的,绝非抑制房地产业的发展,而是通过宏观调控,挤出泡沫,避免房地产行业的大起大落,促使房地产行业进入健康持续发展的轨道。我国长期将房价平稳上涨作为宏观调控目标之一,政府工作报告中也多次提及"促进房地产市场平稳健康发展",但是房价调控不等于降价,而是在可控范围内使房地产行业符合经济发展规律,实现平稳增长。

2. 基本满足居民的住房要求

房地产消费具有明显的外部性,倘若居民难以享有适当的住房保障,则会产生一系列的社会问题,如公共卫生、市容环境、社会治安等。另外,就不同层次的房地产来说,中低档的普通商品房的公共利益成分所占比重更大,准公共产品属性更为突出。因此,为中低收入者提供住房福利保障就尤为重要。然而,房地产的准公共产品属性所体现的外部性却难以通过市场机制来实现,即便房地产市场出现供求均衡,也并非保证居民充分享受到住房福利的最优均衡。因此,房地产市场宏观调控不仅是要促进房地产市场的供求均衡,而且要通过公共政策参与和调节房地产的供应,构建多层次、全方位的住房保障体系,使居民享有基本的住房福利。[①] 无论是住房体制改革还是各层级住房保障体系的建设,都是为了满足居民不同层次的住房需求。房屋具有商品属性,但本质还是居住属性,故要对房屋的金融属性进行监管,规制炒房投机行为,更要对购房杠杆的行为和程度进行限制,使房屋回到负荷其基本属性的轨道上,满足"居者有其屋"的住房需求。2017年1月14日,时任北京市代市长的蔡奇在市十四届人大五次会议上作政府工作报告时说,今年会"把握住房的居住属性,以建立购租并举的住房制度为主要方向,以政府为主提供基本保障,以市场为主满足多层次需求,金融、财税、土地、市场监管等多措并举,探索建立符合国情市情、适应市场规律的基础性制度和长效机制,促进房地产市场平稳健康发展"。上海也表示坚持"房子是用来住的,不是用来炒的"的定位,加强房地产市场调控,严格执行调控政策,促进房地产市场平稳健康发展。

---

① 参见吴超:《房地产市场宏观调控的目标选择与政策取向》,载《经济师》2009年第11期。

3. 维持经济持续稳定发展

房地产行业是拉动经济增长的重要抓手和稳定器,一旦房价发生剧烈波动或者出现行业萧条,将会造成长产业链的不景气和失业,以及银行信贷的坏账,间接影响相关产业。房地产市场的过度繁荣,会导致投机盛行,往往会扩大房地产泡沫,[1]而房地产价格的大幅度上涨和下跌,通过财富效应会导致宏观经济波动。我们一方面要充分利用房地产财富效应的积极影响,另一方面也要考虑房地产财富效应过度膨胀所带来的负面效应。在我国目前阶段,应该规范房地产投资行为,防止房地产投资过热;通过抑制房地产投机行为来防止房地产价格的过快上涨,有利于防止泡沫的过度膨胀和破裂的风险。对于中低收入阶层的住房问题,应给予特别的关注。当房地产价格出现大幅度上涨时,中低收入家庭面对过高的房价,不得不减少其他消费支出,用于住房支出,从而导致居民财富效应削弱,福利受损。因此,在中低收入者购买住房时,政府应通过住房补贴和减税来给予补偿,一方面弥补财富效应的损失;另一方面,通过这种转移支付来消减贫富差距。当房地产价格出现大幅度下跌时,通过财富效应,居民消费减少,导致内需不足,宏观经济增长受到制约。因此,政府必须从财富效应的视角关注房地产市场的价格波动,力求保持房价的稳定,避免大起大落,以促进中国经济持续、稳定和健康发展。

(二) 房价与调控目标背离的原因

1. 全国范围内房价普涨的原因分析

(1) 土地财政是房地产调控无法釜底抽薪的根源

随着去库存政策的推出,以及宽货币、低利率的刺激,全国房价普涨,而房价上涨的红利大多归属于政府,并未藏富于民,根本原因在于土地财政。政府对于土地财政的依赖性确实是我国房地产价格异常波动的背后推手。[2] 土地财政是指一些地方政府依靠出让土地使用权的收入来维持地方财政支出,属于预算外收入,又叫"第二财政"。[3] 我国 1994 年实行分税制改革,中央、地方关系发生变化,地方政府原有的财政收入来源弱化,寻求新财源的激励增强。随着 1998 年住房制度改革和 2003 年土地招拍挂等制度出台,土地财政开始完善,推动了中国特色城市化的高速发展。这同时也遗留了许多问题,最核心的问题有两点:一

---

[1] See J. M. Abraham, P. H. Hendershott, Bubbles in Metropolitan Housing Markets, Journal of Housing Research, 1996, 7(2), pp.191—207.

[2] 参见刘民权、孙波:《商业地价形成机制、房地产泡沫及其治理》,载《金融研究》2009 年第 10 期。

[3] 参见张双长、李稻葵:《"二次房改"的财政基础分析——基于土地财政与房地产价格关系的视角》,载《财政研究》2010 年第 7 期。

是商品房的投资品化。中国的商品房本质上是资本品,除了居住,还可以享受高溢价租金和房价上涨的红利。土地财政将不动产变为投资品,只要其收益和流动性高于股票、黄金、外汇、储蓄等常规资本渠道,资金就会持续流入不动产市场。二是贫富差距的加速扩大化,扩大了城市之间的贫富差距,也扩大了企业和个人的贫富差距,甚至房地产锁定了不同社会阶层流动的渠道。有房者,资产随着价格上升,自动分享社会财富;无房者,所有积蓄都会随着房价上升而缩水。房价上升越快,两者财富差异越大。

（2）房地产市场存在严重的信息不对称

经济学者马光远曾说:就信息的公开和透明而言,中国房地产市场就是一个十足的"柠檬市场",无论是在房价统计、住房基本供应量、开工面积,还是在基本的销售数据以及房地产信息联网方面,都存在着信息残缺不全和虚假等情况。可以说,房地产市场存在严重的信息不对称。① 在基本数据不公开的情况下,我们只会看到:土地永远是不够的、房子永远是短缺的、房价肯定是要上涨的,而支撑这个结论的就是永远不公开的数据。甚至有观点认为:中国的房地产政策陷入了"塔西陀陷阱",无论如何表态,无论政策如何严厉,无论房价多高,大家集体行动的逻辑就是:不再相信政策真的会抑制房价,任何时候,买都是最正确的选择。② 房地产市场存在的不对称信息问题会导致房地产泡沫的产生,由于不对称信息会使得房地产商和投资者之间产生代理问题,因此使得房地产价格偏离正常价值而产生房地产泡沫。③

相对于分散的个体而言,房地产开发企业拥有资金和信息的优势,可以通过广告宣传,将楼盘包装;可以通过控制销售节奏、捂盘惜售等,制造楼盘紧缺气氛;可以雇佣人排队开盘,制造供不应求的场面等。房地产中介作为住房市场信息集中交汇的机构,原本服务于市场供求撮合交易,但在信息过度集中后向"做市商"转变,垄断了住房租赁市场和二手房市场交易,完全背离了中介的宗旨。而个体作为住房市场交易信息劣势群体,一方面无法大致掌握市场交易的整体情况,因而容易被房地产开发企业和房地产中介误导;另一方面掌握的信息碎片化,无法形成对房地产市场趋势和住宅定价的判断。从笔者所在的司法机关处理的房屋买卖合同纠纷案件来看,绝大多数源于信息不对称产生的矛盾。2016年,住房和城乡建设部公布了45家违法违规房地产开发企业和中介机构名单,发布虚假广告、恶意编造散布谣言、制造房源紧张气氛、采取违规预售及捂盘惜

---

① 参见张海霞、洪卫:《房地产交易中"柠檬市场"分析》,载《当代经济》2008年第24期。
② 参见马光远:《房产政策陷入了"塔西陀陷阱"》,http://bj.house.163.com/16/0921/10/C1FSGFMT00074OK2.html,2017年2月28日访问。
③ See F. Allen and G. Gorton, Rational Finite Bubbles, NBER Working Paper, 1991.

售等手段,煽动消费者购房,以抬高房价、谋取私利。这些不法行为损害消费者权益,误导市场预期,社会影响恶劣。

(3)实体经济空心化,导致房地产行业资金吸入效应强

实体经济是一个国家综合国力的基础,也是改善民生的经济基础。中国央行 2016 年 8 月公布的金融数据显示,7 月新增贷款 4636 亿元,创 2014 年 7 月以来新低。其中,新增的居民中长期贷款为 4773 亿元,占比达 102%。同时,7 月个人按揭贷款增幅高达 54.6%。此外,7 月,企业部门人民币贷款减少 26 亿元,为 2007 年以来首次出现负值。① 代表住房贷款需求的新增居民中长期贷款占比屡创历史新高,而企业部门贷款则罕见负增长。这一数据表现应引起对经济地产化和产业空心化的警惕。深层次的原因就是经济结构性的矛盾和政策的缺失,错误地诱导了资金资本不投向实体经济,而投向利润率更高的行业。个人贷款出现暴涨的原因有四:一是股灾之后,大批量资金撤出股市,需要选择其他投资渠道,理性经济人选择在一线楼市置业;二是一线城市房屋原本就价格高、需求体量大,许多居民处于观望之中,加之限购限贷流言四起,对房价将继续上扬有高度预期,故踩踏式抢购;三是允许楼市加杠杆,典型就是中介提供过桥资金,出现"首付贷";四是金融创新产品多、融资渠道丰富,许多行业处于监管空白期,如早期可以通过 P2P 借款用于买房、众筹买房,房地产行业易于筹集资金。故也有观点提出,应该规范房地产投资,防止房地产投资过热;通过抑制房地产投机来限制房地产价格的过快上涨,有利于防止泡沫的过度膨胀和破裂的风险。②

(4)国有企业不当参与是房价上涨的重要推手

房价与地价有着密切的联系,双方相互影响。地价与房价的影响成正比例关系,即地价上涨,房价一定上涨。在 2016 年出现的 105 块高价地块中,有 52 块被国有企业拍得,如信达地产以溢价三倍拿下上海"地王"。③ 国有企业配合地方政府抬高土地价格,对聚集优势的城市土地开发权垄断意味着对房地产价格的垄断,企业所有权的特殊性和银行贷款的易得性,导致其在土地竞拍时较少考量其经济支出,且房地产行业利润大,能缓解国有企业低效的损失,故国有企业不断推高土地价格,挤出民营房地产企业。实践中,国有企业高价拿地存在诸多问题,如中冶置业超负荷夺"地王",后被肢解出售;④ 中华企业高溢价拿地后

---

① 参见《谨防经济地产化和产业空心化分析师高呼"财政加码刻不容缓"》,http://wallstreetcn.com/node/258112,2017 年 3 月 10 日访问。
② 参见宋勃:《房地产市场财富效应的理论分析和中国经验的实证检验:1998—2006》,载《经济科学》2007 年第 5 期。
③ 参见赵普:《溢价 300% 六造地王 信达地产的 W 净利曲线之谜》,http://www.cs.com.cn/ssgs/fcgs/201606/t20160602_4982923.html,2017 年 3 月 11 日访问。
④ 参见王丽新:《中冶南京 256 亿地王遭肢解甩卖》,载《证券日报》2014 年 6 月 3 日。

迟迟不开工;①中国金茂高价拿地导致不盈利②等,都产生了国有资产的流失。国有企业凭借金融和政策资源,将银行大量的信贷引入房地产领域,在进一步推高房地产金融风险的同时,也会导致实业领域的资金短缺,地方经济将进一步依赖土地财政,经济的战略性调整任务就会更难。

国企不当参与土地竞拍会产生以下弊端:一是国进民退,国有企业利用其资金信贷优势挤出民营企业;二是哄抬房地产开发成本,抵消政府调控政策;三是地方政府增强对土地的财政依赖,而不是大力发展实体经济;四是国有企业利用易拿到的信贷,将社会过多信贷资源引入房地产行业,增大实体经济融资贵、融资难的问题,进一步促使房地产行业加杠杆,加大银行金融风险;五是财政部下属的上市公司也加入抢地行列,让居民产生中央政府放纵土地高溢价和房价高涨的错觉,降低对政府的信任。

2. 一线城市房价与调控目标背离的原因

虽有实证分析表明,福利分房制度的退出、居民收入增长、城市化进程加快和经济增长等因素导致居民住宅需求增长,③但一线城市房价严重走高和背离,值得警惕和分析。从 2015 年初开始,国内房地产市场房价走势分化现象愈发严重,北京、上海、深圳等一线城市的房价均保持了 20% 的高增长幅度,这种行业局面是进入 21 世纪以来首次出现。以上海市为例,在 2015 年全年度,包括一手房、二手房在内,成交规模达到了 4986 万平方米,金额为 14200 亿元,这一数据等同于天津、北京、香港和美国纽约房地产交易总和。其次就是深圳,是 2015 年度全国增幅最高的城市,增幅超过了 50%,其中二手房住宅价格增幅为 49.8%。④ 一线城市房价高位上涨有其特殊原因:

(1) 公共产品分配不均

城市的便利性及提供的公共服务导致地价和房价本就贵于农村,而一线城市生活服务更为便捷,医疗、就业、社会保障等公共服务相对更完善,大城市持续发展需要更多的人才和劳动力保障,就业机会更多,到一线城市求学、就医、就业的需求敞口一直很大,人口有持续流入的趋势。在一线城市买房,等于取得了大城市的"入场券"和"福利券"。我国一直执行城镇化政策,城镇化的核心问题,就是有序推进农业转移人口的市民化。一国城镇化进程的加快可为本国房地产市

---

① 参见刘娟:《55 幅地王 21 幅尚未开工 高溢价拿地非死即伤》,载《时代周报》2014 年 8 月 7 日。
② 参见余燕明:《中国金茂接连高价拿地 机构预测其高毛利率或将终结》,http://house.people.com.cn/n1/2016/0607/c164220-28418447.html,2016 年 10 月 7 日访问。
③ 参见梁云芳、高铁梅、贺书平:《房地产市场与国民经济协调发展的实证分析》,载《中国社会科学》2006 年第 3 期。
④ 参见肖静:《中国一线城市与三四线城市房价走势分化的原因探究》,载《生产力研究》2016 年第 10 期。

场的发展提供刚性需求。① 2015年,中国的常住人口城镇化率已经提高到56.1%,处于城镇化率30%至70%的快速增长期。城市的人文社会因素、生态环境质量、交通区位条件对商品房价格的影响较为显著,对城市软实力的日益重视决定着中国城市人口的居住选择。②

(2) 一线城市人口持续正流入,一线城市房地产成为资产保值工具

人多地少,存量少、供给少,但需求多,供需不平衡是一线城市房价高涨的关键因素。我国常住人口城镇化率相比发达国家之70%以上还有差距。根据"十三五"规划,到2020年,城镇化率提高到60%左右,预新增城镇人口超过5300万人,新增城镇人口必然释放出大规模的置业需求。如2017年涨幅最高的深圳,人口密度最高,人多地少最明显。作为移民城市,深圳外来人口比例高达70%以上,远高于其他城市,且人口结构年轻化,刚需购房人群比例更高。中国的传统文化有恒产的思想,居民购房意愿强,租房市场没有稳定预期,相对稳定的外来务工人员以及每年毕业的大学生都是一线城市房地产市场刚需购买者,土地财政直接导致每年土地都在出售,存量土地持续递减,供需严重不平衡导致房地产价格更高于其他城市。

新增城镇居民的刚性需求和原有市民的改善性需求及投资性需求相叠加,增量可观。预期是影响定价的重要因素。房地产行情与公众预期有密切关系。货币贬值,通货膨胀预期大,③在经历过黄金大跌、股市大跌、期货波动之后,居民开始考虑手中财富保值增值的问题。相比其他城市,居民对一线城市房产增值有"预期惯性",原因有四:一是相对于其他城市,一线城市属于人口流入城市,外来人口每年都在增加,包括每年大批量毕业生都在一线城市安家定居的需求,导致房屋始终不缺买方和租赁市场;二是一线城市有着更加便利的条件、资源和配套设施,而这些附属的资源设施本身就增加了其地缘价值,故房屋价格居高不下,且相对于其他城市更有增值预期;三是一线城市发展相对成熟,可用于开发的新地块相对较少,导致每年新增房屋数量有限,始终处于供不应求状态,故二手房屋有增值趋势;四是对比境外一线城市如香港、纽约、伦敦等,境内一线城市房价始终居高不下。故一线城市房地产被认为是最佳保值和投资工具。从公布的房屋租赁市场数据来看,2017年5月,北京每月每平方米的房租为75.61

---

① See K. Aokik, J. Proudman, G. Vlieghe, House Prices, Consumption, and Monetary Policy: A Financial Accelerator Approach, Journal of Financial Intermediation, 2004, 13(4), pp.414—435.
② 参见张红、李洋、张志峰:《中国城市软实力对住房价格的影响》,载《南京审计学院学报》2014年第3期。
③ 参见中国1980—2016年通货膨胀率。

元、上海 61.94 元、深圳 59.73 元,同样远超居于第四位的广州 42.94 元。① 从租售比(年房租/房屋售价)看,北京当前只有 1.35%,还不如银行定期存款的利息高。房屋租售比的国际合理标准通常为 4% 到 6%,比值越小,说明房地产市场中投资投机需求越大。②

(3)房企销售与市场中介违规经营,扰乱供需信息

作为房地产企业的销售与房产中介,抬高房价会为自己创造更多的利润与提成,且一线城市房屋需求端有房价继续上涨预期的前提以及在一线城市房价不断上涨的过程中,更是通过多种违规经营、散播虚假信息等方式参与到房价炒作中,扰乱市场真实的供需信息,进一步助推一线城市的房价上涨。房企销售的违规行为表现为:未取得预售许可证销售商品房;不符合商品房销售条件,以认购、预订、排号、发卡等方式向买受人收取或者变相收取定金、预订款等费用,借机抬高价格;捂盘惜售或者变相囤积房源;商品房销售不予明码标价,在标价之外加价出售房屋或者收取未标明的费用;以捆绑搭售或者附加条件等限定方式,迫使购房人接受商品或者服务价格;将已作为商品房销售合同标的物的商品房再销售给他人。房产中介的违规行为主要表现为:发布虚假房源信息和广告;通过捏造或者散布涨价信息等方式恶意炒作、哄抬房价;更有甚者,则由房企销售或房产中介为购房者提供首付贷;交易当事人隐瞒真实的房屋交易信息,低价收进、高价卖出房屋以赚取差价等。

这些违规行为扰乱了市场真实的供需信息,营造出一线城市房屋供不应求的现象,进一步导致抢购、跳单等行为,不仅助推了房价的高位上涨,也造成许多司法纠纷。

四、三大一线城市房地产市场调控政策梳理与反思

住房和城乡建设部发布的《法治政府建设实施纲要(2015—2020 年)》指出,将完善房地产宏观调控,推行权力清单、责任清单、负面清单三大清单制度。这份纲要还显示,在坚持分类调控、因城施策的同时,将建立全国房地产库存和交易监测平台。"分类调控,因城施策",这正是本轮房地产调控的一大特点,也有媒体将其称为"一城一策"。三大城市为遏制房地产价格高位上涨的趋势,先后出台当地调控政策,如"沪九条""沪六条""京八条""深八条"等。笔者通过梳理归纳后认为,三地调控政策的思路和方式趋同,且口号性和宣誓性功能大于实质

---

① 数据由中国房地产行业协会发布,来源于 http://www.creprice.cn/,2017 年 6 月 17 日访问。
② 参见王小娥:《中国一线城市房价的迷失》,载《证券市场导报》2016 年 11 月 8 日。

性和目标性功能。

（一）资格限制

在购房资格上，三地针对本市户籍人口，无房者可购买两套，有一套住房者可购买一套，有两套以上住房者无购房资格；房屋套数的计算，包括子女与父母共有的房屋；对于本市户籍的成年单身人士（含离异），则限购一套房屋。三地的外来人口无房者可购买一套，有一套以上住房者无购房资格。三地均对非户籍人口从社保缴纳记录或个人所得税上作出不同限制，均从连续缴满一年变为两年，再变为五年，且不溯及既往，即未符合新政条件的购房者即使网签了购房合同，在未最终过户前，均不再享有购房资格，由此也引发了大量房屋买卖合同的民事纠纷（后文详述）。通过购房资格的限缩，力争从需求端进行遏制，缓解目前一线城市需求大于供给的市场现状。

（二）资金限制

1. 融资成本

由于房价高昂，绝大部分购房者需要通过银行贷款购买，故三地均从首付款的比例上进行调控。北京采用"认房"政策：对于普通住宅[①]的首套购房，最低缴纳35%的首付款，对于非普通住宅的首套购房，最低缴纳40%的首付款；对于普通住宅的二套房，最低缴纳50%的首付款，对于非普通住宅的二套房，首付款高达70%。上海采用"认房又认贷"的政策，即无房又无贷款记录的，最低首付款为35%；无房但有过购房贷款记录的（主要针对置换性购房者），或者已经有一套住房的，普通住房的最低首付款为50%，非普通住房为70%。深圳政策与上海接近，认房且认贷，但三档比例为30%、50%和70%。

2. 资金来源

北京在全市全面实施存量房交易资金监管，"严禁从事首付贷及自我融资、自我担保、设立资金池等场外配资金融业务"。上海"建立由市规划国土资源局、市金融办和金融监管机构等部门组成的商品住房用地交易资金来源监管联合工作小组，开展土地交易资金监管工作。根据国家有关规定，银行贷款、信托资金、资本市场融资、资管计划配资、保险资金等不得用于缴付土地竞买保证金、定金及后续土地出让价款。竞买人在申请参加土地招拍挂活动时，应承诺资金来源

---

① 普通住房针对的是房屋成交价格与同区位土地上平均住房交易价格的比值，如上海定位1.44，即通过核定不同区位的平均住房价格，内环内为每套450万元，中环为310万元，外环为230万元，根据此价格限定，成交的住房在九成以上均不满足此指标。

为合规的自有资金。违反规定的,取消竞买或竞得资格,已缴纳的竞买保证金不予退还,并三年内不得参加上海市国有建设用地使用权招标拍卖出让活动"。"在已试点基础上,制定存量住房交易资金监管办法,全面实行二手存量住房交易资金监管。规范房地产企业经营行为,严禁从事首付贷、过桥贷、违规房抵贷及自我融资、自我担保、设立资金池等场外配资金融业务。"深圳则规定:"企业和个人参与商品住房用地招拍挂前,承诺土地购置资金来源不属于开发贷款、资本市场融资、资管计划配资等,违反承诺的取消中标资格并没收竞地保证金。"

3. 供给侧调控

三地均加大了商品住房土地供应比例:北京加大中低价位、中小套型普通商品住房的供应比例,保证套型建筑面积 90 平方米以下住房面积所占比重不低于 70%。上海中心城区土地供应提高 70%,郊区提高 60%。深圳的调控政策没有具体指标,更具有口号性,提出加大住房用地供应力度,有效增加住房供给,加快落实"十三五"期间 800 公顷商品住房、人才住房和保障性住房用地供应目标,尽快完成 2016 年 137 公顷各类住房供地任务;通过优先选址、加快供地节奏,加大原特区外住房用地供应力度;提高土地开发强度,盘活各类存量土地,加大城市更新、棚户区改造和土地整备的力度,加快轨道交通沿线及上盖各类住房建设,多渠道增加住房供应,满足人民群众的居住需求。对于开发商的管理,北京和深圳甚至鼓励开发商自留房屋用于出租。

(三)对现行政策的检讨

1. 政策目标与市场预期目标背离

市场希望政府出台调控政策,让房价回到一个符合经济发展规律、符合居民支付水平的合理价位,简而言之,就是降房价,使房屋回归居住属性,并且"居者有其屋"。但是,政府有其自身的绩效考核和发展压力,且房地产行业对于城市 GDP 的增长有重要作用,土地财政也贡献了大部分的财政收入。故政府一则并不希望房价下跌造成对 GDP 的负面影响;二则仍然依赖简单易得的土地财政,并不着力于改变财政收入方式,相应地,在房地产市场制定调控政策时不仅隔靴搔痒,更在房价上涨时限购压制需求、房价下跌时释放需求,陷入"面多加水、水多加面"的和稀泥状态。在此前提下,居民对房地产价格的预期更是持续上涨,也造成了每次政策出台前排队加码购房的现状,调控越调越高。

2. 调控未遵循商品供需的基本规律

有观点认为:"限购政策不是解决市场处于最佳的,但是稳定市场当中应当说是最好的。"① 相较于中小城市商品房去库存难,一线城市房屋成交量价齐高的根本原因在于供需不平衡,此处的供需问题不仅包括房屋的绝对值,最根本的原因是购房需求与售房意愿问题。购房需求除刚性需求外,还有投资保值需求;而由于房价上涨的预期与政府限购政策的不断出台与升级,更助推了有房者的捂房惜售,甚至在租房价格上涨与房屋价格上涨不匹配,导致房租低于售房款的理财收入时,房屋所有人仍愿意持有房屋,则是基于房产保值增值的需求。在此供求关系的基本面上,政府的调控政策不应单边限购限贷,提高购房者的门槛,在打击炒房投资者的同时,也严重压制了改善性置换住房的潜在群体。故政府在出台调控措施的时候,应该从供需两端共同着手,着力提升售房意愿,盘活存量房地产,否则单边限制购房只能短暂压制购房需求,将来购房需求一起释放时,只会进一步提升市场房地产价格。有观点认为,对房地产需求进行调控可分为需求抑制和土地供给调节两类,需求抑制政策可在促使房地产需求和价格下降的同时,造成房地产投资和政府财政支出增速下降,容易导致经济增长快速回落,因而土地供给调节相对更优。②

3. 税负增加助推房价上涨

许多观点提出开征房产税,一则刺激供给侧,增大其持有存量房屋的成本,刺激其售房意愿;二则增加政府收入。反观政府在房地产市场中的作用,通过高额的土地出让金抬升了房屋的楼板价,再通过各种税费征收,导致房屋70%以上的价格都在政府层面,再征收房产税。一则政府先通过土地招拍挂,收取了70年的土地出让金,再开征房产税则涉嫌对同一标的物的反复征税;二则房产税对于稳定房地产市场的作用有待考证,房产税的开征可能会提高租房成本,而使大量租房者进入购房市场;三则我国的土地并非私有,征税是否合理合法有待考量。房地产市场成本高昂的根本原因还在于我国现有的土地财政,土地财政具有资源有限性和不可持续性,故适当减少土地财政,转变城市财政收入的增长方式,才能久远地改善我国房地产市场问题,实现经济的可持续发展。

4. 政策出台透明度低,公信力弱

2015年,上海传言置换住房首付上调至50%,上海房管局随即出面辟谣,后于2016年3月24日出台《关于进一步完善本市住房市场体系和保障体系促进房地产市场平稳健康发展的若干意见》("沪九条"),规定:"对拥有1套住房的居民家庭,为改善居住条件再次申请商业性个人住房贷款购买普通自住房的,首付

---

① 转引自吕冰洋、毛捷、吕寅晗:《房地产市场中的政府激励机制:问题与改革》,载《财贸经济》2013年第7期。

② 参见易斌:《住房需求抑制还是土地供给调节:房地产调控政策比较研究》,载《财经研究》2015年第2期。

款比例不低于50%；……购买非普通自住房的，首付款比例不低于70%。"这实际是假辟谣，导致购房者更愿意相信市场传言，甚至站在政府辟谣的对立面作投资判断。《关于深化政务公开加强政务服务的意见》提出"客观公布事件进展、政府举措、公众防范措施和调查处理结果，及时回应社会关切，正确引导社会舆论"。另外，"沪九条"中将非本市户籍居民家庭购房缴纳个税或社保的年限调整为自购房之日前连续缴纳满5年及以上，违反法不溯及既往的原则，严重侵害公民利益，导致大量公民在支付定金之后不具备购房资格，发生大量纠纷而诉至法院。

5. 政策出台缺乏道德考量

北京市的住房交易过户号以明码标价的方式出现，说明在一线城市住房交易量过大时，住房交易过户号就由公共服务转化为个人可谋取私益的工具，这也是过户号能够成为明码标价的交易品重要原因之一。这种现象的出现，也意味着现代政府最基本的三大职能——界定及保护私人产权、保证合同有效履行和保护弱势者利益不受侵害的全面丧失，这也将严重侵蚀政府信用。

在正常的决策体制下，一项公共政策的制定，必须考虑政策本身的价值取向，以及其实际执行所可能触发和引发的社会道德危机。如果一项公共政策引致了大面积的造假、虚构或打破人伦关系的道德危机，那么这个道德危机影响所及，就绝对不会仅限于这项公共政策本身；由道德危机所下拉的道德水准，还将在其他公共政策的制定和执行过程中形成新的秩序阻抗和更深的道德危机。房地产领域的调控政策，往往过于重视经济效果，而忽略了政策可能带来的社会影响。合理的调控政策应该在尽可能减少干预的基础上，以社会效益的最大化为目的，将社会的真正需要而不是表面化的经济指标纳入考量，才不会制定出错位的政策。抑制房价只是楼市调控最表面化的目的，满足刚需、造福社会和民生才是根本目的。

各地对于房地产市场过热的调控主要目的在于遏制需求方，如作出户籍要求或者居住证及连续缴纳社保年限的要求，并根据房屋所有权的套数进行限购或限贷，故购房者为规避政策规定而采取多种措施：一是假结婚，主要是无购房资格者通过与有购房资格者假结婚来满足购房资格；二是假离婚，主要是夫妻双方为购买二套及以上房屋，通过假离婚并在房产证上除去一方名字来满足低首付或者低利率的购房目的；三是假名义，主要是借用符合购房资格者的名义来购房，先让房屋登记在符合购房资格者名下，实际购买人占有并实际使用房屋，待满足购房资格之后再将房屋产权登记转至自己名下，被借用者包括自然人和公司法人；四是假抵债，通过虚假的以房抵债协议诉至法院，并根据生效的法律文书执行房屋产权的变更；五是假合同，通过伪造劳动合同，借中介补交社保。作假成为反调控利器，可见一些政策的出台未经过道德考量，购房者为规避政策限制而采取不道德的虚假方式满足购房资格，极易引发后续矛盾，造成大量民事纠纷，消耗社会成本。

五、他山之石与经验借鉴

（一）新加坡公共住房计划

新加坡的房屋做到了广覆盖，即除了有房者外，所有居民都可以以低成本获得首套小户型住宅。建屋发展局独创"高福利性、高计划性"的组屋计划，是为世界各国称道的公共住房计划之成功范例。新加坡的住房市场是以政府组屋为主、完全市场化的私人房地产为辅的二元体系。二元化的房地产市场保证了新加坡本地居民基本居住需求和社会正常运作，同时也满足了新加坡高度开放的经济环境。该项制度在经济和社会发展中有两大作用：一是普惠性的组屋制度成为社会最主要的财富均衡机制和最大的社会稳定机制；二是自由竞争的私人商品房市场满足高收入者和外来资金对房地产的需求。新加坡公共住房计划的调控可以概括为以下三方面：

1. 政府低价划拨土地

新加坡在对房地产市场调控，提高土地利用效率，运用土地协调产业、区域发展方面取得明显的成效。建屋发展局是新加坡设立的专门建屋机构，是国家发展部属下的法定机构，也是新加坡最大的住房发展商和公共住房管理机构，政府在土地和资金方面给其大力支持。新加坡国有土地占80%，该局修建公共住宅所用的土地由政府有偿割让。《土地征用法令》规定，建屋发展局能够以远低于私人发展商购买价格获得土地，并可以在任何地方征用土地，保证公共组屋建设的顺利进行。目前，建屋发展局占用的土地已经超过新加坡土地总量的40%。建屋发展局的资金来源有三项：一是政府建房贷款；二是购房资金贷款；三是政府津贴。

2. 完善有效的公积金制度

政府为购房者建立了完善的公积金制度，并不断调整公积金政策，根据宏观经济的季度运行情况不断调整公积金的缴存比例，对降低各产业的经营成本起到了重要的作用。一旦经济形势好转，政府及时上调公积金上缴比例。在调整缴存比例的同时，新加坡政府采取积极的政策对公积金进行增值保值。公积金储蓄存放在中央公积金局，公积金会员动用公积金购买组屋，以现金支付或抵押支付房款，使得更多的款项转入国家手中，为政府建立了强大的资金储备。政府利用部分公积金储备,以贷款和补贴的形式注入建屋发展局的组屋建设,从而使建屋发展局有能力大规模地进行公共住房建设。这样,形成了老百姓、政府和建屋发展局三者之间的良性循环。而在我国,住房公积金制度推行时间较短,缴存比例不统一,覆盖范围小,使用效率低。近年来,住房公积金数量不断增加,余额巨大,但是整个住房公积金体系之下资金闲置率高,增值保值性差,且管理手段落后。与新加坡相比,中国的住房公积金制度对房地产市场的影响有限,尤其是合理利用、增值保值方面需要加强。

3. 规范的保障房分配、管理制度

在保障房分配上,对购买者的公民身份、房产情况、收入、家庭结构和现有住房条件有严格限定。分配时,将房屋分为租住和购买,对房屋的大小、房型和结构进行分类管理,每个类别对应相应的申请条件和严格的审查机制,对于违规操作有严厉的处罚,防止公器私用和权力寻租。保障房在住满两年半后可以退出。

(二) 德国以居住为导向的房地产调控政策

德国房价合理,房价收入比偏低,保持了长期稳定的房价,在全球"独善其身"。"十次危机九次地产",1991年日本房地产泡沫和2008年美国次贷危机,全球各国普遍受诱惑刺激房地产泡沫,而泡沫崩溃又带来沉重代价,唯有德国没有出现过严重的房地产泡沫和危机。德国长期实行以居住导向的住房制度设计,并以法律形式保障。德国政府始终把房地产业看作国家社会福利体系的一个重要组成部分,没有过多地强调其"支柱产业"的地位。政府重视发展高附加值和技术密集型的汽车、电子、机械制造和化工等产业,成就"德国制造"。

1. 完善的法令

德国的《住房建设法》《住房补助金法》《住房租赁法》和《私人住房补助金法》分别为社会保障住房供给、中低收入房租补贴、租赁市场规范和私有住房提供了法律框架,被称为德国住房政策的"四大支柱"。

2. 稳定的住房投资回报率和规范的租赁市场

德国住房市场具有较为稳定的投资回报率,长期稳定在4%—5%。德国先后出台了多项严厉遏制住房投资投机性需求和开发商获取暴利行为的政策。在住房交易中,若未满10年出售,需缴纳25%的资本利得税。如果开发商制定的房价超过合理房价的20%,购房者就可以向法庭起诉。如果超过50%,就定性为"获取暴利",开发商将面临高额罚款和最高三年徒刑的严厉惩罚。德国政府大力推动廉价住房建设,同时支持建设福利性公共住房建设,根据家庭人口、收入、房租给予居民房租补贴,确保每个家庭有足够的租房支付能力。86%的德国人可以享受不同额度的租房补贴。德国保护承租者的租赁市场,《租房法》规定房租涨幅不能超过合理租金的20%,否则房东就构成违法行为,房客可以向法庭起诉;如果超过50%,就构成犯罪。德国住房拥有率较低,租房比例较高。德国的住房拥有率平均一直在40%多,有一半多的家庭通过租房解决住房问题。

3. 稳定的货币政策和房贷政策

货币政策的首要目标是控通胀,保持物价长期平稳。德国联邦银行长期实行稳健的货币政策,通货膨胀水平长期维持在较低水平,CPI基本控制在2%以内。德国央行的这一传统也在欧盟央行中得以传承。德国实行"先存后贷"合同储蓄模式和房贷固定利率机制,为稳定购房者预期和房价水平提供制度保障。德国对住房储蓄业务实行严格的分业管理,购房者不会受到国家宏观调控政策特别是货币政策变动的影响,也不受通货膨胀等利率变动的影响。德国房贷政策有两大特点:一是低杠杆。德国居民要得到住房储蓄银行的购房贷款,必须在该银行存足相应款项,一般是存款额达到储蓄合同金额的50%以后,住房储蓄银行才把合同金额付给储户。二是定利率。存贷款利率分别是3%和5%,抵押贷款固定利率期限平均为11年半。

4. 多核心城市体系均衡发展

德国有11个城市群,人口占比71.98%,GDP占比73.14%。德国城市可以均衡化发展很大程度上得益于差异化的特殊产业集群,如图林根地区的医学技术研发区、科隆的展览区、法兰克福的金融服务区等。合理的城市布局,使大多数德国居民分散在众多中小城市里,避免了人口聚集于大城市,造成资源紧张、区域性供需不平衡的现象。

(三) 独善其身的重庆经验

在全国房地产几乎普涨的时候,重庆作为直辖市之一,经济发展良好,GDP增速连续三年位居全国第一,却能够"另类"地保持房地产市场平稳发展,房价温和上涨。总结重庆经验,可归益于以下政策:

1. 土地储备充分,确保供需平衡

根据面粉决定面包的经济原理,重庆很好地控制了土地价格,用一级市场去影响和调控二级市场。重庆地价基本为住宅成交均价的1/3,溢价率仅为5.98%。首先,根据市场经济基本规律,确保供需平衡,在确定房地产总量后,控制年施工量、建设量。据中国指数研究院统计,2003年至2014年,重庆市各类用地共计成交约700平方公里,而同期城市建设用地面积增加了693平方公里,城市扩张速度与土地供应基本吻合,防范了供需失衡。其次,控制地价。重庆市政府从2002年起开始实施政府主导的国有土地储备,其实质性内容是将重庆此前的土地一级市场的经营权限,全部收缴于当地政府控制的市级土地储备机构,使原有的土地一级市场巨额增值收益不被开发商占有,而是进入代表公共利益的国资系统,凭借充分的土地储备进行城市管理调控。重庆的土地控制在政府手中,而非转移到开发商手中,且通过地票制度,将农村闲置、废弃、低效占用的建设用地,转移置换到城市建设中,从而增加城市建设用地的供应量,且保证房地产固定资产投资不超过全市固定资产投资的25%。在一线城市中房地产商频出"地王",推动楼板价高涨,进而房价推动地价的循环上涨现象,在重庆市政府强控土地的政策下很好地避免了。

2. 试点开征房产税①

目前对于供需不平衡的房地产市场,政府出台的政策基本都是从需求端调控,而合理的调控政策应该两边发力,对供给端也应刺激出售。对于非刚需的投机性买房,以及对持有大量闲置住房待价而沽的,可以通过房产税进行刺激。房产税是以房屋为征税对象,按房屋的计税余值或租金收入为计税依据,向产权所有人征收的一种财产税。它具有内在稳定性,房价越高,征的税越高。房产税加交易税的双拳出击,已经被许多国家证实有效,如新加坡城市中心的房价就在两税的组合调控之下下降了40%。重庆试点开征房产税,出台了《重庆市关于开展对部分个人住房征收房产税改革试点的暂行办法》和《重庆市个人住房房产税征收管理实施细则》,对个人拥有的独栋商品住宅,个人新购的高档住房,在重庆市无企业、无户籍、无工作(主要针对外地炒房群体)的个人新购的首套及以上普通住房进行房产税征收,并根据房产交易价格分别确定0.5%、1%和1.2%的税率。这对于房地产去投资化产生重大心理影响。通过直接税进行调控,并对于不同类别的房子征收差别税率。对于欠缴、不缴者,限制出境、收取滞纳金以及处最高5倍的罚款。

3. 供给侧改革

在单轨制的商品房供应之外,重庆采取了"低端有保障、中端有优惠、高端有约束"的三端调控策略,即由市场行为主导中高端房地产市场的商品房供应,低端保障性住房主要由政府主导的公租房系统供应,规模化建设公租房,为特定群体提供有政府福利的租赁房,在租约届满后可以申请购买,同时严格规定公租房不可上市交易,只能原价出让给政府公租房管理局。自2009年起,重庆加大公租房市场建设,并在该领域取得突破性成绩,累计开建公租房4475万平方米、69.2万套。公租房的大规模兴建在客观上对于刚需性住房市场形成了巨大的

---

① 房产税开征的反对意见也很大,最主要原因就是商品房从开发商拿地,到各种税收,房价的70%已经被政府拿去,房价越调控越高,房产税再开征,更加重了公民的税负,也未必能对房地产市场调控起到预期效果,且对按套征收还是按人均面积征收等,均有不同质疑。笔者建议,政府在开征房产税时,要在其他税费上做出让利,比如交易税的减免、所得税的抵扣等,以不再加重税负为原则,做到收支平衡。

压力,调整了供需平衡。

(四) 对一线城市房地产调控的有益借鉴

综上所述,各地对我国一线城市房地产调控政策可以提供如下经验:一是相对完善的法规和严格的执法,法规不能朝令夕改,有法可依、有法必依、执法必严、违法必究;二是降低房地产投资比重,加大保障类住房建设,在确保房屋居住属性的前提下,减少土地财政的收入,加大保障类住房的土地供应;三是通过建立卫星城市群,将人口进行适当疏导,调整大城市房地产供需关系,同时大城市应在交通、社保等资源上与周边城市进行对接,方便人口的适当转移;四是稳定租房价格,逐渐加大居民对于房屋使用权的接受度,而非一定要拥有房屋所有权,德国通过出台立法规范房屋租赁市场,使得房租的上涨幅度相对稳定,居民能够有合理的预期,房屋能够长期而容易地续租,法律充分保护租房者的利益,对于居民转变"居者有其屋"的思想观念有所助益,即对房屋所有权的执着适当转变为对房屋长期稳定的使用权;五是结合国情区情,以供需平衡为前提合理规划用地,从供给端和需求端两侧进行调控,政府调控应有前瞻观念和大局视角,应有长期目标、中期目标和短期目标,切忌目光短浅,"头痛医头,脚痛医脚"。

六、我国一线城市房地产调控的优化建议

(一) 适度减少政策干预,让位于市场调控

任何商品交易都有其价值规律和供需规律,在没有外力的干预下,价格也会趋于稳定合理。目前对房地产价格的调控越调越高,且每次政策出台之前,房价都会陡增。可以适度减少政策干预,给予市场经济一定的空间,由其价值规律自行调节。对于有必要出台的政策,则在出台之前应考量其法律依据,进行充分的利益博弈和公开的听证论证,并进行足够的道德考量,对于社会效果进行预见,避免市场传言和"半夜鸡叫"扰乱市场规律。对于房地产价格控制相对稳定的大城市,如重庆,可借鉴地区管理经验,取长补短。预期管理就是信心管理。政府调控政策透明,明确目标和路径,公开调控的决心和目标,实行的政策作用和效果,实行政策的步骤,还有什么后备政策可以使用等。宣传上要避免空洞的政治口号,要与公民进行据实有效的交流与沟通。应以公开为原则,不公开为例外,明确政务公开的方式、手段、程序、流程,强调重大突发事件和热点问题必须公开。

随着大城市的人口持续流入,对一线城市的服务管理水平也提出更高的要

求,相应问题也会凸显,包括城市空间无序开发、人口过度集中、交通拥堵、管理服务跟不上城市建设水平、就业压力大、环境气候污染问题突出等,也会逐渐引导居民"用脚投票",转移至其他城市。如因北京空气质量问题,大批居民到海南置业买房的现象,人们会对一线城市和生活质量进行重新考量权衡,理性选择生活地点和购房地点。故市场有其自行根据价值规律调节的工具,实践也证明这是一个有效的机制。在适当时机,政府可以逐渐去调控、去管制,由市场进行调节,让房地产价格回到理性、合理的水平。

(二)正视供需结构,构建稳定有效的供给侧

大城市存量土地少且逐年递减,且上海已经提出未来建设用地只减不增。[①]但是,一线城市人口聚集能力强,在城市土地有限、供给低于人口流入或者刚需增加的情况下,可以参考德国模式发展多核心城市群,利用核心的辐射效应,带动周边城市发展,缓解大城市人口压力。利用周边城市土地,配套跟进交通等资源,城市政策可以联动出台,共享福祉。合理限定土地利用率和住房容积率,楼面地价拍卖,不要超过当期房价的1/3。降低地价之后,要对房企提出要求,一定面积的土地要以解决多少人口的安置为前提,而不是一味逐利推高地价、推高房价。财政应增加保障性住房的专项补助资金数量,加大保障性住房、廉租房和公租房的总供给,以平抑市场需求。[②] 有效的供给,坚持以居住为导向,回归房地产的使用功能,这种功能的回归包括两层含义:一是居住功能的实现并不一定限于拥有房屋所有权,通过拥有使用权也可实现,对于使用权,就应配套健全租赁市场的规范,使租客具有稳定预期,权益得到保障;二是降低房屋空置率,使闲置的房地产资源得到有效利用。

(三)通过税制改革逐渐去土地财政化

缩小社会财富差距,最主要的手段不是税收转移和二次分配,而是让大部分居民从一开始就有机会均等地获得不动产。先租后售,借助土地财政作为融资工具,启动大规模保障房建设并将住房转化为城市化人口的原始资本,从而为城市化完成后转向税收财政创造条件。限购的调控并非真正调控,而是对房地产高位换手引发暴跌的高位"熔断",只能降低成交量。真正的长效调节机制是税收。存量房交房产税和空置税:对于房产税,可以采取以家庭为单位,根据家庭

---

① 参见唐韶葵:《上海楼市一二手市场分化 未来建设用地供应只减不增》,载《21世纪经济报道》2017年1月16日第017版。
② 参见周丽婷:《我国一线城市公共住房政策资源影响分析》,载《中国房地产》2016年第33期。

人均住宅面积,给予一定面积或者套数内的豁免,超出部分进行征收。对于多套且空置的房屋,可以加收惩罚性税率,以此遏制投机性囤房。房产税只是影响房价的多种因素之一,根本调整还在于去土地财政。

土地财政的优势在于,地方政府凭借土地使用权的让渡获得巨大融资能力,可以招商引资,对企业执行高额的税收减免和低价补贴,且补贴力度大于税负的增长,使得中国企业保持了相对的竞争优势。在没有替代方案之前,轻率抛弃土地财政存在战略风险。应积小改为大改,把巨大的利益调整,分解到多年的城市化进程中。应从土地财政转变为税收财政,从目前的间接税为主,变为间接税与直接税并重,直至变直接税为间接税。在房产领域,可以试点开征财产税。将房产划分为投资和消费两个独立的市场,不能存有既"防止房地产泡沫"又"满足消费需求"两个目标。在投资市场,防止泡沫破裂;在消费市场,确保"居者有其屋"。通过作出市场区分,再结合利用价格和数量两个杠杆,提高政策的"精准度"。在投资市场,控制数量、放开价格;在消费市场,控制价格、增加数量,满足刚性需求。对于房屋可以采取先租后售,即通过几十年的租金,最后补足差价获得产权。这对于企业相当于从通过补贴低价直接补贴企业转变为通过补贴劳动力间接补贴企业,住房成本可以显著影响劳动力成本,从而增强企业竞争力。

(四)国有企业不参与商品房土地竞价,进入保障房领域

如果租房市场利润空间进一步缩小,可加大公租房和廉租房的建设,将轨道交通延伸至周边城区,将部分租客从大城市向外转移,租房需求减少之后,房屋空置,且目前房价已处高位,除去极少数房屋所有者仍然对房价持续看涨,待价而沽,还是会从供给端释放出大量卖房变现的需求。

高收入者的住房问题通过市场解决,低收入者的住房保障由政府负责解决。[①] 保障房的广覆盖,是城市化高速发展的稳定器。要明确国企的正确定位,国有企业本应承担国家经济命脉重任且承担社会责任。2010年,国资委就要求在3年至5年内完成不以房地产为主业的央企退出房地产业。一是让国有企业回归主业和经营本位,对已进入的国有企业限期退出,由民营企业介入接盘,"国退民进",对于国有企业介入房地产行业的资金要进行严格监管,收紧银行对其放贷。二是加大对土地价格的监管力度,对过高溢价进行限制,规范土地出让行为;对于各地区的政绩考核,要将房地产调控作为重要参考指标,将土地财政作为减分项。三是对民营房地产开发商进行正确引导,逐渐去土地财政化,给予房

---

① 参见吕冰洋、毛捷、吕寅晗:《房地产市场中的政府激励机制:问题与改革》,载《财贸经济》2013年第7期。

地产开发商一定的利润空间,在合理使用土地面积,增加土地容积率上进行创新研发,满足更多人的居住需求。四是使国企进入保障房领域,对于公租房、廉租房和经济适用房的建设,由国有企业进行承接,尤其是从商品房领域退出的国企,政府应做好疏导,并给予国企合理的利润空间。

(五)规范房企和中介行为,加强市场监管

本轮热点城市房地产调控应将规范市场秩序放在一个突出的位置。在严厉查处违法违规房企和中介的同时,也要加快建立房地产市场监管常态机制。通过日常严格有效监管,及时纠正房地产开发企业、房地产中介的违法违规行为,提升房地产市场交易数据透明度,方便个体获得有利于决策的交易信息。同时,也要有效引导社会舆论导向,及时澄清不实新闻报道,打击房地产虚假广告。此外,还要严厉整顿规范房地产中介市场,促使住房租赁市场和二手房市场健康发展。应将违规中介列入黑名单,建立退出机制,并规范市场营销手段,尤其是广告宣传、营销等行为规范,对于散布虚假信息行为进行严惩。住房和城乡建设部等七部门联合印发《关于加强房地产中介管理促进行业健康发展的意见》,对规范房地产中介服务行为、禁止首付贷、完善行业管理制度、加强中介市场监管等作出规定,规范房地产中介市场。

(六)建立房地产市场调控的系统性长效机制

长效机制的建立,首先必须有充足的信息和数据支撑,要覆盖土地、房屋、资金和人口的海量大数据库;其次必须有充分的信息沟通,即通过规划和土地管理部门、住房和城乡建设管理部门、财政部门和金融部门的相互协调,形成系统化、有针对性的政策内容。具体而言:一方面,可以建立不动产登记和不动产数据库,统一登记的大数据,对于分配、交易、流通和资源配置将更有效率,可以促进房地产市场的健康长效发展,也在心理层面约束投资者将房屋回归居住属性;另一方面,应整合房屋管理部门的房屋数据、公安部门的人口数据、税务部门的征税数据以及金融部门的征信数据,通过各部门的联动沟通和充分的信息共享,定期对房地产市场情况进行监测和监管效果评估,为阶段性的调控政策明确方向。①

---

① 参见"新常态下我国房地产市场的供求关系研究"课题组:《我国房地产市场供求关系及房地产对经济的影响》,载《调研世界》2016 年第 4 期。

七、结　　语

　　房地产市场的稳定发展是关系国计民生的大事,市场发展与调控目标背离的原因盘根错节,难以通过单一措施解决,需要逐渐减少政府干预,适度让位于市场调节,通过税制改革逐步替代土地财政,建立房地产市场的综合性、长效性和配合性调控机制;对于一线城市,更要从供需两端着手,增加有效的土地供给,让国有企业退出商品房领域的竞争,转而进入保障房领域的建设;同时,应强化市场监管,规范房地产开发商和市场中介的行为,减少市场的信息不对称。建设一个规范、有序、有效的房地产市场,可能时间长、见效慢,但稳步推进、逐渐改革,确是"利在当代,功在千秋"之事,也是各地各级政府需要齐心协力、通力配合之事。

税务争议中的替代性解决机制研究

陈 雷[*]

【内容摘要】 税务争议中的替代性解决机制是不同于传统解决方式而形成的非诉讼解决途径或多元化解决途径的总称。传统税务争议一般划分为复议和诉讼两种模式,但这仅仅是从裁决结果的角度予以划分,忽视了税务争议从产生到解决各个阶段中多元主体通过不同措施实现多样化裁决方式和程序即替代性机制的作用和功能。因此,替代性解决机制应当涵盖替代性机构、措施、程序、方法等基本要素,并在明确基本要素的基础上论证兼容性和可行性,兼具域外的比较研究,进而探寻税务争议中替代性机制的制度设计,完善纳税人的救济渠道和救济方式,实现行政法治和税收法治。

【关键词】 替代性机构 措施 方法 税务争议 税务和解 税务仲裁

一、引言:税法需要什么样的纠纷解决机制

税务征收是现代税收国家实现财政收入的主要手段,也是现代福利国家财政支出的收入保障。税法是国家税务征收的管理法和控权法,那么税法应当采取什么样的争议解决机制适用税务征收过程中出现的纠纷,这是事关税收法治和税收公平的关键。作为与税务诉讼相关联的一体两面,非诉的税务替代性纠纷解决机制(alternative dispute resolution)即税务 ADR 却鲜有学界研究,或因忌于税法的公法性质而对和解、仲裁、中介组织专业化服务、行政执法和税务司

---

[*] 陈雷,华东政法大学博士研究生。

法过程中的替代性措施等关注较少。直到《税务行政复议规则》的出台对和解和调解进行了鼓励性的确认之后,学界才开始涉及税务和解方面的研究。相比之下,在民事领域,税务 ADR 的研究则相对丰富,可以提供较为丰富的理论与实务经验。在税收司法专门化呼声日益高涨的今天,如何在刚性需求与柔性法治之间进行价值衡量,是实现税收法治与纳税人合法权益保障需要研究的重要课题。

二、规范梳理与现实反思:传统税务争议解决机制的检视

税务争议主要是指纳税人同税务机关在纳税问题上因不同意见而产生的争议,具体包括税务机关确定纳税主体、征税范围、纳税期限、征税对象、纳税环节、计税依据、减免税及退税、纳税地点、适用税率以及税款征收方式等具体行政行为引发的争议,也包括对税务机关的处罚行为、强制执行措施或者税收保全措施等不服而产生的争议。因为税务机关与纳税人的关系是税法中的核心利益关系,也是税收法治与税收公平得以实现的关键,因此税务争议主要是围绕税务机关和纳税人之间的权利义务关系而展开。从税法技术性的角度而言,以法国为例,其现行法律体系根据争议事项的性质将各种税收法律争端划分为以下几种:一是实践中较为普遍存在的由税基确定引发的计税依据的纠纷;二是关于税款缴纳的;三是由税务机关越权引起的;四是有关税收法律责任的。[①] 由此可以看出,税务争议除了具有行政争议的一般特征之外,还涉及财务、会计、经济、法律等多学科知识,具有较强的专业性和技术性。

之所以在上述各个环节存在广泛的税务争议,一方面与税收立法本身固有的局限性有关,因为法律的制定大多情况下并不能避免落后于现实,而立法技术水平也决定了现行规范中的不完全法条、不确定的法律概念可能引发适用中的困扰,例如《税收征管法》第三条虽然从形式上笼统地限制了税务机关的自由裁量权,将税收的开征、停征以及减免税、退税、补税纳入法定范畴,但这也是一种理想化的假设,即理想化地认为各个纳税因素都是确定和充分的,但在实践中常常出现因为法律条文的概括化和笼统化产生的适用上的难题,并产生了税法拟制的理论探讨。在这种情况下如果税务机关任意释法和强制征收,再加上信息的不对称,将会侵犯纳税人的合法权益,造成征管权的滥用,由此引发的争议浪费了大量行政和司法资源。另一方面,税务机关及其工作人员的业务素质和法律职业水平也因时因地存在差异,税务服务的专业化尚未得到普及,因此,对于

[①] 参见李滨:《法国税收法律争端的解决机制》,载《涉外税务》2006 年第 4 期。

税务争议的存在以及理解必须基于上述情况,才能试着找寻更好的解决方法。

此外,营改增之后所导致的变化大、税率多、抵扣难等问题,导致企业税务的处理难度加大。税务机关对实名制办税提出了新要求,也增加了办税人员的责任和风险,同时 CRS 统一报告标准新政背景下高净值个人的避税和逃税风险加大。而伴随着市场交易的日益复杂化和精细化,在税收确定性上也出现了一些新问题,例如涉他合同中增值税的处理、关联交易和代销的税务认定、不动产融资性售后回租的性质认定、不同物权的交付方式引发的纳税争议、企业所得税认定中到底什么是与取得收入直接相关的支出等等,以上种种不仅各地的税务机关处理不一,而且极易引发更多税务争议,这些都对中介服务机构和中介自律机构加入税务领域,尤其是税务纠纷领域提出了更高的要求,也对传统的税务争议解决方式提出了更多和更高的要求。

根据我国现行法律规范的界定,税务争议作为具体行政行为引发的争议范畴,适用《行政复议法》和《行政诉讼法》的相关规定,即传统的复议和诉讼并行的行为处理模式。

(一)税务复议:规范适用与程序公正性的缺失

现行税务复议以《行政复议法》《行政复议法实施条例》和《税务行政复议规则》为依据,尤其在《行政复议法实施条例》出台和《税务行政复议规则》修订之后,从规范层面上对税务机关在复议中的裁决措施进行了扩大,包括和解和调解的运用,体现了中央要求各级政府要着力提升行政复议解决行政争议的职能,力争把行政争议化解在基层、化解在初发阶段和行政过程中,从而保障社会稳定、实现社会和谐的指导思想。虽然现行的行政复议在化解税务纠纷方面发挥了不可替代的作用,但是,由于我国现阶段依然缺少像美国那种较为发达的社会诚信机制和纠纷处理配套体制,复议程序在处理税务争议中存在的问题饱受诟病,税务和解等方式在复议中的运用依然有限。体现在以下方面:

1. 规范文本的适用困境

目前,我国规范税务行政复议制度的法律、法规主要是《行政复议法》和《税务行政复议规则》。《税务行政复议规则》进一步体现了立法的细化,和之前相比有了较大的改进和完善,但是部分法条在操作性上依然存在认定的难题。例如第83条规定如果情况复杂,经过批准可以适当延长复议期限。但是对什么样的情形适用"情况复杂"并没有说明。此外,对于复议期间可以停止执行的情形中,"合理""认为应当"的表述应当如何理解也没有解释,极易产生实践中操作上的困境。

2. 复议机关独立性的固有缺陷

税务复议的最终目标是实现裁判行为的客观与公正,实现合法性和合理性的统一。从古典自然法的自然公正原则来看,任何人不得做自己的法官,任何一方的意见都应当被听取。① 因此,负责处理税务争议的机关也应当是独立于发生纠纷的争议双方。我国对基于税务作出的具体行政行为进行复议的法定机关是作出该行为的上级税务主管机关,也就是说行为机关与复议机关在行政系统内具有经费、人事和级别上的隶属关系,从程序直观公正的角度难以保证复议结果的公平公正。

从税务和解的角度看,根据《税务行政复议规则》第 12 条的立法目的,当前税务和解的组织同样更多地依赖于复议机关。复议机关其实并不适合担任直接的和解主持机构。理由如下:第一,由复议机关主持和解并不符合效率主义。复议程序与司法程序最大的区别就是,司法程序处理的是他人之间的纠纷,而行政复议程序处理的是"自己"的纠纷,无论是基于国库主义还是国家税收安全的角度,复议机关在达成和解或者裁决复议的过程中都不得不考虑自身利益和责任问题,而调解方案的敲定同样需要经过税务机关内部科层制的确认。在这种反复协商和不断确认的过程中,复议机关耗费的时间成本并不见得比直接复议结案少。第二,正如前面论述,税务复议机关既担任复议程序的裁判者,也担任和解程序的组织者,不仅在角色上容易产生混乱,而且如果和解程序失败,又将重新转回到复议程序。复议机关这种调解与复议的对接与司法机关调解与诉讼程序的对接有本质上的区别,因为复议机关作为先前调解程序的组织机构和后续的复议程序的裁决机构,很容易将之前调解过程中的看法先入为主地带入到复议中去,相比之下,法院的调解和诉讼是完全分开的,不存在先入为主的问题。因此,复议机关自身难以克服的缺陷与中立机构的价值中立不存在利益冲突有着重大背离。解决问题的关键就在于如何确立中立第三方的调解员。正如美国法规定纳税人如果愿意选择中立第三方主持调解,只需要复议部门批准并支付相应费用就可以了,而如果由复议部门主持调解就不需要支付相关费用,这种通过费用的设计购买"调解服务"是对纳税人自主选择权的一种尊重和保护。

3. 税款缴纳前置的弊端

新颁布施行的《税收征管法》改变了以往的立法取向,对必须经过复议才能提起诉讼的前置条件进行了放宽,例如第 88 条规定了纳税人可选择缴清应缴税款,或提供相应的纳税担保,但是,如果纳税人存在经济困难,无法先行缴纳税款,那么这样的规定就无法从根本上改变纳税人的困境。造成的结果就是如果

---

① 参见张文显:《法理学》,高等教育出版社 2011 年版,第 156 页。

税收相对人不能按规定缴纳税款和滞纳金,或者不能提供纳税担保,就可能失去申请复议或者提起诉讼的权利。这样的立法带有过于强化国家征税的权力,而没有更好地顾及纳税人的权利救济,违反了无救济则无权利的基本原则,变成纳税人实现其诉权的严重障碍。

(二) 税务诉讼:司法体制的固有局限

税务诉讼现行的法律依据主要是《行政诉讼法》,现行税务诉讼在实践中引发的诸多问题同司法体系的局限性、司法审查效力和范围的有限性有较大的因果关系,这也是推动税务司法需要解决的现实难题。

1. 现有司法体系的局限

一方面,由于涉税案件的专业性和复杂性,对税法具体适用的解释也往往由税务行政机关来完成。另一方面,在涉税司法中,法院的受理案件权受到了一定的限制,例如,在纳税争议案件中,纳税人(行政相对人)必须首先缴纳税款并走完复议程序,若对复议决定不服,才能向人民法院提起诉讼。这些不可避免地导致了税收司法权愈加依赖于税收行政权。目前,各级法院大多数法官的专业素养难以适应日益复杂、专业的涉税案件以及涉税救济案件,进而导致了税务诉讼受案范围不够完善、起诉率低而撤诉率高、当事人的诉权受到多方面的限制等等。根据上海北部某工业区法院行政庭的数据统计,税务诉讼案件占行政案件的比重常年在5%以下徘徊,但起诉率少并不代表纠纷发生率少,而是纳税人基于诉讼本身的弊端不愿起诉或更多地通过信访这种诉讼外的方式表达诉求。

在税务诉讼本身数量较少的情况下,纳税人撤诉率却很高,这其中既有税务机关在判决或裁定作出前自动变更具体行政行为并获得了原告的谅解,也有原告基于其他非正常原因而被迫撤诉,例如法院受税务机关委托而进行强制调解等,这也体现了当下税务诉讼的尴尬。此外,税务诉讼的高对抗性、高周期和高成本性、程序保障公正性的欠缺使得纳税人尤其是市场经营者做出必要的让步和妥协。因此当务之急,并非必然强化税务诉讼的专门化,而可以从专业化的角度进行细化的专业分工,例如司法系统内部也应当有专业的税务法官或税务检察官,中介服务机构应当加强税务服务人员的业务素质能力等等。这些或许比单纯强调税收司法专门化更有现实意义。

2. 司法审查效力和范围的有限性

我国目前施行的《行政诉讼法》及其司法解释、《税收征管法》及其实施细则等相关的法律法规,规定了当事人有权对十一种税收行政行为提起行政诉讼。但结合受案范围来看,它局限于具体行政行为的合法性审查的要求并不能有效解决税务争议中产生问题的根源。因为具体行政行为总是依照抽象行政行为作出,虽然税收法定已经被确定为基本的立法原则,但税务政策和授权立法依然在一定程度上存在,税务行政中的裁量权依然很大,甚至不排除一些地方政府以规范性文件的形式违法收费、变相征收、违规处罚。这种情况下,税收司法理应针对上述这些反复适用、具有普遍性的抽象行政行为发挥更为明显的能动性,避免大量、主要的税收领域的侵权行为处在司法审查的真空地带。一个典型的案例就是广西壮族自治区地税局公告2015年第6号中将股权转让行为的认定扩大到了赠与、捐赠行为,而其上位法也就是国家税务总局公告2014年第67号文《国家税务总局关于发布股权转让所得个人所得税管理办法(试行)的公告》第三条关于股权转让行为的认定中确没有赠与、捐赠的情形,而根据国家税务总局办公厅关于《股权转让所得个人所得税管理办法》的解读(2014年12月12日),对于该条七种股权转移行为认定为股权转让行为的理由是股权已经发生了实质上的转移,而且转让方也相应获取了报酬或免除了责任。而赠与、捐赠行为显然不符合总局的立法本意,因为转让方并没有取得利益对价。虽然广西地税局迫于压力在一年后主动对该条款进行了修改,但对纳税人造成的损失则不可避免。因此应当发挥税务诉讼在抽象行政行为中能动司法的作用,这是实现税收法定从文本到实际的司法保障。

由此可以看出,无论是税务复议还是税务诉讼,都是以职权主义为思维模式进行构建的,与德国联邦行政程序法等具有代表性的国家注重相对人参与权保障有较大距离,也不符合传统自然法中关于"角色的分离""对立意见的交流""直观的公正"等基本理念。此外,我国税收立法中本身财政的目的就非常突出,保障国家税收收入的立法目的重于纳税人权益保护,在权利救济上依然偏向于国家税收的实现和税收征管秩序的维护,导致现有的争议解决机制是建立在"强对抗性"的基础上,造成了纳税人权利与义务的异化,形成了征纳双方权利义务不对等性的理论,尤其是草率执法和违法乱纪屡禁不止,[1]使得纳税人无法通过非对抗性的渠道解决税务争议。在这种高对抗性、高周期和高成本性、程序保障公正性欠缺的情况下,高信访率、低起诉率、高撤诉率的出现也就不足为奇了。

除了传统的复议和诉讼模式之外,信访作为有中国特色的非诉讼处理机制在税务领域也是普遍存在的,这也从侧面体现现有的纠纷解决模式基于成本、周期以及客观的利益对抗性导致了纳税义务人的排斥性,同低起诉率、高撤诉率、高败诉率也是相互印证的,但信访因为其"法外"方式的特征而具有随意性和不确定性,法律很难对信访过程中行政机关的行为进行规制,从长期看不仅不利于税务纠纷的解决,还会损害行政机关的公信力。

---

[1] 参见陈少英:《中国税法问题研究》,中国物价出版社2000年版,第41页。

税收法定视域下,传统的《行政复议法》和《行政诉讼法》并没有伴随《立法法》的修改而针对税务争议进行更多的适应性调整,这并不意味着替代性纠纷解决机制没有适用的空间。一方面,税收和解已经得到法律确认,复议程序和调解程序已不再排斥调解的运用,但关于调解和和解的程序尚不完善,包括主持人和调解员的选任以及调解的配套措施等。另一方面,当下税收强制阶段采取的强制措施和处罚阶段采取的处罚措施等方面几乎不存在替代性措施的适用,这对于实现税收法治和税收公平是极为不利的。如何在应然性和实然性之间寻找沟通的桥梁,可以从下文中理论的契合性、介入的方式和阶段中寻找答案。

三、追本溯源:两大法系代表性替代解决机制的缘起和发展

替代性机制体现了二战以来以美国为代表的欧美各国社会纠纷解决机制多元化发展的趋势,尤其是从传统的诉讼解决机制向非诉讼解决机制也就是替代性解决机制倾斜。替代性机制作为一个综合性的概念,是对各种纠纷解决过程或者解决途径的概括。一般认为,可以从对法院审判或判决的替代性、当事人的自主合意和选择为基础、解决纠纷的功能三个方面对 ADR 进行界定,可以认为 ADR 是指纠纷各方自主选择的非通过司法途径的纠纷解决方式,在这种纠纷解决方式中,并不排斥第三方的协助,而这正契合了美国 1998 年《ADR 法》对于 ADR 的定义精神。传统观点认为,税务争议 ADR 是指税务机关和纳税人通过双方独立谈判或者在第三方的调解等方式的协助之下达成妥协以解决税务争议的过程。但是,随着行政法治和税收法治的发展,税务争议 ADR 不仅应该包括税务行政诉讼、税务行政复议中的以及其他各种形式的和解、调解、仲裁等,也包括税务执法过程中关于替代性手段和方法的协商、中介机构对裁决与调解的参与等等,具有非对抗性、缓和性、补充性、恢复性等功能,是对民事领域 ADR 有关理念的继承和发展,是税法私法化在程序法领域的重要体现。

在 2012 年 10 月新加坡举行的"ADR 机制发展大会"上,国际调解中心名誉主席迈克尔·利斯发表了题为《替代性纠纷解决机制:2020 年的展望》的演讲,深刻分析了当前世界范围 ADR 机制的利弊,描绘了 2020 年 ADR 的发展愿景和目标,提出了为实现目标应采取的具体行动计划。[①] 这也意味着 ADR 在国际交流与合作方面有了重大进展。

---

① 参见龙飞:《ADR:2020 年的全球发展趋势》,载《人民法院报》2013 年 3 月 22 日第 6 版。

(一) 多元与自治:美国 ADR 的发展模式及其在税务领域的运用

从《五月花号公约》发展而来,美国在争议纠纷领域极为注重替代性的解决方法并在立法中不断给予承认和支持,使得立法对于实践的确认和推动起到了相当重要的作用,体现了英美法系国家的特点。从 20 世纪 20 年代起,美国就开始通过立法对民间逐渐兴起的 ADR 予以确认和规范,经过近百年的发展,先后制定和颁布的《联邦仲裁法案》《联邦民事诉讼规则》《民事司法改革法》,体现了立法对 ADR 认识的不断深化和发展,1998 年通过的《替代性纠纷解决法》更是世界上第一部专门的 ADR 立法,也是以基准法的形式将司法 ADR 正式确立下来。

美国不仅有着发达的民间 ADR(也称社会性 ADR),同样有着日趋完善的司法附设 ADR(简称司法 ADR)。民间 ADR 指的是美国民间所存在的多样化的私营调解机构等纠纷解决组织。20 世纪中叶之后,美国就开始发展一个叫做"邻里正义中心"的项目,为民众提供免费或成本低廉的调解服务,用来解决警察执法纠纷、房屋租赁纠纷、消费者纠纷、无业游民纠纷、轻微犯罪纠纷以及家庭内部纠纷,促进纠纷有效率地解决。① 由此可见,私营调解机构并不排斥公法上的一些纠纷,警察执法纠纷也被纳入合意调解的范畴。而司法 ADR 更多的是和法院的司法资源相联系,无论是程序上还是效力上都尽可能同司法对接起来,例如联邦司法中心与纽约公共资源中心纠纷解决研究所开展合作公布了《联邦地区法院中的 ADR 与和解:法官和律师适用手册》。美国的司法 ADR 的形式丰富多样,包括法院附设的调解、法院附设的强制仲裁、私人审判、简易陪审团审判、早期中立评价、微型审理等等。哈佛法学院弗兰克·桑德尔教授就呼吁建立"多门法院",通过多样化的渠道对不同种类和性质的案件进行必要的分流。② 之后,美国在"多门法院"进行了实践,例如将小微案件授权社区法律中心来处理,实现分流的目的。

美国税务调解的制度设计较为具体和完善。第一,针对纳税人的不同和纳税阶段的不同设计了不同的调解制度,例如在征纳阶段、复议阶段和诉讼阶段的调解程序是不一样的。针对自由职业者和小企业者在征收阶段的纠纷适用快速调解程序,诉讼程序中则采用正式调解程序。第二,调解适用的范围也非常广泛。除了明文规定不能适用调解的类型,例如不必要的争议和有违诚信的争议之外,调解适用范围既包括法律问题,也包括诸如评估、合理赔偿、转让定价等事

---

① 参见刘静、陈巍:《美国调解制度纵览及启示》,载《前沿》2011 年第 4 期。
② 参见龙飞:《ADR:2020 年的全球发展趋势》,载《人民法院报》2013 年 3 月 22 日第 6 版。

实性问题。第三,调解程序的可操作性较强,并分别体现在申请、签订同意书、合意选择调解员以及调解费用的支付、调解达成或者调解无法达成之后的程序衔接等等。第四,不仅复议机构是中立的,并且独立行使职权,而且审调也是分离的,确保纳税人在调解员选择上的自由。① 尤其需要说明的是,纳税人选择行政体系内的调解员是无须承担费用的,因为这是属于纳税人本身应当享有的权利,另一方面,如果纳税人不信任体制内的调解员而选择外面的机构做调解人时才需要自行承担费用。除了就税务争议达成庭外和解从而终结诉讼程序之外,美国联邦税法也规定了税务约谈制度,在约谈中,美国税务局依据法律授权在特定的情况下可以对纳税义务人所欠的税款给予妥协。

总结来看,美国的 ADR 之所以蓬勃发展与美国从建国前就已经形成的契约意识和诚信意识密不可分,而美国的 ADR 之所以能够介入税务纠纷等行政职权领域,也与美国作为英美法系代表国家,其社会相对淡化的公权力意识、不像大陆法系那样刻意强调公私法进而认同用私法方式解决公法纠纷也有很大关系。因此美国 ADR 的显著特点就是多元、协商、自治、共享、准效力性和准司法性、自愿、灵活、多层次、普遍性、适应性、一定程度的强制性、预见性等。这为我们从理论到实践层面的借鉴并应用到税务争议等公法领域具有一定的参考价值。

(二) 协商性和专业化:法国税务 ADR 的特色

法国作为大陆法系的代表国家,同中国一样设有税务复议制度,此外还存在两种税务 ADR 的情况。一种情况存在于税务减免的自由裁量权领域,一方面议会依法成立的争议解决机构对裁量权的行使进行必要监督,并给予专业的指导意见,另一方面税务机关针对确实存在经济困难的纳税人享有酌情减免的裁量权。在此过程中,如果发生因迟延缴纳税款或其他违法行为产生的罚金,纳税人可以通过放弃诉讼权利作为对价以此和税收机关达成协议。这样既能体现行政效率,也能通过确认法律效力上的终局性来避免税务争议的发生。另一种情况是税务咨询机构的仲裁,其中最具有代表性的是"直接税与营业税地方委员会"和"地方税收协商委员会"。② 这些专业机构的组成具有代表性和广泛性,包括纳税人代表、法院尤其是行政法院的法官,还有公证员和税务部门的调查官,用以提供咨询意见以及解决税收争议领域的复杂疑难案件。

---

① 参见廖仕梅:《论税务行政争议的调解机制》,载《地方财政研究》2016 年第 6 期。
② 参见黄克珑:《完善我国税务救济制度的构想——基于中外税务救济制度的对比》,载《现代物业》2010 年第 9 卷第 4 期。

由此可见,法国的税务 ADR 专门化和专业性的色彩更为浓厚,例如设立专门的争议解决委员会,根据纳税人的诉求向税务部门提供相应的法律意见。双方可以就解决方案乃至罚金数额达成"谅解",①这样可以减轻因税务罚款争议带来的行政复议或诉讼成本,对我国当下复议与诉讼的救济模式显然更具有借鉴性。

综合比较来看,两大法系的主要国家在税务 ADR 方面的区别体现的是一种历史发展传统上的区别,美国更注重多元主体参与式,除了官方采用调解、仲裁等替代性方法之外,在民间也有较为发达的私营服务机构。此外,法院的司法资源与调解、仲裁的联系也非常紧密,这是一种社会学上多元主义的发展模式,即官方 ADR 与民间 ADR 之间的界限是较为分明的。相比之下,法国、德国等大陆法系国家倾向于社会学上所称的法团主义发展模式,更强调在 ADR 建立过程中国家的培育作用,国家在机构设置、人员选任方面提供支持,以保证争议解决的专业化和法律效力,即国家让渡一部分资源和权力,允许利益群体加入进来。

因此,不管是多元主义模式的纠纷解决思路,还是法团主义模式的纠纷解决方法,都可以给我们以启示和借鉴。其优于传统模式的效率性、缓和性、恢复性、补充性的功能更是为我国适用税务 ADR 的目标指明了方向。

四、理论破局、制度兼容与现实可塑:
税务 ADR 适用的理论和现实依据

除了上述对传统解决机制的认定和反思之外,在税务争议中适用替代性机制还有以下考量因素,即适用的理论依据与现行制度规范合法性的兼容以及现实需求的正当性。

(一) 理论破局:公私法融合的历史趋势

公法和私法的融合指公法和私法在调整手段上的逐渐融合,以至于在某种程度上出现了公法私法化和私法公法化的特征。一方面私法关系和私法的价值取向从单纯的私人本位向社会本位发展,②另一方面公法也需要与时俱进,充分借鉴私法的理念、法律关系以及纠纷解决的模式。具体到税法领域,税法的私法

---

① 参见黄克珑:《完善我国税务救济制度的构想——基于中外税务救济制度的对比》,载《现代物业》2010 年第 9 卷第 4 期。
② 参见陈少英、许峰:《税务争议替代性解决机制探析》,载《北方法学》2008 年第 5 期。

化体现在从"权力关系说"到"构成要件说"和"债务关系说"的转变,只不过税收之债在性质上属于公法之债,是一种以税收债权债务为内容的公法上的法律关系,税收作为金钱债务,与民商法上的金钱债务具有一定的共性,[1]其私法化体现在课税依据的私法化、税收法律关系的私法化、税法规则和制度的私法化以及税法概念和范畴的私法化等方面,日本学者金子宏也认为税法上的债务是由税的债务者向国家或地方公共团体进行交纳被称为税的这一金钱给付的义务。[2]这种借用私法上债权结构的方法也为税法上的漏洞填补提供了路径。税务争议逐渐引入调解机制就是最好的说明。例如,德国税法就规定征管机关和纳税人基于纳税事实关系和法律关系产生分歧且没有办法通过调查予以确定的时候,鼓励双方进行适当的和解。在美国等一些淡化公私法的二元划分的国家,纳税人与税务机关的诉讼适用民事诉讼法的相关规定。民事纠纷 ADR 的方法,例如调解和仲裁,已经被广泛应用到带有公法意义的纠纷领域。

(二) 制度兼容:ADR 与现行税务争议解决机制的法律兼容性和可选择性

现行《行政复议法》《税收征管法》《行政诉讼法》以及《税务行政复议规则》共同构筑了税务复议与税务诉讼的解决模式,并区分了基础性税务争议与税务处罚和强制措施在适用复议前置模式上的差异。ADR 作为高度灵活性、自治性甚至带有一定程度的准强制性的特性,可以渗透到现有的税务复议与税务诉讼这两种对抗性的模式中,起到非对抗性、补充性和恢复性的功能,例如,行政性 ADR 可以通过上级主管部门或独立的行政部门设立的调解机制来参与税务纠纷的解决。民间团体 ADR 和中介机构 ADR 也可以通过调解服务或者专业服务提供更为科学合理的判断以供争议双方在纠纷陷入困境时作为参考,如果该意见与复议或诉讼的最终结果相一致却未得到采用,未采用方应当承担一定的惩罚性后果。司法 ADR 更可以通过司法资源的利用以及司法部门在公权力体系中的权威性和严肃性参与税务纠纷,它本身所具备的准司法性和一定程度的强制性对税务行政机关可以起到权力制衡作用,例如在美国,司法 ADR 更多的是强调诉讼前的各种参与程序,例如中立评估、调解员调解、微型审理等等,但这并不妨碍诉前程序与正式诉讼程序的对接。

(三) 现实可塑:税收法定原则下 ADR 适用于税务纠纷的正当性以及现实紧迫性

同刑法上的罪刑法定一样,在税收法定原则下,税务纠纷依然贯穿税务机关

---

[1] 参见陈少英:《税收债法制度专题研究》,北京大学出版社 2013 年版,第 2 页。
[2] 参见〔日〕金子宏:《日本税法》,战宪斌、郑林根等译,法律出版社 2004 年版,第 107 页。

确定纳税主体、征税范围、征税对象、计税依据、纳税期限、适用税率、减免税及退税、纳税环节、纳税地点、税款征收方式以及强制措施和处罚程序各个环节。税收法定原则要求税收的确定和征收要基于法律的规定进行,但违反法律规定进行税收的确定和征收的现象时有发生。导致出现违法课税,却不能保障纳税人对此提起权利救济。这一方面固然有立法技术天然滞后于社会发展现状,法律条文并不能涵盖现实中可能发生的所有的税收现象的因素。另一方面税务机关作为立法规范中的执行机关,往往在很多环节被赋予自由裁量权,而一旦自由裁量权的扩张影响到原有行政职能的发挥,就会产生更多的社会纠纷。这种国家行使刚性权力与社会对柔性治理的需求之间的矛盾,体现了"徒法不足以自行"。此外,税收技术的专业化和精细化分工,也需要中介服务组织的加入,例如企业的税务筹划以及税收减免的申请等等。

　　ADR 得以在发展中产生并在短短半个世纪内得到国际化层面上的高度共识,体现了经济全球一体化与区域发展多元化背景下对个性选择的尊重和对差异化的认同,也体现了对社会矛盾多样化趋势的一种回应,即对 ADR 的便捷性、效率性、缓和性和补充性功能的需要。对于税法而言,税务 ADR 则是对税务纠纷包括国际税收征管引发的纠纷的高度关注,也是与近年来学界关于税务法庭乃至税务法院的设立进而推动税收司法专门化的建议呼应。当前我国法院的法官主要集中在刑事领域和民商事领域,法官的知识结构和专业背景也更多的以诉讼法、民商法、刑法等部门法为主,虽然很多地方法院为应对日益增多的、专业化程度较高的金融类案件和知识产权案件,设置了金融庭和知识产权庭,对法官加强了相关专业知识的培训,但是对涉税案件仍然缺乏重视。现有从事审判工作的法官中,专门从事税法研究的过少,具有专业知识的税务法官严重缺乏。关于税务司法专门化和专业化的问题,有学者建议借鉴欧美等国设立行政法院或税务法院,也有学者认为应根据我国的实际情况,同时考虑到税务案件收案量现阶段较少的原因,应先在法院系统内设置税务审判合议庭或税务法庭即可。① 甚至有学者对税务法院在司法体系中的地位、管辖范围和受案范围、巡回审理制度、税务法官的选任和管理进行了具体的制度设计。但是正如上文论述的,税务诉讼在实践中的问题并非能够通过进行简单的税务司法专门化改革解决,甚至可能引发悖反的后果。因此,鉴于改革成本和风险性的考量,完善替代性解决机制是柔性改良可以接受的范围。

　　全面落实营改增之后,基于政策的不明朗和法律制度的配套水平较低的问题,可以预见的是,无论是因为中央与地方职权划分可能引起的法律适用与税收

---

① 参见朱大旗、何遐祥:《论我国税务法院的设立》,载《当代法学》2007 年第 21 卷第 3 期。

管辖上的问题,还是因为税法技术性的问题,都有可能引发各种各样的争议。《中国税务报》还专文刊载了《营改增后税率易错的38种应税行为》,该文针对特定行业的特定义务容易引发的税务纠纷进行了阐述。虽然现阶段税务纠纷的解决方式更多依赖复议为主、诉讼为辅的路径,但法律程序之外日益高涨的信访现象是值得关注的,根本原因还是纳税人的诉求因为成本或周期的原因无法得到更好的表达。因此,税务ADR具有法理层面的正当性和实践层面的紧迫性,其便捷性、效率性、缓和性和补充性的功能也有利于缓解税务争议过程中的对抗关系,促进纠纷合理化的解决。

五、刚性需求与柔性法治:替代性措施的介入阶段

替代性机制介入税务争议的阶段可以区分为税务执法阶段和税务救济阶段。在税务执法乃至广义的行政执法阶段,替代性措施的渊源可以追溯至协商行政理论。传统的公法理论是禁止在行政执法阶段适用协商行政的,因为会被认为是行政主体懈怠责任的体现。① 例如我国台湾地区"行政程序法"第102条规定:"行政机关作成限制或剥夺人民自由或权利之行政处分前,除已依第三十九条规定,通知处分相对人陈述意见,或决定举行听证者外,应给予该处分相对人陈述意见之机会。但法规另有规定者,从其规定。"这就意味着行政执法阶段应当在合理界限内充分听取相对人意见。尤其是在税收法定背景下,我国财税立法尚未达到健全而没有纰漏,不可避免对税务执法产生影响。随着互联网时代的到来,市场中的自律规范和交易规则等更是呈现前所未有的增长,② 例如第三方支付平台的大量出现、股权债权融资领域的新发展等等都有可能引发相应的税法拟制问题。这种情况下,需要在税务执法阶段和税务救济阶段与相对人进行必要的协商,并在行政强制和行政处罚领域采取非刚性和和解性替代性措施这种相对柔性治理的方式,例如我国陕西杨陵地区税务部门就积极探索调解手段,注重全程管控,坚持把调解工作贯穿争议解决的全过程,对于发票管理、行政处理核定征收等事项充分听取纳税人的陈述申辩,这是符合税收法治基本理念的做法。③

---

① 参见相焕伟:《协商行政——一种新的行政法范式》,山东大学博士学位论文。
② 参见马长山:《法治中国建设的"共建共享"路径与策略》,载《中国法学》2016年第6期。
③ 参见郑栋、邵联宇:《杨陵工业区国税局注重全程控管化解税务争议》,载《陕西日报》2012年5月30日第5版。

(一)税收强制阶段

我国现行规范中关于税务强制阶段的措施主要依据《税收征管法》《行政强制法》等,《行政强制法》第 9 条规定的强制措施有以下几种:(1)限制公民人身自由;(2)查封场所、设施或者财物;(3)扣押财物;(4)冻结存款、汇款;(5)其他行政强制措施。第 12 条规定的执行方式有:(1)加处罚款或者滞纳金;(2)划拨存款、汇款;(3)拍卖或者依法处理查封、扣押的场所、设施或者财物;(4)排除妨碍、恢复原状;(5)代履行;(6)其他强制执行方式。此外,《税收征管法》也规定了扣押、查封、冻结、拍卖或变卖等保全措施或其他强制措施,需要说明的是,《税收征管法》并不像《行政强制法》那样明确区分强制措施和强制执行方式,这对于税收征管执法中的适度和统一会造成一定困扰。

从秩序法的角度来看,[①] 上述强制措施有利于国库主义下税收安全的保障,但对纳税人尤其是经营企业造成的困扰也较为明显,尤其是《税收征管法》作为特别法对《行政强制法》中的强制措施进行了目的性限缩,直接采用扣押、查封、冻结、拍卖等资产凝固方式和变现方式,不利于企业维持原则和营业持续原则的维护,从长远来看也是不利于国家税收保障的。因此,用行为限制或声誉限制方式来替代传统的财产限制符合大数据时代下信息共享的发展趋势。

具体而言,行为限制方式包括企业投融资限制、申请税收优惠限制、企业主要负责人出入境限制或高于基本生活所需的大额消费限制、减少投资额度的限制机制等。声誉限制方式主要是针对涉事企业及其主要负责人的商业声誉进行的税收方面的通告,或者建立税收征纳信用档案和司法信用档案等。在税收强制阶段采取更多的非强制性的替代措施更有利于在缓和对抗关系的情况下给予企业税务自救的空间和可能性。

(二)税务处罚阶段

在税收处罚阶段,处罚措施的适用需要结合纳税人和纳税事实的具体情况,遵从比例原则和信赖保护原则的要求,同时在法定处罚种类之外,也应当考虑必要的替代性措施作为过渡,以符合比例原则中对于手段目的妥当性的要求和最小侵害原则,更好地平衡纳税争议的利益衡量。

我国现阶段关于税务处罚的种类集中在以下方面:

《行政处罚法》	(1)警告;(2)罚款;(3)没收违法所得、没收非法财物;(4)责令停产停业;(5)暂扣或者吊销许可证、暂扣或者吊销执照;(6)行政拘留;(7)法律、行政法规规定的其他行政处罚。

---

① 我国台湾地区将税收行政处罚称为税收秩序罚,并与执行罚和惩戒罚相区分。

（续表）

《税收征管法》	罚款、没收违法所得、停止出口退税权、收缴发票或停止发售发票。
《税务行政处罚裁量权行使规则》国税发〔2016〕78号	罚款、没收违法所得、没收非法财物、停止出口退税权、法律法规和规章规定的其他行政处罚。

我国台湾地区的行政处罚方式如下：①

处罚标的	处罚内容
财产权	罚锾②、没入、滞报金、空地税及荒地税。
名誉权	申诫、告诫、公布姓名照片及判决要旨。
自由权	人身自由：拘留。 营业自由：歇业、停业、停工、解散、撤销许可或核准、吊销执照或证书、停止生产或销售行为、撤换人员、限制买卖、取消登记、注销证书、撤销立案、不核发营利事业执照、停职或解除职务、停止受理申报等等。 一般行为自由：针对交通、使用、租用、发行出售等行为进行的限制。
其他	主要是警告。

从学理上看，我国大陆地区学者倾向于区分为申诫罚、财产罚、人身罚、行为罚。③ 以税务处罚为例，申诫罚包括责令改正、责令限期缴纳税款、公告欠税等。财产罚包括罚款、没收违法所得、加征滞纳金、加处罚款等。人身罚主要指限制出境。行为罚包括收缴税务登记证、取消增值税一般纳税人资格、收缴发票或停止发售发票、停止抵扣增值税进项税额、停止出口退税权等。尤其需要注意的是，在财产罚领域，要区分罚款、利息或者罚息、滞纳金、滞报金乃至加算税本身所具有的法律性质和法律功能的区分以及税务行政处罚与潜在的可能发生的税务刑事处罚在功能和方式上的区分和衔接，例如行政处罚阶段的罚款和刑事处罚阶段的罚金在功能上的对接等等，④避免无谓地增加处罚成本，以寻求纳税人利益保护和税收处罚裁量权的平衡。

之所以探讨行政处罚阶段的替代性机制，并不是一定要在法定的处罚措施之外增加新的处罚措施，而是在采取处罚措施之前，考虑必要的过渡性措施作为替代，避免最终走向行政处罚的强对抗境地。虽然该替代性机制并非税收争议

---

① 参见翁岳生编：《行政法》（下册），中国法制出版社2002年版，第830页。
② 音"huan"，古代重量单位和货币单位。
③ 参见刘剑文、熊伟：《税法基础理论》，北京大学出版社2004年版，第469页。
④ 参见陈少英：《税法学案例教程》，北京大学出版社2007年版，第253页。

解决的终极裁判,但更有利于在国家税收安全保障和当事人持续经营利益之间寻求平衡,也是通过比例原则和信赖保护原则实现税收公平原则在横向公平和纵向公平两个方面的体现,即形式正义与实质正义的统一。[①] 税收处罚机关可以根据涉事企业的具体情况在处罚措施的替代性上施以一定程度的裁量权。相比之下,我国台湾地区在行政处罚措施的替代性选择方面显然更为丰富,有利于在合法性和合理性原则的指引下作出更好的判断。

此外,由于税务强制和税务处罚都属于税务执法阶段的具体行政行为,基于协商行政的理论,正如上文所介绍的美国联邦税法规定的税务约谈制度,其实也是在用一种柔性的替代措施敦促纳税义务人积极履行宪法和税法所赋予的与纳税相关的义务,而且在约谈中,美国税务局依据法律授权在特定的情况下可以对纳税义务人所欠的税款给予妥协,促成争议和解的达成,实现效率与公正的协调。因此,应当积极完善税务执法中的税务约谈制度作为替代性或者过渡性的执法措施,通过较为缓和的方式积极促进纠纷的解决。

(三)税务复议阶段

传统的复议机关中立性饱受诟病,并且税款缴纳前置的措施也存在一定的弊端。为此,考虑到税收事关国家税收收入与国家福利支出的重要性,以及纳税人利益保障的必要性,是否可以如英国等国家实行独立复议机构处理涉税复议的事宜是值得关注的。

1. 英国独立复议机构模式之考察

英国税务争议负责机构的设置体现了英国在行政监管体系中浓厚的独立管制机构的传统和特色,为了促进税务争议得到公正处理,英国在法院系统之外设立了大量的独立解决机构裁判所,又被称为行政裁判所。虽然体系上是行政性的,但实际上具有类似于法院的司法性职能,因为它排斥行政机关的外在干预并独立对案件进行裁决。裁判所的人员结构充分体现了专业性而不是行政性或科层性,例如处理所得税的专员就是由税法领域的学者来担任,以保证在处理各种专门案件时效率与质量的统一。此外,在运作程序上,裁判所同法院一样都是采取对抗式的模式,裁判所居中裁判。在程序对接上,裁判所一方面要接受法院的监督,另一方面,对于裁判所的裁判结果不服的纳税人可以向普通法院上诉以保障自己的上诉权。[②]

因此,从完善税务复议制度设计的角度看,可以考虑在税务系统之外另设同税务系统对等的中立机构来组织税务复议和税务和解,尤其是和解阶段甚至可

---

① 参见陈少英:《税法学案例教程》,北京大学出版社2007年版,第35页。
② 参见陈少英、许峰:《税务争议替代性解决机制探析》,载《北方法学》2008年第5期。

以考虑由民间机构来主持,复议机关更多的是对需要调解的案件的选择、救济等在监督层面发挥积极的作用。当前,考虑到制度改革的设立成本,较为可行和理想化的是由行政复议委员会作为主持调解的中立机构,因为从构建税务和解的角度考虑,中国的税务复议虽然也有经验累积上的优势,但在独立性方面存在致命缺陷,难以获得纳税人的信任并在税务争议的解决方面发挥重要作用。美国联邦税务局复议部之所以得到纳税人的信任,也是因为它与征收稽查部门没有隶属关系。

2. 税款缴纳前置的替代性措施

正如前文在税务复议制度反思的论述,若纳税人没有能力缴清税款和滞纳金,也不提供相应的纳税担保,将会对申请复议和提起诉讼的救济权利造成影响。这样的规定对国家的征税权进行了过度的强化,同时也不利于税务 ADR 所提倡的恢复性功能的实现。因此,在《税收征管法》所规定的先缴纳税款或提供相应担保之外,是否存在可替代性的措施,能否仿照上述税收强制和税收处罚的一些方法作为过渡或替代,例如出国限制的机制、大额消费的机制、投融资限制的机制、减少投资额度的机制、清算税务的机制、税收征纳的信用机制、司法信用的替代机制或许更符合税收公平原则。

(四)税务诉讼阶段

税务诉讼阶段的替代性更多地表现为诉中调解。一方面,税务法官在案件审理过程中就案件本身发生的争议标的进行调解,另一方面,如果税务机关的具体行政行为被认定违法,纳税人据此申请行政赔偿过程中也可以达成和解。税务行政赔偿的相关法律主要存在于《税收征收管理法》和《国家赔偿法》之中,它的赔偿范围主要包括税务行政机关滥用职权违法实施的税收强制执行措施、税收保全措施,违法实施的罚款和没收财物等行政处罚行为。

此外,在德国,听证会也是税务案件处理的一种替代性机制。税务法院对税务案件一般会举行听证会,并根据听证的结果作出判决,或者提示征纳双方对问题自行达成共识,进行庭外和解。

六、和解性、评价性与裁决性:替代性的介入方式

替代性机制的介入方式解决的问题是在税务争议中 ADR 适用的基本形式,即以什么样的方式运用 ADR,尤其是厘清 ADR 的功能并不仅仅是裁决性的结论,也包括评价性的考量以更好地实现定纷止争。

（一）税收协议：和解性 ADR 的主要表现形式

关于税收协议的界定和范围还存在争议，还有学者基于其中隐含的公法因素将税收协议尽可能限定为税收遵从协议以强调税务机关的权属关系。从广义上看，税收协议可以是税法上与纳税问题有关的协议，也可以是税务机关与纳税人之间在纳税事实难以查清时而签订的协议，主要因为在税收稽征实务中，有时查清一个事实需要花费大量的时间和精力，它既需要税务机关的大量付出，也需要纳税人的通力配合，对双方都是一个沉重的负担。为了双方当事人的利益，也为了提高税收征管的效率，税务机关与纳税人之间才有可能就收入金额、必要费用等达成协议，以免除双方今后的争议。这种情况在法律上应理解为双方当事人就课税事实的妥协，而不应理解为双方当事人就某种税法上的效果进行合意。税收法定主义的范围只包括纳税人、课税对象、课税对象的归属、课税标准等法律评价，确定课税事实是否发生不在其内。故税收协议是税务争议 ADR 的主要表现形式。

为避免出现以合意改变法定权利义务关系的情况出现，税收协议的适用范围需要进行严格限制，例如纳税人之间关于税负承担的协议、关于税收担保的协议、税收机关与纳税人关于关联企业的预约定价、在纳税事实确实难以查清时征纳双方所达成的协议、政府与大企业的税收遵从协议等。其中税收担保协议和预约定价在我国税法中已经体现。在纳税事实确实难以查清的情况下，参考德国税法也可以看到，当征纳双方产生的分歧即使通过相当的调查措施也无法查明和解决的话，那么可以采用"事实认知的协议"来实现和解。至于调解和和解的程序，可以通过下文针对不同的 ADR 的主体情况进行设计。当然需要注意的是，无论是基于社会契约理论还是人民主权理论，国家通过税法具体分配税务机关和纳税人在税收债权债务关系中的权利和义务，税务机关行使职权的范围均不得超过国家宪法和税法所规定的范围，纳税人行使权利亦受到宪法和税法的规定，否则均属于"违约"，承受不利的法律后果。

此外对于当下政府与大企业签署税收遵从协议的情况，有观点认为是行政指导，[①]也有观点认为是行政合同。[②] 不可否认的是，税收遵从协议的目的都包含了降低税收成本和防控税收风险的目的。虽然无法改变法定的权利义务，但可以提高税务机关的执法水平以及纳税企业的内控制度，对于完善市场机制也

---

① 参见熊樟林：《税收遵从协议行政指导属性之证成》，载《北京理工大学学报（社会科学版）》2015 年第 4 期。

② 参见虞青松：《税收遵从协议的治理机制——行政合同的实证解析》，载《行政法学研究》2013 年第 3 期。

有着积极的作用。总结发现,上述税收协议的形式更多的是针对自由裁量权,此外,在税收法定主义背景下配套制度还不够健全时,税收协议的存在对于解决税收征管过程中的疑难问题、法律空白和税法拟制等方面的现实问题有着合理性和必要性。在某种程度上,税收和解协议也可以归入行政和解协议的范畴,正如德国《联邦行政程序法》第54条就确认了公法合同的合法性。虽然行政和解协议的达成也是遵从自愿原则,但法律效力显然不能与民事主体之间缔结的契约相提并论。①

税收协议除了在国内法的适用空间之外,在国际税法上更是得到了普遍的应用,最为明显的体现是多边或双边的税收协定,通过税收协定的方式进一步理清国与国之间在税收管辖和税收争议处理的权利义务关系。国际税收协定面临的最大风险是政治违约,即东道国基于政治因素意图变更税收协定项下的权利义务关系,从津巴布韦、南非等国家与我国企业发生的税务争议中就可以得到印证。除了基于政治违约引发国际税收纠纷之外,全球一体化背景下市场交易与资产转让的复杂性,都增加了国际税收认定和征管的困难,例如跨境重组中的资产转让定价引发的税基侵蚀,包括居民企业向非居民企业的拓展、集团内部的转移,或者通过分次、多次转让来替代整体转让以避税等。这种情况下国际税收协商程序就显得非常必要,因为它可以被理解为是国际税收纠纷的一种替代性解决机制,且在法律效力和法律地位上具有特有优势,因为达成的协议得以执行,且不受国内法的限制,还可以通过仲裁的方式作为保障等等。

(二) 风险评估与奖惩依据:评价性 ADR 的功能定位

借鉴美国法可以发现,美国 ADR 的一个重要功能就是进行风险预判,法定裁判程序既有可能借鉴评估结果或者鉴定结论,也有可能据此认定败诉方与胜诉方诉讼责任的分担。以美国为例,评价性 ADR 既可以是中介服务机构应征纳双方的要求提供的专业意见,也可以是法院附设的调解机构给出的诉讼风险评判,还可以是诉前法院安排的相关专业鉴定。如果上述意见没有被双方采用最终进入诉讼程序,那么最终败诉方除了承担败诉结果之外,还要承担因拒绝接受之前评价性 ADR 给予的建议所造成的司法资源浪费的诉讼惩罚责任。而接受评价性 ADR 对风险结果的预判则有可能得到申请费用减免的鼓励。

---

① 参见张红:《破解行政执法和解的难题——基于证券行政执法和解的观察》,载《行政法学研究》2015年第2期。

(三) 定分止争：裁决性 ADR 的适用路径

裁决性 ADR 是指替代原有的税务复议和税务诉讼,采用替代性的调解或仲裁的方式,或者通过法院附设的调解、仲裁等附设裁决方式予以解决。关于调解的法律效力已无须赘述,而对于税务仲裁则充满了更多争议,或干脆将仲裁限定在国际税法领域。

在民商事纠纷领域,仲裁是一项重要的 ADR 方式和手段,其自身具有的专业化水平和效力的确定性得以在很多领域被当事人选择适用。虽然仲裁的范围在近年来随着经济社会的发展得到了不断扩展,但税务纠纷能否适用仲裁手段则引起更多争议。首要原因就是仲裁的双方一般都是平等主体,而税务纠纷是税务机关和纳税人之间发生的,似乎不符合仲裁法规定的适格的仲裁当事人。

1. 税务仲裁可行性的理论探析

按照仲裁法对于主体适格的规定,平等主体的公民、法人和其他组织之间发生的合同纠纷和其他财产权益纠纷,可以仲裁。正如国家通过税法具体分配税务机关和纳税人在税收债权债务关系中的权利和义务,税务机关行使职权的范围均不得超过国家宪法和税法所规定的范围。从这个角度来看,在宪法层面对主体平等对待,似乎可以解释在税务纠纷中适用仲裁的门槛问题。而且宪法对于平等主体基本权的保护早已扩展到了第三人效力阶段,并被运用到婚姻之债、继承之债、人身侵权之债等私法领域。有观点认为,在税务机关和纳税人地位不断接近平等时,双方之间达成合意的可能性逐渐增大。当税务机关和纳税人因税务问题产生纠纷争议时,协商基础上的仲裁成为可能。然而另一方面,无论是立法还是司法对于行政权行使的谦抑尤其是对于行政效率之尊重都是基于比例原则作出的,现阶段更符合社会成本和社会收益的判断。所以,虽然从国际发展潮流看,仲裁的适用范围在不断扩展,在理论上有了很多突破,但在税务领域依然存在争议。

2. 税务仲裁的他山之石

以美国为代表的英美法系国家,在淡化公私法二元划分的同时,也极为注重将原属公法范畴的纠纷纳入仲裁、调解等私法的 ADR 机制中,将行政机关也置于同行政相对平等的地位来适用同民事纠纷相类似的处理机制。在行政法学界,在传统行政法上的当事人之间泾渭分明的地位已不复存在,取而代之的是当事人之间地位日渐平等。纳税人在缴税的同时,也可以获得相关的纳税人权利,进而促成了税务部门和纳税人地位的再分配。虽然税务机关和纳税人之间的地位不可能完全平等,但完全失衡的态势也终于成为历史。在美国,根据 1995 年税务仲裁程序规定,税收部门与纳税主体在仲裁程序中可以实现和解以解决纳税争议。① 具有代表性的是20世纪90年代美国苹果公司的税务仲裁案。国税局在价格审计时认为苹果公司与设立在新加坡的全资子公司之间的内部交易存在转让定价的不当操纵行为,并对苹果公司与子公司之间的收入所得进行了重新划分以调整转让定价进而核定纳税额。仲裁庭要求双方各提交一个方案,以采信其中一个方案而否定另一个方案的"棒球仲裁法"进行裁决,迫使争议双方在事实认定各执一词的情况下尽可能接近事实真相的做法进行处理。在此过程中,美国税务法院也参与了程序规范和监督的工作。②

3. 税务仲裁在我国的适用困境

我国同大多数国家一样,对在税务仲裁领域尤其是仲裁协议在公法领域的适用持谨慎态度,避免税收成本的提高和税收的流失进而影响国库税收安全。而从当下我国司法实践的角度看,PPP项目下引发的行政合同争议,即公法契约争议,最有可能先行实现仲裁化。虽然在仲裁过程中可能引发具体行政行为这一敏感要素,但不妨碍对行政机关民事责任的认定。因此有学者认为在解决PPP项目合同中产生的平等主体之间的财产权益纠纷时,在达成仲裁协议的基础上,应鼓励采用仲裁这一争议解决方式。此外,在税收领域的仲裁情形一般仅限于涉及国际税收征管的问题,税收协定缔约国通过协议将它们之间的税收协定争议交付某一临时仲裁庭或某一常设仲裁机构审理。因此,税务仲裁在我国的适用条件还不成熟,但对涉及域外投资者和经营者方面的纳税争议能否有条件的适用还是值得讨论的。

4. 法院附设的裁决机构

法院附设的裁决机构主要是以美国为代表的利用司法资源设立的裁决方式,例如司法附设的微型审理、私人审判、陪审员裁决等方式,陪审员裁决是英美法系的司法特色,私人审判是争议双方选择司法附设部门中的某一工作人员作为裁判官,而微型审理则类似于我国法院的快速裁判机制以及设立在其他行政机关诸如交警部门进行对接的派出部门等,当然也包括上文论述的司法附设调解、司法附设仲裁。当然,在进行法院附设裁决机构的制度设计时,需要理清诸如微型审理、私人审判等方式与司法效力的对接,以实现司法资源和司法强制力作用更好的发挥。

---

① 参见王劲颖:《美国的税务仲裁》,载《江苏税务》2001年第3期。
② 参见周庆峰:《税务仲裁的制度空间:基于税务争议解决的考量》,载《甘肃理论学刊》2013年第2期。

七、税务 ADR 程序构建与配套制度的完善

税务 ADR 的设立需要在多元共治的指导思想下,明确法律效力,结合现实寻求最优的改良路径,并重视和完善中介机构在税务争议中的替代性作用。

(一)多元共治:税务 ADR 制度设计的基本思路

综合各国的立法和实践经验,税务 ADR 主要有以下多元化的表现方式:

ADR 形式	内容
司法附设 ADR	主要是指依附于法院的调解或仲裁,适用程序一般为诉前程序。
行政机关主持的 ADR	行政机关包括复议机关主持的调解以及在税收执法过程中的方法手段替代性上的协商,适用于税务复议和税务执法程序。英国的裁判所和法国的地方税收协商委员会等机构属于这种特殊类型,即争议解决机构是相对独立的,而非税务执法机关及其上级的复议机关。
行政性 ADR	国家的行政机关或准行政机关所设或附设的纠纷解决机构,主持者不是行政机关本身,而是行政机关设立的附属机构,如在我国附设于工商局的消费者保护协会,附设于劳动保障部门的劳动争议仲裁委员会,还有具有行业自律监管性质的行业协会,例如证券业协会等。美国等欧美国家也设立了专门的 ADR 中心或 ADR 委员会用于调解纠纷。
民间团体主持的 ADR	由民间自主发起或者政府提供一定支持给予民间发起的机构或者性质比较松散的组织,如我国的人民调解、美国的邻里调解中心等。此外,一些具有社会团体性质的组织,例如商会等也可以有内设的协调机构。
中介机构主持的 ADR	中介机构如律师事务所、会计师事务所及其从业人员所主持的 ADR 并不作出具体裁决,主要是从评价性角度提供专业意见或和解方案。

之所以强调方式的多元化,也是社会发展过程中对多元价值观念的包容和认可,并考虑不同阶层和不同领域群体对纠纷解决机制的成本、周期和要求的不同开展工作。例如,对税务机关基于税收征管法律关系所引发的与纳税义务人或其他行政相对人之间的纠纷更适合运用司法 ADR 的方式介入裁决,而其他非司法性 ADR 或民间 ADR 可以起到辅助和补充的作用,而行政性主持的 ADR 一方面应当积极运用调解与和解的方法,另一方面也应当让提供专业性评估服务的民间 ADR 参与进来。此外,小规模纳税人和一般纳税人,本地企业和外地企业乃至境外企业对纠纷解决的要求和期待也是不同的,不同地区 ADR 的发展水平也是不一样的,这是税务 ADR 得以区分安排的社会基础。

(二) 效力确认:税务 ADR 得以实施的关键

欧美国家之所以能发展多层次的 ADR 机制,既有社会较为完善的诚信机制因素,也有法律效力的强制性保障因素。例如美国私营调解机构的调解方案可以得到司法层面的确认,而法院附设的调解和仲裁都极其注重调解方法和调解方案的选用,有些 ADR 形式例如司法附设的 ADR 一旦确定就可以及时得到司法层面的确认。这样既可以保证调解协议的法律效力,也可以节约司法资源。中介机构主持的 ADR 提供的评估意见或者鉴定结论应当作为调解和裁判结果需要衡量的重要因素,恶意违背者应当承担惩罚性的不利后果。此外,在调解程序中,拒绝的一方当事人如果没有得到比调解结果更有利的判决,则要承担拒绝调解以后双方所产生的诉讼费用。[①] 这种带有惩罚性质的措施增加了当事人的诉讼风险,在一定程度上抑制了当事人滥用诉讼权利的行为,增强了调解的可接受性。制定具体的罚则能够确保调解程序的顺利进行。例如在当事人接受调解程序后,无正当理由不按时参加,可以给予罚款的制裁。在调解之前可以命令当事人履行一定的事项,不服从该命令也可以处以罚款。[②] 对于在调解程序以及正式的审理程序中存在违反诚信一方的,如果是税务机关,可以以司法建议的方式向上级行政机关提出,也可以以法院公示的方式予以司法训诫。如果是纳税人,可以考虑与工商部门建立诉讼诚信档案的联网平台,这样在公司法公司登记制度改革的背景下,可以为交易相对方提供必要的识别信息以保障交易安全。

(三) 现实对接:税务司法 ADR 制度中国化的最优路径

从司法 ADR 的角度看,对于我国引进和改良的最优路径无疑是同现行基层法院的诉调中心相对接。而且从实践操作的便捷性和可行性而言,我国法院的诉调机制理应是将美国的司法 ADR 理论应用到中国的实践土壤的一个现实连接点,也是当下成本较低也最容易实现的一个路径。以上海法院为代表,诉调中心是在 2009 年上海高院党组进一步提出在基层法院设立"诉调对接中心",开展以"诉为背景、诉为引导、诉为管理、诉为保障"下进行案件管理和工作开展的。对外,把诉调对接工作推进到社区和基层,对基层人民调解员进行培训和指导,进一步创新联合调解模式;对内,使诉调对接工作进一步规范和完善。例如对人民调解协议进行司法审查与确认,加强速裁与委托人民调解的衔接等等。截至

---

① 参见上海市高级人民法院、上海市司法局、上海市法学会:《纠纷解决——多元调解的方法与策略》,中国法制出版社 2008 年 4 月版,第 404 页。

② 同上。

2016年,上海地区大部分基层法院都完成了诉调中心的独立建制,并且形成了很多值得普及的做法。其中较为显著的是主体对接的完善。主体对接的完善主要体现在两个方面:一方面是诉调中心调解员的选任,包括了退休法官、律师代表、其他司法部门和信访部门的工作人员等;另一方面体现在法院利用法官的专业资源对社区人民调解员的培训,例如上海北部某工业区的人民法院就将本院十几个业务庭室与本区十几个镇和街道的人民调解室进行了培训对接。

此外,在程序对接上,诉调中心除了与正式的诉讼程序相对接外,也应当与诉后程序相对接,具体表现在诉后的咨询。在司法实践中,虽然有许多矛盾纠纷经过了司法程序的终审处理,但"法了民不了""案了事未了"的现象普遍存在,当事人反复申诉乃至上访的情况依然不断发生。解决这些问题,一方面固然需要加大树立司法权威的力度;另一方面还必须针对矛盾的症结所在做好具体的化解工作,特别是利用专家学者的中立性和权威性向当事人进行深入细致的法律、政策的宣传解释和说理分析,为此,可以赋予诉调中心以诉后咨询职能。

(四) 专业服务建构:税务 ADR 优化升级的技术支持

税务领域专业机构的服务将在未来发挥愈发重要的作用,尤其是供给侧改革背景下国家税收调控的调整,还有自贸区税务政策的变化,都对企业的税务规划乃至税收筹划提出了更高的要求。以会计师事务所和律师事务所为代表的专业服务机构在税务咨询、税收基础关系,例如税收减免的企业资格的认定等方面的地位愈发重要。大量事实表明,税务争议往往并非是因为纳税人主动逃税造成的,而是由于双方在对课税事实的认定、课税依据的理解和应纳税额的计算等方面存在分歧,这种理解、认识上的分歧,完全可以通过中介服务机构的协调、沟通达成共识,从而化解纠纷,避免对抗。① 因此,当税收争议发生时,中介服务机构应当给争议双方提供专业的意见,包括税收政策法律的解释、税收基本构成要件的事实认定、和解方案的建议等等,促成法律适用和事实认定的清晰化。必要的时候也可以给予司法机关的裁决提供专业的服务,这在商事案件、知识产权案件等专业性案件中已经存在并得到司法机关的欢迎。

尤其需要注意的是,在税收中介服务日益发展的今天,税务争议的非税化值得关注,例如纳税人与中介之间就税收构成要件的基础关系也有可能发生争议,或者企业为税收优惠的考虑而聘请中介服务为自己做相关高新技术企业的认定及申报,如果最终方案被税务机关否决的话将涉及税务机关、纳税企业和中介服务机构三方当事人,一旦纳税企业与中介服务机构双方之间的纠纷进入诉讼阶

---

① 参见张剀:《借助中介专业优势 有效解决税务争议》,载《中国税务报》2009年9月14日第9版。

段,法院同样可以建议调解方案并安排相应程序的调解,这在税务筹划案例中也是一样的。此外,关联交易引发的潜在偷税问题,需要首先依据《公司法》《信托法》等非税方面的法律对关联交易的基础事实进行认定,还有基于《合同法》产生的涉他合同问题、基于《合同法》和《物权法》引发的不同交付方式和变动方式引发的纳税事实认定的问题,而这些法律关系,并非税务机关所擅长的,这从部分行政机关开始设置公职律师的职位就可以得到佐证。上述种种,都为中介机构介入税务争议的解决以及替代性程序、替代性措施还有替代性解决方法等机制的运用带来了空间,也是实现从税收法定到税收法治的必由之路。

八、结　　语

探讨税务争议的替代性纠纷解决机制,并非构建复议和诉讼体制外的裁决机制,而是在税务专业化和技术化的指引下,弥补现行法律规范与解决机制的疏漏,避免纳税事实认定的机械化和强硬化,综合运用公法意义上的司法 ADR、和解、仲裁和私法意义上的中介服务机构、中介自律机构等社会中间层的中立性调解手段、技术性的服务和便捷式的受理程序、替代性的执法措施和处理程序以及中介机构的专业化服务能力,缓和法律适用与执行过程中的对抗性,在尽可能优化成本和效率的前提下,实现公平公正最大化。

第三编　市场秩序规制法律制度

论我国电力竞争性市场的法律规制
——从资本规制到竞争规制的制度演化

管晓薇[*]

【内容摘要】　在中央9号文深化电力体制改革的背景下,本文选取培育电力市场中独立的多元市场竞争主体为研究视角,通过阐析电力市场资本结构与竞争局面的动态关联,着重从电力市场独特的反垄断机理出发,以制度经济学研究方法,从资本结构和行为结构两个方面重组电力市场,使其成为名副其实的"竞争性电力市场"。同时,结合与电力行业相关的部门法修订的思路脉络,力图设计出相对完善且符合我国电力市场发展特点的竞争性电力市场法律规制体系。

【关键词】　电力市场　竞争性　法律规制　价格监管

---

[*] 管晓薇,华东政法大学博士研究生。

一、问题的提出

中央 9 号文指出,深化电力体制改革的基本原则是坚持市场化改革,培育独立的市场主体,着力构建主体多元、竞争有序的电力交易格局。①

在我国电力市场"垂直一体化垄断"经营模式下,市场主体资本结构②单一,电力企业具有政府的职能,既是规则制定者,又是规则的执行者,电力市场无法形成有效竞争格局。应通过法律制度设计,塑造电力市场主体复合产权结构,逐步解决电力行业国有产权与竞争机制不相适应而导致的竞争优势匮乏等问题,以实现激励电力企业增进效率和保障电力用户分享改革收益的目标。

市场资本结构决定市场行为和市场绩效,是市场竞争的重要动因。本文拟从电力市场资本结构和竞争结构的衔接角度入手,结合相关部门法律法规修订的设想,进行整体电力市场法律制度设计,为电力行业发展提供依据。

二、电力竞争性市场的决定性因素:资本结构

(一) 单一资本结构成就电力市场垂直一体化

通过分析中国电力市场的现状,可以将目前的电力市场状态概括为"垂直一体化垄断"。我国的发电、输电、配电的一体化集中垄断经营,如此垂直一体化的电力工业结构中,受利益驱动,缺乏竞争,无法实现多元的市场竞争主体,没有市场经济意义上的竞争,导致失去了竞争所带来的经济绩效。

电力市场已初步完成"厂网分开"改革,但是竞争性发电市场基本形成而后续的输、配、售分离没有及时推进,尚未形成网络开放接入体制。这种单一主体结构模式难以适应竞争机制主体多元化的需求。我国发电环节已逐步形成了多家竞争的市场格局,但是,五大发电集团的市场份额仍然较高,地域垄断势力明显,"国进民退"现象普遍。目前非国有发电企业拥有的发电能力仅为 8% 左右,不同所有制主体之间的竞争依然不充分。全国配电业务主要集中在国家电网和南方电网,并且具有明显的"一网独大"趋势。电力行业资本结构不合理成为阻碍竞争性电力市场形成的重要因素,并严重影响经济绩效。由于缺乏竞争动力

---

① 2015 年《关于进一步深化电力体制改革的若干意见》(中发〔2015〕9 号文)。
② 本文所指的电力市场资本结构即指发电、输电、配电和售电企业资产的产权结构关系,股权结构、成本结构以及成员的定位和职能。电力市场资本结构直接或间接地影响着电力市场的模式及竞争力度。

和竞争需求,垄断电网企业逐步向地方扩张,大量占有地方供电资产,使地方政府丧失调控当地电力保障机制,加剧不同资本结构企业之间的矛盾。

资本结构与竞争结构具有天然的联系。所有权制度(公共所有权和私人所有权)是改革中制度环境差异的持久方面。传统理论认为,资本结构优化有助于提高市场微观主体(企业)经营绩效。产权制度很可能是影响资本成本与资本结构研究最主要的因素。当不存在交易成本或交易成本为零的情况下,财产的法定权利配置不影响经济运行效率,但是,如果交易成本不为零,产权的初始配置状况将会影响资源的配置成本。① 在结构单一的电力市场中,国有企业作为具有市场势力地位的企业,一定程度上周而复始地在原先的体制和生产运作模式的轨道上运行,保守而缺乏创新,没有竞争对手,垄断企业凭借价格就可以取得超出市场基本状态若干倍的高额利润,阻碍了市场正常发展和电力能源的合理运用。目前,电力市场资本结构里国有经济的比重仍过大、过强,由于政府对国有企业具有行政上的"超强控制"和产权上的"超弱控制",②电力行业的竞争最终都转变为国有企业之间的比拼。

电力市场资本结构对竞争活力的影响主要涉及市场势力和边缘企业这两个要素。市场势力一般是指市场中大企业间有形或无形的联盟,它造成电力市场中存在较大的进入壁垒;边缘企业是指虽然仍有竞争力,但可竞争份额和市场环境地位较低的企业。在电力交易过程中,支持边缘企业对发电侧保持竞争活力的做法有利于电力市场资本结构的重塑。

阿莱西分析了公共部门和私人部门在可比物品和服务生产上的大量资料。他证明,政治性企业的业绩的确比类似的私人生产者要差。③ 目前,我国电力市场垂直一体化的状态可以被认为是竞争缺失和竞争政策偏差造成的:这是因为所有权制度在行业内部决策中心与外部决策中心建立了一种不对称的关系,尤其是分配和再分配产权的时候。影响电力消费效率提高的根本制约因素是资本结构制度体制而非资源消耗本身。垄断之所以经常出现,是因为政府机构设立了妨碍竞争的障碍,或者政府没有能力减少竞争活动中的交易成本。④ 我国电力市场规模现已居世界第二位,目前电力市场规模的扩大已使电力企业的垄断经营低效效应越发明显。

---

① See Oliver E. Williamson, Markets and Hierarchies, New York: The Free Press, 1974.
② 参见何浚:《上市公司治理结构的实证分析》,载《经济研究》1998年第5期,第50—57页;王跃堂等:《产权性质、债务税盾与资本结构》,载《经济研究》2010年第9期。
③ See L. de Alessi, A Review of Property Rights: A Review of the Evidence Research in Law and Economics, 1980, 67, pp.191—209.
④ See M. Friedman, The Sources of Monopoly, in J. L. Doti and D. R. Lee(eds), The Market Economy: A Reader, Loes Aneless: Roxburg Publications, 1991, 103(6).

我国电力市场资本类型单一,给企业平等竞争和自由竞争造成资源禀赋上的级差和障碍,最终导致企业的资本结构调整困难从而形成"垂直一体化"的市场格局。垂直一体化格局的实质是垄断,垄断注定造成竞争不利。莱本斯坦认为,当市场上仅存在一家垄断企业提供满足市场需求的全部产品或服务时,没有竞争的压力作用在它身上,使它不能有效利用全部生产要素,处于独占地位的垄断企业明显存在着超额单位生产成本,不但会产生市场配置低效率,还会产生另一种非配置低效率。[1] 电力市场交易主体资本构成不同,决定了电力市场的基本结构,反映了电力市场的开放程度和竞争效能。

电力市场资本结构单一导致的电网一体化垄断是阻碍价格机制和市场竞争的重要原因,优化电力市场资本结构,改变电网垄断势力的膨胀和任意扩张成为整个电力体制改革的核心。因此,无论从理论缘起还是现实基础角度,单一资本结构是中国电力市场垂直一体化垄断的成因。

(二) 多元资本结构必然推动电力市场竞争

电力市场的现实是:在发电和配售电阶段,输、配、售电资本一体化结构阻碍了市场充分发挥资源配置的作用。发电商面对强大的单一买方,电力用户面对强大的单一卖方,无法建立双向自由平等竞争的关系。市场机制无法充分调动电力供需双方共同参与平衡市场的积极性,即使加强监管,这种格局也很难达到促使输、配、售电企业自觉降低成本、提高效率的目的。在输配环节,国有企业垄断电力市场。公司垄断事实上已经成为现代企业制度下电力垄断的新形式。国有企业与非国有企业之间存在着资本结构差异。[2] 一个国家的电力行业只有实现了资源充足和可靠性,确保电力供应在发电侧的动态平衡。[3] 因为,在位企业会抢先扩张产能,对潜在竞争者发出信号,遏制新进入者,例如,最近我国五大发电集团纷纷在全国跑马圈地,开工建设了很多发电厂。[4] 由于输电网具有天然的垄断性,输电和发电资产的融合形成具有强大控制力的市场单一卖方,阻碍电力市场最优配置电力资源的功能实现。

世界各国及地区的电力行业引入竞争机制,大多都是先从发电环节入手,将其从垂直一体化的系统中分离出去,随后在售电环节引入竞争机制,这也是国家

---

[1] See H. Leibenstein, Allocative and X-effciency, American Economic Review, 1966, 76, pp. 392—415.

[2] 参见方军雄:《所有制、市场化进程与资本配置效率》,载《管理世界》2007 年第 11 期,第 27—35 页。

[3] See Raineri, Technical and Economic Aspects of Ancillary Services Markets in the Electric Power Industry: An International Comparison, Energy Policy, 2006, 34(13): pp. 1540—1555.

[4] 参见中国电力企业联合会:《中国电力企业行业年度报告(2010)》,中国电力出版社 2010 年版。

或地区对相关环节逐步放松和解除管制的过程。国家通过竞争与管制的不断调适,它的目的是实现发售电环节形成多元化市场竞争主体,最终通过竞争机制促成电力交易价格形成。中国特色制度最鲜明的特征表现在产权制度和区域发展上。在产权制度中,中国是以国有经济为主导,同时,积极发展各种非公制经济结构政策。[①] 我国发电市场已具有较强的竞争程度,中国大唐集团、中国国电集团公司、中国华电集团公司、中国华能集团公司及中国电力投资集团公司五大中央直属的发电集团与非国家电力之外的公司形成初步的竞争性电力体系。在操作层面,一方面是某些发电公司与其他发电公司相比,它所占的市场份额太大,这些发电公司往往可以通过报价手段来操纵市场。[②] 另一方面在于参与发电市场竞争的发电公司数目太少,使它具有串谋控制市场的可能。[③] 形成发电垄断采用的主要手段是,通过限制发电量来提高电价。一般地,根据一个市场实际价格与理想的竞争市场价格(即系统边际价格)的偏差程度来度量市场的垄断程度。偏差越大,垄断程度则越高。

一旦开放购电侧市场,电力市场消费主体拥有购电选择权,电力用户被吸引进入电力交易市场,形成多元购电主体。电力垄断已经逐步演变为以电网为重点、以市场利润为导向的对输电系统的控制和垄断。从国外的经验来看,逐步引入多元竞争主体,形成资本结构多元化的状态才能在发电和售电两个环节形成良好的竞争。

电力投资和电力资产往往具有长期性,而电力需求确实存在巨大的短期波动性,电力市场的供求机制并不能保证实时平衡。电力市场竞争主体的资本结构在进入市场后能形成较为稳定的多元竞争格局,促进竞争机制发挥作用,阻断市场垄断势力的形成。正如达·阿斯普里蒙特(d'Aspremont,1983)提出,当市场上有众多小企业时,卡特尔是不稳定的,在存在若干大企业时,总会有至少一家企业试图限制产量,因此也存在行业中的几家企业组成相对稳定的卡特尔的可能性。可见,多元资本促成了发电与售电竞争性市场的构建。

(三)"垂直一体化"向"输配一体化"转型要求资本结构转型

电力市场垂直一体化又称"垂直垄断模式",是指由垂直一体化的电力企业垄断发电、输电、配电和售电等电力生产、消费各个环节的一种市场结构。在此种模式下,电力企业资本结构具有单一性,无法实现竞争,即市场竞争主体丧失,

---

[①] 参见夏小林:《电力混改思路成型 今年试点》,载《经济导刊》2016年第1期,第11页。
[②] 参见朱成章:《我国新电力体质改革酝酿过程的回顾》,载《中外能源》2010年第5期。
[③] 参见〔法〕让·雅克·拉丰、让·泰勒尔:《电信竞争》,胡汉辉等译,人民邮电出版社2000年版,第98页。

市场中仅有垄断主体,不符合社会主义市场经济发展的基本规律。垄断电力企业(含所属电厂和输配电系统)对它所在区域范围内(市场服务区域或整个国家)的电力生产、输配、销售实行垄断经营,其他电力企业不能在本区域独立售电。本质上,垂直一体化这种模式是一种没有竞争要素参与的市场经营模式,电力消费者(用户)最终为电力市场经营风险和亏损"买单"。在这种机制下,电力市场管理的信息获取成本高,市场提供给用户的电力服务低效且不经济。电力市场垄断性主体具有抬高价格的能力,并在政府政策性监管和保护下,逐步失去了参与电力市场全过程竞争的实力和机能。

中共中央关于电力改革意见的9号文①提出,电力产业链结构由原来的"管住两头,送管中间"逐渐转变为"放开两头,管住中间"。所谓"管住中间"是对输配一体化格局的概括。具体来说就是要加强对输配电环节的监管,使它为电力购销双方提供质量一流、价格合理的输电服务。国家电网公司总经理刘振亚在《中国电力与能源》②一书中首次公开表态,认为"应坚持现有输配一体化、调度和电网一体化的格局"。输配一体化总体特征是输配电网由一家企业垄断经营,它的目标是使我国输电网和配电网在电网规划和建设等方面步调一致。

输配一体化与垂直一体化的区别在于:前者放开了发电和售电环节电力市场,仅在输电和配电环节保持垄断经营状态。从电力市场化改革进程的角度来考量,这一转变是对电力市场自然垄断经营范围的"收缩性"改进,与原先垂直一体化的市场结构相比,输配一体化的经营模式有了明显进步。输配一体化的核心优势在于竞争环节的引入,在发电和售电环节实现多元的市场竞争主体并存。从客观上来说,输配一体化适合我国厂网分开后,电力市场主体日益增多的局面。

因此,优化资本结构在传统电力市场垂直一体化到输配一体化过程中意义重大。两个市场阶段格局切换的核心环节是"电力市场主体资本结构优化及竞争主体多元化"。国有投资比重的日益上升明显不利于电力行业的可持续发展,法律规制引导市场资本结构多元化,带动电力市场在位企业充分竞争,逐步进入"用户时代"。可见,从垂直一体化到输配一体化必须改变资本结构。

综上理由,整个电力市场实现有效竞争格局需要资本结构的整体迁移,实现资本结构的多元化,让电力企业进入到市场后,形成良好的竞争互动,构建较为稳定的竞争格局。电力市场主体资本结构单一造成了局部电力环节经营的长期垄断。竞争性电力市场阶段性改革的核心是资本结构由一元逐步转变为多元状

---

① 2015年《关于进一步深化电力体制改革的若干意见》(中发〔2015〕9号文)。
② 参见刘振亚:《中国电力与能源》,中国电力出版社2012年版。

态。整个电力体制的模式演变是已逐步放开的竞争性环节中各市场主体资本结构优化程度的叠加,是一个持续不断的过程。电力市场化改革和竞争性市场完善的演变过程是表象,它的实质是电力市场资本结构发生着即时改变和持续变迁。

我国的竞争性电力市场的理想状态可以概括为:"市场主体产权清晰,市场竞争充分,交易成本合理,安全可靠有保障"。电力市场既不是完全竞争的也不是完全垄断的市场,而是介于两者间的寡头垄断性市场,相应地,市场竞争效率也介于两者之间。[①]

三、构建电力竞争性市场:从资本规制到竞争规制

(一) 竞争从资本结构肇始

制度为竞争提供空间,制度因竞争而创新与变迁。从行为竞争到制度竞争是解决竞争的核心和关键。法律体系如何建构市场竞争的制度,需要资本结构多元化的市场加以促成。好的制度体系帮助形成多元的电力市场竞争主体,科学化的电力企业组织结构,符合竞争性市场的要求。体制机制设计要遵循电力商品的技术经济规律和电力市场的价值规律。

垄断和政府对电力行业的管制已严重阻碍了电力行业的发展,电力市场化已刻不容缓。电力市场化的目标是部分解除政府的管制,打破垄断,建立竞争性的电力市场。对一个原来是纵向一体化的网络型公共事业进行重组,把有潜在竞争性的部分分离出来,需要确定该产业的基础自然垄断部分和其余部分的边界。在电力行业,整个问题相当简单——线路部分的业务都具有明显的自然垄断性,而发电和供电是具有潜在竞争性的业务。[②] 电力工业引入竞争成为取向,竞争是消费者受益的手段。市场资本结构决定市场行为和市场绩效,在市场经济环境下,必须尽可能利用经济手段进行调度管理和控制,确保系统安全可靠运行。[③] 例如,英国通过私有化方式回收了国有资本950亿元,国有公司员工人数占比从以前占总雇佣数的7%下降到了2%。[④]

---

① 参见张俊敏、侯志俭、袁智强、冯灏:《发电商竞价策略的博弈分析》,载《上海交通大学学报》2003年第9期。

② See G. Yarrow, Privatization, Restructuring and Regulatory Reform in Electricity Supply, London:Oxford University, 1994.

③ See Mielczarski, Quality of Electricity Supply & Management of Network Losses, Monash Clayton Campus Press,1997.

④ 参见周定山:《西方国家电力体制改革实践及经验教训》,中国水利水电出版社2005年版。

权利义务分配是市场资本结构改革的重要一环。为此,要探索竞争性电力市场的法律规制,必须解决两个层面的设计问题:第一,电力市场法律制度设计应当从改变资本结构开始;第二,增强电力市场竞争效能,构建适应多元市场竞争主体参与公平竞争的法律体系(竞争法和管制法并行设计)。

现代经济所面临的关键问题是资本结构问题,即资本应该怎样分配到各种经济活动。[①] 资本结构决定竞争机制,而要建立竞争机制,首先需要把原来的单一主体塑造成为多元化的市场主体。资本有着复杂的结构,由于组成这个结构的资本具有不同的功能,所以使它本身在功能上存在区别。这些功能的分配因它们处于一个变化的世界而不断发生着变化。资本是短缺而多用途的。不同的资本结构会产生不同的服务流。[②]市场主体行为结构是资本结构的外化,市场主体的行为归根结底还是由资本结构所决定。

2016 年国务院办公厅文件《关于推进电力市场建设的实施意见》明确指出:"遵循市场经济基本规律和电力工业运行客观规律,积极培育市场主体"。国务院《关于推进电力市场建设的实施意见》也提出:"不断扩大参与直接交易的市场主体范围和电量规模"。随着国家能源革命的步伐加快,改变能源投资结构,形成多元投资主体已经成为我国能源产业发展的根本性路径依赖。[③] 电力作为重要基础性能源,它的市场体制改革的推进和市场竞争机制的稳步形成也与市场资本结构多元化的调整方向和调整绩效紧密相连。

笔者认为,对于电力市场资本结构优化的法律规制问题,可以分为电力市场主体组织结构重建及对电力市场主体的产权结构进行塑造两部分。对市场主体塑造的这"两翼",是电力市场能够引入竞争机制的重要前提。具体来说,主要有如下几方面的制度设计:

1.《公司法》重构市场主体组织结构

良好的公司治理结构对于优化资本结构具有促进作用。建立并完善现代企业制度促使电力企业组织结构完善,最终达到优化资本结构的目标。

公司存在的意义在于追逐效率。[④] 公司制度重塑电力市场主体组织结构是一项法律制度革命。公司重塑组织结构的含义是使主体组织形态科学化,为多元化的资本结构改造提供合理的治理构架。

---

① See Peter Klein, The Capitalist and the Entrepreneur: Essays on Organizations and Markets, Ludwig Von Mises Institute, 2010, p. 11.
② See L. M. Lachmann, Capital and Its Structure, Sheed Andrews and McMEEL, Inc. 1978, p. 36.
③ 参见肖国兴:《可再生能源发展的法律路径》,载《中州学刊》2012 年第 5 期,第 79—85 页。
④ 参见肖国兴:《再论能源革命与法律革命的维度》,载《中州学刊》2016 年第 1 期,第 79—85 页。

哈佛大学米勒教授认为："适当的资本结构的选择可以促进公司治理结构的改善，提高公司治理结构的效率，而好的治理结构又能保证公司经理层得到正好为其投资所需，但又不是用更多的资金来实现有利可图的项目"。[1] 从市场资本结构调整的难度这一维度来看，法律制度越健全，公司调整成本越低；从市场资本结构调整成本来看，主体资本结构越完善，市场调整成本越低。另外，公司治理结构与市场微观主体资本结构完善化程度呈正相关。

由于我国的电力企业长期处于垄断状态，在生产经营活动中只在乎生产加工，对于企业经营管理较为忽视，特别是在改革进程不断加快的过程中，由于没有全面透彻地认识到资本经营的重要作用，导致企业的经济效益和产品质量都受到一定的消极影响。

从电力企业的组织构架角度来看，目前的《电力法》和《公司法》缺乏对电力企业监事任职资格条件和外部监事的规定。这对于投资者和股东权益的维护是不利的，从长远看也不利于企业的内部管控，进而影响到电力市场的资本结构秩序和竞争活力。

具体应从如下两方面入手：(1) 电力企业监事任职资格条件应当写入电力企业管理相关法律规定，明确"电力企业监事应当有专门的电力业务技术职称并符合法律法规规定的监视任职一般资格，有5年以上的电力行业从业经验，列明竞业禁止的相关内容"；对于外部监事，应当明确"外部监事在电力企业中的实际服务时间，履职具体要求，符合电力监督监管所需要的相关职业认证资格，从业经验也应为5年以上，列明相关竞业禁止的内容"等。当然，根据地方和电力企业所处的电力市场发展水平，在上述规定的基础上，可以有更为细化并符合当地企业实际需求的任职资格标准，但不得与上述规定相违背。监事和外部监事任职具体资格应当列入各电力企业的公司章程，作为企业成立审批流程的必要条件（特种行业公司成立仍应审批前置）。(2) 政企分开。现代法人治理结构要求国有企业组织结构设计应完全排除行政力量干预，明确监事会和董事会的职责分工和运作机制，公司内控制度应有相应的日常警示机制，国企应当仅以企业身份参与市场竞争，国有电力企业在垄断环节的经营信息应当充分披露，政府切实承担信息发布义务，避免规制俘虏理论（regulatory capture）[2]所指出的问题，即

---

[1] Merton H. Miller, The Cost of Capital, Corporation Finance and the Theory of Investment, The American Economic Review, 1958, p.6.

[2] 规制俘虏理论（regulatory capture theory）描述了一种政治腐败或政府行政失败的现象。它是指政府制定出的某种公共政策损害公众利益，使少数利益团体受益。通常政府作出这一类决策是由于受到某一行业从业者的重大影响，而短时期作出违背公众利益的行政决定。它将造成社会中某些公司以遵守政府规章制度为名，持续开展损害公众利益的经营行为。

规制官员经常被拖入规制对象的阵营。

2. 电改市场体制成就竞争主体复合产权结构

产权状态的多元化是塑造市场积极竞争局面的重要保障。诺思认为,产权的改善能增强人们将资源用于促进生产力的意愿。产权的建立和实施减少了对他人创新进行免费搭车的动机,增加了人们为发现新的生产技术而投入更多的资源。一个好的产权制度可以使技术变化更快,但非制度因素也发挥了作用。电力企业产权结构表现为合理优化电力企业的股权结构,明确国有电力企业在市场中的角色定位,划定权利和权力界限。应分为以下两步骤:

首先,完善电力企业股权结构,形成合理的股权集中度。

股权结构是影响资本结构选择的重要因素。通过不同形式的产权相互转移,促使资源从低生产力所有者向高生产力所有者转移。[①]

考察电力市场主体的股权结构,根据我国目前电力体制改革进程,在发电和售电环节的电力企业市场竞争是可能的。但是,发电环节的企业以五大国有企业为主体,竞争开展不充分。非国有控股的电力企业难以融入市场参与长期竞争,盈利能力和企业绩效相对低下。电力市场中,国家投资居于主导地位,国有股一股独大,股权结构的内在缺陷是中国电力企业高负债率的一个重要原因。股权结构一头偏,对公司治理效率也产生负面影响,不利于企业资本结构调整和公司治理效率提高,从而影响整个电力市场竞争绩效。

在法律规定中重新设定企业股东权益,同时,从国有企业在市场竞争中的优势地位现状入手,从根本上把那些残留着政企不分,行政性色彩的企业转变为法人治理结构规范、自主经营的现代电力企业。[②] 明确规定电力企业的股权结构与股权分布,单一国有股权形态,逐步在发电、售电环节缩小经营范围,国家补贴等优惠逐步退出,将经营绩效设定为企业考评主要标准,消除企业政治负担。电力行业国有产权主导模式与竞争机制不完全适应。大力推进股权分置改革,划清不同种类股权界限。用制度框架摒弃国有电力企业天然资源禀赋,培育能真正促进电力市场持续健康竞争的电力市场主体。美国1935年《公共事业控股公司法》通过剥离的方法实现公司解体,直到每个新公司变成一个单独的有能力向规定区域提供服务的公司,这导致跨洲的大股份公司解体。该法律的另一个特点是只允许股份公司从事基本的和单独的一体化公共电力公司经营业务。[③] 美国电力市场的改革是在全面私有化的基础上进行的,它是最有代表性的电力市

[①] See Shleifer A. Vishny, Large Shareholder and Corporate Control, Journal of Political Economy, 1986, 94, pp. 461—488.

[②] 参见符萍:《电力行业资本结构实证研究》,载《价值工程》2004年第23卷第4期,第93—96页。

[③] 参见〔美〕萨丽·亨特:《电力市场竞争》,易立云等译,中信出版社2004年版,第401页。

场结构模式。①

合理分布股权集中度是重塑国有主导产权的重要方式。目前我国处于电力市场化改革的阶段,合理化管理者的股权集中度,既是优化市场资本结构的直接方案,也是完善公司治理结构的重要手段。资产专用性在很大程度上决定治理结构和它们相关的契约安排,而不确定性主要影响契约和其他相关的执行程序间的关系。② 调整每一种治理结构的变量、限制合作人的首要因素,和每一种执行程序中盛行的制度安排。在国有电力企业中,公司股权高度集中,国家作为大股东拥有绝对的控股权,对转型经济来说,内部人控制现象的存在使得股东对经理人员或内部控制者的监督更为重要。当股权结构不是高度集中,而是存在相对控股的大股东时,经理是相对控股股东的直接代表或本人,由于其他几个大股东持有股份份额比较大,他们会有动力和能力去实施监督,监督成本小于监督收益;经理不是相对控股股东直接代表或本人,公司大股东都会积极主动地监督经理,这种股权结构比较有利于监督。

在合理的股权集中度的范围内,国家应当建立起符合市场要求的国有资产经营预算体系和真正委托代理者的约束体制和监督、奖惩机制。审查重点在于审查电力企业的经营目标。

在电力行业法规修订中,应当对电力企业的持股集中度作出规定,规定控股股东的比例与管理层及董事会的规模相适应,使国有股持股比例合理化。公司市场进入前置程序角度,持股比例应作为国企公司章程中的核心内容,列入审批核准的形式要件。设立国有股公司管理股权集中"警戒线制度"。从入股形式上,放开私有股权进入电力行业的通道,允许私人资本投资电力建设项目。在股权权利上,应当以法律的形式保障国有股权与私有股权的平等性和各项主体待遇。

其次,明确国有电力企业负担的社会责任,划定企业功能界限。

国有电力企业的经营范围和功能边界问题直接影响电力市场资本结构多元化的塑造,是破除电力资本结构单一化的重要因素,为此,在对电力市场资本结构塑造法律设计中,应当单独罗列和设计。电力企业作为电力行业的市场主体,理应承担相应的社会责任。然而国有电力企业作为比较特殊的一类市场主体,兼具商业性和公益性的企业性质,社会责任较为复合,如何清晰地划定国有电力企业社会责任和功能范围,成为企业竞争力提升和资本结构化的前提。

---

① 参见杜松怀、侯志俭:《电力市场结构模式及运营的最新进展》,载《华东电力》2001 第 6 期,第 48 页。

② 参见〔法〕克劳德·梅纳尔:《执行程序和治理结构:什么关系?》,载《制度、契约与组织》,经济科学出版社 2003 年版,第 280 页。

国有电力企业发展过程中长期依靠政府的政策扶持,这种传统观念下的企业管理体系和运营机制都没有随着市场经济变革而产生改变,企业的生产经营目标也没有全部转移到提高企业的经济效益方向。而对企业生产经营情况和资本利用效率等有效指标的检测一直比较忽视,国家的相关补贴和优惠政策也主要以国有电力公司负担公益性社会责任的名义授予,对国有资产保值增值的提法一直比较薄弱。国有电力企业一般都是上市公司,证监会与国家经贸委联合发布的《上市公司治理准则》①对利益相关者作了如下规定:"上市公司应与利益相关者积极合作,共同推动公司持续、健康地发展。"《关于国有企业功能界定与分类的指导意见》②明确指出:"对商业类国有企业,要根据企业功能定位、发展目标和责任使命,兼顾行业特点和企业经营性质,明确不同企业的经济效益和社会效益指标要求,制定差异化考核标准……""……对主业处于充分竞争行业和领域的商业类国有企业,重点考核经营业绩指标、国有资产保值增值和市场竞争能力。对主业处于关系国家安全、国民经济命脉的重要行业和关键领域、主要承担重大专项任务的商业类国有企业,要合理确定经营业绩和国有资产保值增值指标的考核权重……"可以看出,国有电力企业改革的导向是逐步弱化电力企业的公共职能,专门化企业的市场职能,兼顾公益性和营利性。

在下一阶段《公司法》或电力企业规制相关法律制定时,应当考虑国有电力企业公益功能部分的社会责任负担,与商业功能营利性的企业特性,区分社会责任和绩效追求。对于企业内部治理规定来说,应该适应外界制度环境的变化而调整企业的短期和长期战略,以消弭企业行为与社会伦理道德之间的摩擦和冲突。这样,在电力市场中,国有企业社会责任就与企业的经营目标有效地结合在一起,成为电力市场企业发展的持久动力。《电力法》(2009年修订)没有解决例如英国电力法等如何满足公共利益,并确保其提供公共物品的非营利性等。《公共企业法》等立法将国有企业和民营的公共企业一并纳入,统筹立法。③

从市场规制手段(如税费比率、监管考评标准)角度制定设计规则,便于国有电力企业逐步从竞争性电力领域退出,政府对电力行业的公共管理职能应与国有电力企业经营管理职能实行最彻底的分离,在公司内部章程和审批申报文件中加以明确,与其他多种所有制的企业成为真正的平等共生的电力市场主体。考虑到资源和硬件上的限制,国有电力企业应当分享资源,民营企业绩效考核标

---

① 2002年,中国证监会、国家经贸委发布《上市公司治理准则》。
② 2015年12月30日,国资委、财政部、发展改革委联合发布《关于国有企业功能界定与分类的指导意见》。
③ 参见顾功耘:《公共企业:政府弥补市场失灵的一项政策工具》,载《广西师范大学学报》(哲学社会科学版)2005年第3期。

准应与国有企业持平,监督监管考评标准一致。防止国企公益职能与市场职能的错位,申请优惠政策时以公益职能为幌子,而承担义务时则以市场竞争盈利为借口的现象出现。同时,避免电力企业被公益职能裹挟,在参与市场竞争时受政党政策等非市场因素影响,成为实现政治目标的工具。企业的社会责任不应该成为可上可下的"弹簧"式政策套利工具。例如,在电力市场化改革阶段,应当将公平的开放输配电网设施作为输配阶段国有电力企业的责任义务,保障电力交易活动正常开展。

(二) 电力市场竞争在产权博弈中延伸

电力市场的产权博弈即电力市场主体从单一资本结构向多元资本结构演化过程中,不同竞争主体之间利益进退与调整之趋向均衡的过程。

竞争实际上是多维的,至少包括政治、经济(产权要素核心论)与法律等维度。完全竞争理论模式"完全分散化模式"说明的是价格体制而不是竞争活动。新古典理论在研究价格时,忽视了对经济(其中重要的即产权结构的分析)、法律、政治"摩擦"的各种根源的考察。古典经济学家在对竞争的论述中对它作了假设,假定竞争能完全地限制对自我利益的追逐。他们确信,竞争将资源从某项目中转移出来就只能获得较低的收益率,而将资源投入某一项目则能获得较高的收益率。

一种来自植物学的类推方法是有用的。随着一棵树的成长,它的树叶长得茂密,它投射下的树荫就更加密和大。生长在这棵树下的青草为了获得逐渐减少的阳光互相竞争,这片青草为了利用少量的阳光长得更好,它们就必须改变结构。[①] 在电力竞争性市场的形成过程中,随着电力市场产业壮大,参与市场活动的主体必须为了适应此种竞争不断调整自身的竞争能力,为适应竞争性市场形成不断深化完善的自身产权结构。产权博弈造就了电力市场主动竞争和被动竞争状态的不断融合与优化。

完全竞争状态下,行为主体之间必定彼此产生影响和发生作用,这就剥夺了一个市场参与者对价格、总产量和他人行为的任何影响。电力市场作为非完全竞争状态的市场,它的影响力因素也适用前述理论。电力市场纵向一体化和公用电力企业存在的根源在于现实经济体制的不确定性和为适应这些不确定性使用市场的成本。有关竞争的经济学观点的难题是,尽管竞争在经济体制分析中起着不可或缺的重要作用,但这仅是形式上的论述,即完全竞争模式,似乎还存

---

① 参见〔美〕哈罗德·德姆塞茨:《竞争的经济、法律和政治维度》,陈郁译,上海三联书店1992年版,第9页。

在重大缺陷。①

因此,竞争不是竞争机制运作本身的问题,而是在产权不断融合与调整以及从单一到多元产权结构演变过程中,不断进化和完善的动态竞争过程。竞争活动本身很难通过一个假定交易费用和信息费用一定的模式来领会。对竞争应强调统观的制度性理论分析而不是机制性的技术阐述,对许多重大的竞争状态规范性的问题,不能简单地和武断地作出肯定或否定的结论。

由于知识是特殊的,资产是专用的,竞争活动中的行为主体之间必定产生影响和发生作用。产权的演变和博弈是诸多影响力中较为核心的方面,为适应竞争机制,市场主体的产权博弈不曾停止,竞争的深度和广度在此动态博弈中"塑型"。唯有通过产权结构的革新和制度性固化,才能将竞争模式和竞争格局相对完善化,竞争则在产权博弈中得以延伸壮大。

(三)电力市场竞争生态及核心对策

1. 电力市场的垄断力(市场力)抑制市场竞争

在目前电力市场中,市场力是指某一产品或服务的提供者能持续地影响或操纵市场的价格,使之一直高于完全竞争情况下的市场价格的能力。某些市场参与者为了保护其既得利益而维持市场中的商品价格高于竞争情况下的价格,阻止新的参与者进入市场。市场力也可以产生于某一处于特殊地位的市场参与者所拥有的能够"强加"给其余市场竞争者的不合理的限制竞争的市场力,如在电力市场中,由网络阻塞引起的市场力属次范畴。电力市场力与市场势力是近似的概念。电力市场的市场力是电力市场化改革中倍受关注的内容。市场力的大小与电力市场结构密切相关。在电力市场中,上述产生市场力的情形均存在。因为电力工业具有存储费用昂贵、进入市场的自然壁垒明显、负荷弹性小、发电机组运行专业化程度高、容量大等特点。解决市场力(市场操纵力)的一个方法就是要减少对监督的依赖,通过使足够多的竞争者进入市场进行拆分,减少输电等相关环节限制,以需求侧的响应为前提。②

在英国电力私有化之后,承继的企业被出售给外国所有者,而其他国家则看到了保留国家控股的益处。在发电环节,法国电力 EDF 作为欧洲市场的领导者,有 4000 万客户,其中 2800 万在法国。他们选择由垂直整合发电、传输和配电资产的企业经营。法国市场的开放在很大程度上仅是理论上的,2006 年只有

---

① 参见〔美〕张伯伦:《垄断竞争理论》,周文译,华夏出版社 2009 年版,第 30 页。
② 参见〔美〕多米尼克·费南:"为什么欧盟的电力行业仍是不同的:一个新的制度分析",载〔美〕诺思等:《制度契约与组织——从新制度经济学角度的透视》,刘刚译,经济科学出版社 2004 年版,第 370 页。

5%的合格消费者的供应商不是法国电力公司。在意大利,意大利国家电力公司仍然是市场的主要参与者,规划批准流程推迟了新进入者的进入时间。这些大型公用事业的优势是它们能够更好地管理风险以保障供应安全。这与实现竞争性的流动市场相反,后者从很多相互竞争的买方与卖方中获益。

经济学中有这样一句话:竞争意味着市场。市场是个有多种含义的词,它特指包括产品的生产、运输及分配活动的全过程。竞争性电力市场具有有效的交易市场和统一的交易规则。提高效率是电力工业的总体目标,而竞争是实现高效电力生产的合适的手段。如果市场已形成竞争格局,并且交易场所效率高,则市场可以使消费者等市场相对方在完全竞争市场中获益,理论上,许多买方和卖方之间相互作用,最后将会产生一个等于单位销量成本的价格,从而实现经济效益最大化。放松管制的作用是通过构建一个有许多电力生产方的竞争性市场,来消除市场势力。

发售电环节的电力企业作为公用企业往往享有政策支持,占有政策资源,尤其在一定程度上享受政策给予的一定限度的垄断权。它具有排他性而控制电力商品市场,在市场经济中,公用企业如果滥用其独占法律地位,就会阻碍其他经营者进入市场参与公平竞争。同时,也由于利益牵扯、利益输送等原因,诱发政府及其所属部门滥用行政权力限制竞争的行为,直接影响整个电力市场的交易竞争格局。

电力市场现存问题(如资产专用性、自然垄断、外部性以及测量问题)的性质与多样性意味着不存在一个单一的制度可以妥善地解决所有的问题。当前将竞争形式引入电力行业并没有解决该行业所特有的交易困难、空间或时间专用性、自然垄断(对生产成本产生间接效应)、外部性和测量问题。交易基础设施与竞争性市场运作间的紧密关系使得独立的电力生产者形成滞后。

如果对电力市场操纵力没有结构性的解决方案,就应该采取行为方面的或结果性的解决方案,例如可以用行为准则解决利益冲突和规模经济的损失。在竞争复合主体形成的前提下,电力市场力问题的解决是检验市场竞争程度和培育持久"活性"电力市场的关键。

2. 有效竞争方式之实现路径

市场过程活动既不是瞬间的,也不是完全明了的,因此完全竞争状态需要不断建设,在竞争发展的途径中找寻合理的实现路径。构建竞争性电力市场需要具备一系列条件,包括市场双方不具有市场操纵力、供需双方具有价格响应能力、透明且运作有效的交易场所等。[①] 其中,最重要的就是满足多元资本结构的

---

① 参见〔美〕萨丽·亨特:《电力市场竞争》,易立云等译,中信出版社2004年版,第59页。

市场主体进入市场,进行自由的交易行为与交易结果的交割。由于自由进入是竞争市场良好运作的先决条件,所以竞争性电力市场需要解决市场前端问题,即放宽行业准入培育多元电力市场主体。具体来说,方法不一而足:

如,允许有产权人作为新型主体进入电力行业。电力市场竞争过程中,在电力市场放开的"两端"尝试通过持股股东持股比例与资本结构的调整,直接将传统电力企业的国有产权通过有偿的方式转化为私有产权。为适应电力行业引入竞争机制的需要,将原有发输配售一体化垄断经营企业,分环节、按比例拆成不同企业经营的制度。以正面清单[①]的方式,在《公司法》中规定相关企业的经营范围和条件,有力地防止交叉经营。国家在电力行业的特定环节和领域放宽所有权限制,允许私人资本单独组建私有产权企业,参与电力交易活动,这就需要从法律上考虑放宽电力行业准入限制。考虑引入有质量的私有产权来筹措电力建设项目资金,在投资资本多元化的促进下,发挥更为活跃的竞争优势。

不管是原有的国有企业还是新体制下新建的混合所有制和民营企业都有激励来增加电力供应,一些传统体制下的国有企业也主动和地方政府、民间资本、外资等共同投资兴建基于新体制的电力项目,或者通过股份制改革和境外上市来获得电力建设资金。两种制度之间互为补充、互相促进,共同推进电力市场化,它们具有"制度相生性"。考虑公司伙伴关系的方式,即公共部门和私人部门提供基础设施,通过合同方式建立共享收益和共担风险的合作关系。它的核心是明确双方的权利义务,实现改善国有产权的阶段性目标,排除协议履行过程中的各种市场因素和非市场因素。

伴随电力市场主体产权多元化,电力市场发展的融资渠道应当相应具有多元化的特征。融资渠道的多元化可以造就多元的市场主体资本结构。例如,引入保险资金,拓宽多种融资渠道,形成完善的电力金融市场。同时,为保障电力上市企业的运营绩效以维持相对稳定的多元化资本结构,电力企业应当定期对外披露着重资本和经营情况的运营信息。

同时,完善电力市场企业退出机制。在我国电力市场实际运行过程中,电力企业运行绩效常常由于与其资本结构现状不匹配,企业运营负担重,压力大,严重阻碍了市场竞争。民营企业市场进入门槛高,市场退出等救济机制设立不完善,然而民营化与竞争相辅相依,竞争机制如果没有民营化改革相匹配,将无法解决产权本身的弊端,生产效率与配置效率将低于竞争与产权良好匹配的状

---

① 正面清单:是指政府允许的市场准入主体、范围、领域等均以清单方式列明。

态。① 行业对企业资本结构的影响是各行业在资产构成、风险和其他变量上系统差异的一个反映。② 配合放开电力企业破产的规定，考虑到电力投资的"沉没成本"③问题，在《电力法》或电力行业法中，设定与《破产法》相衔接的电力市场退出机制、保险基金和行业补贴乃至国家补偿相结合的市场竞争末位淘汰机制，促使电力企业在日常的经营过程中，将绩效与经营者业绩挂钩，避免由于退出机制不合理，使投资者和股东遭受巨大损失，影响市场稳定。同时，从权利保障角度来看，在逐步放开电力市场，允许私人投资进入电力行业时，引入电力建设基金。电力建设基金设立起到了很好的作用，打破了中央独家办电的格局，各级地方政府利用电力建设基金建设了大量发电厂，成立了几十个地方电力投资公司，实现中国电力资金的多元化。

四、规范电力竞争性市场：多重法律规制清单

创设公平交易的电力市场法律体系包涵两个方面的制度设计：首先，优化电力市场主体竞争结构法律规制；其次，创新电力市场管制的法律体系。

一般的市场理论认为，竞争越充分，越有利于资源的优化配置。竞争是产权的博弈，产权博弈成为理解竞争本质的前提，竞争的内涵是产权交易。

产权塑造的基本要求是使它与电力市场行业引入竞争机制的功能和目标相一致、相协调。从制度层面来看，《公司法》与《竞争法》的匹配性制度革命是造就竞争性电力市场行为结构的根本条件。关于电力市场中多元竞争性主体如何形成的问题即塑造电力市场主体的问题，有效的竞争性法律体系的建立能解决这一问题。

电力市场竞争机制的法律调整重点是形成"有效竞争"的状态和对象。"有效竞争"的具体特征是：一是竞争收益明显大于竞争成本；二是适度竞争；三是符合规模经济的要求。④ 电力市场的运行证明，私有产权与竞争机制具有兼容性，公有产权与竞争机制也具有兼容性，电力等自然垄断行业的效率提高不是直接

---

① 参见刘戒骄：《我国电力工业布局和结构的现状、问题及对策》，载《中国经贸导刊》2005年第13期，第18—19页。

② Marsh，资本结构影响因素的实证研究学派代表，为这一学派延伸做了重要贡献。

③ 电力行业属于资本密集型行业，无论发电领域还是输配电网领域，投资十分巨大。而长期以来，我国的民间资本不发达，难以承担起电力行业的巨额投资。同时，电力行业资产具有专用性，一旦投资形成资产便不能再作他用，其资产便沉没于该行业难以从该行业中退出，产权人也就难以采取机会主义行动，正是基于此，在没有稳定预期的情况下，私有产权的逐利性决定了它一般不会投资该领域。

④ 参见王俊豪：《政府管制经济学导论——基本理论及其政府管制实践中的应用》，商务印书馆2001年版。

来自于民营化而是来自于竞争。① 电力行业引入竞争提出了一些真正的难题，相应的解决方案取决于对其复杂性的了解并设计出一套解决方法。②

电力市场主体具有合法性、独立性、营利性、平等性等特点。由于竞争机制不能自动达到效率目标，这就需要法律对影响竞争机制效率的因素进行干预和调控，以保障竞争机制效率目标的实现。

电力行业竞争机制不同于一般行业的竞争机制，它既有竞争性主体之间的竞争，也有竞争性主体与垄断性主体之间的有效衔接问题，同时包括对电力市场资本结构优化进行持续性的竞争力协调和平衡。可以说，电力市场化改革制度设计是集政治、经济、技术与法律一体的重大挑战。科学合理的法律制度设计，将使电力市场竞争机制内在各个环节和要素得到规范性调整。同时，强有力的政治改革通常是电力市场设计和竞争性电力市场成功的前提。③ 就创制功能而言，法律深入竞争机制的各个要素和各环节之中，对竞争机制的各个要素和环节进行法律塑造，使竞争机制一开始便在法律轨道内运行。通过法律建立竞争性主体的竞争行为规则，规定市场主体应当如何竞争，哪些属于正当的竞争行为，哪些属于不正当的竞争行为。法律着重对妨碍竞争机制的主体结构和市场行为进行约束、限制，使竞争机制恢复正常运行，对妨碍竞争机制发挥作用的主体结构进行抑制，对不利于竞争的市场主体结构通过整合等方式予以改造，使其满足竞争机制的要求，并通过设置法律责任及追究机制，对不公平竞争行为和垄断行为进行抑制，保障竞争机制正常运行。正如诺斯所言，一个契约依赖于法律体系、社会习惯和交换中资产标的物的技术特性，法律框架越完备，社会管制和社会习俗联系越强，则定义的契约内容特定性较小。④

在目前电力改革的大背景下，实现多元化的电力市场资本扩张，增强电力行业竞争力模式持久度是竞争性法律制度设计的首要目标。法律从市场入场前端保障企业公平参与竞争，在市场转型过程中权益不受损失与电力市场公平竞争机制形成秩序耦合。从国家竞争立法角度，重构电力行业普遍服务义务主体，法律对于多元竞争性主体在对应的电力市场领域，对公平交易行为、输配电网垄断主体公平开放行为，进行法律控制。⑤ 有效竞争在于竞争收益明显大于竞争成本、竞争强度适度，有效竞争应符合规模经济的要求，而好的制度能够解决资源

---

① 参见陈富良：《放松规制与强化规制》，上海三联书店2001年版。
② 参见〔美〕萨丽·亨特：《电力市场竞争》，易立云等译，中信出版社2004年版。
③ See P. L. Joskow, R. Schmaleness, Markets for Power, MIT Press, 1983.
④ See North, Structure and Change in Economic History, New York: W. W. Norton, 1981.
⑤ 参见唐敏：《电力行业竞争法律机制研究》，法律出版社2011年版。

稀缺的问题。① 具体到电力市场竞争性法律制度设计有如下几个方面：

(一)《反垄断法》与市场准入竞争规制

《反垄断法》的实质是保护市场有效竞争，而所谓的"有效竞争"，是指规模经济②和竞争活力有效地协调起来，以实现社会经济运行治理绩效最大化为目标。

防止电力市场支配企业滥用市场势力行为的最主要措施是事前通过有效的批发市场结构重组设计来确保市场的竞争性，从而消除市场势力的出现。通过对电力行业有效的横向和纵向拆分，确保每个企业都不占有过高的市场份额。滥用市场势力是《反垄断法》所禁止的行为，仅仅依靠反垄断执法是无效的，行业监管和反垄断法有机结合起来，由行业管制机构来负责市场势力查处和监管，抵制各种市场势力，依据《反垄断法》加以处罚。根据国际经验，管制机构重点关注市场份额在5%以上的大型企业。

从美国反垄断法到欧盟竞争法实践，再到德国、澳大利亚的竞争法规定，这些法律揭示出核心设施理论，即"核心设施理论要求拥有核心设施的企业负有强制开放义务"。③ 由于电力业内部各环节的规模经济各不相同，输配电环节存在较大的规模经济，其中输电环节的规模经济大于配电环节，而发电环节只存在有限的规模经济，这就使电力业内部各环节呈现不同的垄断和竞争形式，在对电力业规模经济和市场竞争进行选择时必须加以区别对待。从《反垄断法》的视角审视我国电力行业可知：电力行业内部各环节的规模经济各不相同，使电力业内部各环节呈现不同的资本结构单一化倾向，垄断程度深浅不一，竞争活力不均匀分布。在以《反垄断法》对电力业规模经济和市场竞争进行调整时，必须加以区别对待，处理好监管力度与资本结构维持之间的关系。

在发电环节，由于只具有有限的规模经济，因此只能采用竞争性市场结构，兼顾规模经济与竞争活力，实现有效竞争。对应发电市场容量较小时，应适当控制进入市场的发电企业数量，以避免牺牲规模经济效益的低水平过度竞争。《反垄断法》应着力打击市场垄断行为，从市场进入、市场竞争规则等角度对垄断企业进行规制。

---

① 参见王俊豪：《市场结构与有效竞争》，人民出版社1995年版。

② 规模经济(economies of scale)是指通过扩大生产规模而引起经济效益增加的现象。规模经济反映的是生产要素的集中程度同经济效益之间的关系。规模经济的优越性在于：随着产量的增加，长期平均总成本下降。但这并不仅仅意味着生产规模越大越好，因为规模经济追求的是能获取最佳经济效益的生产规模。一旦企业生产规模扩大到超过一定的规模，边际效益就会逐渐下降，甚至跌破，乃至变成负值，引发规模不经济现象。

③ See Robert Pitofsky, Jonathan Hooks, The Essential Facilities Doctrine under US Antitrust Law, Antitrust Law Journal, 2002, p.777.

在输配电环节,由于存在规模经济以及固定成本沉淀性等因素,国家多采取垄断结构,资本结构较为单一化,形成自然垄断。在此过程中,市场主体自主性较弱,双方没有议价选择权,因此,《反垄断法》适用范围较小。而在新一轮的电力市场竞争过程中,应当以资本结构多元化为契机,逐步放开输配电环节,《反垄断法》在此过程中应当规定过渡适用规则,设计过渡机制,包括市场进入、市场竞争方式、垄断责任追究机制等环节,在确保公共利益绩效的前提下,逐步发挥作用,同时不能因自然垄断环节丧失《反垄断法》的法律作用。

在建立电力行业竞争性法律制度体系过程中,立法阶段必须考虑将《反垄断法》与相关的电力行业资本结构改革的成果(多元化竞争主体形成)的问题有机结合起来,根据国际经验,管制机构重点关注市场份额在5%以上的大型企业。应设计具体方案,便于电力市场第三方进入网络,允许进入的方式可以是限额许可审批,也可以是运营绩效竞争性达标等方式,包括不同资本构成的电力市场主体在发电、输配电、供电等环节的权利保障和义务收缩的维度。

在政府对反垄断行为进行监管的范围方面,基于社会最优的成本因素,市场当中由一家企业经营效率更高,因此就会出现自然垄断市场。面对垄断市场结构,对于消费者来说,选择性少了,在交易过程中处于被动,有可能被索要过高的价格,从而造成对消费者的伤害。为此,以英国为代表的大多数国家对电力能源产业实行国有化,由政府投资并实行管理。20世纪80年代以来,越来越多的国家对电力能源行业的竞争性行业实行私有化和引入竞争,但输电和配电仍然具有自然垄断性,需要政府对具有垄断市场地位的企业实行经济管制,实现成本和收益、消费者和生产者之间的合理分配,促进行业投资同时保护消费者利益,实现社会福利最大化。

国家应以法律的形式确定电力市场第三方进入网络的授权条件、授权期限以及授权过程的信息公开方式。政府之所以能对电力行业实行管制主要是因为电力等能源行业往往具有自然垄断的特征。电网经营企业为新进入者提供市场准入,通过不对称规制(如,在发电侧,防止五大电企圈地;在电力零售侧,为鼓励竞争,可制定支持没有配电资产的新进入电力零售商的政策)扶持新进入者,促进电力市场有效竞争。

(二)《反不正当竞争法》与电力市场行为规制

目前,电力市场竞争立法修法工作相对滞后,制约电力市场化的健康发展。现有的一些电力法律法规已经不能适应发展的现实需要,亟待修订有关法律、法规、政策、标准,为电力行业发展提供依据,对妨碍效率的不正当竞争行为进行限制。竞争法律机制通过鼓励有效率的竞争行为,抑制和惩罚无效率的竞争行为,从而引导电力行业市场主体在竞争活动中自觉顾及效率价值目标。

可以从现行《反不正当竞争法》①的具体内容出发,考察我国电力市场竞争力需要解决的问题,并进行专门针对电力市场竞争而设计的反不正当竞争规制方式。

《反不正当竞争法》第二章第 6 条规定:"公用企业或者其他依法具有独占地位的经营者,不得限定他人购买其指定的经营者的商品,以排挤其他经营者的公平竞争。"电的确不同于普通商品,因它不能被储存,遵循特有的物理定律,在脆弱的、相互影响的输电网上以光速传输,决定了它在输配环节具有自然垄断性。因此,该条可以将"指定的经营者的商品"改为"指定经营者和特定方式获得的商品"。这样一来,在电力改革实现下一阶段"输配分开"后,多元竞争主体在竞争过程中就有了平等的起点,同时在经营方式上受保障。电力过网环节的不正当竞争行为就被完整地列入了《反不正当竞争法》保护的范围。

《反不正当竞争法》第 7 条规定:"政府及其所属部门不得滥用行政权力,限定他人购买其指定的经营者的商品,限制其他经营者正当的经营活动。"电力市场化改革到"输配分开"阶段时,如政府没有及时适当地行使监管权力,放任传统输配环节的国有企业滥用市场竞争优势,那么这样的行为与条文中"滥用行政权力"的行为表面的行为特征不同,但是否可以就此不列入《反不正当竞争法》规制的范围? 这是否应该理解为"滥用行政权力"干涉市场竞争的另一种形式? 建议在《反不正当竞争法》中增加一条规定,专门规定在公共垄断行业逐步引入竞争的过程中,形成"半竞争状态的市场"时,对政府行使特别行政权力,以及滥用行政权力的范围加以广义解释和规定。

《反垄断法》和《反不正当竞争法》这两部典型的竞争法体系中的法律,在整个体系中的地位和位阶都较高,但原则性条款多、强制手段落实标准相对模糊。

因此,电力行业如要遵循一般市场竞争规则还应当有更为细化的实施细则。笔者认为,应当配套落实电力行业体系法、配套实施行政法、修改刑法相关条文(电力产业运作方面的违法犯罪行为打击规制、监管责任失当入刑等问题)②,以适应中国特色的电力阶段性竞争业务,同时促进发电、供电领域内的竞争,在价格和服务质量方面保护用户利益。

(三)《电力法》与电力竞争性市场规制

《电力法》对电力市场的竞争格局和市场主体竞争强度等指标的调整可以视

---

① 1993 年 9 月 2 日第八届全国人民代表大会常务委员会第三次会议通过《反不正当竞争法》,1993 年 12 月 1 日起施行。

② 参见方德斌、王先甲:《电力市场下发电公司竞价策略研究》,科学出版社 2010 年版。

作《竞争法》在电力行业规制领域的具体实现形式。《电力法》的制定是为了弥补一般《竞争法》所无法达到的对电力市场竞争格局的调整缺陷,是对电力市场特殊竞争问题的调整。我国《电力法》已不适应资本结构日趋多元化的电力市场竞争规制。应主要从以下几个方面加以修订和完善:

1. 明确定义电力市场操纵力并对其进行有效性规制

现行《电力法》没有规定电力市场主体在竞争中的市场操纵力的具体含义,由于无明确定义,因而在制度设计方面,对电力市场操纵力的规制是缺失的。市场操纵力的特征总是表现为控制供给市场的产量。滥用市场操纵力的传统做法是控制可调容量,如发电环节要求电厂的规模一定要足够大。[①] 电力市场操纵力的存在违背电力市场资本结构多元化的实现目标,阻碍了电力市场竞争机制的形成和演化,应当受到限制和打击。为此,《电力法》修改应当着重在各环节以具体要素特征的方式定义清晰"电力市场操纵力"的概念,明确规制方式、规制主体以及随着竞争强度的变化,进行可追踪可评估的电力市场操纵力指标,进行评估和管控,实现对电力市场竞争环境的净化。

2. 细化市场监督指标

《电力法》第6条[②]是关于这一制度的规定。据此规定,电力监督管理部门主要为国务院电力管理部门和县级以上地方人民政府经济综合主管部门,他们有权在本行政区域内行使对电力行业的监督管理权。这一规定清楚表明,电力行业将顺应市场的要求实行政企分开的体制新格局,《电力法》将电力监督管理权由过去的电力企业剥离,赋予政府行政主管部门,在此制度安排下,政府和电力企业在电力市场中所扮演的角色和分工就得到了明确界定。政府行政主管部门的职责应当是:公平竞争的裁判员、市场矛盾的调解者、市场偏差的纠正者和市场缺陷的弥补者,对正处于向市场经济过渡的中国电力市场而言,政府还应是重要的市场培育者。而电力企业应还原为单纯的民事主体。但是,这一制度本身原则性强,实践操作性弱,仅规定了行政权力主体,而对权力内容(诸如监督管理的具体事项、程序及办法等)缺乏明确细致的规定。

因此,应当修改此项规定,设立可识别、可落实的具体操作指标,使各类市场主体平等地参与电力市场竞争,监管者与被监管者各归其位,监管幅度与监管范围清晰,权利和权力边界适当无重叠,无权利和权力的真空地带,这样就有助于培育市场主体参与竞争的适应性。

---

① 参见〔美〕萨丽·亨特:《电力市场竞争》,易立云等译,中信出版社2004年版,第78页。
② 《电力法》第6条规定:"国务院电力管理部门负责全国电力事业的监督管理。国务院有关部门在各自的职责范围内负责电力事业的监督管理。"

3. 明确电网建设者与电网垄断经营企业之间的产权划分

《电力法》第 15 条规定[①]含义不明。根据该条规定,电网配套工程建设应由电力建设投资者筹资或出资,建成后所有权亦应归其所有。然而,现实中常常遇到这样的情况:非自备电力建设企业将建成的电网配套设施并网运行,并将电网配套设施交由电网企业经营的情况,电力投资者对电网设施的所有权应该如何体现?这个问题应归结为电网建设者与电网垄断经营企业之间的产权划分。这个问题《电力法》并未予以回答。

应当设计有助于整体市场竞争活力的实现制度,分清电网建设者和垄断经营企业各自的资本结构,划定国有企业和民营企业的各自进入范围,明确区间,所有权竞合等问题的罗列加兜底条款式规定。帮助提高竞争力较强的非国有背景企业竞争实力,弱化进入壁垒效应。

决策电力改革的其他因素包括:非单一经济制度特征及制度环境特征,技术或经济因素、与经济政策有关的因素,纯粹的政治因素——政治形势、政治日程和"政治机会"。结合制度的多样性进行分析,以改进《电力法》,适应新阶段电力市场竞争法律规制的创新需求。

这方面,智利《电力法》修改提供了一些可以借鉴的内容。1982 年,智利制定了《电力法》[②]并建立电力批发市场。智利在批发市场引入竞争,发电企业和大用户、配电企业建立长期供应合约关系,输电由一个独立的主体提供并保证其对其他企业无歧视地接入输电网络;发电投资完全由市场来决定,供电成本和上网电价基于市场机制灵活联动,同时对配电企业实行激励性管制。对国有电力企业进行公司化改革,通过产权制度改革和构建现代公司治理机制,硬化企业的预算约束,并通过市场竞争促进企业提高效率。国有企业的产权制度和治理机制得到彻底的改变。市场化发电主体与之相配合。

根据我国电力市场发育程度,电力市场化改革的特点,下一阶段应综合考评各项因素,设计出有效的管制机制,以有效管制竞争市场的市场势力和对自然垄断业务企业实行激励性管制。电力行业其实是一个既有垄断又有竞争的市场结构,电力市场各环节不同的经济特征决定了政府对其规制政策的不同。在《电力法》修订过程中,应注重减少政府干预的限定机制设计,促进预算硬化,以资本结构优化为基础,造就竞争性市场行为结构的根本转变。

[①] 《电力法》第 15 条规定:"输变电工程、调度通信自动化工程等电网配套工程和环境保护工程,应当与发电工程项目同时设计、同时建设、同时验收、同时投入使用。"

[②] 参见杨解君:《世界能源法研究丛书:美洲国家能源法概论》,世界图书出版广东有限公司 2013 年版,第 98 页。

五、电力竞争性市场建构重点：政府电价权规制

(一) 价格规制的必要性

在价格竞争中，成本是私人信息，价格是公共信息。

市场通过价格提供信息和激励。价格提供关于不同商品相对稀缺性的信息。价格是经济的参与者相互交流的方式。经济学家将价格视为潜在原因的表征。价格能够告诉厂商资源的稀缺程度，以及为保全这些资源应当付出多少努力。价格与市场构成了经济的激励体系的基础，但是，仍有许多信息问题是市场不能解决或者不能很好解决的。不完全信息有时束缚了市场解决这些问题的能力。基本竞争模型的重要组成部分之一即存在价格接受行为的竞争市场。政府干预的动因源自市场失灵，同样地，政府对电力市场价格规制的需求来自电力市场失灵。政府应维护法律和秩序，界定产权，充当我们修改产权和其他经济博弈规则的工具，裁决在解释规则上出现的争端，强制执行契约，促进竞争，提供一个货币框架，从事抵消技术垄断的活动。[①] 一个国家的电力市场化程度与该国的管制质量具有明显的正相关关系。国际经验显示，随着市场竞争的发展，政府管制中心应该从控制价格、确保有效的电力供应，转向避免市场势力滥用和确保自有和公平接入输电网络系统。市场是经济和社会的基础，就政府与市场关系而言，凡是市场不能调节或者不能有效调节的，政府就必须出面调节，这是社会的要求。这种调节包括维护交易安全、维持市场公平竞争、平衡市场信息不对称、规划调控管理，促进产业和地区均衡发展。

市场电价反映的往往是短期的电能供求关系，即便完全的电力竞争市场也无法为一国电力能源的可持续开发使用提供正确的市场信号，因此，需要政府介入市场活动，进行市场监督和管制。在政府引导下，应更多地引入竞争，通过电力市场交易阶段性交易自由化，停止补贴和转移支付等方式促进多种资本结构的企业具有相对公平的平等竞争力，伴随吸引私人投资者进入行业。目前，在我国市场机制还不能有效促进电力市场竞争发展的前提下，政府通过一定的法律制度匹配性设计，来实现电力市场资本结构优化前提下的电力市场竞争优势养成十分必要。电力行业引入竞争机制必须以法律为保障，将竞争机制形态构建在竞争法律机制上。本文讨论的政府对电力市场规制有两个层面的含义：第一，

---

① See M. Friedman, Capitalism and Freedom, Chicago and London: University of Chicago Press, 1962, p.34.

完善电力市场价格的相关规制方式;第二,完善电价监管以外的电力市场监管方式改革。

　　一般认为,市场经济主要是依靠价格机制对资源进行分配,在市场机制运转正常的条件下,价格机制可以使资源达到最优。电价是电力市场的杠杆和核心内容。电价管制体制改革的基本规律是,政府放开对上网电价和销售电价的管制,管制的重心是通过激励性管制在保证企业投资激励的同时促进企业效率提高。艾奇奥尼[①]1996年指出,"对于一个国家来说,管制绝不是威胁,在某种程度上,它支撑着好的社会结构,但是过度的管制则会削弱好的社会,恶化结构"。对于正在进行电力市场化改革的国家,竞争环节的电价由市场决定,由于垄断环节的电价由监管机构或政府核定并受监管。输配电电价环节具有强自然垄断性,改革方向非引入竞争而是改革监督模式(价格上限等方式),对不同资本结构主体,设计不同的规制方式,既有区别又有融合,政府手段与市场反应聚焦一点。电价调整和规制体系电价改革过程中,要求政府必须有效退出,即逐步取消政府电力行业发展和电价的各种补贴,建立合理反映成本、供求和环境成本的价格。退出的方式可以是柔性长期阶段性的,但是必须有彻底退出时间表。共用产品往往以低于成本的价格来提供,私人企业显然没有提供公共产品的激励,因此,国有垄断就成为重要的政治选择。由于"准公共产品"属性和政治目标,中国始终不愿意放弃国有产权制度,在电力行业改革过程中,即使发电环节引入竞争,政府也仍然强调保持国有经济控制力,并始终严格管制电价。

　　《价格法》是涉及价格的制定、执行、监督等有关的各种经济关系而制定的法律规范的总称。[②]《价格法》是竞争法律体系中的重要法律,它的立法目的在于市场的价格信号会失灵,需要外在力量矫正或补救市场失灵,这就需要价格法律。《价格法》的内容主要涵盖两个部分,一是经营者的定价行为,二是政府的定价行为(如,涉及自然垄断经营的商品;重要的公用事业等)。对于电力市场竞争机制而言,这里主要指《价格法》所规定的政府定价行为及法律调整。涉及电力价格的法律法规主要有:《价格法》;2005年3月《上网电价管理办法》及增补配套规定;《销售电价管理暂行办法》《输配电价管理暂行办法》[③],规定电价应受政府审查,使其获取的利润限制在合理的范围之内,以保证公共资源的合理分

---

　　① See Etzioni, A. The New Golden Rule: Community and Morality in a Democratic Society, New York: Basic Booke, 1996.

　　② 参见顾功耘:《经济法教程》,中国人民大学出版社2002年版,第203页。

　　③ 根据《国务院办公厅关于印发电价改革方案的通知》(国办发〔2003〕62号)要求,为了推进电价改革的实施工作,促进电价机制的根本性转变,2005年国家发改委制定了《上网电价管理暂行办法》《输配电价管理暂行办法》和《销售电价管理暂行办法》。

配。① 政府为限制市场价格操纵力,逐步过渡性地对电力市场环节进行不同的价格调整,从垄断环节积极参与价格干预到电力市场优势竞争环节逐步退出政策性价格规制,这是一个循序渐进的过程。合理的电价应该是具有竞争性的部门(发电部门)实行市场价格,具有垄断性的部门实行基于边际成本原则(对电价结构和水平)的管制价格。本文拟从调整电力价格法律调整的价值取向、发售电环节和输配电环节的电价法律规制更新进行阐述。

(二) 政府对电力市场价格规制的价值取向

电力价格法律调整作为工具性制度手段,需要明确其价值取向,从而为实现电力市场行业价格竞争机制提供目标指引。根据电力市场资本结构多元化的趋势以及目前电力市场竞争力构建的实际情况,电力价格法律调整的价值目标主要有公平和秩序这两项。

首先,从评判标准来说,公平就是以社会成员享有平等的基本权利为准则对社会成员之间利益关系的一种评价,只有社会成员之间的权利配置有利于整个社会系统的存在和发展时,才是公正合理的,也才可能是公平的。② 公平的价值取向落实到电力行业市场化过程中,首先主要体现在多元的电力市场竞争主体之竞争权利和竞争能力得到平等保护(如,平等地进入市场、平等地享有竞争法律保护和政策保障、限定垄断性主体的经营范围等、平等地保护购电方);其次体现在不同所有制结构的电力市场主体的竞争全过程受到法律公正地调整及政府落实公平的监管方式。破除区域封锁和企业资本结构歧视(如,电力发售环节的平等价格和平等信息获取;输配环节对竞争性主体平等地开放);最后体现在保障各地区各层级经济条件的用户平等地获得电力商品,支付价格,赋予选择权。

其次,秩序乃人和事物存在和运转中具有一定一致性、连续性和确定性的结构、过程和模式等。③ 在电力行业从垄断经营模式向竞争机制转型的过程中,秩序起到了组织和优化市场结构和市场主体关系的作用,保障竞争机制的顺利持续作用力。保障电力市场作为公共资源性商品的交易过程顺畅,交易双方主体权利义务相对称。

(三) 发售电环节价格规制体现

各国电价改革表明:合理的电价应该是具有竞争性的部门(发电部门)实行

---

① 参见施泉生、李江:《电力市场化与金融市场》,上海财经大学出版社 2009 年版,第 33 页。
② 参见陶万辉:《公平观与公平的概念界定》,载《哲学研究》1996 年第 4 期。
③ 参见卓泽渊:《法的价值论》,法律出版社 2006 年版,第 386 页。

市场价格,具有垄断性的部门实行基于边际成本原则(对电价结构和水平)的管制价格。发电环节企业价格主要实行上网电价形式。目前发电上网演变为发电厂与垄断电网之间的不对等交易。对于发电企业,国家着重监管其竞争行为,监管重点在于这些主体不扰乱竞争秩序的行为。

2005 年国家发改委发布的《上网电价管理暂行办法》第 3 条规定:"上网电价管理应有利于电力系统安全、稳定运行,有利于促进电力企业提高效率和优化电源结构,有利于向供需各方竞争形成电价的改革方向平稳过渡。"第 12 条规定:"建立区域竞争性电力市场并实行竞价上网后,参与竞争的发电机组主要实行两部制上网电价。其中,容量电价由政府价格主管部门制定,电量电价由市场竞争形成。容量电价逐步过渡到由市场竞争确定。"可见,对电力发售端价格的法律调整逐步以市场化导向为原则,政府监管柔性化。改变法律阻碍改革的局面,依法推进电力体制改革并实行监管。

然而,在竞争性的电力发电销售环节,竞争性电力市场将如何激励相关主体在恰当的地点和恰当的时间进行恰当水平的电力投资?原传统垄断经营方式与新型的竞争机制并行,造成了天然的缺陷。价格机制是市场化体制的核心。电网具有独家售电者和独家购电者的双重属性,单一的市场结构直接导致目前竞价上网难以真正有效开展,上网电目前仍然没有由市场竞争形成。国家对发电环节的电价上网规制的前提是着重对电力市场竞争主体的准入合规程序、电力市场范围和价格设计定标准等都有一定的竞争导向。

对电力市场的价格规制应当考虑电力产品和服务质量的多维数和度量成本问题。构建竞争性电力市场必须完善相应的竞争法律体系规则,同时分阶段实现电力市场的政府监管梯级强度。① 各地也可根据本地实际需要采取其他过渡方式。在保障竞争性环节电力价格持续合理与稳定性的长效机制方面,建议出台规定,定期审核电力公司"电价控制标准",在进行大量的咨询工作并听取电力市场各利益相关方意见的基础上,修改电力公司行业"电价控制标准"。

在发电环节对电力市场价格管制比较常见的方法是,"电价上限法"按照以往年度的竞价水平为基础设定价格上限。通常以前一年及上一年的同期电价水平为基础,再加上某一固定值设定价格上限。这样做有一定的缺陷,容易造成价格扭曲,如将电力正常的供需变动引起的电价当成是电力企业行使市场力的结果。"电价上限法"人为地抑制电价随需求增加而上涨的趋势。②

---

① 监管梯级强度:根据不同的被监管对象、不同的电力监管环节、不同的监管活动内容进行不同手段的监管,其强度由强至弱。

② 参见唐敏:《电力行业竞争法律机制研究》,法律出版社 2012 年版,第 94 页。

在销售电价阶段,中国销售电价被明显地认为是一种扭曲的现象。这种现象实际上是一种非效率的交叉补贴方式,应当通过恰当设计的税收和转移支付解决。根据福利经济学理论,对特定人群直接给予收入补贴要优于通过价格扭曲进行补贴。通过扭曲相对价格来实行交叉补贴[①]是一种扭曲价格的行为,普惠制的交叉补贴是无效率的,在低电价的情况下,用电量大的用户往往享受了更多的价格优惠,用电量小的低收入群体则只享受很少的政策优惠,背离了补贴低收入者的政策设计初衷。放宽售电准入的立法限制,从公司成立的便利性和手续放宽允许成立售电公司的条件,对民营企业给予一定的政策优惠和准入便利,对中小用户实行需求解决处理和反馈机制;政府通过法律的形式确定需求监管,增强管理效力和连续性。

电力市场化改革阶段性成果,例如未来的竞争性售电,售电侧会加入更多的售电企业,这对国家电网公司等垄断经营的国有企业现有的电力销售模式也会产生影响。为适应新阶段的销售电价制度转变,建议在取消电价交叉补贴整个问题上,政府从行政职能角度明确补贴的对象、补贴的环节、补贴绩效定期考核、划定政府补贴范围。在电力市场化改革进程中,市场参与主体多元化,资本结构更加复合,政府的补贴既要权衡行政能力又要关注补贴对市场主体的竞争力养成。交叉补贴会限制竞争并阻碍对电力行业垄断一体化企业的拆分。政府应当通过开放政策,创造市场自由进入和有效竞争的局面,鼓励多元化的市场竞争者创新收费方式,如实行阶梯电价、电量电价等非传统线性定价方式,这样一方面保证了市场主体的自由竞争效能,另一方面也可在实现社会公平正义方面,对低收入者实行低电价。同时,对于创新定价违背市场规律的现象以及政策套利的手法,政府也应当加大打击力度,在制度的框架内予以监管和取缔。如果用户的购电电价过高,政府将会进行干预和管制。为了保护用户的利益,政府倾向于限制零售电价,这样做的结果可能会导致市场中间环节(电网经营企业)面临购电电价上涨而销售电价不变的危险境地。限制零售电价会人为造成市场的缺陷,限制市场正常的价格信号,限制了市场经济中"无形之手"所应该发挥的作用,使得无法通过市场价格来调节需求,这种方式归根到底是政府的干预手段,它与自由市场的运行规则相违背,政府应当逐步从行政性强制手段的价格领域中退出,以市场化的价格竞争机制为替代。政府应当将监督重点放在市场价格操纵行为的打击,而非价格范围的具体数额确定本身。

---

① 交叉补贴:国有化企业的管理层往往缺乏降低成本和有力推进现代化的足够动力,而在政府通常愿意在这些行业出现亏损时给予补贴的情况下,尤其如此。此外,国有化也带来不少政治压力,还可能面临低于边际成本的价格提供服务,并用其他服务的收益来填补所产生的赤字,这种做法就是所谓的交叉补贴。

(四) 输配电环节的价格规制

输配电价分为共用网络输配电服务价格、专项服务价格和辅助服务价格。目前,输配电价格形成机制在执行层面仍未确立,目前没有独立的输配电价。导致大用户无法大规模推进,销售电价的市场化仍未形成。在政府仍然保持计划管理体制下,微观主体的公司化改革并不会促进市场竞争。政府在价格管制过程中,应当全方位采集企业信息,核实成本,对于虚报成本的企业予以行政处罚,革新"成本加收益"的管制方式,将激励控制在一定范围,防止企业过度投资行为。以价格激励为抓手,从外部可控范围角度,促进企业内部加强管理、提高运行效率。在条件成熟的前提下,在输配电环节应当逐步实现相对竞争。由于在对配电网资产管理方面,配电网的资产会价值化,电力必然会进入商业模式,可实行停电有偿制度,让资产产生价值、资产管理更有动力;在政府可控的范围内,逐步制定输配电环节的价格竞争机制,合理适度干预,逐步退出能够通过市场竞争实现的环节。

(五) 完善电力行业价格管制程序体系

要建立具有持续竞争力的电力市场,政府对电力市场价格机制中定价程序的合理调整和监管尤其重要。政府对电力行业的监管原则应该定位为市场监管、推动改革、有效问责、司法审查,多元监督机制对应多元市场竞争主体,监管机构模式必须保证中立,以确保监管效能为根本标准。[①] 在此原则下,应当从几方面入手改革我国电力行业定价体系:

1. 合理化价格主管部门的定价范围设置

从古典经济学角度来看,所有决策者都成为价格接受者,以及仅仅通过独立地实现个人决定的多数人的总体效应来决定价格,通常会使权威完全消失。因此,定价机制和范围变得尤为重要,政府价格管控策略应划分可竞争性项目,电力可竞争性阶段,政府指导价的"禁区",以及限制公用企业的自主弹性价格范围,防止垄断的形成。

价格主管部门定价应兼顾电力行业物理性和社会效率,而为了推动竞争,将这种公用企业具有市场垄断力的领域定价权完全交给企业,从而放松了对这一领域的价格管制,也是不合理的。

目前,我国处于电力市场改革的关键时期,转型国家政府管制体制改革的过程也是政府角色转变和整个国家整合行政体制重构的过程。在价格规制方面,

---

① 参见唐要家:《电力体制改革和节能节能减排》,中国社会科学出版社2014年版。

政府的调控措施必须与新的电力市场竞争格局发展趋势相匹配。

电力作为能源产业具有很强的相关性和较大的国家宏观战略意义,因此,对于电力市场价格的管制有必要进行整合和系统设计,有利于发挥政府行政监管的范围经济优势,降低行政成本,提高决策独立性,明确规制责任,进行有效问责。政府对电力市场价格管制调整需要几个制度维度而非一个,保障电力市场竞争机制发挥应有的正向效应抑制负效应。

对于电力行业,即使规制效益大于成本,在实施规制时,也应该采取合理的制度性措施,进一步降低规制成本,提高规制的净效益。政府在实施规制政策时通过规制解决问题较之通过市场机制解决问题应能保证的成本更低,否则不如充分发挥市场作用,尽可能减少行政管制,将规制的内容和强度减到最小。

2. 完善价格听证制度,真正反映社会民意

根据《价格法》第19条和第20条的规定,公用企业产品与服务的定价主体是国务院价格主管部门和省、自治区、直辖市人民政府价格主管部门;同时,公用企业自身也有一定的定价权;公用企业定价实行价格听证制度。在公用企业价格管制的制度设计上,应落实和完善价格听证制度,进一步发挥价格听证会对公用企业价格形成机制的监督作用,使广大社会公众能够积极参与价格形成过程,使公用企业所提供的产品与服务的价格能够被控制在科学、公平、合理的范围之内。根据2008年12月1日起施行的《政府制定价格听证办法》第6条的规定,定价听证由政府价格主管部门组织;设三至五名听证人,由政府价格主管部门指定的工作人员担任或聘请的社会知名人士担任;消费者、经营者、与定价听证项目有关的其他利益相关方、相关领域的专家与学者等可以作为听证会参加人参与听证会;定价机关在作出定价决定时应当充分考虑听证会的意见,并据此对定价听证方案进行修改。可以说,听证会应该在广泛征求意见的基础上对拟定价产品制定一个公平、合理的价格。电力行业作为公用企业占据"半壁江山"的自然垄断行业,它的价格听证程序的重要性不言而喻。但是,在有限理性和制度技术层面的限制下,在实际操作过程中,价格听证会流于建议权而非实际决定权,因此参与价格制定过程的实际效果并不明显。

笔者认为,要完善电力价格听证制度,应改变目前的价格听证模式。应进一步扩大听证会的参与人员范围,使听证会更加透明和富有技术性,最终结果更能反映社会各方群体利益的公平性。

要明确消费者在电力定价过程中的法律地位,使消费者真正享有"话语权"。这就要求政府对听证会最后形成的听证意见的效力予以肯定,落实到书面,赋予法律既定力,要将它作为政府电力价格指导时一个重要的参考因素,并由政府按照听证意见中大多数参会人员的意见制定最终的电力供应和服务的价格。包括

定价的程序公开以及与定价相关的所有信息的公开,公开的内容包括但不限于成本信息构成(如成本运行、费用支出、净利润水平)和电力企业运营绩效信息,还可包含电力市场竞争各主体的营业投资渠道信息等。价格核算方式等进行提前核算与公示,保证价格形成机制的透明化、公开化与公正化。以防止由于信息不对称导致公民的参与事实上处于"无知困境"的状态,造成利益无谓受损,也使电力企业有了钻法律空子的空间。定价公开原则使定价更加合理,听证制实质化,不至于成为公用企业涨价的助推器,充分表达民意。缓解电力企业与消费者之间矛盾,协调电力市场关系有序运行。从根本上来说,完善价格监控体系,就是完善电力定价的必要性和可行性分析体系。

除真正落实听证制度外,还应重点关注公共产品定价的考量因素,尤其是应综合考虑产品的成本、当地国民经济和社会发展水平、社会公众使用者的承受力以及必要的投资回报率。其中,使用者的承受力是主要因素,而投资回报率则不应过度强调。①

3. 价格形成体系的公正合理性监督(包括成本审核、价格上限激励机制等)

在电力市场资本结构多元化格局的前提下,政府以竞争效益最大化为目标,进行电力市场价格管制。道格拉斯②指出:"如果产权使人们值得从事社会生产活动,就会出现经济增长,政府应负责保护和强制执行产权,因为他们承担这项职能的成本比私人自愿集团的成本要低。"

多元竞争结构和电力监管部门理性价格监管之间存在辩证关系。随着国家的市场化改革进程的深入,市场化交易和非国有经济的发展客观上要求传统福利国家体制下的全能政府必须转变为有限政府,客观上要求其行政职责的实施手段从单一转变为复合。对电力行业垄断环节定价采取过程行政性管控,对于市场竞争环节的多元产权结构企业采取在输配电价格运行角度的激励性管制。对于民营主体进入电力市场,国家在税费方面应当给予准入过渡期的适当优惠,保障实现其成本价格;对于国有企业应当继续加大监管力度,着重考察其市场竞争绩效,以市场绩效指标代替"政治考核"。针对不同的电力市场阶段,政府运用适当的价格调整,可以促进有效竞争的零售市场,实现竞争效率和降低电价的改革目标。因为规制是有成本的,所以政府应当考量规制的具体阶段、切入范围、持久度等,保障有限的行政资源投入到有绩效的行政管理中去。

只有根据电力行业中自然垄断业务和非自然垄断业务的性质和特点,分别实行不同的规制或放松规制政策,才能在电力行业充分发挥竞争机制的作用,同

---

① 参见胡改蓉:《论公共企业的法律属性》,载《中国法学》2017年第3期,第29页。
② 〔美〕道格拉斯:《西方世界的兴起》,厉以平等译,华夏出版社2009年出版,第12页。

时兼顾规模经济效益,实现价格机制与竞争活力及规模经济相兼容的局面,提高经营效率、平衡成本支出与收益利润,兼容社会公共利益。政府对电力市场价格管制主要是以强制计划的手段。在电力改革市场化趋势整体推进的背景下,多家独立发电企业可以被允许进入市场,电力市场价格监管应当及时放松,培育有利于行业发展的价格灵活竞争机制,价格监管手段可以从传统的强制性手段,转为企业价格竞争实力信息公开、行业竞争业务指导等具体柔性方式。根据不同的电力竞争性市场的进化阶段,进行有针对性的规制手段选取,对垄断性输配环节应当加强使用强制性,重点考虑国计民生的领域和应急状态下的计划规制方案。在电力市场竞争性环节,政府必须有效退出,逐步取消政府电力行业发展和电价的各种政策性补贴;通过市场资本结构重组和电力企业公司化改革,制定行业标准及禁止性规定,取消企业内部的交叉补贴,公开定价信息和定价过程,合理反映市场需求和环境供求等综合成本价格。

建立与市场经济相适应的政府行业管理体制是改革的核心。多策并举,分不同监督行为失当程度,造成后果的程度,追究监督主体的行政责任、民事责任直至刑事责任。明确写入电力监管相关法律文件体系中,做到立法监督和司法监督相配合,实现整个法律体系的"上游监督"和"末端监督",将日常监督和定期监督相结合,引入社会监督考评机制。

对电力行业价格规制重在行政监督的同时,重点强化立法监督,并渐进地建立司法监督体制,积极推进社会监督,公众有序、有效地参与厘清宏观管理和微观规制的关系,划分清晰部门之间的职权范围,责任落实到人,查找到人。

4. 制定统一的电力市场价格管制法

随着电力市场化的不断推进,市场主体竞争违法现象将与竞争状态共生。因此,在整个电力市场监管领域,制定一部统一的《电力价格管制法》尤为重要。

法律制定主体方面,《电力价格管制法》应当与《电力法》统一位阶,由全国人大常委会制定,作为电力行业内以电力市场监管为立法目的的最高位阶法律。

《电力价格管制法》主要规制电力市场竞争过程中的主体电力价格违法行为、信息违法行为、拒绝交易违法行为。

价格违法行为主要是指电力行业引入竞争机制后,主体超高定价行为、价格歧视行为、滥收费用行为(包括:在电价之中加收其他费用、变相加收费用行为、巧立名目收取费用行为)。

《电力价格管制法》将设定与《民法》《行政法》《刑法》相配套的接入条款,追究违法市场经营主体民事责任、行政责任直至刑事责任。

《电力价格管制法》中还应明确,现阶段适应我国电力市场改革特点的对市场主体违法行为法律责任追究机制。目前来看,我国电力行业市场主体竞争违法行为的法律责任追究模式应以行政为主导、司法为辅助。

总之,所有的规制方案都应当殊途同归。上述政府对电力市场的价格规制与竞争性电力市场的完善进程相匹配。如果市场已经形成了相对完善的竞争格局,并且交易场所效率较高,则电力市场机制本身就能毫不费力地使消费者受益。那时,政府应该离开,由市场和交易场所本身去确定市场价格,按最低的成本供电,并确保电力流向最需要的人。然而,电力市场和其他市场一样,都不可能达到完全竞争的理想状态,因此,政府对电力市场价格的合理规制是设计竞争性电力市场归制体系必不可少的环节,也是折中的方案。竞争性电力市场建立的方方面面都需要改变机制、结构或规章制度。

六、结　语

我国电力市场自然垄断特征"固化"于输配电阶段,市场进入壁垒较高,行政监管模式不合理不科学,加之国企电力集团在立法过程中的强势影响和市场竞争势力影响,导致了我国电力市场资本结构单一化的现状,阻碍电力能源效率的提升和社会整体福利的增加。法律制度设计建立资本结构多元化、竞争格局有序合理的电力市场,是实现电力市场化改革的必由之路。

通过相关部门法之间的相互匹配、相互衔接的法律修订,为引入多元市场竞争主体提供制度保障,打造电力市场复合主体公平竞争的制度环境。具体做法是应以经济体制转型为契机,配合进一步完善现代企业制度、塑造国有企业股权结构、放开竞争主体进入环节,同时完善政府对电力市场价格监管体系,聚合民营资本方面的作用,构建电力市场中的"强化市场型政府"。

网约车管理新政的经济法检视

——互联网经济时代政府如何介入市场规制

丁 冬[*]

【内容摘要】 网约车是中国出行市场领域的新兴业态,互联网技术与传统产业的深度融合为网约车的发展提供了无限可能。以"平台化、强数据、轻资产"为核心特征的网约车运营模式,以其更加用户友好型的服务策略,借助强大资本力量的价格竞争优势,快速占领了中国出行市场的大量份额。在此背景下,中国政府有关部门开始了对网约车的规制。总体来看,规制方案沿用了对传统出租车行业"准入限制、数量管制、价格管制"的管制型思路,并对从事网约车的人员户籍、车辆轴距和排量等作了限定。规制方案的合法性和合理性受到社会各界的广泛质疑。在互联网经济时代,政府如何介入市场规制,是一个值得深入探讨和思索的重大课题。本文从经济法学的视角,以梳理和分析网约车规制新政为基础,对政府介入市场规制的总体理念、规制的尺度和界限进行分析,进一步认为政府以维护网约车与传统出租车之间的公平竞争为理由的规制,由于两者的运作逻辑的不同、发展时间的先后差异,实质上可能起到限制竞争的效应。在互联网经济时代,政府面对新兴业态的发展应该采取放松规制的总体策略,转而借助市场机制和互联网技术的作用来实现规制目的,因此与其过度规制网约车市场,不如采取放松对传统出租车管制的替代方案,进而促进中国出行市场的市场化运作。

【关键词】 网约车　出租车　规制　互联网经济　市场机制

---

[*] 丁冬,华东政法大学博士研究生。

> 我知道,一切意外都源于各就各位,任何周密,任何疏漏,都是匠心越轨,不过,操纵不如窥视,局部依靠阻止。
>
> ——肖开愚《一次抵制》

一、问题的提出

长期以来,中国的出行市场是一个高度管制、需求压抑的领域,出行难、出行贵、选择单一始终是困扰出行市场的难题。一直以来,国内对于"公共产品""公用事业""公共交通"等语词的混用和误读,导致我们一直将本来作为私人产品和私人交通体系范畴的出租车等同于公共交通的组成部分,进而采取了对出租车行业进行严格管制的"主体管制",形成了以准入管制、数量管制、价格管制等核心特点的管制型规制模式。在这一模式下,只有具备出租车经营权的主体才可以经营出租车业务,相应地,其所有的车辆就具有出租车经营权。出租车公司获得了经营权之后,再通过收取"份子钱"的方式将经营权转让给出租车司机。①出租车实行统一定价,总量控制。作为公共交通之补充的出租车,由于长期以来实行的带有行政管制色彩的垄断经营模式,在改善中国,特别是大中型城市的交通出行问题,满足人们日益增长的多样化的交通需求方面,明显缺乏市场机制的灵活性和导向作用。出行市场的产品供给和管理长期处于一种需求压抑和创新滞后的状态。

得益于"互联网+"的快速发展,以及智能手机和家用小汽车的全面普及,以"滴滴出行"为代表的互联网出行模式,借助互联网信息技术在出行资源的时空配置方面的高效率、低成本优势,在中国出行市场领域大放异彩,呈现快速发展的态势,市场占用率快速攀升,获得了大量消费者的青睐,对既有的传统出租车行业形成了持续性的竞争压力。② 创新,一定意义上是对既有制度安排和规则体系的背离和颠覆,也是对既得利益格局的侵蚀和再调整。"滴滴出行"作为中国出行市场平静水面的扰动者,随着其自身业务规模的不断扩大和深化,引发了包括传统出租车行业在内的各方主体的关注和争议。面对这些与传统产业运作逻辑存有差异,同时又对传统产业形成具有变革意义冲击的新兴业态,支持者和批评者基于不同立场、理由和利益关切的争论,反映了互联网经济时代不同主体之

---

① 参见陈宪:《中国大城市出租车服务业改革的目标与策略》,载《科学发展》2013年第9期。
② 据媒体披露的数据,2016年3月19日,滴滴出行全平台单日完成订单量突破1000万。参见高松等:《滴滴的独角戏》,载《第一财经周刊》2016年第50期。

间深刻的利益碰撞,并进一步衍生出社会稳定的风险。① 由于对中国出行市场中出现的这些新兴业态的业务逻辑架构及其未来发展趋势缺乏全面和深刻的认知,也囿于既有利益格局的强大影响力,政府有关部门在如何看待包括网约车在内的互联网出行领域的创新发展、是否应该对其规制、如何进行规制方面,历经观望、犹疑、试探性肯定、严格限制的复杂心态,至今尚未完全明确监管的理念、尺度与界限。

2016 年 7 月,国家交通运输部等七部委联合发布《网络预约出租车经营服务管理暂行办法》,明确将专车列入出租汽车管理体系,该办法被"滴滴出行"视为国家法规政策层面的重大利好。然而,随之而来的地方版的网约车管理新政,则普遍对网约车设置了户籍、车辆配置等详细要求,在整体上延续和模仿了对传统出租车行业所采取的"准入管制、数量管制、价格管制"的规制思路,被视为限制和挤压网约车存在空间的政策代表,引发了有关新政合法性和合理性的广泛争论。本文正是基于这一背景,意图以网约车管理新政为思考的基础,从经济法的视角详细分析和讨论互联网经济时代政府介入市场规制的界限和尺度,并提出改进的策略。

二、网约车的发展历程、运作逻辑与积极效应

(一) 网约车的发展历程

根据"滴滴""优步"等网约车平台的运营模式,网约车系指乘客利用网约车平台提供的打车软件,通过智能手机客户端预约车辆以获取点对点交通运输服务的出行方式。根据《网络预约出租车经营服务管理暂行办法》的界定,网约车服务系指以互联网技术为依托构建服务平台,整合供需信息,使用符合条件的车辆和驾驶员,提供非巡游的预约出租汽车服务。

从历史发展脉络看,中国的网约车市场中出现过"快的""滴滴""易到""优步"等多家网约车平台。随着市场竞争的加剧,网约车平台公司也经历了补贴大战、收购与被收购的演化。2012 年,小桔科技在北京成立并推出"滴滴打车"。当年 12 月,"滴滴打车"获得了金沙江创投的 300 万美元 A 轮融资。2013 年 4 月,"滴滴打车"完成腾讯 1500 万美元的 B 轮融资。2014 年 1 月,国内两大打车软件"滴滴"和"快的"为争夺市场开展价格补贴大战。2015 年 2 月,"滴滴"与"快的"宣布实行战略合并。2015 年 3 月开始,"滴滴"与"优步"开始在价格、融

---

① 参见金自宁:《直面我国网络约租车的合法性问题》,载《宏观质量研究》2015 年第 4 期。

资等方面展开竞争。2016年,"滴滴出行"收购"优步"中国的品牌、业务和数据等全部资产。"滴滴出行"最终在网约车市场的竞争中胜出。据"滴滴"官网显示,它在中国400余座城市为近3亿用户提供出租车召车、专车、快车、顺风车、代驾、试驾、巴士和企业级等全面出行服务。多个第三方数据显示,"滴滴"拥有87%以上的中国专车市场份额,99%以上的网约出租车市场份额。2015年,"滴滴"平台共产生14.3亿个订单,成为全球仅次于淘宝的第二大在线交易平台。①

"滴滴出行"自2012年成立以来的扩张速度和规模,印证了互联网经济时代的技术与产业深度融合的魅力,这种融合带来的规模效应和颠覆效果超越了大众的想象。可以说,"滴滴出行"的发展历程是中国网约车市场发展的一个缩影。初创于2012年的"滴滴打车",本意在于解决中国出行市场上长期存在的供需失衡、时空效率错配的问题。今天,当我们看到集出租车召车、快车、专车、租车、巴士、顺风车、代驾等为一体的"滴滴出行"这个中国出行市场上的庞然大物时,可能很难想象它当初是由从阿里巴巴辞职的程维拉上两个好友创业的产物。"滴滴打车"的第一款软件是外包给一位中专老师带着几个学生做出来的。长期处于经营权垄断和价格管制行业的出租车公司,在"滴滴打车"软件上线推广之初,普遍的反应是,你有没有交管部门的批文?而交管部门的反应是,我们已经有出租车调度平台了,你为什么还要"另起炉灶"?② "滴滴打车"就是在这样的行业生态环境下,凭借强大的地推团队一点一点撬开了中国出行市场的缝隙。为用户提供更加便捷的出租车在线叫车服务,是网约车发展的第一个阶段。

无论以何种高尚的理由,都无法改变资本逐利的本质。"滴滴出行"在为出租车公司和乘客之间提供更有效率的出行撮合服务时,无法获取有效的利润,这是"滴滴"在经过多轮融资之后,必须面对的问题。毕竟,这些提供融资的企业都希望获得投入之后的产出回报。这也符合市场经济的特性。于是,"滴滴出行"开始提供与传统出租车公司同类型的服务,它推出的"滴滴专车",以更加用户导向的服务和建立在大量补贴基础上的价格竞争优势,快速地抢占了出行市场份额。它运营的基本模式是通过四方协议的方式来完成其业务合法性的证成:平台从汽车租赁公司租车,从劳务派遣公司聘请司机,平台、汽车租赁公司、劳务派遣公司和司机共同签署四方协议,最终业务的链条变成了"有汽车租赁资质的租赁公司向平台出借车辆,有劳工派遣资质的人才公司向平台提供驾驶员,平台居间撮合,满足了乘客的出行需求"。这一业务模式进一步演化,变成了私家车主

---

① 参见《关于滴滴出行》,http://www.xiaojukeji.com/website/about.html,2017年3月4日访问。
② 参见《滴滴打车的破冰之旅》,http://sh.qq.com/a/20140826/067168.htm,2017年3月4日访问。

通过将私家车挂靠汽车租赁公司,自己再挂靠到劳务派遣公司的方式,将私家车接入平台来从事网约车运营。这是网约车发展的第二个阶段。

从最初只是为解决传统出租车在出行市场上效率的时空错配问题提供更好方案的网络预约传统出租车的平台,到提供自身产品的网约车平台,"滴滴出行"所运营的专车、快车产品与传统的出租车公司形成了直接的竞争关系。某种程度上,"滴滴"成为了"没有出租车"的出租车公司。

(二) 网约车的运作逻辑

2015年世界经济论坛在有关破坏性金融创新(disruptive innovation)未来发展趋势的报告中,提出了一个非常有意思的观点:以平台化为基础、强数据为支撑、轻资产的金融创新模式将会产生极大的影响力。① 实际上,"平台化、强数据、轻资产"这三个关键词,并不局限于描述金融领域未来的业态创新发展,它们同样适用于以"滴滴出行"为代表的出行市场领域的网约车发展模式。一方面,如前所述,"滴滴"某种程度上是"没有出租车"的出租车公司。与传统的出租车公司需要采购大批量的出租车以开展运营的"重资产"模式不同,"滴滴"采用的是从汽车租赁公司租赁汽车、私家车挂靠经营等多种方式来开展运营的,它本身不需要直接购买车辆,因而是一种"众包型"的"轻资产"模式。另一方面,网约车公司大多采用平台化的运作方式,着眼于提高出行领域的车辆配置的时空效率,解决车辆空载空驶带来的资源浪费。得益于大数据的运用,与传统出租车的运营和调度模式相比,网约车平台采取了通过机器算法进行订单分配,融入lbs信息进行导航和参考价格的运营模式,以更加信息化的方式实现了低成本、便捷化和用户友好型的运营。网约车这种"平台化、强数据、轻资产"的运作模式,再借助于强大融资能力基础上的价格补贴竞争机制,在成本控制、用户获取、效率配置上无疑比传统出租车行业更具竞争优势。

(三) 网约车的积极效应

以"滴滴出行"为代表的网约车是中国出行市场上的新兴业态,它的出现和深度发展,无论是对于作为消费者的中国出行市场的受众,还是对于整个中国出行市场的供给结构和产品类型而言,都具有积极效应。对消费者而言,网约车平台化和用户友好型的运营策略,深刻影响和改变着人们的出行选择方式,极大地

---

① 参见 The Future of Financial Services: How Disruptive Innovations Are Reshaping the Way Financial Services Are Structured, Provisioned and Consumed, http://www3.weforum.org/docs/WEF_The_future__of_financial_services.pdf, 2017年3月4日访问。

丰富了人们的出行选择,在一定程度上缓解了大中型城市出行难的问题。网约车以用户需求为导向、以获取利润为目标的市场化运营模式决定了它的决策机制是高效的。多种出行方式的创新和运营优化,有效地弥补了出行领域公共服务在效率和覆盖率方面的短板。互联网技术在出行领域的应用通过定位、邀约、联络、追踪等技术手段使得车辆的时空匹配成本大幅降低,且一并实现了网上支付、清算与补贴、服务质量评价、职业信用等信息的立体化和透明化。① 为拓展消费群体和增强用户黏度而进行的价格补贴,在短期内也让大量的消费者以更低的成本获得了出行服务。这些是传统的出租车行业在管理和服务上无法匹及的。

在网约车出现之前,中国的出行市场除了公交、地铁等公共交通出行方式外,长期存在着出租车与黑车并存的现象。黑车的长期存在和屡禁不止,从一个侧面印证了出租车严格管制模式下出行市场存在的供需失衡问题。特别是对于北京、上海这些大城市而言,黑车的治理效果一直以来并不理想,也曾出现过因"钓鱼"执法引发的巨大争议。网约车的出现和迅猛发展,对黑车市场产生了不小冲击,许多黑车司机转而寻求接受平台的统一调度和管理,车辆信息和驾驶员信息均有记录和留痕,交易和支付均有网上实时追踪功能,一定程度上解决了这些城市普遍存在的黑车治理"运动式执法"的悖论,也有利于化解传统黑车不规范运作带来的车辆和驾驶员信息不透明、乘客方议价成本高、乘客人身财产安全得不到充分保障、违法犯罪问题多发、监管和追责困难等问题。②

网约车这种"破坏性创新"式参与者的出现,对整个中国的出行市场而言是市场在资源配置中起决定性作用的典型表现,也可视为出租车市场领域的供给侧改革和需求端匹配的一种尝试。对长期处于高度管制和缺乏充分竞争的出行市场而言,网约车的出现,增加了出行市场的产品供给,挑战着传统出租车行业依靠垄断的特许经营权来获取利润的经营模式,对传统出租车行业生态和竞争格局形成了持续性的压力。传统出租车行业在管理理念和手段、运营成本控制上的劣势更加明显。从长远看,网约车的出现和深度发展,将会是促进整个出租车行业重新洗盘和变革的重要力量。

综上,可以说网约车的出现和发展是互联网技术与传统行业深度融合的典型代表,所带来的影响是多层次和多方面的,其影响也不仅仅局限于中国出行市场中的供给方和受众,它以全新的业务模式和运营方式更深层次地冲击和挑战着包括政府部门在内的社会各方主体对互联网经济时代业态创新的认知、包容和理解力。

---

① 参见荣朝和等:《厘清网约车性质 推进出租车监管改革》,载《综合运输》2016 年第 1 期。
② 参见金自宁:《直面我国网络约租车的合法性问题》,载《宏观质量研究》2015 年第 4 期。

三、政府介入网约车市场规制的理由及方案

（一）理由：对网约车的几点诘难

如前所述，新兴业态的出现是对旧有利益格局的冲击和再分配。因此，对于新兴业态的诘难在各个领域都普遍存在。对网约车的诘难，主要体现在以下几个方面：

一是城市管理的问题。在中国改革开放的这些年里，随着迁徙越来越自由化，"交通拥堵、人口爆炸、环境污染"成为大城市和特大型城市所共同面临的问题，也是这些城市所在地政府面临的重大难题。对网约车给城市管理带来的负面影响的诘难，主要集中在网约车的出现加剧了大中型城市的交通拥堵、导致大量人口向大中型城市集聚进而影响人口总量控制目标、加剧城市的环境污染等方面。比如，在制定地方版网约车管理新政时，北京市交通委曾经披露了一些数据来证成方案的合理性：据统计，从2014年8月份以来，北京的城市拥堵指数较上半年大幅增加，这一时间与当时"滴滴专车"在北京大规模出现的时间吻合；而2015年6月份，交通拥堵指数又同比上升了31.5%，这一时间段与"滴滴快车"在北京出现的时间相吻合。① 但是，相反的观点出现在2016年5月麦肯锡发布的《寻找快车道：中国汽车市场发展新趋势》调查报告中，该报告认为："当前移动出行平台正在改变中国汽车市场的生态，中国消费者自从使用移动出行O2O服务以后，减少了近20%的私家车出行。"② 人口总量控制需要是对网约车进行规制的另一个重要理由。在这种观点看来，网约车的出现为外来人口增加了就业机会，导致大量的人口向北京、上海等大城市集聚，加剧了这些城市的人口膨胀压力。这一观点需要进一步解释的是，限制或者取消网约车是否就能让这些外地户籍的网约车司机回老家就业？毕竟除了就业机会外，大城市背后所隐含的更加丰富的医疗卫生、教育等公共资源也是大量外来人口进入大城市工作、生活的重要原因。此外，网约车司机占城市外来人口的比重到底有多少，可能也是需要量化数据来进一步佐证的。

二是道路交通安全事故以及违法犯罪的问题。交通事故并不是网约车本身特有的问题，无论是传统的出租车还是私家车，或是公交车都可能会发生剐蹭碰

---

① 参见《北京交通委：拥堵加剧与网约车出现时间吻合》，http://money.163.com/16/1009/10/C2U7C29C002580S6.html，2017年3月4日访问。

② 参见《麦肯锡报告称滴滴等出行应用减少20%私家车出行》，http://tech.huanqiu.com/news/2016-05/8867308.html，2017年3月4日访问。

撞的交通事故。那么,进一步证成规制必要性的因素,就是网约车对乘客人身、财产安全侵害的违法犯罪问题。网约车运营过程中,确实出现了一些侵害乘客人身财产安全和个人隐私的违法犯罪问题,但是这些问题的出现并非网约车本身带来的问题,就像传统出租车行业也会出现类似的问题一样,这确实需要通过完善保险机制、强化平台责任等方式来加强乘客的权益保护。

三是维稳的压力以及传统出租车行业的施压。对传统的出租车行业来说,网约车模式的出现大量地分流了其客户,无疑对其利益造成了直接的侵蚀。面对不断攀升的运营成本,出租车司机利益群体、出租车公司利益群体等对网约车不受监管的监管套利行为表达了各种不满,甚至出现了小规模的罢工等事件。对此,如何有效地达到利益的平衡,也是要求对网约车进行规制的观点所依据的重要理由。

(二) 方案:"新瓶装旧酒"的管制型策略

面对来势汹汹的网约车业态发展,究竟是否应该规制,又如何进行规制,是政府相关部门面临的难题。自2016年7月交通运输部等七部委的暂行办法出台之后,北京、上海等多地的交管部门纷纷制定了地方版的网约车管理新政草案。尽管中央层面一直强调"互联网+"的战略思维转变,但是从地方版网约车管理新政的具体内容来看,表达与实践的背离仍然存在于网约车管理新政之中。总体来看,地方版新政依旧沿用了政府部门最熟悉也是最常用的管制手段:准入管制、数量管制、价格管制,并加入了政府在城市管理中对紧缺资源惯常的管理手段:以限购、限行等为代表的户籍管制手段。如果把"网约车"这几个字替换成传统出租车,大部分内容也同样可以适用。而长期以来,在经济法视域下广受关注的政府与市场的边界问题,在新政中也处处可见政府"保姆式"思维的烙印。

详细分析之。比如,对于网约车的定位,七部委的暂行办法和地方版新政都提出了要"按照高品质服务、差异化经营的原则"发展网约车。网约车到底属于高品质服务还是大众化服务,这取决于市场的自然选择。简单说,如果A网约车平台提供的产品都是高价位的私人定制化服务,且能够获得足够的客户群体,它当然可以按照自己的经营策略进行运营。而B网约车平台综合分析自己掌握的数据,考量整个出行市场的产品结构和未来发展趋势,决定提供大众化的网约车产品,它也不见得一定要按照高品质的原则去运营。市场经济的基本法则就是优胜劣汰、适者生存,根本不需要政府去替代市场作出选择。从长远来看,网约车未来的发展趋势可能会是兼并、取代传统的出租车公司。而对于地方版新政设定京籍京牌、沪籍沪牌等户籍、车籍限制性规定,则既缺乏合法性依据,又找不出充分的合理性论证基础。对于车辆的轴距、排量的限定,又与政府自称缓解网约车带来的污染问题自相矛盾。如果从增强安全性的角度出发,只要是出厂检验合格,不存在安全隐患的小汽车都有上路行驶的资格和条件,人为地去进行限定,找不到任何法律依据和实践基础。更重要的是,从事网约车运营必须变更车辆使用性质的条款,基本上背离了网约车"招之即来、挥之即去"的特点,私家车的运作本来是轻负荷的,强制变更为营运车辆的规定实际上是将大部分私家车排除在了网约车之外。①

(三) 对政府规制方案的评析

通过上述分析,本文基本对政府有关部门在设定网约车规制方案上所秉持的理念和一些具体做法持一种质疑和批评的态度,但本意并不在于全盘否定政府的规制方案。规制方案中有关驾驶员无暴力犯罪记录、无重大交通违规违法行为的规定,有关网约车引入保险机制的规定等,都有其必要性和合理性。

从方案总体来说,由于缺乏对互联网经济时代新兴业态的包容力和理解力,确实在整体的规制理念设定、规制思路走向和具体制度设计上,呈现过于保守的管制型思维。近年来,在有关国家竞争力的研究中,已经有不少学者开始关注一国、一个地区的法律和政策对经济社会发展可能具有的不可替代的作用。某种意义上,"法的竞争力"成为一国竞争力的重要组成部分:"法律和行政架构的水准对国家的竞争力有着重要的导向作用,它影响着投资决策和生产机构,并且在社会利益分配中扮演关键角色……制度不仅仅局限于法律框架,政府对市场和自由竞争的态度以及运转效率同样十分重要:行政架构中的繁文缛节、过分监管、腐败、欺诈等种种不良行为都会增加市场交易的成本,导致经济增长速度放缓。"②经济和社会发展的实践表明,一国的法律或政策既有创造和推动一个行业、产业发展的能力,同样也具有摧毁这个行业、产业的威力。网约车新政在互联网经济时代,仍然基于管制型的传统保守思维,去应对出行市场的新兴业态,某种程度上反映出我们既未将提升法的竞争力作为规制方案的重要战略考量,亦缺乏对新兴业态的理解与包容,以及对市场在资源配置中决定性作用的切实尊重。

在具体规制手段的采用上,也因规制方案在总体上秉持了一种过于保守的管制型规制思路,而呈现过度规制、目标混乱等特点。典型的比如,人为限定网约车的目标、对网约车价格实行政府指导价等。再比如,未考虑互联网经济时代出行市场发生的变化,仍然延续了对传统出租车管制的模式,寄希望于以价格调

---

① 参见《从"网约车新政"透视转型期政府治理理念转变之必要性》,载《电子政务》2015年第11期。
② 姜南:《〈2014—2015年全球竞争力报告〉述评》,http://www.sipo.gov.cn/zlssbgs/zlyj/201505/t20150525_1122384.html,2017年6月1日访问。

整、数量调整、限制户籍等手段实现对网约车的管理。但是,正如有学者所指出的那样,在移动互联网时代,传统出租车行业管制的基础已经被完全颠覆,一切作为出租车数量和价格管制的前提条件都不存在了。具体体现在:乘客发布的用车需求与司机获取这一信息实时共享,有效提升了出行市场的时空配置效率,乘客在发布用车需求的同时就与司机达成了议价协定,而平台对于双方身份、乘车路线等信息记录和展示,则有效解决了出行安全性的问题。① 实际上,以前作为传统出租车行业存在的绕路、多计费等问题,在互联网技术的帮助下以及平台相对严格的考核机制作用下,已不再成为问题。比如,有学者就认为过去对出租车司机的资质进行严格限定,是因为考虑到技术上的难度,出租车司机需要对城市道路的复杂状况进行全面了解和熟悉才能胜任,但是随着导航等技术的发展,再去规定网约车司机必须通过单独的考试,根本没有必要。② 相反,网约车的规制可能更需要关注的是随着互联网技术发展带来的诸如个人信息安全等新类型的风险的问题,以及如何借助物联网等技术实现对车辆状况、司机驾驶习惯和行为的全面了解和管控。

此外,规制方案隐含着规制网约车市场活动本身以外的其他目标,诸如实现人口总量控制、缓解交通拥堵等,也导致规制方案存在目标和手段不协调的问题。纵观管理新政的诸多内容,更像是印证了那句"规则的目的在规则之外",简单说,就是政府为了人口总量控制、缓解拥堵等多元化和多层次的目标,意图通过制定单一的文件来实现这一目标,导致规则目的与手段之间的巨大张力,进而受到合法性和合理性的多重诘难。

正是由于政府有关部门缺乏对互联网经济时代网约车业态运行逻辑和特点的深入了解和认知,并将太多的与网约车行业管理本身不相干的因素统统纳入考量的范畴,进而导致出现了规制目的与手段之间的巨大张力。而沿用传统出租车的管制型规制模式,也导致管理新政的诸多内容呈现出"削足适履"的特点,没有关照到互联网技术在出行领域的应用而带来的新的风险。

四、网约车规制困境的成因与风险

杨宇立曾经详细地讨论了中国从计划经济走向市场经济过程中政府角色转换的相关问题。他指出:"循渐进式的改革思路观察中国,政府太累的结论是比

---

① 参见《从"网约车新政"透视转型期政府治理理念转变之必要性》,载《电子政务》2015年第11期。(特别是张国华的发言部分)
② 参见王静:《中国网约车的监管困境及其解决》,载《行政法学研究》2016年第2期。

较容易获得的。在第一层次上,中国要在一代人的时间里从计划转向市场……同一时空的目标繁多,手段和关键资源却相对稀缺。而在中国社会制度结构调整中可指望的现实的力量支点,主要是以政府为主体的公共权力。因此……往往会增加而不是减少……政府的责任;在第二层次上,渐进改革经济体制,政府既要照料旧体制,又要培育新体制,经济职能不减反增……但政府管理市场的经验却不可能比市场的发育速度更快。"[1]中国经济从计划走向市场的过程,实际上也是支撑社会结构的序量从政府公共权力这一单一支点向政府与市场双重支点过渡的过程。[2] 问题在于,计划经济模式下的管制型思维某种程度上仍然深深地影响着政府在市场经济发展过程中策略的选择。反过来,由于市场具有的分散责任的性质和非人格化的特征,在市场中遭遇风险的人,未必会抱怨市场,而是可能会抱怨市场的监护人——政府。[3] 这是一个司空见惯的问题。面对快速发展的行业业态,政府在管与不管之间受制于多重因素,在界限的把握、尺度的拿捏上进退维谷。剖析网约车规制问题上政府面临的困境,主要成因可以从以下几个方面观察:

(一)基本经济法治思维的缺失

如何正确地处理政府与市场的关系,做到"上帝的归上帝,凯撒的归凯撒",始终是各国政府面临的难题。顾功耘教授曾指出:"法治经济最核心的问题是准确定位政府与市场的关系。政府这只有形之手过于强势,势必抑制市场这只无形之手……正确把握政府权力与职责、市场主体权利与义务的边界……我们才能看到一个规范的政府和有效的市场。"[4]这就要求政府在规制市场的过程中,秉持最基本的经济法治思维,在权力的行使过程中,对拟采取的规制手段始终进行合法性检验。从经济法的规范指引属性来看,这也是经济法治的必然要求。

仔细分析政府网约车规制过程中所采取的数量管制、准入管制、价格管制以及户籍限制等措施,我们可以发现,正是由于规制过程中经济法治思维的缺位,导致政府在采取规制手段时往往建立在缺乏合法性检验的不牢靠基础上。比如,对户籍的限制,实施网约车政府指导价的规定,以及在效力层级较低的规范性文件中增设行政许可的种种做法,就引发了社会各界有关网约车新政涉嫌违反宪法、立法法、价格法和行政许可法的强烈质疑。比如,《立法法》规定:"没有法律、行政法规、地方性法规的依据,地方政府规章不得设定减损公民、法人和其

---

[1] 杨宇立:《政府太累》,当代中国出版社2004年版,第1—4页。
[2] 同上书,第24页。
[3] 同上书,第1、24页。
[4] 顾功耘:《法治经济建设与经济体制改革》,载《法制与社会发展》2013年第5期。

他组织权利或者增加其义务的规范",举重以明轻,属于地方政府规范性文件性质的网约车管理新政,就更没有权力去设定减损权利或增加义务的规范了。对行政许可而言,则涉嫌违反了地方性法规和地方政府规章设定的行政许可,"不得限制其他地区的个人或者企业到本地区从事生产经营和提供服务,不得限制其他地区的商品进入本地区市场"的规定。

"规则的目的在规则之外"导致的一个必然后果就是,政府所采取的规制手段纯粹服务于其所欲实现的目的,要控制人口,那么就要限制户籍;要防范传统出租车行业利益受损带来的维稳风险,那么就要对网约车进行限制。从政府权力行使和规范的角度看,除了"紧急状态下没有法律"这种特殊情况下,其他情况下很少容许政府采取不经合法性检验和论证的规制措施。很多情况下,立法目的宣示中那句"根据××法律、法规,制定本办法"变成了一种修饰性的表达,而不是合法性证成的基础。网约车规制过程中出现的问题,反映了我国政府在规制市场过程中,过于线性的逻辑思维链条:这个问题我要管——需要采取多种手段——制定成规范性文件,然后实施。其中缺乏对规制必要性和充分性的详细检讨和论证,也没有对手段合法性的认真检验。

(二) 缺乏对互联网经济时代行业业态发展的理解力与包容力

除了前面所述的有关网约车管理新政中存在的诸多具体的不合法情况,不符合市场经济规律的内容之外,其实网约车管理新政之争背后还有一个最根本的问题:面对一个行业中既有利益格局的享有者和业态的创新者之间的竞争时,政府会秉持以及应该秉持什么样的态度?

支持政府对网约车进行规制的理由中,有这样的论调:网约车是监管套利,是利用强大的资本带来的价格补贴机制进行的不正当竞争行为,如果放任网约车发展,就会形成垄断,最终损害消费者的利益。因此,要通过出台规制措施,实现网约车与出租车的公平竞争。其实,任何创新某种程度上都首先是一种监管套利的产物,因为如果所有的业态从业者都是按部就班地按照既有的规则体系运作,就不会出现行业的变革和进步。上述论调中,如果将公平竞争理解为用同样的规制传统出租车的手段去规制网约车,那么是不是意味着要把网约车打造成传统出租车中的一员?实际上,现行网约车新政中的许多举措就是隐含了以促进公平竞争为目的的规制考量。但是,需要进一步追问的是,如果秉持这样的思路去设定规制手段,是不是会造成实质上的不公平问题?由于在先发展的优势,传统出租车公司已经占用了大量的社会公共资源,这其中既包括城市道路的通行权,也包括北京、上海这些大城市实施车牌限制政策前出租车公司获得的牌照资源。若是要求网约车也以同样的标准进入出行市场来开展业务,基本上也就吹响了网约车落幕的号角。这与其说是促进公平竞争,毋宁说是限制竞争。

正如在本文中一再强调的那样,以"滴滴出行"为代表的网约车最大的价值是"平台化、强数据、轻资产"的运营模式对传统出行市场带来的变革性影响,某种意义上,它可能与无人驾驶汽车一样,代表着出行市场未来可能的发展方向。它对传统出租车造成的冲击,本质上应该属于市场风险的范畴。尽管我国某种程度上存在着"经济问题以过快速度转化为政治议题"(比如,维稳)的风险,[①]但是这并不意味着政府可以以此为借口,对新兴业态进行管制型限制。而对于网约车可能会造成垄断的问题,如果以防止出现垄断为由进行扼杀式规制,那么世界上就不可能有微软、谷歌这些引领互联网技术革命,深刻改变世界经济运行模式和普通消费者生活方式的公司。就像当年汽车的出现对马车行业的冲击一样,如果当时的行业监管者选择听从马车主和马车夫的意见,直接取缔了汽车,那么现在的世界是什么样子?网约车规制面临的困境,反映出政府有关部门对互联网经济时代行业业态创新洞察力、理解力和包容力的欠缺。

(三)政府无限责任思维的影响

"政府管理市场的经验积累,不可能比市场本身的发育速度更快"[②],这是每个国家的政府和市场都可能面临的问题。在渐进式改革中,人们并不容易识别政府、市场和公民各自不断变化着分量和比例的责任,如果在社会中形成一种"政府、市场、公民"三个要素中必须有一个承担全部责任的氛围,就容易造成"无限责任"的思维和窘境。[③] 中国社会长期形成的"大政府、小社会"的传统,对当下经济社会生活诸领域产生的影响仍不容小觑。社会中长久以来存在着一种政府万能主义的倾向,总是希望政府能够承担更多的责任,也总是认为政府能够承担更多的责任。这种例子比比皆是,比如食品安全领域一再出现的要求政府加强监管的呼声。但是,问题是政府可以调动的资源不可能是无限的,政府不是万能的,法律也同样不是万能的。如果我们坚持法律的完善、政府权力的扩张与权利、秩序增长间的正比例发展关系,那么就需要对如下的问题作出一个有说服力的解释:为什么普通民众的普遍观感是法律越来越多,权利和秩序却越来越少?贪渎问题、食品药品安全问题、劳动者权利保护问题,诸如此类,无不反映了法律应对的乏力。一方面是法律法规的日趋健全,另一方面却是民众普遍渴求的秩序感和安全感无法得到很好的满足。如果法律的完善、政府权力和责任仅仅变

---

① 参见杨宇立:《政府太累》,当代中国出版社 2004 年版,第 1 页。
② 同上书,第 26 页。
③ 同上书,第 27 页。

成一种空中楼阁式的纯粹数量累积的"没有发展的增长",那么它就会变成一种华美的表达而不是切实的实践。①

具体到网约车规制领域,管理新政中种种规制手段的出台,无不反映了政府无限责任思维的影响和弊端。无限责任思维带来的一个根本问题就是政府在与市场的边界划分中,总是容易越界,自主或不自主地去承担更多的责任,将像网约车发展定位、议价等原本可以或者已经通过实践证明能够通过市场经济本身的作用进行自我调节的问题,全部纳入"父爱主义"规制的怀抱。

(四) 规制政策的出台缺乏充分利益衡量

"经济法之所以成为经济法,就是因为经济法是站在社会整体利益的高度,平衡和协调各种经济利益主体在市场竞争过程中造成的不平衡与不协调的利益关系。"②面对市场竞争,政府在政策制定的过程中必须进行充分的利益衡量。包括网约车新政在内的规制政策出台,普遍存在的问题是公开征求意见过程流于形式。规范性文件制定过程中设置征求意见的程序,本意在于听取不同利益主体对于即将出台的可能涉及自身利益的规范、政策的意见。但是,目前由于缺乏对公开征求意见的反馈机制,特别是对于修改意见采纳与否及其理由的公开宣示机制,导致征求意见的过程虚置化现象比较严重。本应通过征求意见及之后的政策修改完善阶段来进一步凝聚共识,进而在更为精确的利益衡量的基础上,实现规制政策优化完善的目的落空了。就网约车管理新政而言,如何在传统出租车行业与网约车行业的市场竞争过程中,实现政府规制政策的利益平衡,是经济法本质属性的必然要求。正如波斯纳法院在伊利诺伊州运输贸易协会等诉芝加哥市政府一案判决书中宣示的那样:原告是在芝加哥拥有并运营出租车和其他租赁汽车的公司,出租车公司以及提供租车服务的公司都受到了城市关于驾驶员及车辆资质、牌照、收费、保险上的严格监管,而"优步"受到的监管力度与之相比较小,且具有不同的商业运营模式。允许特定主体在某一市场领域以特定方式运营的许可证,即便构成财产权利,也不意味着其中含有"竞争豁免"的因素。拥有出租车运营牌照的相关主体有运营出租车的权利,但并不包括排除其他竞争性的交通运输服务业态进入市场并提供服务的权利。波斯纳法官进一步阐述道:当一项新技术或新商业模式出现,常见的结果就是旧的技术或商业模式的式微乃至消亡。如果旧的技术或商业模式被认为享有可以排除新技术和商业

---

① 参见丁冬:《从"法律中心"到"社会管理"——食品安全保障问题新论》,载《理论导刊》2012 年第 9 期。
② 顾功耘:《略论经济法的理念、基本原则与和谐社会的构建》,载《法学》2007 年第 3 期。

模式进入市场的宪法权利,经济发展就可能停滞不前。① 面对出行领域新旧行业业态的竞争,政府必须基于对新业态业务模式的了解,进行充分的利益衡量,而不是简单地照搬对既有业态的规制模式。网约车新政在规制政策选择上利益衡量的失当,造成了规制政策的进退失据。

(五) 过度规制的风险

加州大学戴维斯分校教授阿奴帕姆·钱德尔在《法律如何成就硅谷》一文中提出了一个全新的观点来解释硅谷在互联网时代成功的原因,他指出,正如在19世纪美国法官调整普通法以促进工业发展一样,2000年以来,美国版权法和侵权法的关键实质性改革极大地降低了硅谷孵化新的全球贸易商所面临的风险:"……旨在减少互联网平台对于第三方责任的担忧以及降低隐私保护程度的法律改革,为后来以Web 2.0著称的新兴公司的崛起提供了一个友好的法律生态系统。"而欧亚严格的中介责任机制、生硬的知识产权法规和强有力的隐私限制阻碍了当地互联网企业的发展。② 互联网经济时代技术与产业的深度融合,催生了包括"互联网+医疗""互联网+金融""互联网+食品"等在内的大量新兴业态,深刻影响着各市场领域产品的供给和竞争的格局。技术的发展当然也具有两面性的特点,如何管控技术带来的风险是规制政策需要关注的。如果简单地沿用规制传统行业的管制型策略,带来的负面效果则可能是扼杀式和毁灭性的。网约车新政有关驾驶人员户籍限制、驾驶人员必须单独考试、车辆性质必须变更为运营性质以及有关车辆排量和轴距的限制、价格管制、数量管制等的规定,如果全部落地,基本也就宣告以"滴滴出行"为代表的网约车现有经营模式的终结。因为与已经具有大量牌照和车辆的传统出租车公司相比,网约车轻资产的优势基本上就丧失了。需要进一步拷问的是,我们的规制政策是要再打造另一家传统的出租车公司,还是要促进新技术和新的商业模式对出行市场的革新促动作用?目前新政规定的许多内容完全可以通过市场机制的作用进行调整,根本无须通过行政机制进行规范。过度规制的风险在于模糊了政府与市场的边界,使得中国经济从计划走向市场过程中意图通过市场机制来分担过度依赖政府公共权力单一支点的风险的目的落空了。政府过度规制,实际上是长期以来"超载政府"的体现。二战后凯恩斯国家干预主义理念的快速传播,使得立法权

---

① See Illinois Transportation Trade Association, et al. v. City of Chicago &. Dan Burgess, et al., Nos. 16-2009,-2077, &.-2980.

② See Anupam Chander, How Law Made Silicon Valley, http://law.emory.edu/elj/content/volume-63/issue-3/articles/how-law-made-silicon-valley.html#section-a18f07ae156b82c32a6d20c0a3ec4ee3,last visited on March 7th, 2017. 中译版载智合法律新媒体。

和行政权对社会事务的干预程度和范围急剧扩张,而"随着国家的膨胀,它逐渐破坏了个人创造性的领域,即'私人自由活动'的空间"①。网约车管理新政实际上就是"超载政府"在出行市场的某种体现,按照既有的规制策略,带来的结果可能是对市场行为的粗暴干预和扼杀。

更进一步,过度规制与新兴业态生存发展之间的张力,可能会滋生政策规避行为,也加大了执法的难度和成本。比如,对于网约车司机户籍政策的限制可能会滋生借名顶替注册、租车等政策规避行为。笔者以及身边的朋友就不止一次遇到过打车软件显示的是沪牌车,实际承运的却是外牌车的现象。此时,司机一般会以自己的沪牌车坏掉了等理由搪塞。此种情况下,不仅给交管部门的执法带来了巨大挑战,实际上也会导致法律、政策的虚置,更有可能给乘客带来人身财产的安全隐患。

五、规制策略的改进

从经济学的视角分析,有效率的制度应当是以行动者偏好进行设计的,而不是根据管理者偏好进行设计。网约车是中国出行市场上新的产品供给,它借助更加智能化的大数据、云计算技术较好地实现了出行需求端和供给端的时空有效配置。此外,它实行的用户友好型的服务策略,以及借助强大资本力量的价格补贴竞争机制,快速积累了大量的用户群体。它设置的加价功能则能够根据出行市场供给与需求的变化,实时进行回应和调整。这些优势,都是长期处于价格管制、数量管制和准入管制之下的传统出租车行业所不具备的。国内外的实践表明,网约车的兴起和发展对传统出租车行业的影响是巨大的,主要体现为用户群体缩减带来的收入和利润的减少,出租车牌照所蕴含的经济价值在贬值。网约车对出行市场既有利益格局的扰动,引发了既得利益群体的强烈反弹。这是互联网经济时代的一个典型特征,技术创新对传统行业业态的颠覆效应非常明显。不仅仅是出行领域,市场的各个领域都在被全新的技术和理念改造和改变,而且很多时候这种改造和改变是潜移默化而又深刻的。面对市场上并存的新旧利益群体,规制的焦点应该聚焦在什么地方,是互联网经济时代需要回答的课题。对于有着悠久判例法传统的英美国家,网约车应否规制和如何规制的问题,一般通过诉讼的方式交由法院和法官去判断和释明。对于我国而言,政府则是问题的作答者。合理厘清政府与市场的边界,加强规制和放松规制(deregulation)之间的此消彼长,是经济法永恒的话题。关键在于,这种"合理厘清"不应

---

① 陈宪:《政府为什么总是超载?》,载《读书》2014年第1期。

该局限于表达的层面,而必须落实到实践层面。如何发挥市场在资源配置中的决定性作用,是中国市场经济发展过程中需要认真面对和解决的问题。具体到中国出行市场的网约车规制问题,政府的规制策略亟待改进。

(一) 从管理者偏好向行动者偏好的转向:网约车的再认知

中国长期以来将出租车定义为公共交通的组成部分,属于公共物品的范畴。这里对"公共"的理解是通俗意义上的,简单的逻辑链条就是许多人用的东西就是公共物品,出租车是普通民众都使用的出行工具,当然属于公共交通和公共产品的组成部分。但是,严格意义上的"公共物品"是一个经济学的概念,其核心特征应该是非竞争性和非排他性的。从这一意义上去分析公共物品,那么无论是出租车还是网约车,都不能算是公共交通的组成体系。"出租车和私家车一样,是城市公共交通的一种补充,本质上是私人交通,并不属于公共交通体系。"①乘坐出租车、使用私家车都是为了满足时效性、便利性和舒适性,而且都不具有非排他性和非竞争性的特征。网约车也是如此,它本质上属于私人交通的范畴。但是,由于它的存在一定程度上丰富了出行市场的产品结构,占用了道路等社会公共资源,也因此被纳入政府规制的范畴。但是,它本质上仍然属于私人产品的范畴,或者说是承担了部分公共职能的私人产品。所不同的是,网约车由于是市场上的后发者,在新政出台之前受到了较少的规制,再加上借助互联网技术等,具有传统出租车行业所不可比拟的优势。

一段时间里,"优步"和"爱彼迎"分别成为全球估值第一和第三的创业公司:"优步"是没有汽车的全球最大出租车公司,"爱彼迎"则是没有房产的全球最大住宿服务提供商。它们通过创造并提供交易平台,充分利用社会闲置资源,为供求双方带来收益。它们得以快速扩张的原因包括:"一个可预期的全球化的市场,并且没有明显的文化和地域障碍;有广泛的、符合人性共同特征的需求;有可供唤醒和整合的供给,且不需要做大量投资和建设;轻公司,有快速扩张的商业模式。"②因此,网约车平台首先是一个信息撮合平台,它的出现降低了出行市场需求方和供给方谈判议价达成出行协议的交易成本。它借助信息化手段实现了出行数据的快捷运算和订单分派,优化了出行时空效率的配置。其次,随着网约车中专职司机的出现,网约车平台又具有了与出租车公司相类似的实体经营的特征。特别是在出租车领域高度管制化的当下,通过四方协议实现运营的合法化证成,乃至后来私家车通过挂靠等方式介入网约车运营的过程,网约车平台在

---

① 参见陈宪:《中国大城市出租车服务业改革的目标与策略》,载《科学发展》2013年第9期。
② 参见陈宪:《分享经济能够颠覆资本主义吗》,载《文汇报》2016年4月1日第W02版。

其中的角色都不再局限于信息撮合,而是具有实际参与和管理经营的特征。在这一意义上,网约车平台具有与传统出租车相类似的地方。但是,它们的不同之处也是明显的,网约车平台的运营是"平台化、强数据、轻资产"的,它是对社会闲置资源的归集利用,其运营模式也是更加智能化、信息化和市场化的。某种程度上,它预示了中国出行市场未来可能的发展趋向。它与传统出租车行业的这些差异,意味着如果完全沿用对传统出租车行业的管制型规制策略,则既没有考虑到新旧业态业务模式的差异,也没有考虑到规制政策在实质上形成的限制竞争的负面效应。

因此,政府规制策略改进的前提条件,是重新审视网约车的运作逻辑和业务模式与传统出租车行业的不同,重新认知网约车"平台化、强数据、轻资产"的运营模式可能给中国出行市场变革带来的内在的驱动效应和外在的压力传导效应。进一步,在规制政策的方向性选择方面,设定更加具有包容性和张力的规则,聚焦安全和秩序的维护,将网约车发展与传统出租车的竞争交由市场去完成。或者,在规制策略的选择上,从放松对出租车的管制方面寻求可能的问题解决路径。

(二)规制政策设定需要适度的战略性模糊

战略性模糊(strategic ambiguity)是与战略性清晰(strategic clarity)相对应的概念,常用于描述某国在军事政策上采取的策略。随着互联网经济时代市场领域业态创新的蓬勃发展,"战略性模糊"一词被用来衡量政府规制政策的包容度和张力。[①] 简单说,就是希望政府在面对新兴业态发展初期,在规制政策的设定上保持相当的灵活性,特别是在对新兴业态的规制尺度拿捏不准的时候,能够秉持一种相对开放的规制理念和政策设定。

近年来,随着"互联网+"战略的深入推进,技术与传统产业的融合交互,催生了市场各领域诸多新兴业态,这些新兴业态在对既有市场利益格局形成挑战和冲击的同时,某种程度上也预示了行业升级变革的可能。这是互联网经济时代不同于传统市场经济的重要方面。如本文一再强调的那样,新旧利益主体的碰撞是任何一个行业变革所不得不面临的问题。新兴业态进入市场的过程,也是市场领域利益博弈复杂化的过程,在这一过程中,政府不可盲目地进行管制,相反在政策的设定上保持一定的张力和弹性是必要的。具体到网约车领域,与其匆忙地套用传统出租车的管制模式,不如在关注安全和秩序的大原则下,将更多的责任交由市场去承担和完成。简单说,很多在政府有关部门看来需要规制

---

① 参见《从"网约车新政"透视转型期政府治理理念转变之必要性》,载《电子政务》2015年第11期。

的内容,完全可以由市场机制去解决,或者借助于技术手段的完善来解决。比如,有关乘客信息安全的保护问题、网约车运输服务合同中重要节点留痕问题等,技术手段都可以解决。而对于网约车未来发展的方向,究竟是高品质差异化还是贴近大众,完全可以通过市场机制去解决。更为关键的是,对网约车规制的整体政策风格,应该立足于整个出行市场的结构性变革,考虑到互联网经济时代产业发展的未来走向,进而坚持开放式而非管制型的政策走向。

(三) 更多地依靠市场机制去完成规制目标

从经济学的视角看,市场失灵是政府干预的前提条件。具体到网约车市场,需要检讨的是网约车市场是否出现了市场失灵的问题需要政府去进行规制,以及进行何种程度的规制。现行网约车规制政策采取了准入规制、数量规制和价格规制的手段。对于网约车司机是否必须具有本地户籍或本地居住证,是否需要对网约车进行总量控制,以及是否需要实行政府指导价,政府规制政策并未给出充分的理由进行证成,更多的是以消费者保护、环境保护、人口总量控制等过于宏大且缺乏具体数据支撑的理由来证明政策的合理性。就数量管制而言,"有序发展""总量控制"等是否一定需要政府通过规制政策去设定?考虑到政府在传统出租车行业实施数量限制造成的诸多问题,对于市场上究竟应该容纳多少网约车的问题,完全可以通过市场供需机制去调节。如果大量的网约车司机注册后发现没有足够的客流量来支撑,基于经济人自利性和理性的预设,网约车的供给就会相应地减少。更重要的是,网约车平台的大数据应用也可以从技术上解决这个难题。对于网约车是否需要政府指导价,一方面,《价格法》对实施政府指导价的情况进行了明确的限定;另一方面,作为私人产品性质的网约车,根据市场供需关系适时调整运价,既符合市场经济供需机制的特征,也属于企业自主经营权的范畴,且网约车软件对网约车的价格都是实时反映在乘客拟提交的订单页面的,并未侵犯消费者的知情权和自主选择权,政府规制并无必要。而对于车辆轴距和排量、驾驶员户籍的限定等,则无疑属于过度干预的典型代表。

具体而言,更多地借助市场机制来实现规制的目的,要从政府和市场两方面进行分析。就政府而言,它在网约车规制中扮演的角色应该是克制的,这种克制包括理念和具体规制实践。现行的规制政策并非一无是处,其中有关驾驶员资质中无暴力犯罪记录、无酒驾和交通肇事等危险驾驶行为记录、无吸毒行为和记录的设定,就是着眼于网约车驾驶安全的规定,不仅是合理的,也是必要的。实际上,政府在网约车规制上应该更多地关注安全问题,其中像北京等地的新政有关驾驶员无暴力犯罪记录的要求,属于关注乘客的人身财产安全范畴。此外,伴随网约车发展过程中信息技术的应用,政府还需要关注乘客的个人信息安全。

在使用网约车平台时,乘客的手机号码、所在位置、身份信息等都可能会被平台和驾驶员掌握,这些信息的提供增加了网约车交易的透明度,使得网约车交易越来越可视化。但是,由此带来的信息泄露的风险也不容小觑,特别是曾经发生过因为乘客对网约车服务不满意而投诉、给予差评后,信息被泄露、乘客被骚扰的事件,更说明政府规制政策在促进信息安全方面所应给予的关注。

就市场本身而言,从获得更多用户以支撑运营的角度,网约车平台本身比政府更有动力去提升客户体验度;从获得竞争比较优势的角度,网约车平台也更有动力去提升自身的技术竞争力。以"滴滴出行"为例,它设置了比较严格的司机考核机制,对司机的接单率、投诉率有明确的规定,基本上秉持了奖优罚劣的竞争机制。具体而言,就信息安全和隐私保护,"滴滴出行"的软件平台专门设置了号码保护功能,在网约车服务进程中司机与乘客需要联系彼此时,通过技术处理仅显示双方的虚拟电话号码,从而在保证联络顺畅的前提下最大限度地保护双方的信息安全和个人隐私。更为关键的是,一旦网约车订单完成或者取消,司机与乘客都不能再发起联系对方的呼叫功能,而需要借助"滴滴"客服来完成后续的联络,这样就杜绝了事后骚扰的可能性。对之前曾发生的侵扰乘客的违法事件,"滴滴出行"推出了身份证、驾驶证和行驶证三证验真的机制,对司机、车辆和车主背景进行全面审核,还在软件客户端设置了专门的紧急求助按钮供乘客在紧急状态下使用。此外,"滴滴出行"还借助出行保险机制来预防出行风险和可能发生的纠纷。"滴滴快车"在其官方软件页面宣称由"滴滴"平台免费为乘客和司机统一投保了最高价值 120 万的"滴滴平台司乘意外综合险",保险范围覆盖了从上车至目的地下车的全部行程。此外,"滴滴出行"还设置了系统的投诉举报机制,受理对司机绕路、额外收费、未上车产生费用等投诉举报。从上可以看出,网约车平台为了增强用户黏性、提高客户体验度,从而形成竞争比较优势,其自身有充足的内在动力去不断提升和完善平台的各项服务,包括出行的便捷、安全、透明等因素都被考量在内。市场经济条件下,企业作为经济人通过促进他利的方式来实现自利,网约车平台的种种做法就是典型表现。

综上,可以说政府在网约车规制的政策设定中将更多的责任交由网约车企业通过市场机制去解决,政府有关部门不过多地去干预网约车运营的具体细节可能是更经济、更理性的方案。

(四)技术在改进或替代规制方案中的可能作用

丹尼尔·F. 史普博在分析政府管制市场时指出,市场失灵只是管制的必要条件而非充分条件,管制可能引起很高的行政成本。因为管制者也是在信息不完全的情况下开展工作的。管制政策可能是次优的,集中反映在一刀切的法规、复杂的行政程序和制度约束上。民众,甚至包括政府自身在内,都普遍相信法规的颁布和执行将使政府有能力达到期望的目标,但是多年来市场诸领域政府规制的实际效果表明,政府干预并非一定能够促进资源的有效配置,比如在运输业中实行进入管制即带来行业价格的上升和效率的降低。许多管制措施实质上是一种再分配的过程,是政治过程的结果,以满足消费者或产业压力集团的自我利益。[①] 随着互联网技术在出行市场的应用,技术有无在改进或替代规制政策上的可能性?特别是大数据时代的到来,机器算法和人工智能的兴起,物联网技术的发展,是不是可以起到替代政府规制政策的作用?比如,物联网技术在驾驶领域的应用,就为实现网约车的动态规制提供了基础。车联网技术,即通过装载在车辆上的无线电子设备,运用有线和无线通信网络,实现对所有车辆的属性、属地等运行状态进行静、动态信息提取和有效利用,并根据不同的功能需求,通过存储和云计算技术,对被提取信息分析处理和与其他信息服务平台互联共享,对车辆和相关人员进行有效监管和提供综合服务的互动式综合信息平台系统。通过车联网技术,管理系统可以及时提供包括车况、路况、气候等风险相关动态信息以及相应管理措施,而且车联网技术的应用可以报告驾驶人员的驾驶行为习惯,这为网约车平台更好地管控驾驶风险提供了可能性。而借助于大数据、云计算等方式,优化出行市场车辆的时空配置效率,也为大城市的道路交通管理提供了更优选择。如果作一个大胆的设想,政府与其沿用传统出租车的规制方式去规制网约车,倒不如在互联网经济时代背景下,采取放松对传统出租车管制的另一条路径,为中国出行市场更加市场化的发展提供政策和制度环境。

六、结语:网约车规制的现实效应与替代进路

随着现代经济社会事务的不断复杂化,行政权的扩张成为一个必然趋势。政府在法治过程中不仅是实施者,也是制度的设计者、纠纷的裁判者。在所有的法律规范中,政府设定的行政规范占据了重要位置。行政规范是层级最低的规则,同时也是真正规范人们行为的规则,是具体行为的指南,对消费者、企业、行业的利益会产生攸关的影响。由行政机构制定并执行的直接干预市场配置机制或间接改变企业和消费者供需决策的一般规则或特殊行为,通常被称为政府的管制或规制。规制的过程是由被管制市场中的消费者和企业、消费者偏好和企

---

① 参见〔美〕丹尼尔·F. 史普博:《管制与市场》,余晖等译,格致出版社、上海三联书店、上海人民出版社 2008 年版。

业技术、可利用的战略及规则组合来界定的一种博弈。① 如前所述,中国长期以来高度集权的政治历史传统,政府公共权力长期作为社会制度结构单一支点的现实,市场经济作为一种分散责任、权利和义务的制度安排以及非人格化的特征,导致政府往往被期待承担无限责任,而政府也往往在不知不觉中承担起无限责任,典型的表现就是政府大量地甚至事无巨细地介入到市场经济活动过程中。② 规制总要带来成本。③ 这些成本包括法规制定、监督和执行带来的行政成本,对市场经济活动的过度干预带来的资源配置效率的降低,法规或政策规避行为所导致的法规虚置化的成本,更深层次的可能是对整个行业发展的制约。非常遗憾的是,政府部门在法规、政策的制定过程中,往往只关注目的、手段,不关注成本效益的分析,法规、政策制定的法经济学思考是缺位的。其典型的表现就是在法规、政策制定过程中,责任条款设定以及为实现目的所采取规制手段的随意性。这一过程中,法规、政策实施的显性成本和隐性成本都不在政府考量的视野范畴内。相反,"规则的目的在规则之外"。由此带来的问题也是明显的,这其中既包括对政府公信力的损害、对法规政策合法性的动摇,也包括对市场机制的扭曲和僭越。

具体到网约车的规制问题,网约车管理新政,特别是地方版的管理新政在制定伊始,就陷入了管和不管的二元对立思路之中。"在日常生活中,我们中的大多数人不会去权衡所有可替代进路的前因后果。我们对很多问题进行根本性的简化,以趋于创设二进位制选择的方式,对事件和任务予以简化——将其简化为是或否……作为或不作为——而这些可以反映出植根至深的嫌憎,如对有毒物质的恐惧。这样的分类结果不能总能对人或情境予以精确的描述和界定,但可以帮助我们作出快捷的决定,其中绝大多数被证实是有助益的。这类快捷决定有助于在现代信息丛林中找到前进的方向,但这种分类过于简化,因而阻碍了对风险的理解。"④这种过于简化的思维方式,使得政府在面对网约车的规制选择上,无法跳脱既有的选择格局,似乎除了政府出手规制,就没有其他的解决方案可供选择了。所以,相应的策略就是在政府必须规制的前提条件下,如何规制的问题。沿用与传统出租车管制模式相同的管制手段,是不需要耗费太多精力的策略。至于这种策略是否适合互联网经济时代市场业态的发展,管制型规制政

---

① 参见〔美〕丹尼尔·F.史普博:《管制与市场》,余晖等译,格致出版社、上海三联书店、上海人民出版社 2008 年版。
② 典型的如前些年某地成立的馒头办。
③ 参见〔美〕史蒂芬·布雷耶:《打破恶性循环——政府如何有效规制风险》,宋华琳译,法律出版社 2009 年版,第 29 页。
④ 同上书,第 45 页。

策对网约车的发展以及中国出行市场的发展会产生什么影响,不是政府感兴趣的话题。规制网约车,主要是为了实现其与传统出租车的公平竞争,并且借此可以让外地户籍的驾驶员离开本地,进而实现解决交通拥堵、人口总量控制的目的,这是政府规制的主要目的。至于网约车的发展对中国出行市场将会带来哪些变革性的促进,并未纳入政府的视野。

如本文分析的那样,网约车"平台化、强数据、轻资产"的运营模式契合了互联网经济时代市场行业业态发展的未来趋向。它的运作模式不同于传统的出租车行业,其更加数据化、智能化的技术对改变中国出行市场长期存在的弊病,确实有积极的助益。在这样的情况下,政府如果沿用传统的准入限制、数量管制、价格管制等规制策略,无疑是对新兴业态的政策扼杀。相反,"滴滴出行"等网约车平台在运营策略、乘客权益保护方面的积极探索,证明了市场经济体制下企业作为经济理性人获取竞争比较优势的内在动力。与其限制网约车的发展,一个更具挑战同样也是更具变革性的做法,反倒是应该放松对传统出租车的严格管制,促进传统出租车与网约车在市场竞争中的竞争性融合,实现基于市场竞争机制的行业变革发展。这对于已经习惯了"秩序行政"的政府而言,可能是一个更加困难的选择,同时也是更加契合互联网经济时代出行市场发展的选择。互联网技术与传统产业的交互融合,为网约车的发展提供了无限可能,也同样为中国出行市场的供给侧改革提供了良好的契机。而作出改变的关键仍然在于政府规制理念的深度转变。

有人以《为什么网约车不能死》为题来评价网约车新政时,这样说道:"我们容易关注到技术进步带来的工具意义,但不是太多人能够注意到技术进步的社会意义。很多批评观点认为优步和滴滴代表的打车软件根本算不上技术进步。然而技术进步的历史使命与完整轨迹远不止于工具变革本身,而是要引发人类行为方式与社会结构的变化,进而决定商业模式的根本转变。"[1]遗憾的是,随着各地网约车新政的落地,网约车市场的萎缩已经不可避免。[2] 一个有力的佐证就是现在"滴滴出行"叫车越来越难,越来越贵,而街头的黑车又开始在路边停留,吆喝着招揽客人。"如果网约车消失,坐收份子钱的出租车公司可以重回政策保护围起的蓝海,其余所有人都是输家。"[3]现在,网约车的风头渐渐被政策压

---

① 林华:《为什么网约车不能死》,https://www.huxiu.com/article/166617.html,2017 年 6 月 20 日访问。

② 参见陆一夫:《网约车市场容量萎缩大局已定 滴滴布局泛交通业务求生》,http://business.sohu.com/20161227/n477021452.shtml,2017 年 6 月 20 日访问。

③ 林华:《为什么网约车不能死》,https://www.huxiu.com/article/166617.html,2017 年 6 月 20 日访问。

制下去了,资本的目光又聚焦到共享单车的庞大市场。以摩拜单车为例,其日均订单量已稳超 2000 万单,累计投放单车超 365 万辆,成为全球最大、成长最快的互联网出行平台。2017 年 6 月 16 日,摩拜单车宣布完成 6 亿美元的 E 轮融资,创下共享单车行业单笔融资的最高纪录。融资烧钱,市场主体纷纷进入,基于价格补贴为基础来抢占市场份额;竞争加剧,形成一超多强的局限,为后续兼并重组埋下伏笔……用一句流行的话说:"都是套路"。这一场景曾经在网约车市场上演,如今又在共享单车市场重现。无论是高估值的"滴滴",还是高溢价的"摩拜",政策风险无疑是互联网经济时代最大的不确定性。

行为法经济学在金融消费者权益
保护规则制定中的应用

李 婧*

【内容摘要】 本文以行为法经济学相关理论与实证研究为主线，主要探讨了行为法经济学的禀赋效应、"三种偏离"及法律除偏方法论对我国金融消费者保护规则制定的总体启示。同时，介绍了金融消费领域的惩罚性赔偿规则、损失规避与金融消费者权益保护领域的信息披露规则、语境依赖与金融消费者自主选择权的实现、易得性串联与金融风险的法律控制等四种具体的金融消费者保护法律规则设计进路。

【关键词】 行为法律经济学　金融消费者权益保护　规则制定

一、行为法经济学与我国的金融消费者[①]权益保护立法

21世纪以来，金融市场的国际化程度空前提高。早在一战前，大量的资金从发达国家流入发展中国家，资本市场已经高度融合。虽然在随后的五十多年里资本市场的融合进程受挫，但发展到今天，全球化的资本市场再度形成，且具备了多元化投资等新特点。2008年由美国次级贷款问题引发的国际金融危机

---

* 李婧，华东政法大学经济法学科流动站博士后。

① 本研究中所指"金融消费者"，并非是在注释法学语境下展开的讨论，因此与现有立法中的"金融消费者"概念可能会有所出入。本研究中的"金融消费者"乃属于学理研究上的应然概念。由于行为法经济学理论研究的行为偏差有可能会出现在包括金融消费者在内的所有消费者身上，因此本研究所指"金融消费者"采用广义的概念，即包括了金融领域的所有消费者，具体而言，包括银行业消费者、中小投资者、保险消费者以及使用第三方支付、征信等服务的消费者等。

爆发后，各国对过度金融创新所产生的风险及对金融消费者保护缺位问题进行了反思，反对政府干预、强调市场对经济发展作用的新古典经济学理论也遭遇了前所未有的重大挑战。

在以法制化为根本保障的现代市场经济下，经济行为的有序进行仰仗其所依据的各项法律规则。法律是经济发展和深化改革的重要基础。全球主要国家和一些国际组织开始积极推进金融消费者权益保护工作，此前一度处于相对缓慢甚至是停滞状态的金融消费者保护法案开始以较快的速度得以启动。各主要国家先后制定新法、修订旧法，改革、调整金融监管体系，设立或改革金融消费者权益保护机构，构建以保护金融消费者权益为核心的制度、法律体系。从整体情况看，许多国家的金融消费者权益保护制度建设在近几年取得了积极进展，加强对金融消费者合法权益的保护已经成为国际共识。

上述国际立法趋势也影响到了我国。2011年4月18日，由中央编办批复保监会成立金融监管部门的第一个消费者权益保护机构。同年10月14日，保监会印发《关于设立保险消费者权益保护局及对部分内设机构职责、处室设置进行调整的通知》，标志着保险消费者权益保护局正式成立。随后，中国证券监督管理委员会下设的投资者保护局、中国人民银行下设的金融消费者权益保护局与中国银行业监督管理委员会下设的银行业消费者权益保护局相继成立。至此，我国"一行三会"均具备相对独立的金融消费者权益保护职能。但在立法层面上，与西方主要发达国家正在进行的多项轰轰烈烈的法律改革相比，我国的消费者法暂且处于相对"静默"的状态。在尚未出台相关单行法律法规的前提下，我国消费者法主要是指现行的《消费者权益保护法》（以下简称《消法》）。由于《消法》调整范围及对"消费者""经营者"的概念界定尚存在争议，相关罚则适用的适格行政主体范围尚不明确，使得金融管理部门难以依据《消法》对金融机构的违规行为进行处罚。《消法》中惩罚性赔偿在金融消费领域的适用问题也成为一大难点。加之互联网金融的快速发展，网络交易中的金融消费纠纷是否能够适用《消法》的相关规定也亟待研究。我国也意识到了这个问题，在对基本法律进行修正前，在国务院层面发布了《国务院办公厅关于进一步加强资本市场中小投资者合法权益保护工作的意见》（国办发〔2013〕110号）及《国务院办公厅关于加强金融消费者权益保护工作的指导意见》（国办发〔2015〕81号，以下简称《指导意见》）。《指导意见》明确了金融管理部门的职责分工、金融机构行为规范以及金融消费者的基本权利，要求进一步完善监督管理机制和各项保障机制。《指导意见》首次从国务院规范性文件的层级明确了"金融消费者"的提法，肯定了金融消费者所享有的多项基本权利，落实了各金融管理部门在保护金融消费者方面的基本职责。从这个角度来看，《指导意见》是在我国现有《消法》基础上，针对金融领域的消费者权益保护问题进行的补充和完善。《指导意见》的出台表明，我国消费者法的适用已经扩展到了金融消费领域。今后无论是采用综合立法的模式还是单独对金融消费者保护进行单行立法的模式，金融消费者保护都必须被纳入"消费者法"范畴中进行统一规划，进一步理顺一般消费领域和金融消费领域中消费者权益保护之间的关系。

此外，"一行三会"分别发布了《中国人民银行金融消费者权益保护实施办法》（银发〔2016〕314号）、《中国银监会关于印发银行业消费者权益保护工作指引的通知》（银监发〔2013〕38号）及《中国保监会关于加强保险消费者权益保护工作的意见》（保监发〔2014〕89号）等一系列规范性文件。我国金融消费者权益保护制度体系得以初步建立。

与此同时，作为法规层级的《消费者权益保护法实施条例（送审稿）》（以下简称《送审稿》）于2016年11月15日向社会公开征求意见。《送审稿》第27条专门规定了金融服务经营者应当依法保护金融消费者的财产安全权、知情权、自主选择权、公平交易权、依法求偿权、受教育权、受尊重权、信息安全权等合法权益，不得有侵害金融消费者合法权益的行为。《送审稿》虽然并未最终定稿，但首次明确将金融消费者纳入到了《消费者权益保护法》的适用范畴中，同时对金融服务经营者的行为作出了规范，是对原有《消费者权益保护法》的重大突破，体现了我国目前的立法趋势是朝加大对金融消费者的倾斜保护力度、强化金融服务经营者的行为合规性方向发展的。

既然加大对金融消费者保护已成为我国未来一段时间的立法取向，我们需要考虑的是，应该将法律规则设置成什么样子？金融消费者保护的法律规则怎样才能被用来更好地改善人们的生活，更好地增进社会的福祉？有没有可能对某种规则的设定作出预测，以评估规则施行后将如何影响相对人？这种实证性的评估分析和预测是可能的吗？除了从规范金融服务经营者角度出发，有没有可能也从引导金融消费者行为的角度出发，设定更有效的保护规则？对于以上这些问题，本文尝试从行为法经济学层面对适用于金融消费者保护的法律规则进行分析。

在我国，法学属于社会科学范畴，社会科学的诸多研究对立法者和政策制定者应该如何决策与立法做出了卓越的贡献。无论是理论界还是实务界，对法律的经济学分析都越来越重视，人们从诸多理论研究著作中能清晰地感觉到法律的效用是可以通过实证来检验的，也可以通过经济学上的分析加以改善。1992年度的诺贝尔经济学奖得主贝克尔（G. S. Becker）认为，经济学研究已经进入第三阶段。在第一阶段，经济学仅限于研究物质资料的生产和消费结构，即传统市场学；到了第二阶段，经济理论已扩大到全面研究商品现象，也就是研究货币交换关系；现在的第三阶段，经济学研究的领域已囊括人类的全部行为以及与之有关的全部决定。① 行为经济学就是第三阶段经济学的骨干理论。② 随着行为经济学的发展，有学者发现建立在理性选择模型上的传统法经济学作出的一些预测是不准确的，因为这个理性模型在现实情况中经常是出现错误的，"理性经济人"的假设受到了挑战。在传统法经济学的基础上，以批判的眼光发展起来的行为法经济学，正是对传统法经济学的修正。行为法经济学的支持者认为，虽然人们并不总是像经济学家假定的那样"理性"，但这并不意味着人们的行为不可预测。人们行为中反映出的行为的"不可预测性"和"系统的不理性"并不是毫无规律可循，也不是无法捉摸的。行为法经济学家通过一系列的实证研究发现，人们行为的这些特点是"能够被描述、运用，有时甚至是可以被模型化的"③。

其一，鉴于我国目前的金融消费者权益保护立法状况和分业监管的金融监管格局，出台系统的、单行的金融消费者权益保护法尚存在一定困难。因此，立法研究的重点可以先放在对金融消费者权益保护的法律规则研究之上。先将散布在《消费者权益保护法实施条例》和各种规范性文件中的法律规则研究好、设置好，在此基础上谋划单行的金融消费者保护法，在笔者看来是一条比较契合中国国情的发展道路。其二，行为法经济学的分析能够较好地对人们的个人行为偏好及行为选择进行分析，但对于与行为和决策没有太直接关联的部分，如对金融机构金融消费者权益保护内控制度的规定、对金融机构消费者权益保护部门的赋权等，并不适宜用行为法经济学来进行解释。故而本文的分析主要集中于与人们的行为偏好及行为选择有关的法律规则之上，而非包含涉及金融消费者权益保护的所有类型的法律规则。

本文的根本目的，是要将行为法经济学这种相对于传统法经济学有所不同的研究视角，更为精确的对行为和选择的理解引入金融消费者保护法律规则当中，以寻找一种能够实证的、更有效的立法路径，最终实现对金融消费者的保护，促进金融市场的良性发展。

---

① 参见〔美〕加里·S.贝克尔：《人类行为的经济分析》，王业宇等译，格致出版社、上海三联书店、上海人民出版社1993年版，第3页。
② 参见李树：《行为法经济学的勃兴与法经济学的发展》，载《社会科学战线》2008年第9期。
③ 〔美〕凯斯·R.桑斯坦主编：《行为法律经济学》，涂永前等译，北京大学出版社2006年版，第1页。

二、行为法经济学的禀赋效应与三种偏离

(一) 行为经济学与行为法经济学

在经济学研究领域,学者们普遍认为目前用于解释经济现象和经济行为的主流理论为新古典经济学。新古典经济学对许多原本只是客观存在的经济现象进行了抽象化和概念化的描述,并尝试总结出经济发展和变化的规律,从而形成了目前人们对一些普遍的经济现象的解释。由于这些解释为大多数市场经济国家所接受,因而新古典经济学在这个意义上也被认为是"标准经济学"。但社会政治经济活动总是纷繁复杂而又充满变化的,新古典经济学常常无法解释一些经济现象。随着社会与经济的发展,当新古典经济学无法解释的现象越来越多时,就促成了经济学家对理论工具进行更为深入的研究。正是由于新古典经济学发展所遭遇的瓶颈,为行为经济学的研究开拓了一条新的道路。行为经济学就是在对新古典经济学进行批判的基础上产生的。

究其本质,行为经济学是从心理学和社会学的角度出发,通过大量的实证研究而发展起来的理论。它对新古典经济学的三个基本假设(完全理性、完全自控和完全自利性)提出了挑战。与此不同,行为经济学认为人处理信息的能力是有限的,所以人的理性也是有限的。虽然经济主体作出的决策是符合自身利益的,但在短期利益和长期利益的衡量之间,非完全自控使经济主体的决策与他们的长期利益背道而驰。同时,行为经济学认为人的自利性是不足的,因为他们的偏好常常考虑社会因素。行为经济学提出的行为模型为解释一些背离传统经济学模型的行为提供了合理的依据。

一般认为,20世纪50年代由赫伯特·西蒙(Herbert Simon)提出的"有限理性"观点,从根本上动摇了传统法律经济学"理性经济人"的假设,因此成为行为法经济学的理论起点。随后,基于西蒙的有限理性理论,学者卡尼曼(Kahneman)和特沃斯基(Tversky)于20世纪70年代进一步将心理学实验所揭示的人类存在的诸多认知偏见融入到行为主体的决策模型中,并尝试以有限理性的决策模型取代古典经济学的理性决策模型,引发了巨大的理论革新。[①] 在此之后,行为经济学的理论价值被法学领域吸收,逐渐形成了行为法经济学的理论框架。其中,乔尔斯(Jols)、桑斯坦(Sunstein)和泰勒(Thaler)于1998年合作发表的

---

① 参见马辉:《登堂入室:行为法律经济学影响规制实践》,载《中国社会科学报》2014年4月16日第A07版。

《行为法律经济学的进路》一文标志着行为法经济学理论的正式诞生。乔尔斯等人在对行为经济学进行研究的基础上,明确提出了"行为法经济学"的概念。乔尔斯等人认为,"行为法经济学包括法和经济学在行为学视角下的发展与融合,这些行为学视角来源于心理学的广阔领域"①。行为法经济学所关注的焦点在于"通过法律规则的结构来消除个体偏见……通过'法律除偏'手段,行为法经济学在法学与经济学领域之间开创了一个新局面:一方面,我们依然可以不懈地坚持传统的经济假设;另一方面,在人们必然会偏离传统经济假设的假设基础上,广泛地构建或重构法律制度"②。可以认为,行为法经济学是法学与行为经济学的有机结合,它从行为经济学的角度对法律规则的内容和可能的实施效果进行解释和预测,从法学研究和法律制度构建上看,是一种全新的进路。

行为法经济学不仅在理论界异军突起,它提出的在法律除偏的方法论指导下构建或重构法律制度的规制理念也对法律实践产生了深远影响。"桑斯坦于2009年7月被奥巴马政府提名为信息规制事务部(OIRA)主管并获得参众两院通过,在三年的任职期间,他将大量行为法律经济学规制理念和制度安排引入美国联邦政府的规制活动。欧盟委员会于2009年开始在相关消费者保护指令的规则设计中,尝试运用行为法律经济学理论提升规制的有效性和精准性。英国政府于2010年在首相内阁办公室下设行为洞察组,作为立法的专家咨询机构,将行为法律经济学的研究成果应用于公共政策和相关法律规则的创设。"③可见,行为法经济学在西方实务界已经受到了极大的重视。

(二) 行为法经济学的禀赋效应与三种偏离

1. 行为法经济学中的禀赋效应(endowment effect)

乔尔斯认为,在科斯定理④能够成立的情况下,该定理界定了法律规则规范分析的范畴——在此范畴内,无论规则 A 更好还是规则 B 更好,法律规则的规范分析实际上是相同的。⑤ 换句话说,在科斯定理能够成立的情况下,规则 A 和规则 B 的实施效果是相同的。因为科斯定理认为当交易成本为零时,初始权利的分配对权利双方是无关紧要的,权利双方完全可以通过自发的谈判对权利重

---

① 〔美〕克里斯廷·乔尔斯:《行为法经济学》,载〔美〕彼得·戴蒙德、汉努·瓦蒂艾宁编著:《行为经济学及其应用》,贺京同等译,中国人民大学出版社2011年版,第116页。
② 同上。
③ 马辉:《登堂入室:行为法律经济学影响规制实践》,载《中国社会科学报》2014年4月16日第A07版。
④ 科斯定理假定,如果交易成本足够低,无论法定权利如何分配,其结果都是相同的。
⑤ 参见〔美〕克里斯廷·乔尔斯:《行为法经济学》,载〔美〕彼得·戴蒙德、汉努·瓦蒂艾宁编著:《行为经济学及其应用》,贺京同等译,中国人民大学出版社2011年版,第117页。

新作出配置,初始权利分配不会影响权利分配的最终形态。例如,科斯定理会认为,在合同法中,无论是规定购买方享有公平交易的权利(规则 A),还是规定出卖方不得使用强买强卖等有损公平交易的方法出卖商品(规则 B),二者的实施效果是相同的。产生这一结果的原因是,在交易成本很低的情况下,各方可以在任何法律制度下用讨价还价的方法来达到高效率的结果。

卡尼曼(Kahneman)等人发现了"禀赋效应"。禀赋效应是指人们拒绝放弃个人初始拥有的权利,但是如果没有这个初始权利,也不愿意付钱去获得这项权利。在禀赋效应中存在一对核心概念,即支付意愿(willing to pay)和接受意愿(willing to accept)。支付意愿指的是行为人在心理上为获得某一权利而愿意支付的价格;接受意愿则是指行为人为出让自己的某一项权利而愿意接受的他人对该项权利的出价。在科斯定理看来,只要交易成本足够低,人们的支付意愿与接受意愿应该是等价的;而禀赋效应却发现人们的支付意愿和接受意愿之间存在差异,即行为人对初始分配给他的权利(或物品、资源等)往往具有更高的货币估价,这往往表现为人们经常倾向于不肯放弃他们已经拥有的权利。但如果人们一开始并不拥有这项权利,却对购买他人所拥有的相同权利给出比自己拥有该项权利时要低的货币估价。① 相关的行为实验表明,禀赋效应在不同的情景中存在程度上的差别。例如,所涉及的权利的货币价值越不确定,禀赋效应越明显,反之亦然。② 若所涉权利的可替代性越强,禀赋效应越弱。③ 如果行为人更为看重所涉权利或财产的使用价值,则禀赋效应越明显;反之,如果行为人更为看重所涉权利或财产的交换价值,则禀赋效应会相对较弱。④

禀赋效应在法律规则设计上体现的价值是——对初始权利进行分配的法律规则设计应当考虑行为主体的偏好性问题,即法律规则的设计应当迎合或避免某种偏好。例如,在金融产品销售中,为了保障金融消费者的信息安全权,法律一般会规定经营者必须获得金融消费者的授权才可以查询其个人信用记录。根据科斯定理,如果在银行卡领用协议中,经营者获得授权是默认条款,而不同意授权者必须明确选择退出(规则 A),与消费者不同意授权是默认条款,而同意授权者必须明确选择加入(规则 B)在实施效用上是一致的。但在禀赋效应存在的情况下,"授权查询个人信用信息"处于权利的初始分配阶段,消费者会存在"在

---

① See Mark Kelman, Consumption Theory, Production Theory, and Ideology in the Coase Theorem, 52 S. VAL. L. REV. 669 (1979).

② See Eric van Dijk, Daan van Knippenberg, Trading Wine: On the Endowment Effect, Loss Aversion, and the Coparability of Consumer Goods, 19 J. ECON. PSYCHOL. 485(1998).

③ See Jason F. Shogren, et al., Resolving Differences in Willingness to Pay and Willingness to Accept, 84 AM. ECON. REV. 255 (1994).

④ See Richard A. Posner, Economic Analysis of Law (2003).

初始分配时会拒绝放弃个人初始拥有的权利"这种行为偏好。换句话说,因为消费者行为偏好的不确定性,规则 A 会使消费者更多地认为授权经营者查询自己的个人信用记录是必要且合理的,但规则 B 会使消费者更为警惕自己的授权行为将产生的影响。如果经过仔细思量,消费者认为对经营者进行授权所带来的负面影响更大时,他们可能会选择不同意授权。所以,结论是,因为禀赋效应的存在,相比规则 B,采用规则 A 将使经营者更容易获得消费者的授权。换句话说,若想让消费者更为谨慎地考虑是否应当给予授权,则采用规则 B 更为合适。我们同样可以在桑斯坦和泰勒对美国雇员储蓄计划的默认条款方面的研究中得出相同的实证结果。

禀赋效应提示立法者在考量法律规则设定的合理性和有效性时,要更多地将偏好不确定性纳入考量的范围内。在难以衡量规则 A 和规则 B 孰优孰劣时,行为法经济学提供的思考进路是:"当权利的价值取决于权利的初始分配时,一个可行的规范分析方法是,不把各方的共同财富和福利直接作为选择法律政策的基础,而是在一定程度上把竞争规则的第三方效应作为选择法律政策的基础——因为何种规则能够使共同的财富和福利最大化,这个问题的答案取决于初始规则的选择。"①

2. 行为法经济学中的三种偏离

传统法经济学分析所依托的基本假设之一是新古典经济学中的"理性经济人"。理性经济人是将人假设为总是能够最大化地实现自我价值,在信息对称的情况下总是能够作出有利于自身的资源配置,并是完全自利的。但行为经济学的一系列实证研究已经证明,人们在很多情况下作出的决策是建立在自己的直观判断之上或者基于经验法则的。这些直观判断和经验法则会受到各种能够引起人们作出不正确决策的偏好的影响。这种影响在个体层面上的许多方面都能够发挥作用,并且在满足一定条件的情况下通过一定机制还能够引起系统性错误(systematic errors)。在对法律的分析上,有一些偏好和直观判断与个人的行为选择密切相关。这些都与新古典经济学中的"理性经济人"基本假设不同,在行为法经济学中,有限理性、有限意志和有限自利这三种与标准经济学偏离的情况极有研究价值。

有限理性是指人类的认知能力并非是无限的。② 行为法经济学发现人们并不总是根据"成本—收益"公式作出行为决策,而是根据其他的依据进行决策。

---

① 〔美〕克里斯廷·乔尔斯:《行为法经济学》,载〔美〕彼得·戴蒙德、汉努·瓦蒂艾宁编著:《行为经济学及其应用》,贺京同等译,中国人民大学出版社 2011 年版,第 119 页。

② See Herbert A. Simon, A Behavioral Model of Rational Choice, 69 Q. J. Econ. 99 (1995).

人们事实上并不总能实现自身利益的最大化,甚至也并不总是追求这种利益最大化,使得决策行为有时会出现与传统经济学假设中的效用最大化目标不一致的现象。有六种类型的判断失误在行为法经济学中受到持续的关注:一是乐观偏见(optimism bias),即人们由于过分自信,认为自己遇到糟糕结果的概率比实际要低。二是自利偏见(self-serving bias),即当一个应有双方或多方决定的问题存在争议时,人们会朝着利己的方向去理解信息。三是对极端情况的规避(extremeness aversion),也称折中效应,即人们不愿意做出极端的行为,但在判断某个选择是否属于极端行为时,并不是从行为固有的属性进行分析判断,而是取决于存在的替换选择。四是后见偏见(hindsight bias),即人们经常从事后的角度对事情的发生概率作出有偏差的判断。五是现状偏见(status bias),即人们倾向于保持现状而不是谋求改变,只有当理由足够多时,才能说服他们对现状作出改变。六是情感依恋(emotional attachment),即当某项权利(或财产)与行为人的人格密切相关时,损失所造成的痛苦不能通过货币的替代得到减轻的情形。

　　上述有限理性与法律规则显著相关,因为法律规则的设计往往要预判行为主体在行为时的可能性和可预见性。如果按照一般民法规定中对于"完全行为能力人"的理解,具有完全行为能力的自然人在签订保险合同时,只要具备全部生效要件,合同即生效。但由于有限理性的存在,考虑到投保人在信息处理能力方面是有限的,投保人往往会因为过于相信自己对合同的解读能力而草率签署保险合同。所以,我国《保险法》设定了"犹豫期"制度,保证投保人在收到保险合同后10天(银行保险渠道为15天)内,如不同意保险合同内容,可将合同退还保险人并申请撤销。同样,在自利偏见的影响下,法律规则设计同样要考虑到如何平衡格式合同相对方的经济地位和实力,这点可以解释我国《合同法》第41条以及《消费者权益保护法》第26条对消费者作出的倾斜性保护规定。

　　有限意志又称非完全自控,主要是指除了有限理性之外,人们还经常表现出有限的意志力。行为经济学和行为心理学已经揭示了人们在行为时并非能实现完全的自控,这主要表现为人们在面对短期利益和长期利益时,往往因为有限的自控能力而舍弃长期利益,重视短期利益。此外,非完全自控还表现为,人们为了简化任务,往往会适用大量的直观推断的方法,通常包括以下几种:一是锚定效应(anchoring),这与现状偏见类似,即人们经常会固定在一个最初的价值判断(锚位)上来作出对概率的判断。二是易得效应(availability),即如果某个风险事件容易被人们记起或者在获取信息方面是易得的,人们就会倾向于对该风险作出更为严重的评估。三是基于案例决策(case-based decisions),即虑及简化对替代方式的预期成本及收益的判断难度,人们往往倾向于通过以往的案例进行推理，而非基于所要判断的事实本身的性质进行选择。有限意志的影响在于，法律规则在衡量长期利益与短期利益、个人福利与社会福利之间的关系时，需要根据主体的行为偏好进行"法律除偏"。

有限自利主要体现为人是可能的"互惠人"。在传统经济学中，理性经济人模型的一个最基本假设是人是完全自利的，并认为他们关注的都是自己的利益，而对他人的利益漠不关心。传统经济学还假设，理性经济人所关注的主要是物质利益，而非精神利益或者其他。不可否认，这种假设在大多数时候都是成立的，但行为经济学同时也发现情况并不总是如此。人们虽然十分关注自身的物质利益，但他们同时也希望被他人公平地对待或者公平地对待他人。同时，在很多时候，人们希望其他人认为他们为人处世是公平的，也就是说，人们希望得到正面的社会评价。而事实上，亚当·斯密（Adam Smith）在其著作《道德情操论》中早就指出了关于理性经济人的道德约束条件。① 因此，"人们为了达到或显得很公平，可能会牺牲他们经济上的自我利益，这一点对理解法律的目的而言，尤为重要。人们可能是互惠人（homo reciprocal），而不是经济人（homo economicus）"②。之所以说人们"可能"是互惠人，是因为人们在受到不公平对待的时候，有可能会变得比之前更加"刻薄"。因此，行为经济学对于人的模型，既有可能是更善的（互惠人），同时也有可能是更恶的（刻薄人）。

如果能充分认识到人们在自利性不足时的行为偏好，金融服务提供者或者金融政策制定者也许可以从中获得一些启发。金融服务经营者应该尽可能地营造出一种"公平"的经营模式，因为如果金融消费者觉得自己在某个交易中受到了不公平的对待，那么他们很有可能出乎意料地放弃更多的物质利益，以惩罚这种不公平的行为。由于人们的偏好往往也考虑了社会因素，这种偏好对政府制定指引性的政策有借鉴意义。例如，消费者往往更愿意信赖负有社会责任感的金融机构，更愿意选择这些机构销售的金融产品或提供的服务。指引性政策可以更多地让金融机构意识到这一点，鼓励他们积极地进行金融消费者教育、防金融诈骗、反洗钱及普惠金融等具有社会公益性质的活动。再如，金融机构的不公平营销行为所造成的小微损失很可能会带来一连串的法律上的投诉和诉讼风险，这同样也可以引起金融机构的充分警觉——因为金融消费者很可能会出于追求公平的目标而牺牲自己的物质利益，以达到惩罚不公平行为的目的。

---

① 参见罗卫东：《情感 秩序 美德——亚当·斯密的伦理学世界》，中国人民大学出版社2006年版。
② Ernst Fehr and Simon Gachter, How Effective are Trust-and Reciprocity-Base Incentives, Economics, Values, and Organization 337 (Avner Ben-Ner and Louis Putterman eds., 1998).

三、行为法经济学的法律除偏方法论对我国
金融消费者保护规则制定的总体启示

禀赋效应的发现动摇了传统经济学的理性假设基础,进而动摇了理性人模型下对经济和市场的自由放任模式的立法理念。过去,在传统经济学理论支配下,人被认为是完全理性的,能够通过理性决策实现自己的利益最大化。在这个前提下,市场规律能够充分发挥资源配置的作用,进而能够有效地分配社会资源并提升社会福祉。因此,立法理念坚持普遍地、充分地尊重市场规律,尽可能地减少对自由市场的干预,从而形成了立法上的自由放任模式。当自由资本主义发展到一定阶段后,经济危机的出现使得人们认识到信息不对称及市场失灵的存在,进而提出了要用"有形之手",即家长主义,由政府对市场进行干预,进而走向了另一个"严格家长主义"即对市场进行过度限制的极端。而事实证明,无论是自由放任主义还是严格家长主义,都会引起一定的问题。

行为法经济学的出现,在一定程度上调和了两种立法模式或可说是金融监管间的矛盾。行为法经济学以有限理性为理论基础,认为人的有限理性会造成诸如过度乐观、语境依赖、现状偏好及损失厌恶等认知偏差,从而导致人们作出偏离理性决策的错误选择。行为法经济学通过一系列实证研究寻找人类认知偏差的规律并进行归类,但同时也并未完全否定传统经济学在符合某些前提下的有效性,并提出应当在广泛遵守传统经济学假设的同时,在人们的行为必定会偏离理性经济人假设的基础上,对法律体系进行全面的构建或者重构。这样就为立法模式提出了一个新的规划路线,即对市场的非对称家长主义干预(asymmetric paternalism)。非对称家长主义不反对理性的人根据自己的判断作出独立决策,但在人们有可能偏离理性决策的情况下,帮助有限理性的人,避免他们出现成本过高的错误决策。这种对市场的干预是控制在有限理性发挥作用的领域内的,这就与完全的家长主义区别开来。在金融消费领域内,行为法经济学对法律规制的立场,调和了传统自由放任模式下对金融消费者的保护不足与严格家长主义下的保护过度问题,在充分保障市场规律和选择自由的前提下,实现社会整体福祉的提升。这应该是行为法经济学在金融消费者权益保护问题上的基本立场。

行为法经济学提出的方法论核心是法律除偏(debiasing through law),即通过法和经济学在行为学视角下的发展与融合,评估法律规则设立的实际效用,通过法律规则的结构设计来消除个体行为偏差。法律除偏试图将行为法经济学的理论观点融入实体法、程序法及法律体系构建的分析和改善之中,主要表现在以

下四个方面:一是将有限理性分析纳入到行为人决策过程中,对不确定事件进行概率判断的法律分析;二是在涉及对法律后果进行评估的法律行为决策分析中,增加认知偏差研究;三是通过认知偏差分析,鉴别侵权行为的严格责任和过失的效率选择因素;四是集中在行为人将偏离理性决策轨道的情形及环境上。[1]

消费者保护法的核心要义是保障消费者的合法权益,与此相关的法律规则应通过行为法经济学分析,对消费者在消费过程中可能出现的行为偏差有所掌握,再通过法律规则的结构设计进行倾斜性补偿,最终达到平衡市场主体利益、维护市场正常运转的目的。消费者保护法是对消费者和经营者之间初始利益分配的基本法律之一,行为经济学上的禀赋效应必定存在,这也需要我们重视包括禀赋效应和三种偏离在内的经济主体行为偏差,使法律的实施效果能够更优。法律除偏主要通过法律规则的设计以降低行为人的偏见程度,具体而言包括实体法除偏和程序法除偏两种方式。

学者巴布科克(Babcock)、伊撒查洛夫(Issacharoff)和勒文施泰因(Loewenstein)概括出了法律除偏策略的一般类型(见表1):

法律除偏策略的一般类型[2]

		法律的类型	
		规范判决程序的程序规则	规范判决程序以外行为的实体规则
行为人的角色	参与判决程序的除偏行为人	程序规则除偏	"混合"除偏
	判决程序之外的除偏决策者		实体法除偏

由于本文主要探讨我国金融消费者保护法律规则的设计,所以更多地将论述重点放在实体法除偏之上。

(一)法律规则设计对金融消费市场主体行为偏差的矫正机制

1. 以金融机构经营行为合规性为出发点的法律规则设计

一是对金融机构提出各种信息披露要求。考虑到信息不对称所引起的逆向选择和道德风险,各国金融监管法普遍要求金融机构对其所提供的金融产品和服务进行信息披露,并且信息披露的要求随着金融产品风险程度的提高而越发

---

[1] 参见李树:《行为法经济学的勃兴与法经济学的发展》,载《社会科学战线》2008年第9期。
[2] 参见〔美〕克里斯廷·乔尔斯:《行为法经济学》,载〔美〕彼得·戴蒙德、汉努·瓦蒂艾宁编著:《行为经济学及其应用》,贺京同等译,中国人民大学出版社2011年版,第131页。

严格。如我国《商业银行理财产品销售管理办法》第22条规定:"商业银行应当按照销售文件约定及时、准确地进行信息披露;产品结束或终止时的信息披露内容应当包括但不限于实际投资资产种类、投资品种、投资比例、销售费、托管费、投资管理费和客户收益等。理财产品未达到预期收益的,应当详细披露相关信息。"此类信息披露的法律规则在各类经济法律法规中十分常见。

二是提高赔偿责任标准,通过经济手段限制经营者不当行为的发生。如我国《消费者权益保护法》第55条规定:"经营者提供商品或者服务有欺诈行为的,应当按照消费者的要求增加赔偿其受到的损失,增加赔偿的金额为消费者购买商品的价款或者接受服务的费用的三倍;……经营者明知商品或者服务存在缺陷,仍然向消费者提供,造成消费者或者其他受害人死亡或者健康严重损害的,受害人有权要求经营者依照本法第四十九条、第五十一条等法律规定赔偿损失,并有权要求所受损失二倍以下的惩罚性赔偿。"

三是通过实施全面或部分禁令来达到限制品行不良的经营者的经营能力的目的。如我国《反洗钱法》第32条规定,金融机构有该条中规定的七项违反反洗钱规则的行为,情节特别严重的,反洗钱行政主管部门可以建议有关金融监督管理机构责令停业整顿或者吊销其经营许可证。对有前述规定情形的金融机构直接负责的董事、高级管理人员和其他直接责任人员,反洗钱行政主管部门可以建议有关金融监督管理机构依法责令金融机构给予纪律处分,或者建议依法取消其任职资格、禁止其从事有关金融行业工作。

从上述法律规则的设计可以看出,我国金融监管法律规则的设计更多是从规范经营者/金融机构的角度出发,通过提高金融机构经营行为的合规性来达到维护市场秩序和保护金融消费者合法权益的目的。但从目前法律规则的适用情况来看,由于这些法律规则在设计上未能全面考虑金融消费者行为偏差的起因,而更多地从经营者经营行为的合规性出发,导致的结果是即便在金融机构遵守金融监管规则的情况下,金融消费者依旧会产生行为偏差。因此,笔者认为,金融消费者保护法的法律规则设计应更多地从金融消费者行为偏差产生的原因入手,通过法律规则的适用来矫正金融消费者行为偏差的产生。将提高金融机构经营行为的合规性与矫正金融消费者行为偏差二者有机结合,将更有利于实现规范金融市场运行秩序、保障金融消费者合法权益的立法目的。

2. 以矫正市场主体行为偏差为出发点的规则设计进路

行为法经济学的方法论核心是法律除偏,即通过法律规则的结构设计来消除个体行为偏差。总的来说,法律除偏就是通过矫正市场主体的有限理性、非完全自控和自利性不足这三类行为偏差来实现的,主要通过以下手段实现对偏差行为的矫正:

一是法律除偏应遵循可用性法则(availability heuristic),即应通过具体案例纠正行为偏差。可用性法则主要针对金融消费者的乐观性偏见,而乐观性偏见多是由于有限理性产生的。乐观性偏见主要是指,虽然金融消费者事先已知悉某种金融产品存在某种程度的风险,但却仍旧乐观地相信这种风险不会发生在自己身上。正是由于乐观性偏见的普遍存在,使得法律规则中的信息披露规则发生"失灵"的现象——即便金融机构对金融产品或服务进行了及时、准确且全面的风险提示,但由于金融消费者盲目乐观地相信此种风险不会发生,最后依然导致自身利益受损的情况出现。

乔尔斯认为,矫正个体金融消费者乐观性偏见的一个有效方法是向他们展示已经具体发生的实例。例如,新近的一系列对吸烟行为的研究表明,如果吸烟者注意到了一些客观的、具体的吸烟危害健康的案例,他们将更倾向于相信吸烟会伤害他们的身体健康。同样地,美国学者韦恩斯坦(Weinstein)对人们对罹患癌症风险的实证研究也表明,被测试者普遍低估了罹患癌症的风险。但如果在进行问卷调查前,先给予被测试者一个具体的患癌案例,该案例中的癌症患者与被测试者具有相似的年龄、家庭背景及生活环境,则被测试者给出的测试结果将显著高于未曾展示具体案例的对照组的结果。这说明人们更倾向于对具体的、叙事性的信息产生反应,而相对较少地对抽象的、统计性的信息作出反应。因此,在进行法律除偏时,应规定或鼓励经营者采用具体生动的实例来阐述产品存在的风险,而不是仅仅通过抽象性语言描述或单纯地罗列数据来进行信息披露。

从国外立法例来看,利用可用性法则消除行为偏差的例子并不罕见。如美国《消费者安全法》中就要求经营者必须让消费者认知到商品存在的负面影响,或至少要向消费者提示不安全的用法。该法要求经营者提供一个类似于账户型的产品说明,以使消费者认识到产品的特定损害,而不能只是简单地提供一般性警告。

二是法律除偏应充分利用框架效应(framing effects),即通过对演示文本的框架进行合理设计,有效"中和"个体金融消费者的行为偏差。行为经济学研究表明,由于规避损失心理的存在,在损失和获得相同的情况下,人们往往倾向于将损失看得更严重。例如,一个金融产品有获得10%收益的可能,同时也有损失10%本金的可能的时候,人们往往更关注10%的损失,而不是10%的收益。"人们厌恶损失,但一个事实是被'解读'为损失还是收益,并不只是依赖于事实,而是依赖于一系列的语境因素,包括事件在什么样的框架下发生的。现状常常是一个参照点,根据现有的配置和做法,损失按照这个参照而理解;但操纵框架也是有可能的,可能编码被改变了,导致原本被理解为收益的变成了损失,或者相反。"①这方面的证据表明,充分利用信息披露中的演示文稿的信息,可能会产生抵消有限理性中乐观偏见的负面作用的效果。同样地,在金融产品信息披露领域,对金融产品的损失类信息而不是获益类信息进行披露,能更好地降低个体金融消费者因有限理性而出现的行为偏差。比如,一家金融机构在做营销宣传或者信息披露时,对同一事实采取下列两种说法:一种是"现金支付给折扣",另一种是"信用卡支付收取附加费",这两种说法本质上是同一意思表示,但是前者强调了金融消费者能得到收益,而后一种说法则强调了金融消费者会遭受损失。在框架效应下,法律规则应当强调金融服务经营者必须明示收费项目,因为收费项目往往代表了金融消费者的损失,这会倒逼金融消费者更为审慎地决策自己的金融行为。

三是法律除偏可通过有效激励的方式减少行为偏差的发生。 早在1955年,美国学者珂希(Cass)的研究结果表明,大多数人在作决策时明显倾向于会被社会环境影响。当人们面对其他人给出的一致意见时,他们甚至会忽略已经发现的支持自己想法的显而易见的证据,并且会因此作出错误的选择。这种现象在行为经济学中被称为"羊群效应",反映的正是有限理性导致的自控力不足。但是,研究也同时表明,当人们在准备从正确答案中获取经济上的利益的时候,这种盲从的趋势是明显减少的。因此,一种比较普遍的方法是通过提供经济激励的方式来减少有限理性行为导致的行为偏差。但乔尔斯同时指出,一种更为有效的方法不是单纯利用经济激励的方式来消除行为偏差,而是应该同时采用介入和干预产生有限理性的情形来实现"除偏"。"经济激励有时候会影响人们行为的动机,但改变社会环境并没有影响动机,而是改变了人们感知周围世界的实际过程。"②

(二)金融消费者保护法律规则对市场主体行为偏差的矫正路径

如前所述,我国现行的《消费者权益保护法》在金融消费领域的适用存在一定程度的障碍。由于金融消费与一般消费领域存在较大差异,具有专业性、高风险性和风险传播性等特点,因此完善金融消费者保护的法律规则是十分有必要的。在对我国的金融消费者保护法律规则作相关的立法研究时,应充分考虑行为法经济学中的禀赋效应与前述三类行为偏差的存在,有效利用法律除偏的方法,发挥金融消费者保护法律规则对市场主体行为偏差的矫正作用,以更好地从

---

① 〔美〕凯斯·R. 桑斯坦主编:《行为法律经济学》,涂永前等译,北京大学出版社2006年版,第7页。

② Christine Jolls and Cass R. Sunstein, Debiasing Through Law, Journal of Legal Studies, vol. 35 (2004).

源头预防市场主体行为偏差的出现,实现保障金融消费者合法权益与维护金融市场秩序的立法目的。总的来说,金融消费者保护法律规则可以通过以下两个方面实现对市场主体行为偏差的矫正:

第一,强化已有的以金融机构经营行为合规性为出发点的法律规则。现有的以金融机构经营行为合规性为出发点的法律规则,在金融消费者保护法中有继续强化的必要。

一是应继续强化经营者的信息披露义务。金融消费者保护法应当设置经营者信息披露的必备内容和表达形式,如必须采用浅显易懂的语言编写、字体要足够大等。同时,由于消费者有限理性的存在,信息披露也并非是越详尽越好,有时候过于详尽的信息披露反而会将重点淹没。在规则设计时,应当以强调损失的方式要求经营者重点披露重要信息,如收费标准、投诉程序和赔偿机制等。

二是应强化对经营者误导销售的惩罚。在规则设计时,应当考虑到经营者在销售合同中掌握产品信息的优势地位,将惩罚性赔偿制度引入到金融消费领域之中。

三是扩张适用冷静期制度。考虑到交易成本和市场效率问题,冷静期制度不适宜用于一般消费领域。但对于具有极强专业性的金融消费领域,金融产品和服务的销售应该考虑设置允许消费者反悔和退出合约的冷静期条款。目前在我国的金融消费领域中仅有保险领域明确规定了冷静期制度,金融消费者保护法应将该制度更广泛地应用于高风险金融产品的销售环节。

四是增设客户档案管理方面的规定。对于一些与人身紧密相关或具有经济价值的客户档案资料,金融消费者保护法应当明确经营者保管档案的时间期限以及消费者获得访问档案的权限及收费标准。

五是对于互联网金融领域的消费者保护,应当制定不同于一般消费品网络交易的规则。特别是网上银行和手机银行等业务,消费者法应当明确经营者的数据安全保障措施,并明确消费者个人金融数据被泄露后的举证责任分配和追责机制。

六是金融消费者保护法应丰富消费纠纷的非诉讼争端解决,在立法中明确诉、仲、调对接机制,以减少司法负担,提高纠纷解决效率。

第二,增设新的以矫正市场主体行为偏差为出发点的法律规则。在强化合规性法律规则设计的同时,金融消费者保护法应增加以矫正市场主体行为偏差为目的的法律规则。

一是遵循可用性法则,规定或鼓励金融机构及金融监管部门通过案例释法纠正行为偏差。金融消费者保护法应规定或鼓励金融机构针对金融产品,尤其是在对高风险金融产品的营销推介中,运用账户型信息披露方式对金融产品的风险进行充分披露。账户型信息披露方式中必须包括该金融产品的各类风险信息。每类风险信息下均应至少包括一个具体的风险暴露案例。同时,金融监管部门应充分考虑金融消费者有限理性的存在,建立生动具体的案例风险提示机制,通过案例释法等方式向金融消费者提示风险。

在建立金融消费者权益保护典型案例库与风险提示机制方面,中国人民银行金融消费权益保护局已经作出了有益尝试。2013年至今,金融消费权益保护局以年度为单位编辑出版"金融消费权益保护典型案例"系列丛书,至今已出版了三期。该案例集以年度为单位收集了近二百多个发生在金融消费领域的典型案例,涵盖个人金融信息保护、银行卡使用、人民币流通等多个领域,生动翔实地向金融消费者展示了金融消费领域存在的各类风险,同时也向金融机构提示了各类合规风险,取得了良好的社会效果。2016年,中国人民银行发布实施的《中国人民银行金融消费者权益保护实施办法》中,第44条明确规定了风险提示制度:"中国人民银行及其分支机构建立金融消费者权益保护案例库制度,按照预防为先、教育为主的原则向金融机构和金融消费者进行风险提示。金融产品和服务存在可能不利于金融消费者权益保护内容,涉及中国人民银行及其分支机构职责范围的,中国人民银行及其分支机构可以要求金融机构予以改正。"该办法首次明确了监管机构可以通过风险提示这一柔性监管手段要求金融机构对可能存在不利于金融消费者权益保护的内容进行改正。

二是利用框架效应,对演示文本的框架进行合理设计以纠正行为偏差。在金融产品营销环节,金融消费者保护法应规定金融机构在对营销推介的各类演示文本中展示被营销的金融产品存在的各种风险,并且披露风险的内容不得少于或明显少于收益宣传的部分,以减少营销文本对金融消费者的误导。

在金融产品格式合同制定环节,金融消费者保护法应规定金融机构需在格式合同中增加专门的产品风险披露章节,并且该风险披露章节必须涵盖该产品可能存在的所有风险,由金融消费者按页签署已阅声明。若金融机构在产品风险披露章节中未对某一类型的风险进行充分披露,则在与金融消费者发生纠纷之时将有可能会被金融监管部门或司法机关认定存在误导销售,并承担相应的行政责任和法律责任。

三是利用激励方式减少行为偏差的发生。在金融消费领域,金融消费者的行为大多具有逐利性质。因此,利用激励的方式符合金融消费者的行为动机,能够有效减少行为偏差的发生。金融消费者保护法应鼓励金融机构采用能够为金融消费者提供利益的方法进行金融知识宣传和金融消费者教育。同时,金融消费者保护法在立法时也可以考虑成立专门的金融知识宣传与消费者教育基金,专门为金融监管部门或相关社会公益组织开展金融知识普及活动,为金融消费者合法维权提供资助。

总而言之,我国无论是采取统一立法的模式还是单行立法的模式,上述问题的解决都需要法律规则给予明确的指引。在探索如何完善消费者保护法,特别是金融消费者保护法的进路中,用行为法经济学分析法律规则设立的合理性和有效性是极有价值的,这将会是一种客观、实证地考量立法效果的有益尝试。

四、具体的金融消费者保护法律规则设计

(一) 金融消费领域的惩罚性赔偿规则设计

我国《消费者权益保护法》(以下简称《消法》)第 55 条[①]第 1 款规定,在经营者有欺诈行为的情况下,消费者有"增加赔偿"请求权。同时,该条第 2 款规定了经营者"明知商品或者服务存在缺陷,仍然向消费者提供,造成消费者或者其他受害人死亡或者健康严重损害的",消费者或者其他受害人有惩罚性赔偿请求权,并且明确使用了"惩罚性赔偿"这一提法,以立法形式结束了学术界对"我国《消法》中规定的多倍赔偿条款是否属于惩罚性赔偿"的争论。

由于我国《消法》在金融领域的全面适用尚存在一定障碍,导致惩罚性赔偿制度是否能够适用于金融消费领域一直存在争议。国务院法制办于 2016 年 11 月 16 日就《消费者权益保护法实施条例(送审稿)》(以下简称《条例》)向社会公开征求意见。相较于早前发布的征求意见稿,《条例》送审稿在第三章"消费者权利和经营者义务的特别规定"中,明确提出了"金融服务经营者应当依法保护金融消费者的财产安全权、知情权、自主选择权、公平交易权、依法求偿权、受教育权、受尊重权、信息安全权等合法权益"[②],从立法意图上看即承认了金融消费者

---

① 《消费者权益保护法》第 55 条:"经营者提供商品或者服务有欺诈行为的,应当按照消费者的要求增加赔偿其受到的损失,增加赔偿的金额为消费者购买商品的价款或者接受服务的费用的三倍;增加赔偿的金额不足五百元的,为五百元。法律另有规定的,依照其规定。

经营者明知商品或者服务存在缺陷,仍然向消费者提供,造成消费者或者其他受害人死亡或者健康严重损害的,受害人有权要求经营者依照本法第四十九条、第五十一条等法律规定赔偿损失,并有权要求所受损失二倍以下的惩罚性赔偿。"

② 《消费者权益保护法实施条例(送审稿)》第 27 条:"金融服务经营者应当依法保护金融消费者的财产安全权、知情权、自主选择权、公平交易权、依法求偿权、受教育权、受尊重权、信息安全权等合法权益,不得有下列侵害金融消费者合法权益的行为:

(一) 在营销金融商品或者金融服务过程中以任何方式进行强制性交易;

(二) 违反国家有关规定的金融收费项目和标准,擅自增加收费项目或者提高收费标准的;

(三) 无故拒绝金融消费者合理的服务需求或者存在其他歧视性行为的;

(四) 未依照国家有关规定,建立金融商品或者金融服务的信息披露制度的;

(五) 未依照国家有关规定,建立金融商品或者金融服务的投资者适当性制度的。"

适用《条例》的权利。《条例》送审稿同时在第 17 条对经营者提供商品或者服务时的欺诈行为作了列举,其中包括"经营者在提供金融商品或者服务过程中出现的欺诈金融消费者的行为"[①]。从上述立法脉络可以看出,《条例》送审稿欲将金融服务经营者的行为纳入到规制范围当中,若此版《条例》最终出台,则可以推知《消法》中规定的惩罚性赔偿条款同样可以适用于金融消费领域。

应当认为,我国在金融消费领域明确适用惩罚性赔偿制度是重大的历史进步,这对维护金融消费者合法权益、防范与化解金融风险具有重要意义。但金融消费领域毕竟与一般消费领域存在较大差异,在金融消费领域概而化之地适用同一种惩罚性赔偿制度是否会出现"水土不服"的情况?换句话说,在金融消费领域,是否能找到一种更行之有效的惩罚性赔偿制度设计?面对这个问题,行为法经济学对惩罚性赔偿制度的实证研究或许可以提供一些能够参考借鉴的路径。

从行为法经济学角度看,在金融市场之外,试图将法律规则转换为金钱是存在极大难度的。现行的法律规则经常要求法官对某种行为进行定性,并且要求法官把这个定性判决转化为一定数量的金钱(定量)。这种行为广泛地存在于司法审判当中,并且包括了刑事、民事和行政等各个领域。在刑事诉讼领域中,附带民事赔偿就要求法官认定刑事被告人对原告的赔偿数额;在民事诉讼领域中,则是被告对原告的经济赔偿;在行政诉讼领域中,法官则需要衡量国家赔偿的具体数额。这种定性向定量的转化(mapping)是如何发生的?这其中能不能寻找到一定的规律或者方法,使得这些定量行为更具合理性,或者说能够被人们很好地预测?为此,行为法经济学的学者作了一系列实证研究,试图研究这种定性向定量转化过程中出现的随意性问题。

桑斯坦等就以行为法经济学理论为基础,对美国的惩罚性赔偿制度开展了一系列实证研究,并以此来寻找增加惩罚性赔偿制度的预期性的改革方式,可以为我国惩罚性赔偿制度的立法设计提供一些改良思路。桑斯坦等在其合著论文《对惩罚性赔偿金的评估(兼含对法律中的认知及评价的注释)》中阐述了以下几个重要发现:一是惩罚性赔偿案件中的惩罚程度与违反道德的程度保持高度一致。实证结果表明,个案中行为"不道德"的程度越高,被告受到惩罚的程度也会越严重。二是现有的惩罚性赔偿制度中存在一种明显的"任意"。这种任意产生

[①] 《消费者权益保护实施条例(送审稿)》第 17 条:"经营者提供商品或者服务时,不得有下列欺诈消费者的行为:

......

(十五)经营者在提供金融商品或者服务过程中出现的欺诈金融消费者的行为。

......"

的原因是,当法律系统用金钱做标准来衡量违法行为的应受惩罚程度时,上述的这种一致性会发生断裂。即使陪审团对被告欺诈故意的认定已经达成一致意见,但对于应该判令被告赔付多少金钱却很难达成一致。三是被告公司的规模、陪审团先前对补偿性赔偿金的裁定和原告的诉求等因素对于赔偿的数额会产生重大影响。充分的证据显示:即使被告的行为对原告造成的伤害是等量的,但富有的被告会被陪审团判处支出高得多的赔偿金。而由于赔偿金在美国被分为补偿性赔偿金与惩罚性赔偿金,补偿性赔偿金是为了弥补原告所受的损害而设,不具备惩罚性质,但补偿性赔偿金数额越大,惩罚性赔偿金也相应会越高。同理,原告要求的赔偿数额的高低,也会在很大程度上影响惩罚性赔偿金的裁定。

由此,桑斯坦等提出了以下这些可能的改革措施:一是只让陪审团来负责裁定被告是否具备应受惩罚的欺诈故意,或者由陪审团对补偿性赔偿金额作出裁定。对于惩罚性赔偿金额的裁定,则交由主要由专家组成的行政实体,或者是被赋予了特定任务的准公共机构来负责裁定。二是在陪审团裁定被告欺诈故意成立的情况下,交由法官来对惩罚性赔偿金的数额行使自由裁量权。但在这种情况下,陪审团必须用同类案件的判例作为指引来限制法官在行使自由裁量权过程中可能出现的任意性。

根据上述实证发现,结合惩罚性赔偿制度在我国的适用情况,笔者认为,在金融消费领域,这一制度的适用可能会存在以下问题:

从金融消费的特殊性考虑,由于金融消费不同于一般消费,它具有非实体性、风险性及风险传播性等特点,金融机构与金融消费者相比,机构的专业性更为突出,机构规模优势更为明显,个体金融消费者在这些"庞然大物"面前更显弱势。金融机构出于节约交易成本的目的,大多借助格式合同条款提供金融商品或服务。对于金融机构在实践中出现的欺诈营销、信息披露不及时及不全面等违法行为,不仅对个体金融消费者的合法权益造成损害,也由于格式合同的使用,对购买或使用同类金融商品或服务的消费人群造成损害,这种损害具有极强的"扩散性"。2008年美国爆发的次贷危机的一个重要诱因正是金融机构违反适当性原则,违规销售次级贷款产品。对惩罚性赔偿金规定上下限的做法,虽然在很大程度上避免了司法裁判的任意性,但同时也极大地损害了制度的合理性。例如,某些金融机构违反适当性原则进行欺诈营销,使老年消费者将养老金投于高风险金融产品中,最后导致消费者养老金全部亏损等较具代表性的案例,若该消费者的养老金并不丰厚,即便采用三倍赔偿的方法进行惩罚,在没有考虑公司规模的情况下,这种"惩罚"恐怕也很难达到遏制再犯的目的。同样,在欺诈营销行为成立的情况下,如果消费者购买金融产品的数额巨大,多个消费者对此提出集团诉讼,共同适用三倍惩罚的原则,则也有可能出现"天价赔偿"的情况,同样不利于制度价值的实现。

从制度价值的实现层面考虑,惩罚性赔偿制度的设置初衷是通过增加违法成本,并通过公民个人维权,间接实现维护良好市场秩序的社会管理目标。然而,当前的立法设置是将个案惩罚性赔偿金全数判归消费者,同时金融监管机构对违法金融机构可以进行罚款等行政处罚。惩罚性赔偿金弥补的是金融消费者所受的损失,罚款收归国库,这主要起到震慑和遏制再犯的作用。个人和国家权威分别通过惩罚性赔偿制度和行政罚款得到弥补,但受到违法行为影响的市场秩序并没有得到相应的弥补。恢复良好的市场秩序需要庞大的人力物力作为支撑,仅靠个体消费者恐难达到立法者所希望的社会管理成效。

因此,笔者认为,在金融消费领域,对惩罚性赔偿制度的立法设计可以考虑采用以下改良形式(如图1所示):

金融消费领域惩罚性赔偿制度设计逻辑框架图

首先,应当区分补偿性赔偿金与惩罚性赔偿金,将对欺诈故意的认知与道德认知协调起来,使补偿性赔偿金与民事责任中的赔偿义务相对应,用于赔偿欺诈行为对金融消费者造成的损失,这种损失包括直接损失和间接损失,也应当包括金融消费者在寻求救济过程中付出的各种费用。这样的制度设计能保持案件对惩罚性故意的认同一致性。

其次,惩罚性赔偿金额不应设置上限,也不应单纯由原告消费者的诉求来决定,而应交由具备专业知识、能够综合把握案件判决结果对同类案件及社会影响的法官进行自由裁量,具体的赔偿数额应结合个案具体情况作出裁定。法官在作出惩罚性赔偿金数额裁定的过程中,应充分考虑被告公司的规模、补偿性赔偿金的数量、原告的诉求、欺诈行为被发现的可能性等因素。同时,也必须充分发挥案例的指引作用,或综合考虑在充分总结不同案件类型的情况下发布惩罚性赔偿量化指引,以指导不同地区的法官对类似案件作出类似判决。

最后,设立由政府主管的专项公益基金,惩罚性赔偿金先统一由国家收缴,并交予公益基金统筹管理。根据实践需要,公益基金一部分用于补偿受害消费者,一部分用于先行赔付同类案件的金融消费者并帮助其维权,以恢复受到损害的市场秩序。另外,还可授权独立的消费者保护组织或行业性消费者保护组织将资金用于普及金融知识、开展金融消费者教育等公益活动中。例如,作为大陆法系典型代表的德国在吸收惩罚性赔偿制度时,就结合自身法律传统对该制度进行了改革。其《反不正当竞争法》第10条规定了利益收缴制度,即被告以损及众多消费者为代价获取利润的,工商利益或独立的职业利益促进团体、消费者保护组织、工业或商业工会、手工业工会这些适格团体有权诉请法院判令行为人将该利润上缴给联邦财政。美国的集体公益罚金制度也是对惩罚性赔偿制度的改良,该制度是指被告因对原告所代表的集体施加了过分的侵犯,而被原告提出的诉请,由被告承担的带有惩罚性地赔偿原告所代表的集体遭受全部或者部分损害的责任。① 这就避免了惩罚性赔偿制度所造成的道德风险,更广泛地保护了金融消费者的合法权益,同时也能较好地发挥消费者组织等公益团体的作用,起到一举多得的效果。

(二) 损失规避与金融消费者权益保护领域的信息披露规则

几乎所有有关金融消费者权益保护的立法都关注信息披露制度。立法者普遍认为,充分的信息披露能够解决市场信息不对称的问题,保护交易相对方的知情权,使信息获取能力或获取渠道受限的一方能够基于正确的信息作出符合自身利益的判断。

立法者和政策制定者都确信,个人,尤其是金融市场上的自然人消费者,常常缺少足够的信息用于作出自己的决策。在市场结构趋于复杂的情况下,立法者或者政策制定者可能会想办法促使金融消费者对不同的金融产品作出比较,以使使金融消费者在充分知情的情况下作出决策(informed decision making)。例如,美国《联邦诚实信贷法》(Truth-in-lending Law)中规定,贷款方应公布其利率,并以此计算利息。另一种情况是,政府可能希望达到某个特定的政策目标,比如减少房贷市场的杠杆率等。因此,在信息披露方面,传统经济学也承认信息披露规则所要期待达到的目标(基于知情的决策以及政府的某个特定政策目标)在减少外部性问题上是有价值的,并认为实现上述目标的手段主要有两类:一类是对相关的市场主体(如金融产品和服务的供应商等)进行强制,要求他们公开一定的信息;另一类是政府相关行政部门提供相应的信息(如典型案例公示、监督检查通报等),从而使公民获取更多的信息。②

传统法经济学对信息不对称提出的法律策略是通过制定法律规则以"提供

---

① 参见赵红梅:《美、德新型惩罚性赔偿对我国〈消法〉修订的启示》,载《法律科学》2011年第5期。
② See Joseph E. Stiglitz, Economics of the Public Sector, 90—91 (1986).

更多的信息",这在大方向上不能说有错。但在行为法经济学看来,"提供更多的信息"这个对策"极其空洞"①,因为从行为的角度分析,只关注提供信息的数量而不关注提供信息的方式是非常错误的,提供信息的方式将对信息披露效果产生重要的影响。

行为法经济学研究发现,"提供更多信息"的法律规则很容易因为指向不明而无法实现或者被规避。比如,美国劳工部及相关政府部门制定的"固定缴款计划"的401(K)中就强制规定了雇主必须给予雇员投资选择,并且应提供与那些选择有关的信息,但是不允许雇主对如何投资提供"对策"。这条规则出台后便受到了广泛的质疑,行为法经济学的支持者认为这种空洞的规则策略会让雇主非常为难且"不知所措",而且雇主所采用的描述和展示投资选择信息的方式将会对雇员的选择和决策产生很大影响。

因此,在信息披露规则的实际运作过程中,就出现了一个利益冲突的根本问题。立法者可能忽视了这样一种隐藏在法律规则背后的利益冲突,因为立法者确立的信息披露规则实质上是试图让信息披露者将那些不利于自身的信息披露出去。这就意味着,在金融市场上,金融产品和服务的提供者必须把有关金融产品风险的准确信息提供给金融消费者。如果法律规则只要求金融产品和服务的提供者"尽可能多地提供信息",那就敞开了一个巨大的可能性范围。受制于该法律规则的行为人,通常会提供那些可能的信息中最笼统、最没有风险指向性的内容,尽管立法者的立法目的是希望行为人披露那些最关键、最有针对性的内容。信息表达不仅影响人们对风险的认知,而且会影响人们的偏好。因此,在信息披露规则的立法设计上,行为法经济学认为除了要求信息应该被披露之外,更重要的是要强调信息应当如何被提供。

接下来要讨论的是"信息应当如何被提供"这个问题,行为法经济学的相关研究给出了一些有益的建议:

一是利用人们损失规避的偏好。正如前文分析的那样,人们本能地厌恶损失,并且倾向于把损失看得比收益重得多。因此,想要十分有效地影响人们的行为,就应该用损失而不是用收益来构造信息披露的框架。这在行为法经济学中也被称为"框架效应"。在金融消费领域的信息披露中,强调"不学习金融知识,更有可能在投资阶段发生亏损"要比"学习金融知识,有可能在投资阶段获得收益"来得有效得多。

---

① 参见〔美〕克里斯丁·杰罗斯、凯斯·R.桑斯坦、理查德·H.塞勒:《行为法律经济学的进路》,载《行为法律经济学》,涂永前等译,北京大学出版社2006年版,第53页。

二是利用显著性来影响决策。这里的"显著性"强调的是信息的披露方式在直观上能对人造成的明显的影响。比如,利用图片、微电影、动画片等直观方式展示的信息,往往比相对而言更为科学的统计数据来得更有效。这种信息具有极高的显著性,并且由于易得直观推断,人们倾向于对此有反应,认为争议的事件有更高的发生概率。[①]

三是注意避免乐观偏见制造的"陷阱"。如前文所述,人类行为具有过度乐观的偏好。这个行为特点在信息披露规则的制定上所具有的含义,实际上是要求信息披露方式应该注意避免乐观偏见所制造的"陷阱"。比如,在金融消费领域,披露高风险金融产品信息时,只强调金融产品所带来的风险会影响金融消费者自身生活质量的提醒,远没有采用直率的宣传标语"谨慎理财,幸福全家"来得有效。

(三) 语境依赖与金融消费者自主选择权的实现

传统法经济学对有关选择的规范进行分析时,一般都依赖于"利益/价值最大化"的前提假设,由此对人的选择行为作出的预测是:人的每一个选择都可以与某个价值或效用的数值相联系,所以给定一个选择集合,决策者总是能从该集合中选择具有最高价值或效用的那个。这个预测得出的结论是,任意两个选项之间的相对排序,不应当随着其他选项的加入或者减少而发生变化。这个结论也被称为"语境独立"(context-independence)。[②] 举个简单的例子,相对于康乃馨而言,李红更喜欢玫瑰花,则"玫瑰花优于康乃馨"这个偏好,不应该在她得知向日葵也可以选择的时候发生变化。也就是说,无论李红对向日葵抱有怎样的态度,她喜欢玫瑰花更甚于康乃馨的偏好始终是不变的,这就是语境独立。这样的事例从直观感觉上看起来确实如此,似乎也符合大部分人对此的表面认知,但行为法经济学的实证研究显示,决策者并不能总是做到语境独立的要求。马克·凯尔曼(Mark Kelman)、约沃尔·罗腾斯特雷克(Yeoval Rotten Strecker)等人在《法律决策的语境依赖》的论述中,检验了法律背景中的语境独立在实施上的有效程度,并对一系列研究发现对改良法律规则设计的意义进行了阐述。

语境依赖主要有两种表现方式,分别是"折中效应(compromise effects)"与"对比效应(contrast effects)"。折中效应是指同一个选项,当它被选择决策者认为位于选择集合的中部,比当它被认为位于选择集合的两端,能获得选择决

---

① 参见〔美〕克里斯丁·杰罗斯、凯斯·R.桑斯坦、理查德·H.塞勒:《行为法律经济学的进路》,载《行为法律经济学》,涂永前等译,北京大学出版社 2006 年版,第 56 页。
② 参见〔美〕马克·凯尔曼、约沃尔·罗腾斯特雷克、阿莫斯·特沃斯基:《法律决策的语境依赖》,载《行为法律经济学》,涂永前等译,北京大学出版社 2006 年版,第 71 页。

者更好的评价。换句话说,在选项内容不变的情况下,通过改变选择集合的内容,使该选项在甲集合中位于所有选项的中部,而在乙集合中位于集合的两端。由于人们有限理性中的"规避极端"偏好的影响,当该选项出现在选择集合中部的时候,人们更倾向于选择它。但如果它出现在选择集合的两端的时候,从表面上看,该选项成为选择集合中的"极端"选项,人们则会降低对该选项的估值,转而选择其他选项。对比效应指的是同样一个选项,当存在一个与它相近但明显劣于它的选项时,比不存在这样的对比选项能获得决策人更高的评价。① 在金融消费领域也不乏利用对比效应的例子:金融产品的推销人员在试图推荐某一款金融产品时,如果故意展示一些明显不如该款产品的其他选择,比如预期年化收益率较低或者风险等级较高的金融产品,会比单纯介绍这款金融产品要来更有效果。

从行为法经济学的相关实证研究结果来看,背离语境独立所作出的消费决策是不利于金融消费者的。首先,从金融消费者的角度看,如果金融消费者得知他所作出的金融消费决策是基于对方刻意安排的营销策略,甚至是故意设下的"陷阱",则金融消费者可能会倾向于重新考察及评价他所作出的选择。其次,由于大部分金融消费者并没有形成稳定的、符合语境独立要求的消费偏好顺序,所以他们的选择极有可能被备选选择集合的不同组合"操纵"。正如行为法经济学已经注意到的那样,这种操纵在市场上是非常常见的,并且绝不局限于金融消费市场。这说明,具有语境依赖偏好的消费者(不仅仅是金融消费者)的利益会受到损害。即便消费者作出行为选择的前提是基于自身利益的最大化,但由于语境依赖及被人为地故意设置选择集合"操纵",而作出了对其他人(如交易相对方、金融产品和服务的提供方)等有利的决策,这时候,决策行为的结果会与作出决策的初衷相背离,消费者就难以实现自身利益的最大化。

行为法经济学认为,至少可以通过设置两类法律规则来减轻金融消费者在决策过程中的语境依赖偏好:一是尽可能地要求金融产品或服务供应商在做相关的产品信息披露时减少或消除不相关的选项。尤其是在金融产品或服务供应商做产品推介的过程中,在使用的广告宣传单、营业厅展板等广告介质上,禁止或至少不推荐经营主体加入不相关的选项以模糊焦点。对不相关选项的消除,将有效减少金融消费者决策过程中的语境依赖。二是向金融消费者作出折中效应和对比效应的警告。可以设置相应的法律规则,要求金融产品和服务供应商在必须使用选项集合的方式进行营销推介或签订合同等情况下,必须向金融消

---

① 参见〔美〕马克·凯尔曼、约沃尔·罗腾斯特雷克、阿莫斯·特沃斯基:《法律决策的语境依赖》,载《行为法律经济学》,涂永前等译,北京大学出版社 2006 年版,第 72 页。

费者作出相应提示,即在事前告知金融消费者应更全面地了解金融产品的各项特性,并且声明所用的选项集合只是代表其中某些可能性,并不能完全反映该类产品的所有特点等。

(四)易得性串联与金融风险的法律控制

对于金融消费者权益保护来说,风险控制向来是其中非常重要的内容。这里的"风险"不仅指广义上的系统性金融风险和区域性金融风险,也指狭义上的金融消费者个人面对的各种具体的风险。系统性或区域性金融风险实际上是由数量众多的个人金融风险组合而成的,但大范围的金融风险并不是个案金融风险的简单相加。系统性或区域性金融风险一旦形成,对金融稳定和金融消费者的合法权益将造成更加严重的打击。应通过立法确立一些有效的机制,并通过相关法律规则适用的前提,厘清这些风险形成的机制,以及立法者、行政管理部门及司法机关可能对其施加的影响。对源头上的成因进行透彻的分析,将有助于引导法律规则的制定。

行为法律经济学学者提摩尔·库兰(Timur Kuran)与桑斯坦提出了风险传播过程中的易得性串联机制,这种机制的形成归因于人们行为心理中的易得性直观推断(availability heuristic)。两位学者综合考察了美国历史上发生的著名的爱渠案、阿拉尔杀虫剂案和美国环球航空公司 800 班机案三个代价高昂的易得性差错案件,分析了案件相关的当事人是如何形成易得性直观推断,并由易得性串联机制引发风险传播的。由此,库兰等人对美国国会、司法机关和行政机关提出了一系列控制易得性串联的方法。

认知心理学家分析,形成这种易得性串联的基础在于,由于有限理性的存在,人们在分析事件的过程中会尽可能地简化步骤,也就是说,人们习惯于通过心理捷径得出相应的结论。人们有能力演化并记住那些尚未得到科学证实的事件,心理捷径的作用使人们在判断的过程中比较简单地依赖于其他类似个体的判断,并且这种依赖具有"传染"的特点。这使得处于庞大的有组织社会团体中的民众保持一种"理性的无知(rationally ignorant)"。[①] 被卷入事件旋涡中的大部分人,其实并没有投入大量时间和精力去掌握有关的真相。在事件发酵过程中,人们表现出明显的依赖他人认知的迹象,每个个体所表达的对事件的认知在不断地促使其他人形成类似的认知。从认知心理学的角度,可以进一步解释在有限理性下为何人们会选择相信其他人的认知结论而不是科学的证据事实。理

[①] See Christine Jolls, Cass R. Sunstein and Richard Thaler, A Behavior Approach to Law and Economics, 50 Stan. L. Rev. 1471, 1477—1479, 1998.

解或者掌握这方面的信息,将有益于金融消费者保护方面的风险控制类法律规则的制定。

认知心理学指出,人们在认知过程中容易形成一种偏好,这种偏好是"一种涉及人们是根据那些最容易记起的事例来对未发生事件的概率进行估测的心理捷径。只要一定的替代(alternative)比其他替代更容易想象,那么这种启发能够产生实质上的判断扭曲"[①]。也就是说,人们习惯于根据已经发生并被记住的事例,对未发生的事件进行判断,这种判断能够极大地节省调查和学习所要耗费的时间和精力,在某些情况下能够节约行为人的决策成本。这种认知上的偏好被称为易得性直观推断。

易得性串联中有两种基本形式:一是信息串联(information cascade)。这类串联发生于在某特定事情上拥有极少个人信息的人,倾向于将其个人信念建立在他人的信念之上。尤其是当某个人的言行给人的印象是他已经很确定地接受了特定理念的时候,其他不太了解真实情况的个人会接受这个人所接受的信念。同时,当某些个体与接受信息的其他人在一个或多个方面具有同质性(heterogeneous),信息的分配更容易以串联的形式呈现。客观上看,这个过程非常类似于"滚雪球"(snowballing process)。二是名声效用(reputational utility)。名声效用是出于想要获得社会认同,或者避免被社会拒绝,而赞同或者至少不反对某种主流的信念。为了达到维护自身声誉的目的,行为人可能会屈从于主流信念造成的巨大压力。

库兰等人观察到,已经有发现易得性串联机制的市场主体,开始利用人们的易得性直观推断和信息串联、名声效用等,操控某种信息和主张的传播。这类市场主体被库兰称为易得性主体(availability entrepreneur)。易得性主体会试图引发可能对他们有利的事件的易得性串联。他们通常采用的方法是,将人们的注意力吸引到特定的问题上,并用特定的方式解释该现象,从而提升信息的易得性。他们会积极鼓励那些支持他们主张的观点和意见,同时阻止那些不利观点信息传播。这种现象被库兰等人归纳为易得性运动(availability campaign)。易得性运动的主要作用是通过克服公众对某一问题的惰性,提升公众参与的活跃度,以激起对一些社会问题的讨论来创造效益。如果易得性串联机制被那些具有经济或者意识形态背景的团体利用,那么通过开展易得性运动,就能比较容易获得广泛人群的支持,由此形成的社会压力就会增加。易得性主体操控易得性串联有可能是出于善意,也有可能是出于恶意。易得性运动的负面效应是它可

[①] 〔美〕提摩尔·库兰、凯斯·R.桑斯坦:《控制易得性串联》,载《行为法律经济学》,涂永前等译,北京大学出版社2006年版,第453页。

能会引起集体易得性差错(fueling collective availability errors),产生集体易得性差错的根源是形成易得性的信息或主张是错误的或与真相不符的,这时候,集体易得性差错就会导致对社会的巨大伤害。但无论如何,执政当局都应该意识到这种易得性串联有可能被操控的情况,并在社会发生有意识或是无意识形成的易得性串联时,能够有一个行之有效的机制来应对由易得性串联造成的风险或恐惧的传播。

基于此,行为法经济学认为,可以通过以下方法来控制由集体易得性差错导致的金融风险:

一是制定反诽谤金融产品的法律规则。虽然任何行业都需要受到新闻舆论与民众的监督,但是这种监督必须是建立在合法合理的基础上的。事实上,出于打击竞争对手声誉等目的,或者由于错误报道等过失行为,也曾出现过不少捏造事实并造成恐慌的诽谤事件。意识到通过提起反诽谤诉讼进行危机公关的行为对维持良好市场秩序的潜在好处,美国有 13 个州颁布了针对诽谤产品方面的法律。这类法律的颁布在美国引起了较为广泛的论争,比如有观点认为这类法律旨在安抚那些具有经济优势的市场主体,从而压制了那些对产品安全的合法质疑等。但从这类法律施行的社会效果来看,立法的受益者可能不仅是那些合法阻止对他们的产品进行诽谤的企业,更多的是要阻止那些错误判断或者错误描述的蔓延,阻止基于错误信息产生的易得性串联和集体易得性差错,避免引起社会公众的不必要恐慌及对市场秩序造成的无法修复的破坏。

在金融消费领域,由于金融产品存在一定的风险性,金融消费者在正常情况下购买的金融产品,必须遵循"买者自负"的基本原则。但事实上,确实出现过金融消费者因市场风险波动导致损失的事件而诉诸新闻媒体等以达到"维权"的目的。在这种情况下,就很有可能会基于有失偏颇的报道而酝酿出一个本不应存在的风险事件。如果不及时阻断这类风险事件的发酵,就很容易对同类金融产品甚至于金融市场秩序造成冲击。如果在金融消费领域,乃至整个关键的消费领域,设立一些启动门槛较为严格的产品诽谤法,从本质上来说是有利于避免因不实风险扩散而对社会造成的极大不良后果的。

二是成立金融风险规制委员会(the risk regulation committee)。从行政层面干预风险传播的一个思路是成立专门的风险规制委员会。在我国,设置风险规制委员会的一个较优的选择是将其设在国务院之下,这样可以更有力地应对具体的金融风险事件。金融风险规制委员会在行政层级上不一定必须高于"一行三会",但却必须能起到统筹规划在分业监管模式下的风险处置方案这个核心作用。对金融风险规制委员会的具体职能设置方面的考虑是,委员会主要应由拥有优势明显的专业知识的人员组成,该委员会可以对风险进行判断和评级,根据易得性串联或金融消费者的各种行为偏好等确定应对该风险的合理政策选择,同时阻止那些缺乏远见的、不适当的、理由不充分的和反应速度过快或者过慢的政策,①以使风险规制与不断进化的社会价值相契合。可以考虑赋予风险规制委员会在有必要的情况下开展听证程序的权力。同时,听证会也能引起立法、司法、相关机构和金融消费者的广泛关注,并借助正确的公共话语"趁热打铁",将大家的认识统一到一起,共同应对金融风险。

三是开展同行审查(peer review)。虽然快速处置有害的易得性串联最及时且最有力的方式是行政手段,但可能相关的政府官员不一定能够全面分析风险。此时,由相关金融风险的行政机构使用同行审查的方式,为行政机关作出最后决策提供具有判断价值的证据,将是一个有益的尝试。同时,在相关的应对策略拟定后,在情况允许的前提下,也可以先行启动同行审查程序,以避免风险控制决策在运行过程中偏离既定的政策目的。同行审查制度首先是要寻找知情的外部人士进行,其中关键的功能是确认并更正那些通过易得性差错造成的误解。但是,同行审查制度也存在一定的风险,比如行政机关在针对某个风险事件在同业机构中选择审查人员的时候,可能会存在一定的权力寻租风险,或者两家相似的金融机构之间存在的利益冲突问题。应对上述问题,可以借鉴现行"双随机"制度,建立同行审查人员名录库和随机抽取审查人员的制度加以控制。但是,如果采取随机抽取审查人员的方式,也同样可能会存在针对性不够强的问题。又如,同行审查制度可能会涉及行政管理部门后续采取的一系列行政措施,有可能损害被审查机构的利益(如采取行政罚款、吊销营业执照等),难免会引起被审查机构的抵触情绪。这时就需要行政机关对同行审查的人员名单和审查过程或内容严格保密,以免引起市场主体间恶性对抗的问题。

四是建立非政府的行业风险信息网站(risk information site)。出现易得性串联的根本原因是人们缺乏足够的信息或者能力,在无法对某个风险事件作出独立判断时寻求的一种心理捷径。很多时候,不得不面对各种各样风险的人们只能向一些非专业人士咨询,难以获得统计上的准确数据,更难以通过科学的、专业的、全面的分析来判断风险的性质及应当采取的对策。缺乏识别和评价风险能力的弊端还体现在人们很难做到对各种风险的比较,因为只是识别和评价单一的风险就已经超出了他们的能力范围。因此,如果能让这些值得信赖的信息得到比较简单、快速、广泛以及低成本的普及,那么不仅对广大金融消费者而

---

① 例如,在我国 2016 年出现的股市异常波动的风险事件中,熔断机制、多数企业为了防止股价暴跌而采取的长期停牌的做法、暂停新股 IPO 等应急性措施,都受到了业界的诟病。可见,在风险急剧发酵的时候,对具体风险的反应更需要监管协作和专业指导。

言,而且对那些诚信经营的机构而言,甚至是对整个国家而言,都存在着巨大的潜在收益。

因此,建立非政府性质的行业风险信息网站是一个可能的选择。此类网站不适合设在政府之下的原因是,行政机关的公权力性质使其不适宜发布与金融机构经营情况有关的信息,以免给金融消费者造成"政府担保"或"政府认定某机构的经营行为或某金融产品具有风险"的错觉。相关风险信息由政府公布也会对金融机构造成过大的压力。将此类行业风险信息网站设在行业自律性组织之下则是较为合适的选择。首先,行业自律性组织对本行业的风险情况较为了解,且具备一定的人力和物力,能够保障行业风险信息网站的正常运转。其次,行业自律性组织具有公益性质,一般是连接行政管理部门和会员单位的一个有效平台,能够在塑造良性的公共话语和阻断集体易得性差错方面发挥重要作用。最后,行业自律性组织能够通过自律规则对会员单位产生一定的约束力,并且在金融消费者群体中也有相对较高的公信度,故而可以在控制金融风险传播方面发挥更大的作用。

就行业风险信息网站的价值和功能来说,该类网站的核心价值是抵制由于认知偏差以及公共话语被扭曲所产生的集体易得性差错和不理智的行为,它的核心功能是将各种风险进行列表并评估风险发生的概率,或者给出与风险有关的概率范围。行业风险信息网站应当鼓励金融消费者与当前或者历史上出现过的相似情形作对比,并提供一些其他国家出现的类似风险、造成的后果及采取的应对措施等,以促使金融消费者更加理智地形成自己的风险偏好和判断。通过互联网的搜索引擎技术,使金融消费者能通过简单的关键字搜索到与风险事件相关的信息。如果对于某类或者某个新发生的或者十分复杂的事件难以给出风险发生的概率,也可以做到尽可能用通俗易懂的语言向金融消费者披露相关信息,或者给出适合某一风险等级的金融消费者投资的建议,以帮助他们对此类事件作出风险判断。当行业专家对某类产品或某个事件的风险评估存在不同意见时,行业风险信息网站也应当将参与评估专家的观点进行阐述,并尽可能简单明了地列举出现争议的实质性问题,同时开辟交互功能,使该风险信息网站的用户能够对这些针锋相对的观点进行评论。除了设在行业自律组织下的非营利型行业风险信息网站外,如果有机构愿意尝试以营利为目的来运营风险信息网站,这种尝试也不应该被禁止。参照目前在美国已经得到良好运营的信用调查所(credit bureaus)的范式,这类营利性的风险信息网站出于对利润的追求和对自身信誉的维护,可以在金融消费者作出重大投资决策之前,应金融消费者的请求进行一系列的专业调查并出具相应的风险报告,这实际上与咨询公司的做法十分类似。

公私合作(PPP)项目准入制度研究

曹 书[*]

【内容摘要】 PPP模式的项目准入制度是社会资本决定进入该领域的外部制度环境，也是政府选取适格社会资本方的规范基准。面对PPP模式的长期性与复杂性，需要以PPP项目制度的合作类型、适用范围界定、操作流程和评估制度四个方面为分析框架，为政府与社会资本方双向考量PPP项目内在价值与外部规则提供基本思路。

【关键词】 PPP合作类型　适用范围　操作流程　评估制度

一、引　言

　　PPP模式的项目准入制度是公私合作(PPP)项目顺利运行的基础制度。与传统政府采购模式相比，PPP模式的优势在于通过引入社会资本形成公共产品与服务供给体系多元化格局，破除公共事业领域自然垄断的市场结构，促使PPP项目的经营主体主动进行技术革新和管理创新，提高运营效率。由此可见，推动我国公用事业由非竞争性和非排他性向竞争性的转变，应成为PPP模式项目准入的总体导向。在由封闭到开放的市场结构下，PPP模式也存在长期性与复杂性的特征。具体而言，政府与社会资本方在进入PPP项目之前，皆需面对四方面问题，即在哪些领域开展PPP项目最为合适？PPP项目各方主体采取什么合作方式进入项目？PPP项目各方应遵照的操作流程是什么？PPP项目各方主体须符合什么条件才能进入？以这一问题意识为逻辑顺序，对PPP项

---

[*] 曹书，华东政法大学博士研究生。
　　［项目基金］江苏省高校区域法治发展协同创新中心重点课题(项目编号：QYFZFZ201504)。

目准入这一研究范畴的论证框架包括如下几方面：

（1）PPP模式适用范围界定。此为PPP项目准入的前提条件，主要考量PPP项目适用的客体范畴，明确社会资本进入的公共事业领域，通过国退民进和消除壁垒等方式降低社会资本的进入成本，此为政府与社会资本方进入PPP项目的逻辑起点；

（2）PPP项目合作类型的选取。此为PPP项目准入的形式要件，主要论证PPP项目各方主体的具体合作类型与背后所隐含的利益结构；

（3）PPP模式的操作流程。此为PPP项目准入的程序要件。鼓励和扶持社会资本进入适合该模式的公共事业领域，同时有一整套规范的操作流程作为保障。如此，社会资本方才能对PPP项目给予合理的预期，即通过对项目识别、项目准备、项目采购、项目执行和项目移交中各环节整体设计，保障社会资本投资回报和PPP项目社会性的实现；以竞争性强的准公共事业领域为试点，采用特许经营为主的运行方式，待制度成熟后将公共事业领域向社会资本开放，并以政府购买服务方式保障PPP项目营利性和社会性的实现；

（4）PPP项目评估制度。此为PPP项目准入的实质要件。评估制度贯穿PPP项目流程的始终，通过物有所值评价和公共财政承受能力论证，判断社会资本方的项目建议书是否可行，并通过对两种采购方式的比较，选定最合适的方式后，将最适合PPP项目的社会资本方筛选出来并签订项目协议，设立项目公司，促使合理定价，提高效率，并在PPP项目实施的各环节评估实效，及时调整与协商，最终实现PPP项目的社会性。

二、PPP项目准入的前提条件：适用范围的界定

PPP项目适用范围的界定是PPP项目准入制度的逻辑前提，该界定范围须具备科学性与层次性。2014年底国家发改委出台的《开展政府和社会资本合作的指导意见》（简称《PPP指导意见》）对我国PPP模式的适用范围进行界定。根据《PPP指导意见》，PPP模式主要适用于政府提供的公共服务和公共基础设施类项目，比如燃气、供电、供水、供热、污水及垃圾处理等市政设施、一级公路、铁路、机场、城市轨道交通等交通设施，医疗、旅游、教育培训、健康养老等公共服务项目，以及水利、资源环境和生态保护等。按照这个思路，各地新建市政工程以及新型城镇化试点项目，应优先考虑采用PPP模式。但是，《PPP指导意见》并未对社会资本进入特定公共区域内的具体公共事业行业的规模和数量进行细化。

一般而言，识别是否采用PPP模式，很大程度上取决于项目本身的性质，包

括建设运营所需经验技术的复杂性、用户缴费或政府支付的难易程度、公共事业刚性需求以及配套设施的规模、环境保护和公众对项目喜好程度等。① 例如,PPP 项目配套设施规模巨大,政府与社会资本方谈判耗时,社会资本前期投资占项目总投资的比例过大,融资成本偏高,无法通过物有所值评价。除非因此前的合作关系使谈判顺利进行,同时政府对社会资本方融资给予充分承诺,否则此类项目无法采取 PPP 模式。

公共事业项目的具体情形复杂多变,如果单纯依靠对某一项目具体性质的分析来判断 PPP 模式的可行性,识别效率将大幅度降低。同时,部分地方政府急于通过引入社会资本减轻政府财政压力,同时期望通过城市公用事业供给体系的多元化带动地方经济的发展,盲目扩容 PPP 模式可进入的公共事业领域,却未能基于供需平衡对社会资本的规模进行有效评估。政府的这一自利性偏好客观上加大了 PPP 项目识别难度。例如,在部分城市供水 PPP 项目中,政府对于市场需求预测过于乐观,导致 PPP 项目运营后的生产能力远远超过实际需求。在这种情况下,作为政府代理人的国有自来水厂,要么按照特许经营协议消化这些生产能力,要么需要关停其他水厂,导致出现巨额亏损。此外,原有的自然垄断公共事业领域因技术进步而为社会资本打开了进入的端口,为公共产品与服务供给与需求的分析增加了难度。例如,从技术角度看,城市供水、污水处理、管道燃气、集中供热、轨道交通等公用产品或服务的生产、传输和销售活动都是围绕管线和轨道展开的。这些管网和轨道网络资本密集程度高、资产专用性强,具有显著的自然垄断性特征。② 据此,传统观点认为,社会资本进入自然垄断性行业极其困难。但随着技术进步,城市公用产品的生产、运营和销售等各环节都可被完整分割,形成标准化的模块。可见,传统的自然垄断行业的蜕变为社会资本进入公用事业领域和重组公共产品与服务供给结构打开了缺口。因此,政府应综合考量上述因素,总结出客观的适合社会资本进入的 PPP 模式适用范围。

城市公用事业结构重组总体上可分为横向分割和纵向分离两种形式。横向分割是指在一定区域内,将包括基础设施网络在内的特定环节从整体中分割出来,形成新的城市公用事业运营实体。这种组合形式的优点在于能够继续享有纵向一体化的好处,同时为实现区域性竞争创造条件,但由于分割边界难以确定,容易造成规模经济损失;纵向分离是指对原有城市公用事业的产业环节进行

---

① 参见王梅:《市政工程公私合作项目(PPP)投融资决策研究》,经济科学出版社 2008 年版,第 50 页。

② 参见周阳:《基于公共利益的城市水务外商投资 PPP 模式及其应用研究》,经济科学出版社 2010 年版,第 34 页。

拆分,将生产、运营、销售等环节从基础设施网络中分离出来,形成以区域公共基础设施网络为核心的产业模块集合。这种分离与组合的方式可有效地运用市场竞争机制代替纵向一体化下的统一配置,有利于实现各个模块之间的有效竞争。① 需要指出的是,纵向分离后的公共基础设施网络仍在产业链条中居于垄断地位,它们仍可借助其市场地位对上下游环节榨取剩余,因此仍需要政府对公共基础设施网络进行有效规制。从经济发达国家的实践看,纵向分离可操作性强,是各国城市公用事业政府与社会资本合作的主要形式,对中国公共事业领域PPP模式的适用范围也具有较强的指导意义。

根据纵向分离的理念,可将公用事业领域分为基础设施网络型业务领域和无基础设施网络业务领域。对于无基础设施网络业务领域,如已铺设管道基础设施网络的城乡自来水、管道燃气等公用产品的生产、运营和销售环节,由于社会资本无须投入大量资金重新铺设管线,政府对该领域可以根据当地自来水和燃气的需求量在纵向和横向两个层面引入社会资本,形成充分竞争的市场环境。对于待进入社会资本数量充分的领域,可以采取政府公开招标为主;而对于需投入巨额资金重新铺设管线的自来水和管道燃气区域,在一定时期内仍需要借助国有资本和社会资本通过入股、补贴等合作形式展开 PPP 模式。待管道基础设施网络在该项目铺设完毕后,国有资本逐步退出,这种做法既能发挥社会资本的市场竞争优势,又能增强国有资本的运行效率。

三、PPP 项目准入的形式要件:合作类型的选取

在确定 PPP 项目适用范围后,接下来政府与社会资本方需要面对的共同问题是应采取何种合作类型作为项目各方的利益关系载体。2014 年 12 月 15 日,财政部、民政部、工商总局印发《政府购买服务管理办法(暂行)》(财综[2014]96号文件)。根据《政府购买服务管理办法(暂行)》界定的政府购买服务范围、购买主体和承接主体来看,该文件调整的购买对象既包括政府履职所需服务,也包括公共服务购买,它承接购买服务的社会力量主体覆盖 PPP 的社会资本范畴。② 随后,2015 年 5 月 19 日,财政部、发展改革委和人民银行联合发布了《关于在公共服务领域推广政府和社会资本合作模式的指导意见》(国办发[2015]42 号文件),该文件明确提出,在能源、交通运输、水利、环境保护、市政工程等特定领域

---

① 参见肖林、马海倩:《特许经营管理》,上海人民出版社 2013 年版,第 78 页。
② 参见《政府购买服务管理办法(暂行)》第 2、4、6 条。

需要实施特许经营的,按《基础设施和公用事业特许经营管理办法》执行。① 可见,财综〔2014〕96号文件和国办发〔2015〕42号文件是目前政府购买型PPP模式和特许经营型PPP模式的主要部门规章依据。根据《政府购买服务管理办法(暂行)》,现阶段我国政府向社会力量购买的服务内容主要包括政府向公众提供的一部分公共服务事项和政府履职所需要的服务事项两部分,前者属于公共服务购买,后者属于政府行政事务购买。

上述规章的出台标志着国家从宏观层次明确了在公共产品与服务供给领域推广政府购买型PPP和特许经营型PPP的发展路径,简称为双轨制路径。围绕着双轨制的PPP合作类型,国家发改委负责特许经营型PPP制度体系的设计与运行,中央财政部主导政府购买型PPP制度体系的建设。显然,如能从理论和实务两个方面明确区分特许经营型PPP与政府购买型PPP,PPP模式双轨制的推广将有利于部门之间明确职能分工,有效解决PPP多头管理的瓶颈,化解地方政府无所适从的现实问题。但当前我国PPP模式发展中普遍存在着概念泛化、认识模糊的问题,对公私合作模式双轨制中特许经营和政府采购这两个核心概念的边界划分也并不清晰。因此,当务之急是从理论层面考量特许经营型PPP和政府购买型PPP的类型化标准。

(一) 我国PPP模式合作类型的划分标准

类型化方法是科学研究中最基本的研究方法之一。该方法通过对众多经验的总结,突出共性或规律性事物,在理论上形成具有高度概括性和抽象性的概念工具,即类型化标准。该概念性工具对于利用类型掌握某类事物和解决实际问题具有重要意义。② 基于社会资本投资回报和项目风险分担在PPP模式中的核心地位,将之抽象成概念性工具,作为PPP模式类型化标准,应为最佳选择。具体而言,如果PPP项目由政府付费,项目风险由政府承担,那么该PPP项目应为政府购买型;如果PPP项目由用户付费,项目风险由特许经营者承担,那么该PPP项目应为特许经营型。

2014年12月2日,国家发改委发布了《国家发展改革委关于开展政府和社会资本合作的指导意见》(发改投资〔2014〕2724号文件),该文件将PPP模式的适用范围界定为经营性项目、准经营性项目和非经营性项目三种。③ 结合上文对公私合作模式双轨制的划分,可以得出如下结论:(1) 在我国,特许经营型

---

① 参见《关于在公共服务领域推广政府和社会资本合作模式的指导意见》第12条。
② 参见贾增春主编:《外国社会学说史》,中国人民大学出版社2001年版,第109页。
③ 参见《国家发展和改革委员会关于开展政府和社会资本合作的指导意见》(发改投资〔2014〕2724号)第三部分(二)。

PPP模式主要适用于经营性公共服务项目,经营性公共服务项目指具有明确收费基础且经营收费能够完全覆盖投资成本的项目,即适合采用用户付费机制回收成本的项目;(2) 政府购买型PPP模式适用于自然垄断性较弱,市场上可供选择的服务提供者较多但政府仍负有供给责任的非经营性基本公共服务领域,如基本医疗卫生、公共教育、公共文化、城市基础建设、环境保护、基本养老服务等。非经营性公共服务项目缺乏用户付费基础,具有很强的公共性和公益性,不宜产生利润,故而只能由政府付费。此外,还存在一种准经营性公共服务项目,包括"经营收费＞投资成本"项目和"经营收费≤投资成本"项目两类。对于前者,特许经营型PPP模式仍然适用。但对于经营收费不足以覆盖投资成本的项目,则需要建立投资、补贴与价格的协同机制,为社会投资者获得合理回报积极创造条件。[1] 当前,可选择的社会投资者回报协同机制包括特许经营附加政府缺口补助和公共投资方参股两种运作方式。

(二) 股权合作型PPP模式与特许经营型PPP、政府购买型PPP相分离的理据

在现阶段,我国PPP项目绝大多数属于准经营性公共服务项目。其中,"经营收费≤投资成本"项目大量存在,需要公共财政资金的前期参股或中后期补贴。这一类带有公共财政色彩的准经营性项目究竟属于何种PPP合作类型的适用范围呢?这一问题的答案目前还很模糊。同步产生的问题还有很多,比如公共财政资金的前期参股与中后期补贴哪种方式更能促进PPP项目效率的提升?公共财政资金参股的合作类型是否具有独立性?即,能否与特许经营型和政府购买型并列,成为第三种合作类型?这些问题虽极具中国特色,但仍可以找到可借鉴的国际经验。其中,最具借鉴意义的当属欧盟出台的《公司伙伴关系与共同体公共合同与特许法律绿皮书》(Green Paper on Public-Private Partnership and Community Law on Public Contracts and Concessions)。[2] 该文件将PPP模式分为纯合同形式(contractual public-private partnerships,简称CPPP)和制度化形式(institutionalised public-private partnerships,简称IPPP),前者指公共部门与私人部门仅通过合同关系,如特许经营合同、政府购买合同等的合作,后者则指公私部门共同成立一个实体(通常为PPP项目公司),并在实体内

---

[1] 参见《国家发展和改革委员会关于开展政府和社会资本合作的指导意见》(发改投资【2014】2724号)第二部分(二)和第四部分(四)。

[2] Green Paper On Public-Private Partnerships and Community Law On Public Contracts and Concessions,(COM/2004/0327 final). http://eurlex. europa. eu/LexUriServ/LexUriServ. do? uri = CELEX:52004DC0327:EN:NOT.

进行资本合作,即股权合作型 PPP 模式。① 此外,股权合作型 PPP 模式在我国已被广泛采用,主要存在于需要盘活存量国有资产和重大基础设施项目的新建、扩建,如水利工程建设、铁路投资建设等。② 该模式在实际运行中产生了大量亟待解决的问题。因此,从解决现实问题的角度考虑,将股权合作型 PPP 从 PPP 双轨制中分离出来,成为独立的 PPP 合作类型的做法有其必要性;从独立的理论依据角度考量,股权合作型 PPP 与特许经营型 PPP 和政府购买型 PPP 的分离也具有可行性。

因此,基于当前我国 PPP 发展现状,单靠特许经营型 PPP 和政府购买型 PPP 无法涵盖所有的公共服务项目。如果依据公共财政投入比重勉强将"经营收费≤投资成本"类项目并入特许经营型 PPP 或政府购买型 PPP,其结果会将日渐清晰的部门分工再次模糊化,重陷 PPP 多头管理的困境。但如能将股权合作型 PPP 从双轨制中分离出来,列为独立的 PPP 合作类型,将会在保持部门明确分工的前提下,通过富有针对性的体系设计解决该合作类型的制度障碍,促进运行效率的提升,保障 PPP 模式社会效果的实现。

(三) 三种 PPP 合作类型的利益关系

2015 年 4 月 25 日,国家发改委、财政部等 6 部委联合发布《基础设施和公用事业特许经营管理办法》(2015 年第 25 号令)。根据该规定,"特许经营实施机构应当与特许经营者签订特许经营协议,根据有关法律、行政法规和国家规定,协议可以约定特许经营者通过向用户收费等方式取得收益,向用户收费不足以覆盖特许经营建设、运营成本即合理收益的,可由政府提供可行性缺口补助或由政府授予特许经营者相关其他开发经营权益,特许经营协议应当明确价格或收费的确定和调整机制,双方当事人应当遵循诚实信用原则,按照约定全面履行合同。"③基于上述表述,我们可以将特许经营型 PPP 模式的流程及主要利益关系以图表的方式描述如下(见图 1、图 2):

---

① Public procurement: Commission Issues Guidance On Setting Up Institutionalised Public-Private Partnerships-Frequently Asked Questions, http://europa.eu/rapid/press-release_MEMO-08-95_en.htm.

② 国家发改委、财政部、水利部《关于鼓励和引导社会资本参与重大水利工程建设运营的实施意见》(发改农经[2015]488 号)、发改委、财政部、国土资源部、银监会、国家铁路局《关于进一步鼓励和扩大社会资本投资建设铁路的实施意见》(发改基础[2015]1610 号)等都特别强调鼓励社会资本以合资方式进入铁路、水利工程建设领域,运用股权合作推广 PPP 模式。

③ 六部委联合发布的《基础设施和公用事业特许经营管理办法》(2015 年第 25 号令)第 19 条、第 20 条。

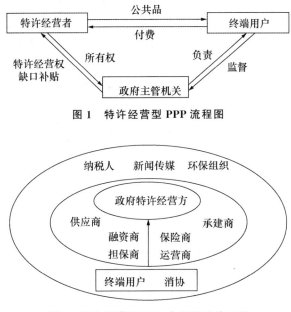

图 1　特许经营型 PPP 流程图

图 2　特许经营型 PPP 主要利益关系图

从图 1 和图 2 可以看出,社会资本方参与特许经营型 PPP 的基础是投资回报率的充分保障,这种保障性的来源包括终端用户付费和政府缺口补贴两个方面。正是基于特许经营型 PPP 模式独特的投资回报机制,各方利益相关者围绕各自的利益诉求形成了多层利益关系。利益相关者的概念是在 1963 年斯坦福学术研究所的内部报告中第一次提出来的,它是指那些能够影响组织目标的实现或被组织目标的实现所影响的个人或群体。在 PPP 项目中包括所有权层次的利益相关者、政府、项目发起方、私人股东、货款银行等。它可以划分为三个层次:第一、二层次是资产所有权与经营权分离层面的利益相关者,委托代理关系中的项目公司、公共机构、建设承包商、经营公司、担保公司、担保信托,第三层次则是社会关系层面的利益相关主体,包括基础设施使用者、社会资源拥有和使用者、纳税人、社会就业阶层等。进一步讲,以各利益相关者与特许经营型 PPP 项目的关联性为分类标准,可以将特许经营型 PPP 多层利益关系分为核心利益关系、一般利益关系和边缘利益关系三个层面,具体内容如下:(1) 因 PPP 项目营利性与公共性兼具的特殊性,政府与社会资本方基于特许经营权的让渡和项目资产所有权的移交行为,必然成为特许经营型 PPP 的核心;(2) 为履行项目合同,特许经营方需与金融机构、承建商、供应商、运营商、担保机构和保险公司等市场主体进行各种市场行为,它们之间所形成的利益关系则成为一般利益关系;

（3）游离于一般利益关系之外的终端用户、纳税人、新闻媒体、环保人士与部门等主体则基于项目公共性组成边缘利益关系。此外，因特许经营型 PPP 中的终端用户在行使公共品使用权的时候，还需履行付费的义务，从而使这一边缘利益关系参与者对核心利益关系有着比其他 PPP 合作类型更为强烈的利益诉求，对公共品的数量与质量有更高的要求。可见，多层利益关系的共生对特许经营型 PPP 模式的顺利运行具有突出的理论与实践价值，应被界定为特许经营型 PPP 的主要利益关系。依据唯物辩证法基本原理，在事物发展过程中，同一矛盾双方的力量是不平衡的。其中，起主导作用的方面是矛盾的主要方面，处于被支配地位的方面是矛盾的次要方面。特许经营型 PPP 的运行中，与其他层面利益关系相比较，多层次利益关系的共生状态对它的发展变化起主导作用，故被界定为该类型 PPP 的主要利益关系。

与特许经营型 PPP 相比，在政府购买型 PPP 中，社会资本方投资回报的唯一来源是政府公共财政付费；同时，在这一类型 PPP 中，终端用户只享有公共品的使用权，不承担对等义务，从而使它与政府和社会资本方形成的核心利益关系的关联性并不像特许经营型 PPP 模式那样紧密，对公共品的数量与质量的关注度也并不那么强烈。凯恩斯在《就业、利息与货币通论》中提出了动物本能概念（animal spirits），对人们的决策行为进行全新的解释。他认为，人们作出一项决策的原动力，除了成本与收益上的考量，还有伦理因素。并且，伦理因素在不同的意识形态下，有着巨大的差异性。"知足常乐"是我国千百年传承下来的处世之道，人们对免费的事物总是有着天然的包容，这反映在政府购买型 PPP 模式中，即表现为"对免费公共品的数量与质量的关注度也并不那么强烈"。终端用户与 PPP 项目松散的关联性导致社会资本方与政府主管机关之间形成的私益与公益的竞争与合作关系的凸显。具体而言，面对 PPP 项目资产最终须移交政府的结局，社会资本方放弃其他投资机会，将其巨额资金、核心团队、专有技术、管理经验等要素投入到运行周期如此之长的公共事业项目中，必然会有"成本—收益"的商业考量。在投资回报来源单一的政府购买型 PPP 项目中，社会资本方这一正当合理的商业利益诉求会变得更加强烈。① 社会资本方强烈的营利冲动并不是坏事，如果存在科学的激励机制及合理的配套制度，这种营利冲动对政府购买型 PPP 项目公共性的实现将起到极大的促进作用；相反，如果引导与监管不当，让社会资本方的营利性无限扩张，对政府购买型 PPP 项目公共性的实现将起到巨大的阻碍作用。因此，政府购买型 PPP 中的公私利益竞争和合作关

---

① 参见刘新平、王守清：《试论 PPP 项目的风险分配原则和框架》，载《建筑经济》2006 年第 2 期，第 55—63 页。

系(简称竞合关系)是该合作类型的主要利益关系。

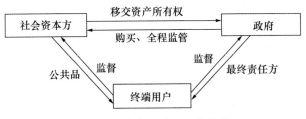

图3　政府购买型PPP流程图

与前两种PPP合作类型相比,股权合作型PPP有着最为独特的运行机制。具体而言,股权合作型项目公司由社会资本方和政府指定的公共投资方共同出资设立。与特许经营型PPP中政府缺口补贴不同,股权合作型PPP中的公共投资方作为股东,参与PPP项目公司的融资、建设、运营等全过程,并以国有股东的身份在项目公司内部与私人股东进行博弈。此外,股权合作型PPP模式既适用于经营性公共服务项目,又适用于"经营收费＞投资成本"和"经营收费≤投资成本"的准经营性项目。可见,在三种合作类型中股权合作型PPP适用范围最广。

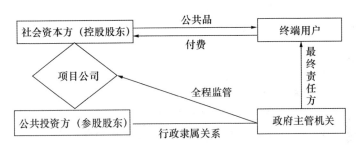

图4　股权合作型PPP流程图

在股权合作型PPP中,项目公司双重目标的实现路径与其他两种类型PPP区别显著。具体而言,在不完全契约理论下,股权合作型PPP项目公司双重目标的实现,不仅需依靠契约关系对权利义务的约束,还需重视现代公司治理结构对剩余控制权的合理配置。① 完全契约条件下的委托代理理论(或称激励理论)以及不完全契约条件下的财产权理论和交易成本理论是解释公司治理结构的重要理论工具。哈特认为,公司治理结构在不完全契约条件下对控制权的配置确实会发挥巨大作用。在公共投资方控股的PPP项目公司中,契约与非契约要素

---

① 参见〔美〕威廉姆森:《治理机制》,王建等译,中国社会科学出版社2001年版,第88页。

对社会资本方的投资回报的保障作用更加突现。在股权合作型 PPP 中,如果政府的投资占多数,社会资本的投资回报和经营自主权潜在的风险会被放大。因此,社会资本更加倚重契约与非契约对自身利益的保障作用。简言之,只有使契约约束与非契约约束相互补充,才能在股权合作型 PPP 项目公司控制权分裂中发挥治理结构的协调作用。因此,股权合作型 PPP 的主要利益关系应界定为契约与非契约的互补关系。

通过对特许经营型 PPP、政府购买型 PPP 和股权合作型 PPP 中主要利益关系的识别与界定,可以得出以下结论:政府与社会资本方应以具体合作类型中所倾向的利益结构为分析框架,结合项目实际情况选择最佳合作类型,为 PPP 项目准入的决策打下坚实的基础。

四、PPP 项目准入的程序要件:PPP 模式操作流程的规范化

规范的 PPP 项目操作流程对政府与社会资本方的项目准入决策有重大影响,因为该程序要件是项目各方合理期待的重要依据,而规范的程序能够让各方主体对未来的变更有预见的可能;相反,如若未来的变更不可预见,基于对项目不确定性的恐慌,政府与社会资本方作出进入 PPP 项目的决策将会越发困难。

2014 年 9 月 23 日,财政部颁布《财政部关于推广运用政府和社会资本合作模式有关问题的通知》(财金〔2014〕76 号),拉开了在全国范围内推广 PPP 模式的序幕。为规范 PPP 项目的识别、准备、采购、执行、移交等各环节的操作流程,2014 年 11 月 29 日,财政部印发了《政府和社会资本合作模式操作指南(试行)》(财金〔2014〕113 号)。该文件可以看做是对此前《财政部关于推广运用政府和社会资本合作有关问题的通知》的落实和细化。该文件的内容覆盖了 PPP 项目的全生命周期,通过对项目识别、项目准备、项目采购、项目执行和项目移交中各环节整体设计,对 PPP 项目的设计、融资、建造、运营、维护、终止和移交等方面的流程及实质内容进行了原则性规范。

我国 PPP 项目主要是以地方政府公开招标的方式迅速展开,并形成规模巨大的全国 PPP 项目库。但是,仅靠政府发起的单一方式推广 PPP 模式存在很多隐患。具体而言,我国目前更多还是按照传统工程项目的流程,采用 2000 年 1 月施行的《招标投标法》进行公开招标,但对 PPP 的物有所值评价、政府与企业的详细谈判重视不够。实践中,地方政府需等待社会资本方融资完成后,才签订正式的 PPP 合同,而不是依循国际通行做法,把融资环节放在项目执行阶段,

阶段	具体环节			
项目识别	项目发起	项目筛选	物有所值评价	财政承受能力论证
项目准备	管理架构组建	实施方案编制	实施方案审核	
项目采购	资格预审	采购文件编制	相应文件评审	谈判与合同签署
项目执行	项目公司设立	融资管理	绩效监测与支付	中期评估
项目移交	移交准备	性能测试	资产交割	绩效评价

图 5　PPP 项目操作流程图

但给社会资本在草签特许权协议后到正式签约之间的融资期过短,使项目融资成功率大幅降低。这种现象也从侧面印证了地方政府将 PPP 项目看成单纯缓解地方财政压力的工具。

我们目前没有专门针对 PPP 的法律,只有 2000 年施行的《招标投标法》和 2003 年施行的《政府采购法》。但是,这两部法律都以公开招标为主要方式,整个招标过程过于严格,没有给政企双方对长达数十年的合同足够的协商空间。如果能让目前存在但不规范、不透明的企业自提(unsolicited proposal)也作为 PPP 项目的规范和透明的立项方式之一,而不局限于现有的政府招标(solicited tendering)方式,必将激发企业的能动性和创造性,有利于 PPP 的发展。此外,政府应考虑项目类型(如基础设施,社会事业)、付费来源(如政府,用户)选用相应的采购方式。当然,根本解决办法是尽快出台统一的 PPP 法律,完善 PPP 项目的发起方法与采购流程。

(一) 企业自提项目的准入流程

PPP 项目企业自提具有独特的创新性,如能设计一套有效的企业自提管理程序,将对政府的项目开发能力起到极大的补充作用。企业自提(unsolicited proposal)是 PPP 项目初始发起的一种方式,该项目包括没有被邀请投标的项目、不在政府预算或政策框架范围内的项目、有刚性需求但目标尚未被有效识别的项目。企业自提项目的优势在于,社会投资方以自提的形式发起 PPP 项目,以期避免激烈的竞争过程,直接与政府就项目详细信息进行封闭式谈判,进而降低成本,提高效率。也正是因为企业自提方式的封闭谈判机制缺少足够的透明度与竞争,容易滋生腐败,因此该项目发起方式向来争议不断。但不可否认,某些情形下,企业作为单方发起人提起 PPP 项目确有必要性。例如,社会资本方因拥有项目所需关键技术的知识产权而形成"中标方归边";因项目微利或地理位置过于偏僻等原因导致项目投标方过少。在上述情形下,企业自提方式的价值就会凸显出来。①

政府要想发挥企业自提方式的优势,规避竞争性和透明度不足的劣势,关键是管理和设计企业自提方式的操作流程。在管理和操作 PPP 企业自提项目方面,目前国际上没有统一的标准。政府通常是就具体项目进行直接谈判,并可能同时涉及几个部门或机构的统筹。综合参考澳大利亚、韩国和我国台湾地区有关企业自提的管理和操作程序,企业自提操作过程主要可分为两个阶段:

第一阶段:从社会资本方向政府提出项目开始,到项目所有内部评估完成,做好公开招标前的一切准备。具体而言,社会资本方首先向政府主管部门提交一份项目初步建议书;随后,政府部门经过初评给出初步反馈意见,包括该项目是否符合公众利益和国家及地方的基础设施发展规划等。在审查过程中,政府部门可能会要求社会资本方提交更多的关于法律、财务可行性及环境方面的分析报告,社会资本方需承担相关费用;如果项目初步建议书和可行性分析报告审查通过,社会资本方会收到正式的确认文件,同时需要继续完成项目建议书,完善事项包括:社会资本方实施和运营项目的能力、技术可行性研究、总投资估算及财务计划、运营收入及费用计划、项目论证、环境与社会影响分析等。有些国家还会要求在这一阶段提交投标保证金,以保证社会资本方自提项目的可靠性。

第二阶段:如果补充完善后的正式项目建议书获得批复,项目将进入公开招标阶段,旨在发掘不同于项目原始发起人所提出的有益的方案。当企业自提项目进入公开招标程序后,最常见的是"瑞士挑战"(swiss challenge)模式。该模式下,原始发起人没有预先设定的额外奖励分,但是有权利与其他更优报价的投标进行一对一的比较竞争。具体而言,在相关法律的框架下,项目会被正式提上议程并宣布公开招标;原始项目发起人需要提交与招标文件中规定的其他投标人相同的投标保证金。该投标保证金旨在保证原始发起人确实有意完成项目。政府部门有权公布原始发起人提交的项目建议书中的相关信息;当一个较低的投标报价出现时,原始发起人可以在 30 个工作日内相应调整自己的报价,以匹配最优报价;如果原始发起人没有相应调整报价,则最低报价的投标人将中标;如果另外的投标人给出了更低的报价的同时,原始发起人相应地调整了报价,则应由专门委员会针对双方的技术方案给出推荐意见。该专门委员会须包含一定数量的专家代表,以保证其专业程度。有些国家会给原始项目发起人额外的技

---

① 参见韩国战略与财政部发布:《公私合作 PPP 模式 BTO 项目物有所值测试指南细则》,2010 年版,第 24 页。

术分或商务分。待最终中标社会资本方确定后,中标人都需要补偿项目原始发起人的开发费用,通常这一费用会在招标文件中说明。

当然,瑞士挑战模式在制度设计上给了竞争者合理的中标机会,但在实务中,如果竞争者拥有和项目原始发起人同等的中标机会,原始发起人知道自己很容易被淘汰,他们自然就不愿意再花时间和金钱提出更多自提方案。因此,如何让企业自提方式更具活力,仍须深入研究。此外,企业自提项目的历史遗留问题也会对该发起方式的推广造成影响。例如,多年前福建省泉州市刺桐大桥PPP项目就是采用企业自提项目建成,这种历史问题在企业自提项目的推广与识别中如何解决,仍须认真考量。

(二) PPP项目采购的准入流程

2015年12月31日,财政部发布《政府和社会资本合作项目政府采购管理办法》(财库〔2014〕215号,下称《PPP项目采购办法》),对之前财政部印发的《操作指南》所规定的PPP项目采购流程进行进一步规范。

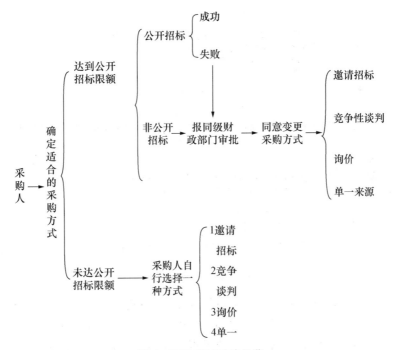

图6 PPP项目采购总览

项目实施机构应根据项目需要准备资格预审文件,发布资格预审公告,邀请社会资本和与其合作的金融机构参与资格预审,验证项目能否获得社会资本响应和实现充分竞争,并将资格预审的评审报告提交财政部门(政府和社会资本合作中心)备案。项目有三家以上社会资本通过资格预审的,项目实施机构可以继续开展采购文件准备工作。项目采购文件应包括采购邀请、竞争者须知(包括密封、签署、盖章要求等)、竞争者应提供的资格、资信及业绩证明文件、采购方式、政府对项目实施机构的授权、实施方案的批复和项目相关审批文件、采购程序、响应文件编制要求、提交响应文件截止时间、开启时间及地点、强制担保的保证金交纳数额和形式、评审方法、评审标准、政府采购政策要求、项目合同草案及其他法律文本等;资格预审公告应包括项目授权主体、项目实施机构和项目名称、采购需求、对社会资本的资格要求、是否允许联合体参与采购活动、拟确定参与竞争的合格社会资本的家数和确定方法,以及社会资本提交资格预审申请文件的时间和地点。提交资格预审申请文件的时间自公告发布之日起不得少于15个工作日。①

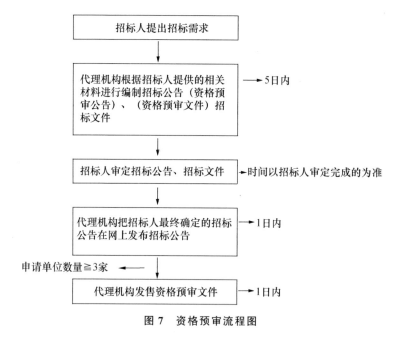

图 7　资格预审流程图

项目通过资格预审的社会资本超过 3 家的,可进行正式公开招标或邀请招标方式采购 PPP 项目。在公开招标环节中,项目实施机构需建立方案评审小组。评审小组由项目实施机构代表和评审专家共五人以上单数组成,其中评审专家人数不得少于评审小组成员总数的 2/3。评审专家可以由项目实施机构自

---

① 参见张家瑾:《我国政府采购市场开放研究》,对外经济贸易大学出版社 2008 年版,第 67 页。

行选定,但评审专家中应至少包含一名财务专家和一名法律专家。项目实施机构代表不得以评审专家身份参加项目的评审。此外,项目实施机构应成立专门的采购结果确认谈判工作组。按照候选社会资本的排名,依次与候选社会资本及与其合作的金融机构就合同中可变的细节问题进行合同签署前的确认谈判,率先达成一致的即为中选者。谈判不得涉及合同中不可谈判的核心条款,不得与排序在前但已终止谈判的社会资本进行再次谈判。[①] 确认谈判完成后,项目实施机构应与中选社会资本签署确认谈判备忘录,并将采购结果和根据采购文件、响应文件、补遗文件和确认谈判备忘录拟定的合同文本进行公示,公示期不

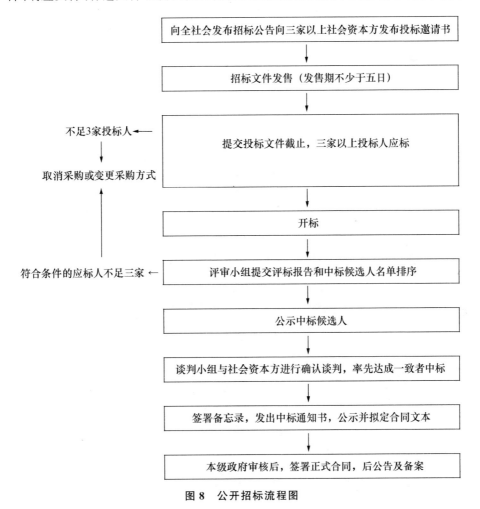

图8 公开招标流程图

---

① 参见《政府购买服务管理办法(暂行)》第2、4、6条。

得少于五个工作日。对于公示期满无异议的项目合同,应在政府审核同意后,由项目实施机构与中选社会资本签署。对于需要为项目设立专门项目公司的,待项目公司成立后,由项目公司与项目实施机构重新签署项目合同,或签署关于承继项目合同的补充合同。①

项目通过资格预审的社会资本不足三家的,项目实施机构应在实施方案调整后重新组织资格预审;项目经重新资格预审合格社会资本仍不够三家的,可依法调整实施方案选择的采购方式,如竞争性谈判和单一来源采购。②

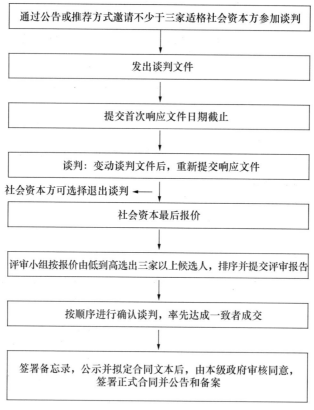

图9 竞争性谈判流程图

---

① 参见《关于在公共服务领域推广政府和社会资本合作模式的指导意见》第12条。
② 参见《国家发展和改革委员会关于开展政府和社会资本合作的指导意见》(发改投资〔2014〕2724号)第二部分(二)和第四部分(四)。

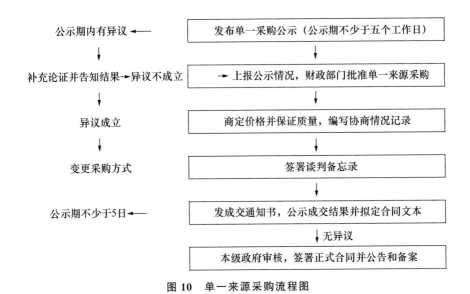

图 10　单一来源采购流程图

五、PPP 项目准入的实质要件：物有所值与公共财政承受能力评估

在对合作类型、适用范围界定和操作流程进行论证后，政府与社会资本方需面对 PPP 项目准入的实质问题，即各方主体需符合什么条件才能进入 PPP 项目。为此，PPP 项目准入制度中设计了物有所值测试与公共财政承受能力论证两种评估标准，分别针对社会资本方与政府的资质予以量化评测，其评估结果是各方能否进入 PPP 项目的实质要件。

（一）物有所值测试（VFM TEST）

物有所值评价是指评价 PPP 模式与政府传统采购模式相比是否更物有所值，而非评价项目本身是否物有所值，包括定性评价和定量评价。定性评价重点关注项目采用政府和社会资本合作模式与采用政府传统采购模式相比能否增加供给、优化风险分配、提高运营效率、促进创新和公平竞争等。定量评价主要通过对政府和社会资本合作项目全生命周期内政府支出成本现值（PPP 值）与公共部门比较值进行比较，计算项目的物有所值量值，判断政府和社会资本合作模式是否降低项目全生命周期的成本。①

---

① 参见《国家发展和改革委员会关于开展政府和社会资本合作的指导意见》（发改投资〔2014〕2724号）第三部分（二）。

1. 物有所值测试基本内容[①]

一般来说，物有所值评价至少应当包括下列内容：

第一，PPP项目基本概况。项目基本概况主要包括基本情况、经济技术指标和项目公司股权情况等。基本情况主要明确项目提供的公共产品和服务内容、项目采用政府和社会资本合作模式运作的必要性和可行性、以及项目运作的目标和意义。经济技术指标主要明确项目区位、占地面积、建设内容或资产范围、投资规模或资产价值、主要产出说明和资金来源等。项目公司股权情况主要明确是否要设立项目公司以及公司股权结构。

第二，物有所值评价依据。物有所值评价报告应明确说明物有所值评价的依据及所做的假设：产出说明、用于计算PSC的政府传统采购模式、计划采用的PPP运作方式、计划的风险分配等等。

第三，物有所值定性评价。定性评价应从项目特性（是否适合PPP、能否被监管、如何支付、对社会资本的吸引力）、市场条件（社会资本的参与能力、可融资性）和政府能力（运作PPP项目的能力、财政承受能力）、预期效益等四个方面进行。采用专家评分法，该方法分两步进行：第一步进行问卷评分，要求专家对事先设计的问卷进行独立的评分；第二步评审小组进行评审，集中专家进行讨论并作出结论。问卷由定性评价组织者负责制定，与相关资料一起提前发送给专家。相关资料应能满足专家评分的需要。参加问卷评分的专家不应少于五人，从中挑选参加评审小组的专家。评审小组由项目实施机构代表和评审专家共五人以上单数组成。评审专家中应至少包含一名项目管理专家、一名技术专家、一名财务专家和一名法律专家，并且具有PPP和传统项目采购模式方面的专业知识和经验。评审专家可以由项目实施机构自行选定，但项目实施机构代表不得以评审专家身份参加项目的评审。物有所值评价应提供的详细内容，包括定性评价基本指标及权重、补充附加指标及权重、评审专家组的构成、评价结果及解释。

第四，物有所值定量评价。定量评价主要通过对政府和社会资本合作项目生命周期内估计的政府费用支出的现值（影子报价）与公共部门比较值进行比较，计算项目的物有所值的初步估计值，判断政府和社会资本合作模式是否降低项目全生命周期的成本。根据国家或省级、行业建设主管部门颁布的有关计价依据和办法，以及拟定的采购文件和风险分配方案，结合项目具体情况估计公共部门比较值（PSC）。定量评价一般假设政府具备开展项目的条件，只是选择哪种采购模式更经济有效。如果政府只具备采用PPP模式但不具备采用传统采

[①] 参见中央财政部《PPP物有所值评价指引（试行）》，2015年12月28日。

购模式进行项目的条件,则采用 PPP 模式使项目早日投产运营带来的社会效益可以冲抵部分成本,从而提高物有所值。物有所值定量评价经由财政部门形式审查通过后进入项目准备阶段。

第五,公共部门比较值(PSC)的估算应遵循下列原则:(1) PSC 必须体现政府按项目大纲中规定的性能规格交付服务的全部成本。也就是说,它必须反映整个合同期中政府部门提供服务所发生的风险调整后的全部现金流;(2) PSC 中的现金流应该按政府采用最有效提供服务的方式进行估计;(3)合理估计与风险相关的所有费用,并加到相关年份的现金流量之中。必须明确政府的自留风险和计划转移给 PPP 开发商的风险;(4) 选择合适的折现率,由于项目风险都包括在有关年度的现金流之中,从而在现金流量折现分析中分子是现金流量期望值,而不是在折现率(分母)中增加的风险补偿。在综合考量物有所值定性评价和定量评价的结果后,得出物有所值评价结论。

2. 物有所值测试操作流程[①]

通常情况下,物有所值测试可被划分为如下阶段:可行性评估阶段、私人主动融资(PFI)的物有所值评估阶段和私人主动融资(PFI)替代方案的建立阶段。在可行性评估阶段中,相关项目的可行性被评估,主要集中于经济可行性方面。如果评估阶段的实施可行性能够保证,那么该项目将进入融资阶段进行私人主动融资评估,即通过物有所值中的公共部门比较值和私人主动融资分析,确定私人主动融资项目是否比公共部门财政项目更合适。在私人主动融资(PFI)替代方案阶段,基于融资阶段的分析,政府方的项目成本和运营成本被大幅消减,政府财政补贴的规模通过资金盈利能力附加分析被估算出来。具体内容如下:

第一阶段:投资决策的可行性评估

为对项目可行性做出准确评估,评估机构需要分析该项目的基本数据,并确定一个具备参考价值的项目。评估项目公共需求的基本数据在评估公共需求的整个过程中都具有实用性。基本数据的分析通常由以下几个方面构成:当前社会经济指标状态分析、当前与公共交通相关的设施状态分析和相关计划分析。其中,当前社会经济指标状态须借助统计年鉴中相邻项目涉及的人口、家庭、上学与通勤人数、登记机动车数等数据进行分析;当前与公共交通相关的设施状态分析则是通过检查附近地区,诸如公路和铁路等公共交通设施的当前状态得出可靠数据,这对确定当前交通状况的显著特征有很大帮助;相关计划分析是对交通事务相关的高级计划和相邻项目的当地计划展开评估。

具备参考价值的项目确定是为项目可行性评估和物有所值测试确定范畴的

[①] 参见财政部于 2015 年 12 月 28 日颁布的《PPP 物有所值评价指引(试行)》。

过程。其中,政府招标的参考项目是通过主管机关制定的基本计划或设计的范畴而确定下来;企业自提的参考项目则是通过私人部门提交的项目建议书中所阐述的项目范畴所确定。

一旦参考项目被确定下来,相关机构需依据该参考项目进行可行性评估。可行性评估是为了评估该项目经由可行性评审是否已经达到了国家经济所亟需的水平,公共财政项目也需经历这一可行性评审。如果经过可行性评估得出该项目可行的结论,那么 PPP 的物有所值评估工作即可进入第二阶段。

第二阶段:私人主动融资决策的 PPP 物有所值评估

PPP 物有所值评估是为了估算在参照项目中公共部门采用 PSC 模式和 PFI 模式而在全寿命期内产生的成本比值。如果经过估算,在 PFI 项目中政府成本额小于 PSC 项目中的政府成本额,那么 PFI 项目将是物有所值的。

PPP 物有所值测试分为物有所值定量分析和定性分析两方面。PFI 模式是否达到物有所值标准则由物有所值量化分析和定性分析所得数据综合考量而定。

第三阶段:私人主动融资替代方案和奖励积分的确定

如果一个项目业已通过作为可行性评估或物有所值的测试,那么接下来就需要确定 PFI 替代方案等事宜。通过替代方案,项目总成本和运营成本将变得更加合理,PSC 模式与 PFI 模式估算出的成本、回报率和政府补贴的程序在关于敏感度等方面的分析中都将得以诠释。

对于企业自提项目而言,还存在一种奖励积分的比率估算问题。这一比率通过对所建议商业计划的适当程度和物有所值量化评估而被估算出来。对建议书内容适当性的评估是为了给项目实施提供相关必需的知识和必要的预防措施,并检验私人部门建议书内容的真实性和实施项目的能力。建议书内容的每一项具体事宜的适当性级别被分为 A、B、C、D、E 五档,一份建议书适当性的评级越高,即被视为与政府中长期计划和 PPP 相关计划的契合度越高,并据此给予一定比例的奖励积分。

3. 企业自提项目的物有所值测试——韩国的经验①

考虑到企业自提项目的重要补充意义,物有所值测试指南的设计理应有专门针对企业自提项目所设计的内容。另外,随着 PPP 项目运行的逐步成熟,通过修改建议书相关部分而将企业自提项目转为公共财政项目的案例必将出现,而一些政府财政项目也以政府采购项目的模式实施。因此,建构一整套针对各类项目实施方式的物有所值测试方法实为当务之急。关于企业自提项目的物有

---

① 参见韩国战略与财政部发布:《公私合作 PPP 模式 BTO 项目物有所值测试指南细则》,2010 年版,第 55—70 页。

所值测试,韩国经验值得借鉴。

韩国企业自提项目分为用户付费型(BTO)和政府付费型(BTL)两种。为了简单形式下的企业自提项目物有所值测试的顺利进行,韩国公私基础设施投资管理中心(KDI)设计了 PSCP 模式。该模式因 PSC 模式应用于 PFIP 模式应运而生,这一模式下的项目建议书由私人部门提供。PSC 是指公共部门比较值;PFI 是指社会资本主动融资项目。P 是 private 的缩写,它所代表的意思是参照项目因私人部门的建议而产生。但是,这种可以适用 PSC 模式和政府招标的企业自提参照项目需经主管机关的批准而确立。为企业自提项目而设计的 PSC 模式是在主管机关对一个企业自提项目所涉及的长度、起始处、终点处和路线的衔接处或其他事项进行部分修改而要求分析其影响后得出的选择之一,这一选项的目的是为企业自提项目设计一个以政府招标为假设的独立的参考项目。因此,PSCG 和 PFIG 均应被评估。其中,G 的意思是该参照项目由政府确立。对企业自提项目而言,PSCP、PSCG 和 PFIG 模式在测试的过程中均需被评估,但 PFIP 模式因课题组需以私人部门确立的 PFI 模式为基础而确定建议书的内容,故 PFIP 模式不在评估之列。

表 1　物有所值测试分析的可选模式确立

项目类别	公开招标	可获得 PSC 的公开招标项目	企业自提
PFI	PFIP（社会资本方提供）	PFIP（建议书）	PFIG（专家组评估）
		PFIG（专家组评估）	
PSC	PSCP（专家组评估）	PSCP（专家组评估）	PSCG（专家组评估）
		PSCG（专家组评估）	

为了顺利实施企业自提项目,韩国主管机关对私人部门提供的建议书进行了物有所值测试或建议书评审。虽然 PPP 法案基于项目规模而对物有所值测试和建议书评审做了区分,但这两个测评的分析方法和分析范畴是相同的,PPP 法案的相关规定包括:(1) 如果项目总成本不少于 2000 亿韩元,需进行物有所值测试;(2) 如果项目总成本少于 2000 亿韩元,需进行建议书评审。

韩国公私基础设施投资管理中心被指定为对物有所值测试和建议书评审展开研究的学术调研机构,但两种评测方式的预算承担机关略有不同。具体而言,物有所值测试的预算由战略与财政部在给公私基础设施投资管理中心的物有所值测试预算中列明,而建议书评审的预算则由主管机关承担。公私基础设施投资管理中心需遵照企业自提项目的实施程序,并在预算范围内进行物有所值测试和建议书评审。该中心的研究成果将应用于两种评测方式。

在企业自提项目进行物有所值测试的同时,参照项目就成为私人部门建议书的一部分。一项公共部门比较值(PSC)将以项目概述、设计细节和私人部门建议书的其他细节为基础被估算出来。如果在私人部门建议书中涉及规划、设

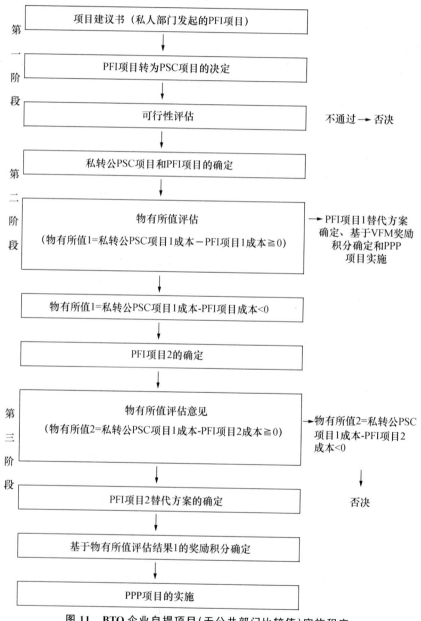

图 11　BTO 企业自提项目(无公共部门比较值)实施程序

计、成本等内容被忽略了,且该忽略内容对项目有重大影响,那么因该忽略内容被排除或忽略内容被包含所形成的选项均可通过公共部门比值进行考量。物有所值测试需以忽略被排除所产生的选项为基础采用类比的方式展开,但私人主动融资替代方案的确定需以忽略被包含所产生的选项为基础而准备。

(二) 公共财政承受能力论证

尽管 PPP 模式被认为是一条极具效率且能够解决当前政府财政负担过重与公共事业需求扩大问题的途径,但是,如果 PPP 项目针对的主要是兼有非排他性和非竞争性的纯公共产品或服务供给领域,那么审批并通过该 PPP 项目除了可引入社会资本,还将因政府付费保障社会资本回报而增加政府的直接财政支出或隐性债务。故政府付费型 PPP 模式只有被限定在公共财政预算范围内才能发挥其积极作用。[①] 因此,在政府付费型 PPP 模式开展初期,就应重视政府财政承受力的论证,将每年因 PPP 项目而引起的财政支出从总量上给予限制,防止 PPP 模式成为地方债务的"隐形雷区",并应重点关注以下几方面问题:

第一,宏观统筹债务总额,微观调控地方债务配额。为防止 PPP 项目盲目扩展并加剧中央和地方财政收支失衡,中央政府应当充分考虑设置财政承受总额,根据各地方财政负债具体情况,合理控制地方财政配额,明确 PPP 项目财政支出责任主体,限制每个财政年度的 PPP 项目财政支出规模,并将限额与区域经济发展水平挂钩,进行浮动匹配。例如,让每年政府 PPP 项目审批总额与经济发展状况提高或降低相匹配,达到减轻政府财政支出压力,缓解公共事业供给与需求的矛盾。

第二,PPP 项目纳入预算,并作为财政专项支出列入年度预算表中。在我国公共财政体系的改革中,需明确将公私合作项目中的政府负担部分纳入到公共预算中,通过当年财政承受力衡量 PPP 项目的可行性。社会资本方的投资回报来源于两个方面,一是社会公众的缴费,二是政府付费。在政府付费 PPP 项目中,只有将 PPP 项目周期长、见效缓的特性与我国当前强调的中长期预算制度结合,并确保 PPP 模式中政府财政的承受力,才能达到对政府财政收支的有效控制和社会资本投资回报的落实之两重目的。

第三,重视其他政府财政债务解决方式的疏导作用。近年来,政府公共财政收支失衡加剧了地方政府性债务风险。具体而言,为应对 2008 年全球金融危机对我国的冲击,中央决定加强地方财政支出的能力,从而启动了中央代发地方债和地方政府投融资平台两个融资项目,其中地方政府投融资平台所产生的地方

[①] 参见杨志文:《探索财政出资的 PPP 新模式》,载《西部财会》2013 年第 8 期。

政府性债务,在"十一五"时期和"十二五"时期持续增加,地方政府投资能力与投资总需求的不对称所产生的缺口,又进一步加大财政收支结构失衡产生的矛盾。① PPP 模式能够在一定程度上缓解地方政府性债务问题,但由于 PPP 总量需要限定在一定可控范围内,因此其发挥的作用也是有限。再者,PPP 模式主要解决的是增量债务,对于存量债务作用较小。当前地方政府土地财政和投融资平台已经被证明非可持续的解决财政方法,但地方政府筹措解决政府债务的合法渠道不多,导致对 PPP 模式缓解地方政府性债务的功能被人为放大。因此,政府在 PPP 模式推广的基础上,还须进行制度创新,推出其他缓解地方债务问题的举措,如落实发展地方债务置换,理顺匹配各级政府财权、事权等。如此多方结合,方能切实解决地方政府性债务产生的实际问题。

此外,广义的社会资本方准入制度还应包括退出与替代制度。一方面,该制度防止社会资本方在城市公用事业利润下降时,被更优的投资机会吸引任意退市,造成城市公用产品或服务供给主体缺失和价格波动;另一方面,在 PPP 项目实际不能履行的背景下,应允许社会资本方有计划地退出。否则,社会资本方将因风险过高而不愿进入 PPP 项目。

---

① 地方政府性债务是指:地方政府、经费补助事业单位、公用事业单位、政府融资平台公司或其他单位等直接借入、拖欠或因提供担保、回购等信用支持责任,因公益性项目建设形成的债务等。

第四编　国有经济参与法律制度

国有企业从资源优势走向竞争优势的法律抉择

——以我国民航业市场化改革为样本

贺大伟[*]

【内容摘要】 党的十八届三中全会重启了全面深化改革的伟大议程，为经济体制改革中的国有企业改革设定了总目标，在此时代背景之下，国有企业从资源优势向竞争优势的转型成为继续深化改革的重要维度之一。基于进一步打造国有企业核心竞争优势的战略目标，如何进一步发挥经济法律制度的绩效，成为经济法尤其是国有经济参与法的潜在使命。国有企业的改革是一项系统性工程，改革成败的关键不仅仅在于国企本身，同时更需在经典理论指导下，结合包含政治、经济、文化、体制、社会结构等多重因素在内的本国国情，找出一条符合自身实际的发展道路，培育基于中国本土理论和实践特征的国有企业核心竞争优势，以为国企改革注入全新的动力。以此为线索，政党政治引领下的资源配置市场化改革和国有企业混合所有制改革正在经由个案性的试点实践上升为规范性的行动纲领。在此基础之上，经济法应当设计出相匹配的制度安排，以期在确认改革成果的基础之

---

[*] 贺大伟，华东政法大学博士研究生。

上,力争以规划改革方向为更高价值取向。

【关键词】 国有企业 资源优势 竞争优势 资源配置市场化改革 混合所有制改革 经济法

一、问题的提出

2016年7月20日,做为全球企业竞争力评价指标体系中最具影响力的商业杂志之一,《财富》杂志发布了最新一期的世界500强企业排行榜榜单①。在这份榜单中,美国零售业巨头沃尔玛公司连续三年蝉联第一,2015年营业收入达4821亿美元;我国的国家电网公司、中国石油天然气集团公司和中国石油化工集团公司紧随其后,分列第二、第三和第四位;同时,中国上榜公司总数量继续增长,由2015年的106家增加至2016年的110家(内地103家,港澳台7家)。这份榜单的发布,一方面客观反映了我国经济融入全球经济一体化的历史进程,体现了我国企业军团在向国际市场迈进过程中所取得的优异成绩,但另一方面也在一定程度上暴露出我国经济发展过程中的若干深层次问题,体现在:第一,上榜企业性质方面,在103家上榜的内地企业中,民营企业不足15家,其他企业均为国有企业;第二,上榜企业行业分布方面,相较于欧美国家以高科技、服务业为主导的行业分布,我国入围榜单的企业仍然大多分布在石油、金融、电力、钢铁、汽车、煤炭、有色金属等领域,榜单前5位中虽有3家中国公司,但均为能源产业,自然资源依赖态势明显;第三,上榜企业盈利能力方面,盈利结构不匹配情况凸显,譬如,一方面,金融企业利润丰厚,我国上榜的10家银行的总利润占103家中国内地上榜企业总利润的55%,另一方面,资源依赖型企业和制造业盈利能力薄弱,包括有色金属和钢铁企业在内的六家金属行业的中国企业,总计亏损达21亿美元,而6家汽车制造企业(上汽、东风、一汽、北汽、广汽和吉利等)的总计盈利尚不如美国两家车企(通用汽车和福特汽车)的利润之和。

---

① 20世纪80年代以来,许多国家都通过政府与企业合作建立了自己的竞争力研究机构,构建了企业竞争优势评价的指标体系,比较有影响的是世界经济论坛(WEF)、瑞士洛桑国际管理开发学院(IMD)的评价体系,以及联合国工业发展组织(UNIDO)的工业竞争力评价指标体系。一些国际性杂志也建立了自己的指标评价体系,定期对世界各国企业竞争力进行打分和排名,比较有影响力的是《财富》《商业周刊》和《福布斯》等三家杂志。其中,做为世界上最有影响力的商业杂志之一,《财富》杂志自1954年起,便开始以严谨的评估推出全球最大500家企业的名单,"全球500强排行榜"从此产生了巨大的影响,以至于超越了国家、民族、文化而成为全球经济的一个标准,迄今为止,就影响力而言,尚未有任何一家媒体的排行榜能望其项背,这一排名已成为世界知名企业用来判断自身实力、规模和国际影响力的重要指标,也是世界经济状况极具权威性的晴雨表。

总体而言,这份衡量全球大型公司的最著名、最权威的"终极榜单",在展现全球企业竞争力排行的同时,也在一定程度上成为一国经济发展态势的晴雨表。其中,我国上榜企业的各项数据,凸显了我国企业在走向全球过程中,国有成分占据绝对主导地位,并且以资源依赖型国有企业为主,真正衡量一国经济发展水平的制造业企业数量较少,且现阶段仍大而不强[1],更为关键的是,国有企业所取得的市场优势多是来源于资源占有的优势,从一定意义讲是政治优势或政策优势,亟待进一步改革转型。无疑,这对于重启改革背景下我国的新一轮国企改革也具有一定的参考意义。根据十八届三中全会所确立的改革路线图与时间表,我国到2020年将实现各种市场资源主体公平分配、公平享有与公平受保护[2],如此,届时国有企业的资源获取优势将不复存在。国有企业唯有痛下决心,实现从资源优势向竞争优势的转型,从既有的资源优势中走出来,充分享受市场带来的冲击,培育真正属于国企自身的核心竞争优势,方能实现十八届三中全会所确立的新一轮国企改革的目标!

问题是,在重启改革进程的时代背景之下,如何实现国有企业从资源优势向竞争优势的转型?如何进一步打造国有企业的核心竞争优势?如何进一步发挥经济法律制度尤其是国有经济参与法律制度的绩效,以助推新一轮的国企改革?基于这些问题,本文拟以国有企业核心竞争力的养成为视角,力争深入剖析法律制度尤其是经济法律制度与新一轮国企改革的辩证关系,以及在此过程中所应承担的历史使命。

需说明的是,根据不同的管理层级,我国的国有企业可以划分为中央国有企业和地方国有企业;根据国有企业功能界定与分类的划分标准,国有企业在未来将被区分为商业类国有企业和公益类国有企业,其中,商业类国有企业又进一步被区分为主业处于充分竞争行业和领域的商业类国有企业,以及主业处于关系国家安全、国民经济命脉的重要行业和关键领域、主要承担重大专项任务的商业类国有企业,后者包含自然垄断行业。其中,在我国经济社会发展中,民用航空业具有特殊的地位和作用,并常被归入自然垄断行业作为研究样本。从经济法的视角分析,我国的民航业受国家的财政、税收、价格、产业政策等宏观调控政策影响较大,与宏观调控法密不可分;在市场秩序规制法和竞争法领域,与反垄断、反不正当竞争、消费者权益保护以及产品质量法等市场秩序规制法息息相关;民航业中的国有经济成分和国有企业更常常是国企改革的缩影,需依照国有经济

---

[1] 为了保持数据的客观性、代表性,本文通过对2010—2015年度《财富》世界500强榜单的分析,也可以得出与2016年榜单类似的结论。

[2] 参见《中国共产党第十八届中央委员会第三次全体会议公报》。

参与法予以调整;加之民航业天然具有"国际性",其全球化的航线网络和经营特征,自然而然需受到对外经济管制法的规范;此外,民航业与金融业密切相关,航空飞机发动机的买卖与租赁、燃油套期保值等金融行为的开展,需以包括金融监管在内的市场运行监管法为行为合规与否的准则。新中国成立以来尤其是改革开放以来,民航业已然成为我国经济体制改革的见证者和参与者,并越来越多地发挥着国民经济社会发展"体温计"的功能。因此,本文拟选取我国民航业市场化改革中的相关案例为分析对象,尤其以民航业中的中央国有企业的改革实践为研究案例,来分析总结国有企业从资源优势向竞争优势转型的法律路径。

二、从资源优势走向竞争优势
——新一轮国企改革的界碑

(一)国有企业从资源优势走向竞争优势的逻辑起点

1. 基于政府与市场关系的重构

我国的国有企业改革从来不是孤立存在的,而是随着经济社会发展的历史进程而被深深嵌入改革开放的实践之中,并将随着重启改革的历史进程而持续推进。究其根源,在于我国的国有企业及其改革具有不同于西方国家的独有特征,国有企业作为经济组织,在经济领域与一般企业一样具有私利性或营利性,需要讲求经济效益,创造更多的财富,通过盈利以实现特定的经济目的,并通过生产更多符合社会需要的产品,为国家综合实力的增强作出积极贡献;同时,国有企业特别是关系国家安全和国民经济命脉的国有重要骨干企业又属于特殊的经济组织,担负着重要的政治责任和社会责任,在政治领域,国有企业是社会主义公有制的实现形式,在社会民生领域,国有企业需要承担更多的社会共同责任,如保障就业、公共安全、稳定社会经济和其他保障性社会服务等。因此,我国的国有企业改革与转型承载了我国政治、经济、社会保障等多重使命,蕴含着政府与市场、政府与企业、国企与民企甚至国企与国企等不同主体之间的多维诉求,并溶于我国经济体制改革不断推进的历史背景。正是基于如上原因,在新一轮国企改革过程中,国有企业从资源优势走向竞争优势,其实质不仅仅是国有企业制度转型的过程,能否转型成功,不仅需要国有企业的自身变革,更有赖于国有企业监督管理体制的变革、产权配置体制的改良、公平市场环境的培育、政府监管绩效的提升等多维因素。在更深层次上,国有企业从资源优势走向竞争优势,不仅仅是国有企业自身的改革所能实现的,更有赖于十八届三中全会所确立的全面深化改革的历史进程,而其核心在于妥善处理政府与市场的关系,路径在于使市场在资源配置中起决定性作用。

　　政府与市场的关系是现代经济社会发展中最基本、最核心的问题之一,古老而常新,而资源配置的方式则是两者关系永恒的落脚点。对于市场经济体制下政府职能的基本认知,从"守夜人"①到"裁判员"②、从"经济管理者"③到"市场干预者"④、从"公共管理者"⑤到"产权保护者"⑥,理论的演进和实践的探索无不彰显着政府与市场的博弈,以及人类对这一问题认识的深化。当前,我国市场经济体制仍处于需要进一步建立健全的转向阶段,属于半统治半市场经济阶段⑦。在现行体制下,政府对资源的占有与支配成为其他一切制度设计的基础,特别是政府财政收入建立在几乎一切资源占有与支配的基础上,资源的国家所有和全民所有异化为政府所有和行政垄断,在产权制度不清晰、法律制度不完善、市场规则不健全的情况下,政府主导的资源配置方式与丰裕的资源常常诱使资源使用的"机会主义"行为及寻租活动的频繁产生,一方面致使不同所有制企业因资源获取机会的不平等而无法从源头上开展公平竞争,另一方面更造成一定程度的资源浪费。因此,打造竞争力导向而非资源依赖导向的国有企业,对于处于全面深化改革崭新历史阶段的我国至关重要⑧。

　　2. 基于国有企业发展的内生动力

　　以改革开放为起点,我国的国有企业改革已历经近四十年历程。在此之前,由于我国实行计划经济体制,企业为清一色的公有制企业,即全民所有制企业和集体所有制企业。在公有制企业中,全民所有制企业(在提法上逐步演变为"国有企业")又占据着绝对的主导地位。然而,这些企业在当时只是政府机关的延伸和附属物,政府控制着这类企业的人、财、物、产、供、销,甚至人事、分配、劳动用工权等,企业几乎无任何自主权。因此,可以说,这一时期中国实际上"无企业",因为企业都不是独立的法人,而只是政府的生产部门。自 1979 年开始至

---

　　① 参见〔英〕亚当·斯密:《国民财富的性质和原因的研究》,郭大力、王亚南译,商务印书馆 1972 年版。
　　② 参见〔美〕弗里德曼:《资本主义与自由》,张瑞玉译,商务印书馆 2004 年版。
　　③ 参见〔英〕凯恩斯:《就业、利息和货币通论》,徐毓枬译,商务印书馆 1983 年版。
　　④ 参见〔美〕保罗·萨缪尔森、威廉·诺德豪斯:《宏观经济学(第 19 版)》,于健译,人民邮电出版社 2013 年版。
　　⑤ 参见〔澳〕欧文·E. 休斯:《公共管理导论》,张成福译,中国人民大学出版社 2001 年版。
　　⑥ 参见〔美〕罗纳德·哈里·科斯:《社会成本问题》,载《企业、市场与法律》,盛洪、陈郁译校,格致出版社、上海三联书店、上海人民出版社 2014 年版。
　　⑦ 参见顾功耘:《论国资国企深化改革的政策目标与法治走向》,载《政治与法律》2014 年第 11 期。
　　⑧ 需要注意的是,即使在市场经济发达国家,市场在资源配置中起决定性作用,并非仅仅需要发挥市场"无形之手"的力量即可完成,而是更需要政府"有形之手"的指导与支持,并且这种指导与支持是以遵循市场经济规律、促进企业良性发展、维护市场公平秩序为前提的。

今，我国国有企业经历了包括放权让利阶段(1979—1983年)、税利改革和进一步扩大企业自主权阶段(1983—1985年)、基于"两权"分离理论的承包经营责任制推广阶段(1985—1992年)、建立现代企业制度阶段(1992年至今)在内的四个主要阶段的改革历程①。应当说，改革开放的30多年以来，我国的国有企业改革不断探索、不断深化，经历了从政府放权让利到建立现代企业制度、从致力于搞好每个国有企业到致力于提升整个国有经济、从重点抓企业改革到全面抓综合配套改革的过程，先后明确了确立企业的市场主体地位、努力提升国有经济的整体素质、大力完善企业发展的内外部环境的发展目标，各界对于国企改革的认知不断深化，实践不断发展，成果不断丰富，效应不断提升。

自改革开放以来，我国的国有企业改革已跨越近40年历程，国有企业亦在不断发展、壮大，改革取得了巨大的进步。然而，长期以来，我国的国有企业以资源优势参与市场竞争的态势并未从根本上改变，国有企业对于各种资源的占有与支配不仅无助于各种所有制企业区分市场优劣，而且不利于各市场主体尤其是国有企业构建真正核心的竞争优势。这让企业把更多精力放在了对各种资源的分配、支配乃至掠夺方面，而非技术的R&D。与自然资源优势相伴而生、如影随形的"资源诅咒"与"荷兰效应"等客观规律对于自然资源领域以外的经济领域和社会民生领域同样适用，唯有强化技术与制造业，培育核心竞争优势，使竞争优势最终取代资源优势，方能使我国的国有企业在国内和国际两个市场上更具活力和核心竞争力。

3. 基于政党政治的引领

自十八届三中全会以来，我国持续多年的国有企业改革已经进入攻坚阶段。向竞争优势转型是体制内的否定之否定，并会部分触及政治体制与经济体制的改变。纵观国企改革的历史进程，政党政治始终是国有企业持续创新、发展的原因和推动力，并将继续引领新一轮国企改革的进程。政党政治对国企改革的引领，其实质在于坚持党对国有企业的领导。党中央指出：坚持党对国有企业的领导是重大政治原则，必须一以贯之；建立现代企业制度是国有企业改革的方向，也必须一以贯之。这两个"一以贯之"，相辅相成、不可割裂。中国特色现代国有企业制度，"特"就特在把党的领导融入公司治理各环节，把企业党组织内嵌到公司治理结构之中，明确和落实党组织在公司法人治理结构中的法定地位，做到组织落实、干部到位、职责明确、监督严格②。在实践中，党对国有企业的领导是政

---

① 参见王几高：《国有企业类型化管理中的分类标准》，载《经济法前沿问题(2015)》，北京大学出版社2016年版。

② 参见《习近平在全国国有企业党的建设工作会议上强调：坚持党对国企的领导不动摇》，http://news.xinhuanet.com/2016-10/11/c_1119697415.htm，2017年2月27日访问。

治领导、思想领导、组织领导的有机统一,国企党组织发挥领导核心和政治核心作用,就是把方向、管大局、保落实。把加强党的领导与完善公司治理统一起来,使党组织发挥作用组织化、制度化、具体化,就能为国企改革发展导航指向、筑牢根基。

十八届三中全会重启我国的改革历程之后,党中央、国务院于2015年8月发布的《关于深化国有企业改革的指导意见》成为新一轮国企改革的宣言书和路线图,习近平总书记更就国企改革提出"三个有利于"的重要论断,即推进国有企业改革"要有利于国有资本保值增值、有利于提高国有经济竞争力、有利于放大国有资本功能",其核心都是指向国有企业核心竞争优势的培育,并且是集政治、经济、文化、法律于一体的转型,从这一意义上讲,学术层面的分析判断和政治经济领域的实践引领,都需要法律制度的同步匹配和创新转型。可以说,基于政党政治引领下的国企转型,既有必要性,更具可行性!

(二) 国有企业从资源优势走向竞争优势的路径初探

国有企业的改革与发展,是持续推进国有企业竞争活力的力量源泉,也是落实全面深化改革的必然使命。然而,任何一个国家国有企业的发展壮大与改革进取,一方面依赖于学理层面关于企业、公司、产权、效率、市场、政府等经济学、政治学、管理学、法学领域诸多经典理论的论证与支撑,另一方面更依赖于一国当时、当地所特有的政治、经济、文化、社会环境等诸多因素的影响,可以说,世界范围内各国的国企改革既具有可借鉴性、可比较性,更具有民族性、时代性、特定性等特征。因此,对于我国当前所处的特定时代背景下的国企改革,唯有找出适合我国国企竞争优势培育的独特路径,方能减少改革成本、提升改革绩效。

国有企业从资源优势走向竞争优势,其实质是国有企业的转型升级。长期以来,资源优势有赖于政府政策的支持,以及非市场类资源对国企的不断倾斜,而竞争优势的塑造是对资源优势的打破,属于破坏性创新而非维持性创新,这决定了新一轮国企改革中国企竞争优势的来源既在于政府果断切断不合理的资源供给,打造公平竞争的市场环境,又取决于国企自身核心竞争力的养成,在于国企自身的技术进步、产权变革、效率提升。如果说前者的本质是国有企业资源优势的回归,那么后者则属于国有企业竞争优势的再造。《关于深化国有企业改革的指导意见》已为新一轮国企改革确定了路线图和改革保障,且需要法律制度的同步跟进,这一方面要求经济法尤其是国有企业法律制度明确改革路径和价值判断的标准,并同步进行自我革新和转型提升,另一方面又促使我国的国有企业法律体系必须厘清国企改革领域中法律与战略、法律与政策之间的关系,共同构建国有企业改革的制度应对体系和制度结构安排,并因应改革民族性、时代性之特征,为新一轮国企改革保驾护航。

三、国有企业资源优势转型的法治维度

(一) 资源配置方式变革视角下的国有企业资源优势

长期以来,人们对资源缺乏全面、正确的理解,常常以自然资源做为主要的资源形态。随着经济的发展和社会的进步,人们对于资源的认识也在不断发展变化,资源的内涵和外延不断深化和扩展。到目前为止,对于资源仍然没有严格的、明确的、公认的定义。做为经济学基础性概念的"资源"一词,在大量学术论著中,有相当多的研究都把资源等同于自然资源,把资源作为自然资源的代名词。《辞海》对自然资源的定义为:天然存在的自然物(不包括人类加工制造的原材料)如土地资源、矿产资源、水利资源、生物资源、气候资源等,是生产的原料来源和布局场所。随着科技的进步和社会的发展,资源的概念已经扩展到技术、制度、金融、知识、信息、思想观念等社会资源。如果自然资源可以称为"硬资源"、有形资源的话,社会资源则被称为"软资源"、无形资源。可见,资源的来源及组成,不仅包括传统的自然资源,而且还包括人类劳动的社会、经济、技术等因素,以及人力、人才、智力(信息、知识)等资源。可见,资源的本质是自然界和人类社会中一种可以用以创造物质财富和精神财富的具有一定量的积累的客观存在形态,如土地资源、矿产资源、森林资源、海洋资源、人力资源、信息资源等。

资源是企业的成长要素。做为经济增长的重要载体和体现方式之一,企业通过各种生产经营活动创造物质财富,提供满足社会公众物质和文化生活需要的产品服务,在满足社会需求的同时实现自身的发展。从一定意义上讲,企业是为完成特定生产目标而由劳动、资本、装备、技术、管理、资源和市场等要素结构组合而成的社会组织。资源之于企业,始终处于基础位置,是企业生存的先决条件。从企业"生成"角度分析,企业首先表现为多个利益主体之间的"契约",而这一"契约"首先表现为多个利益主体之间投入与收益的"契约",也即资源集合的"契约",从这一角度而言,资源是企业生成的基础,企业可以被视为资源的集合体;从企业"存在"的角度分析,无论何种类型的企业,只要它想维持"存在",就必然需要进行各种活动,尤其是生产活动,因此,企业唯有将资源组织起来、并依据特定需求转化成具有使用价值的消费品,方能进而实现盈利。

尽管资源作为一种客观存在,独立于产权性质和所有制属性,但是,产权在政治层面的不同属性则可能导致产权效率和资源获取方式的极大差异,进而导致资源使用效率的进一步差异化。对于我国的国有企业而言,资源同样不可或缺,这是由资源之于企业的基本供求属性所决定的。然而,在我国由计划经济体

制向市场经济体制转型过程中,由于国有企业较之于一般企业所具有的特殊使命,在一定程度上使各种要素资源的分配不断向国有企业倾斜,由政治优势和政策优势驱动的资源配置优势成为国有企业的资源优势,并直接等同于国有企业的竞争优势。国有企业较之其他所有制主体在资源获取方面的优势,诱发资源分配机制失衡,致使寻租现象频发,也极易导致资源利用效率不足,降低国有企业的整体效率和创新能力,更需注意的是,由资源优势进而转化成的资源优势依赖,无论属于过度依赖抑或属于单一依赖,最终都将导致国有企业资源优势依赖具有严重的不可持续性,且此种"优势"极有可能转化为"劣势",进而陷入"资源诅咒"的怪圈,更无法使国企养成真正属于其自身的竞争优势!

因此,国有企业自资源优势依赖向资源基础的转型,核心与关键在于资源分配方式的回归,亦即发挥市场在资源分配中的决定性作用。然而,资源分配方式的市场化改革并非一蹴而就,其真正动力源自政府、国企、民企、外企等不同主体间的市场化博弈程度,并会受到既有体制、规则、制度等因素的掣肘与制约,亦需资本结构和产权效率的重构。唯有以经济法治的思维和战略为视角,通过法律制度尤其是经济法律制度的规制与调整,才能在时代转型中引领国企变革,在新旧制度交替中践行法治经济。

(二) 资源配置市场化改革的实证分析——以民航业航班时刻配置改革为例

1. 案例背景

以我国民航业的市场化改革为例。从新中国成立至今,我国民航业取得了长足的进展,历经"军队领导为主"到"军转民、企业化",从"政企合一"到"政企分开、政资分开",从"机场与航空公司分设"到"航空公司重组与机场属地化管理"等一系列改革。市场化改革循序渐进,促使我国民航业在航空运输、通用航空、机队规模、航线布局、法规建设,以及运输保障等方面实现了持续快速发展,取得了举世瞩目的伟大成就。从2005年开始,我国航空运输总周转量排名世界第二位,并持续至今,成为当今世界名副其实的航空运输大国,在中国经济社会发展和世界民航事业发展的进程中,扮演着愈来愈重要的角色。

然而,我国民航业的发展也面临着诸多风险和挑战,国务院于2012年发布的《关于促进民航业发展的若干意见》指出:"当前民航业发展中不平衡、不协调的问题仍较为突出,空域资源配置不合理、基础设施发展较慢、专业人才不足、企业竞争力不强、管理体制有待理顺等制约了民航业的可持续发展"。而航班时刻资源的配置问题,更成为空域资源配置的重要焦点之一。现阶段,我国航班时刻分配的流程表现为:对每年夏秋季和冬春季的定期航班起降时刻的制定情况,由各地区管理局和航空公司进行协调,基本上采取企业申请、政府批准、统筹安排的方法。同时,自 2002 年民航业第三轮改革以来,在民用航空运输环节形成了以中国航空集团公司、中国东方航空集团公司和中国南方航空集团公司为国有骨干航空运输力量的三大国有航空公司,并在行政力量的主导下,对当时国内九大航空公司进行了一系列的兼并、整合,实现了对航线布局、运力控制、市场份额、品牌形象等民航资源的重新调整,逐步形成了国内航空市场上三足鼎立的局面,而此后历年的航班时刻资源配置,则越来越多地被视为倾向于分配至国有骨干航空企业。在此背景之下,2015 年末以来我国民航业"航班时刻拍卖"的实践,成为目前资源配置市场化改革的标志性案例之一。

根据中国民航局制定的《航班时刻资源市场配置改革试点方案》,2015 年末和 2016 年初,广州白云机场和上海浦东机场分别进行了试点改革,白云机场的试点被称为"时刻拍卖"模式,上海浦东机场则被称为"时刻抽签+使用费"模式。所谓"时刻拍卖"模式,是指时刻供给者对通过资格审查的航空公司一视同仁,不区分所有制性质,不区分规模大小,平等参与时刻竞拍,出价最高者胜出。所谓"时刻抽签+使用费"模式,是指时刻供给者对航空公司归类并分别建立抽签池,具体而言,对于新进入的航空公司,按照在该机场时刻持有不多于 4 个的标准进行归类,以"一人一票"为原则建立抽签池;对于主基地航空公司,按照初始注册地是否在该机场的标准进行归类,以驻场机队规模大小为依据建立抽签池;对于其他在位航空公司,以"一人一票"为原则建立抽签池。通过实施两轮抽签"拼手气"以最终确定时刻归属[①]。此次改革试点方案一经出台,即受到各界瞩目,尤其是广州白云机场 9 组时刻拍出 5.5 亿元"天价"的结果更是令业内外哗然。

2. 航班时刻配置市场化改革的法律边界

(1) 航班时刻的经济法属性:公共资源抑或公共产品?

航班时刻,英文为 slot 一词,在英文中是指"空位、位置或缝隙",具体是指航空公司航空器在机场起飞或降落的时间段。中国民用航空局于 2007 年 8 月发布的《民航航班时刻管理暂行办法》规定:"航班时刻,是指向某一航班提供或分配的在某一机场的某一特定日期的到达或起飞时刻。"航班起降时刻的获得对于航空公司的经营活动意义重大,没有航班起降时段,航空公司就无法经营;一组好的航班起降时刻尤其是大型枢纽机场的时刻更为宝贵,并将在很大程度上影响航空公司的盈利水平。

航班时刻究竟属于公共产品还是属于公共资源?之所以需要在经济法学领域内界定其属性,对于明晰航班时刻的产权性质、进而厘清航班时刻配置的规则

[①] 参见吴丹:《民航局启动航班时刻资源市场配置改革试点工作》,载《中国民航报》2015 年 12 月 7 日。

与效率都具有非常重要的意义。在考虑经济生活中的各种物品时,根据物品的排他性和该物品在消费中的竞争性等两个特点,微观经济学将物品分成了私人物品、公共资源、公共物品、准公共物品(俱乐部物品)①。所谓物品的排他性(excludability)是指某个消费者购买取得一种商品的消费权后,未经同意则其他消费者就无权获得该商品的利益;所谓物品的竞争性(rivalry)是指消费者或消费数量的增加会带来生产成本的增加,或者说一个消费者使用某种物品会减少其他人对该物品的使用。其中,私人物品(private goods)既具有排他性又具有消费中的竞争性,如冰激凌、衣服等;公共物品(public goods)既无排他性又无消费中的竞争性,如国防、灯塔等;公共资源(common resources)具有消费中的竞争性但没有排他性,如海洋中的鱼、清洁的空气等;准公共物品(quasi-public goods)具有排他性但没有消费中的竞争性,如收费桥梁、有线电视等。如果据此标准划分,航班时刻在配置给航空运输企业之前,应当划分入公共资源的范畴;而已经配置给航空运输企业的航班时刻,是否可以划入私人物品的范畴,则存有疑问。此外,航班时刻与空域使用犹如一枚硬币的两面,航空运输企业借航班时刻所使用的空域,既可以是公共物品,又可以是公共资源,如果空域不拥堵,一家航司使用空域不影响其他航司的使用,则空域可视为公共物品;但当空域拥挤时,多家航司对于空域的使用即具有了竞争性,在此情况下,空域也成为一种公共资源。在当前我国空域几乎已经饱和的状态下,无疑应将其归于后者。

(2) 航班时刻的配置方式:行政主导抑或市场驱动?

当航班时刻成为一种资源,尤其成为一种稀缺的公共资源,则其配置必须由法律特别是经济法进行界定与规范,原因在于,一方面,资源的稀缺性决定了资源价值必须通过市场化的配置手段得以实现,并反映以真实的价格;另一方面,资源的公共性决定了资源配置方式的法治化和政府介入的合理性,即资源配置方式必须在法律框架内依照一定的标准、程序和规则进行。同时,为了避免公共资源配置与使用的负外部性,政府的介入在一定程度上被视为拥有了合理性。相应地,资源的稀缺是包括法律在内的制度形成与变迁的根源,法律因稀缺而形成,因稀缺而变迁,航班时刻的稀缺性亦使航班时刻配置的制度规则从无到有,从形成向成熟变迁。

目前,全球通行的航班时刻资源配置可分为两种基本模式,包括行政性分配和市场化分配。行政性分配又称为 IATA(国际航空运输协会,International Air Transport Association 的简称)模式,以欧盟和我国等全球绝大多数国家为代表,它以 IATA 的航班时刻分配程序指南为指导,由民航当局或政府授权的

---

① 参见〔美〕曼昆:《经济学原理》,梁小民等译,北京大学出版社 2012 年版,第 233 页。

机构(如机场或各航空公司组成的航班委员会等)对航班时刻进行分配和监督管理。其要义为:行政分配、无偿使用、祖父权利①、不用即失。市场化分配又称为美国模式,以美国和韩国为代表,市场化配置以经济杠杆、价格为手段实现航班时刻资源的供需配置,分为一级市场和二级市场,一级市场为初次分配,对航班时刻进行估值定价,采用拍卖、收取高峰时段拥堵费或其他方式取得经济收益,二级市场针对已分配的航班时刻,允许持有者以交换、转让、出售、出租等形式进行航班时刻交易②。

从经济法视角分析,无论是行政主导的分配机制,还是市场驱动的分配模式,其目的均在于政府将航班时刻这一公共资源公平、有效地分配给航空运输企业,以实现资源效用最大化。两种模式各有其法理基础和机制土壤,但是,两者在经济民主、效率与公平的平衡等方面却体现出较大的差异,体现在:

第一,从经济民主的维度衡量,经济生活要突出更多的经济自由和尽可能多的经济平等,包括保护弱者的理念③。体现在航班时刻市场化分配机制之下,理论上竞争对象并不区分航司规模大小,不区分所有制,通过资格审查的所有航司在理论上应被视为平等的参与者,可平等参与一级市场的竞争,并可在二级市场自由交易航班时刻;而在行政主导的分配机制之下,将航班时刻按其预先设定的一系列标准分配给达标的企业,这些标准与企业规模、所有制、航线网络结构、安全管理水平等多项因素密切相关,比如,在我国,航班时刻分配主要基于《民航航班时刻管理暂行办法》所确立的主辅机场协调、促进竞争、促进枢纽建设等原则以及根据机场开放时限、标准航段运行时间和使用机型的最少过站时间、空中交通管理及安全管理等相关因素进行协调;换机航班时刻协调的优先次序为:历史时刻优先、历史时刻调整优先、新进入航空公司优先、全年运行优先以及其他附加标准;日常定期航班时刻协调的优先次序为:新进入航空公司优先、基地航空公司优先于非基地航空公司、新开航线航班时刻优先、已执行航班时刻的使用率较高的航空公司优先等标准。由于我国的民航业发展经历了一系列的改革历程,最终形成了在航空运输环节以三大航为主导、多家中小型航司共存的市场竞争格局,根据上述标准,尽管新进航司也可分配到相应时刻,但三大国有航空公司往往基于历史时刻优先的"祖父权利"和基地航空公司的优势地位而形成航班

---

① "祖父权利"是 IATA 航班时刻分配模式的核心规则之一,意指航空公司对于上一航季持有的航班时刻享有被优先承认并继续持有、使用的权利,在此模式下,每航季将要重新分配的航班时刻数将减至最低。
② 参见吴丹:《解读〈航班时刻资源市场配置改革试点方案〉》,载《中国民航报》2015 年 12 月 31 日。
③ 参见顾功耘主编:《经济法教程(第三版)》,上海人民出版社、北京大学出版社 2013 年版。

时刻获取的先天优势。如果按照市场主导的分配模式进行时刻配置,则其他中小型国有航空公司以及民营航空公司可进一步享有到获取时刻资源的机会平等,对于进一步实现经济民主有所裨益。

第二,从效率优先、兼顾公平的维度衡量,国家在特定的社会经济背景下,在为处理特定的社会基本矛盾而作出的政策选择中,效率将被优先考虑①。这一原则具体到航班时刻分配领域,应具化为航班时刻资源的配置效率与配置公平。我国现有的航班时刻申请流程为:政府公布可申请时刻(包括时间段、航线走向限制、机型限制)→政府收集航班时刻申请→航班时刻需求优先级排序→按照时刻各个走向的容量提取时刻申请、根据优先级进行时刻分配评估→公布时刻分配结果。在整个环节中,航司的时刻申请与政府的优先级排序是航班时刻分配的核心要素,政府作为航班时刻资源的供给者和配置主导者,根据既定标准将资源配置给作为需求者的航空公司,尽管这一分配模式在相当程度上可以确保配置的效率,但是一方面容易导致权力寻租,进而有可能影响分配公平,另一方面作为资源供给者的政府与作为资源需求者的航司之间的地位并不平等,航司无法充分表达话语,有可能导致资源供给与需求之间匹配的不均衡。作为航班时刻配置方式市场化改革的重要内容之一,建立以航空公司需求偏好为导向的分配机制和决策参与模式尤为重要,而竞争机制的引入必不可少,可以为市场配置时刻资源提供高效率,进而实现效率优先基础之上的兼顾公平。

(3) 航班时刻市场化配置实践的制度痛点:羁绊抑或创新?

在航班时刻分配机制方面,尽管市场驱动模式较之行政主导模式对于增进经济民主、平衡配置效率与配置公平更具绩效,但是从 2015 年末广州白云机场和上海浦东机场航班时刻分配市场化改革试点的实践来看,市场化改革仍面临诸多制度难点、痛点和盲点,其是否属于制度羁绊,是否可以破坏性方式来实现创新,是经济法必须要回答的命题。

第一,经配置航班时刻的产权归属。依照物品的排他性与竞争性标准,航班时刻在被配置给航空运输企业之前,应当划入公共资源的范畴;而已经配置给航空运输企业的航班时刻,是否可以划入私人物品的范畴,有待于法律的进一步界定。由于 2015 年末中国民航局关于《航班时刻资源市场配置改革试点方案》并未全文公布,对于经本次试点改革配置的航班时刻产权归属无从得知官方态度。对此,本文认为,航班时刻配置是一种将国家所有的不可交易的产权变为市场主体使用的可交易产权的过程,法律制度的作用在于将国家所有的航班时刻转移至市场主体使用,使其由公共资源进入私人物品领域,并通过资源配置使不可交

---

① 参见顾功耘主编:《经济法教程(第三版)》,上海人民出版社、北京大学出版社 2013 年版。

易的产权可交易化,但是,无论是行政主导抑或市场驱动,航空公司获得的仅是航班时刻的使用权。尽管本次《航班时刻资源市场配置改革试点方案》未对这一属性予以明确,但主管机关于 2007 年发布的《民航航班时刻管理暂行办法》等文件中明确赋予了航班时刻的收回制度,规定了航空公司获得航线航班时刻的条件丧失时,由主管机关收回相应时刻。由此可见,航班时刻资源尽管经市场化方式配置给航空公司,但并不意味着航空公司取得了完全意义上的时刻所有权,而仅是其可交易的使用权权能。

第二,"拍卖"与"抽签"行为的法律属性。正如前文所述,航班时刻市场化配置的核心在于增强时刻需求方的话语权,同时在需求方进一步引入竞争机制,以在平衡航班时刻供给与时刻需求的框架下,进一步优化时刻资源向需求方的有效流动。但是,这是否意味着"拍卖"与"抽签"行为即属于市场化配置的主要方式?在我国经济体制市场化改革历程中,以拍卖、抽签等方式推进的改革存在于许多领域,如我国经营性用地出让制度中的土地招拍挂制度,以及以北京"抽签模式"和上海"拍卖模式"为代表的私车牌照额度分配制度等,尽管已在实践中推行多年,但相关争议从未停止过,并且与航班时刻配置市场化改革中的拍卖和抽签等模式存在类似的问题。

对于航班时刻拍卖而言,有诸多法律难题需要破解:首先,以价高者得的拍卖方式固然可以在一定程度上使航班时刻的价格反映其真实的价值,但是在时刻供给极端不足而需求者众多的情况下,过度竞争的结果极可能使拍卖价格与其实际价值扭曲甚至严重背离;其次,因民航业运营的专业性和安全管理的特殊性,航班时刻的配置不应仅仅以市场价格作为唯一衡量因素,而应在民航法规范围内设定一个综合各种考量因素的指标体系,范围不仅应当覆盖航班时刻本身的市场价值,更应当考虑到竞标者的运营水平和安全管理水平等多重因素,以使时刻配置更具科学性;再次,航班时刻拍卖是否涉嫌重复收费,值得商榷。作为旅客与货物运输的实际承运人,不仅要向政府和机场当局交纳相当比例的航班起降费、租赁费、民航基础设施建设基金及各种税费,享受到航空运输服务的旅客在支付客票价格之外也需交纳民航发展基金,上述费用如可以涵盖航班时刻拍卖所涉及的费用,则无论是航司还是旅客最终承担时刻拍卖费用,都有重复缴费之嫌疑;最后,随着我国民用航空业的发展和旅客运输总周转量、货邮运输总周转量的持续快速提升,未来的天空势必更加"拥堵",航班时刻的价值会持续稀缺,必将导致拍卖价格一路上扬,从而极有可能形成类似于近年来因土地供给不足及招拍挂制度而导致的地价、房价持续飙升等情况,需慎重对待。

对于航班时刻抽签而言,同样有一些法律盲点有待界定:一方面,作为一种资源配置方式,与时刻拍卖需要拼"财力"不同,抽签拼的是"手气",无须承担高额的拍卖费用,一方面有利于节约航空公司的财务成本,但另一方面是否会落入自然资源领域频现的"资源陷阱"也值得警醒。由于资源价值来源的矛盾解释及其决定的政府供给,中国资源产权长期以公共产权的形态表现出来,以至于资源成了"免费午餐",资源消费的竞争性、排他性及有偿性荡然无存,取而代之的是资源浪费与破坏及外部性问题的加剧[①]。航班时刻资源以抽签方式来配置,有可能因时刻资源的相对无偿性造成其虚耗乃至浪费,可能不利于资源的使用效率。另一方面,本次上海浦东机场时刻分配实践的前提是对航空公司归类并分别建立抽签池,将参与抽签者分为新进航空公司、主基地航空公司和其他在位航空公司,设立了较为公平的竞争标准,可以针对不同类型的参与对象较好地确保竞争的公平性。由此可见,法律制度在规范市场化资源配置中,必须在提升监管效率的同时最大限度地保证公平,并根据市场发展的不同阶段以及各个阶段的不同情况和特点,以公平、公开、公正的方式推进改革,才能取得符合改革预期的效果。

(三) 国有企业资源优势转型的法律路径

资源既具有赋存的自然属性,又具有为人类开发利用的社会属性。如果说稀缺性、效用性是资源价值属性的自然基础,可配置性和可交易性则是其价值属性的社会基础。资源的配置需要追逐效率和效益最大化,市场因而被视为最重要的分配机制;资源的交易需要产权界定和"比赛规则",法律的制度安排就成为必然。新一轮国有企业的改革,表征为从由资源依赖引致的比较优势向能力养成促成的竞争优势转型,其前提在于国企由资源依赖回归至资源基础,而其关键则在于资源分配方式的回归,即由政府主导的资源配置方式向市场化分配转型,亦即发挥市场在资源分配中的决定性作用,而政府也需"斩断"对于国企"父爱般地呵护",真正使"各种市场资源主体公平分配、公平享有与公平受保护"。包括国企资源优势回归的资源分配方式变革,是触及政治、经济、社会体制的变革,亦是法律制度的变革,以法治尤其是经济法确认变革的方式与路径尤为重要,而民航业航班时刻配置改革的案例为这一变革提供了诠释,并指明了法律规制的路径与方向。在我国未来资源配置市场化改革进程中,笔者认为,应从如下角度做好相应的制度设计与构造。

第一,科学界定公共资源产权的法律边际。资源是稀缺的,稀缺的资源及其分配是人类活动的起点和归属,法律尤其是经济法则为人类提供了进行比较选择稀缺资源的范式与规则。尽管不同话语体系对于"资源"一词有不同的界定范

[①] 参见肖国兴:《法律要推动资源产权制度创新》,载《郑州大学学报(哲学社会科学版)》2002年第2期。

围以及规则,但是唯有法律框架内的界定才应成为承载共识的规则语境。十八届三中全会重启改革进程以来,资源配置方式市场化改革成为重要内容之一,2017年初由中共中央办公厅、国务院办公厅联合发布的《关于创新政府配置资源方式的指导意见》中明确:资源配置市场化改革的目标在于解决政府配置资源中存在的问题,而由政府配置的资源主要包括自然资源、经济资源和社会事业资源等公共资源[①]。做为政党政治引领的资源配置方式改革,《关于创新政府配置资源方式的指导意见》的地位毋庸置疑,而其对于"资源"的界定与区分无疑为法律框架内的界定也明确了方向。

尽管按照物品排他性和该物品在消费中的竞争性等标准,学术意义上的物品(包含资源)可以区分为私人物品(包含私人资源)、公共资源、公共物品和准公共物品(俱乐部物品),但是,需要交由市场或者政府配置的资源主要是公共资源,相应地,经济法在资源配置市场化改革领域关注的重点亦在于公共资源。在公共资源配置领域,公共资源产权的制度设计与规则成为资源配置改革的关键所在,这也为《关于创新政府配置资源方式的指导意见》所确认。这要求,法律尤其是经济法既要明确公共资源产权的权属与功能,更要设计公共资源产权的结构安排。首先,在公共资源产权的权属与功能方面,资源配置方式改革中的公共资源产权制度决定着政府和市场的作用边界及相关制度架构,乃至资源配置的具体方式及其绩效,因此,其在资源配置方式改革的制度安排中起基础性作用。正如《指导意见》所明确的:在现阶段,我国的公共资源可以划分为自然资源、经济资源(主要指金融类和非金融类经营性国有资产)和社会事业资源(主要指非经营性国有资产),这一区分进一步明晰了不同类别的公共资源产权在配置中的不同产权回报要求,对于市场化配置产权过程中的行为绩效提出了不同的考量标准。其次,在产权的结构安排方面,公共资源产权应当区分为公共资源所有权和公共资源开发利用权。对于自然资源而言,应当在《宪法》和相关自然资源法的框架内,构建符合我国自然资源开发利用实践的自然资源产权制度,并在此基础上实现资源的有偿获得和使用;对于经济资源尤其是金融类和非金融类经营性国有资产而言,应当结合国有资产监督管理体制改革和国有企业改革的相关制度安排,进一步明晰国家与国有资本投资运营公司的委托代理关系,降低制度

[①] 2017年1月,中共中央办公厅、国务院办公厅联合发布的《关于创新政府配置资源方式的指导意见》指出:"改革开放以来,随着市场化改革的不断深化,市场在资源配置中的作用日益增强,政府配置资源的范围和方式也在不断调整。在社会主义市场经济条件下,政府配置的资源主要是政府代表国家和全民所拥有的自然资源、经济资源和社会事业资源等公共资源。为解决当前政府配置资源中存在的市场价格扭曲、配置效率较低、公共服务供给不足等突出问题,需要从广度和深度上推进市场化改革,大幅度减少政府对资源的直接配置,创新配置方式,更多引入市场机制和市场化手段,提高资源配置的效率和效益。"

成本,增强经营性国有资产的回报绩效;对于非经营性国有资产等社会事业资源而言,应当在"效率优先、兼顾公平"的前提之下,合理设置市场化的资源分配方式,并按照具体资源类别的相应权属,通过制度设计进一步提高配置效率和资源利用效率。

第二,合理区分异质公共资源的配置方式。政府与市场边界是经济法关注的核心问题[①],而资源配置方式则是呈现政府与市场关系的基础领域之一。长期以来,包括国有企业资源供给在内的资源配置以政府为主导,由此导致的资源市场价格扭曲、配置效率较低、公共服务供给不足等问题长期无法解决,国企与民企长期不在同一起跑线上竞争的现象更为凸出并饱受诟病。因此,资源配置方式变革的关键在于政府与市场关系的重构。根据《关于创新政府配置资源方式的指导意见》,需变革的资源配置领域包括三类,分别为适宜由市场化配置的公共资源、不完全适宜由市场化配置的公共资源以及需要通过行政方式配置的公共资源。对于第一类公共资源,改革的方向在于充分发挥市场机制作用,切实遵循价值规律,建立市场竞争优胜劣汰机制,实现资源配置效益最大化和效率最优化;对于第二类公共资源,应当注重运用市场机制,实现更有效率的公平性和均等化;对于第三类公共资源,着力点则在于创新公共资源配置方式,促进经济社会持续健康发展。由此可见,资源配置市场化改革的方向并非"一刀切"地将所有公共资源全部交由市场按照供求关系进行配置,而是基于是否适宜市场化的标准做进一步区分,进而进一步改革、完善相应的配置方式,这同样无法离开法律制度的规制,而法律尤其是经济法更需在资源配置改革领域做出理性的规则安排,且这种制度安排对于不同情况下政府与市场的关系是富有绩效的。

第三,理性追逐公共资源配置中公平与效率的有机平衡。如果说国有企业摆脱对资源的过度依赖或单一依赖等"资源依赖症",有助于解决资源利用效率问题的话,则资源配置方式改革可以在某种程度上解决国有企业资源获取的公平性问题。前者有赖于国有企业内部技术进步的提升,后者则需法律制度对资源公平配置的规制。一方面,根据《关于创新政府配置资源方式的指导意见》确立的计划表,到2020年将基本建立以目录管理、统一平台、规范交易、全程监管为主要内容的新型资源配置体系,从而推进资源配置的公开、公平、公正,进而提升公共资源配置的效益和效率;另一方面,国有企业功能界定与分类改革也在一定程度上回应了国企"与民争利"的争议,商业类与公益类国企的区分标准有助于解答国有企业在资源获取中的合理性、合法性问题。法律制度如何同步安排

---

① 参见顾功耘主编:《政府与市场关系的重构:全面深化改革背景下的经济法治》,北京大学出版社2015年版。

资源配置,以至于变"与民争利"的资源配置为公平公正的配置方式,成为经济法律制度尤其是国有企业法律制度创新的契机。

四、国有企业竞争优势重塑的制度进路

(一)国企改革视野下的企业竞争优势

价格、供求和竞争是市场经济的三大实现机制,而在市场竞争中赢得竞争优势是每一个企业的目标,也是企业的战略决策者所要思考和解决的核心问题。所谓企业竞争优势,是指企业在产出规模、组织结构、劳动效率、品牌、产品质量、信誉、新产品开发以及管理和营销技术等方面所具有的各种有利条件。企业竞争优势是这些有利条件构成的整体,是企业竞争力形成的基础和前提条件。

在我国,国有企业的发展同样需要养成竞争优势。自改革开放以来,我国政府持续推进多年的国企改革历程,其实质也是国有企业与市场经济逐渐融合、不断提升企业活力和竞争力的过程。自十八届三中全会重启我国改革历程以来,新一轮国企改革的纲领性文件《关于深化国有企业改革的指导意见》明确指出:到2020年,在国有企业改革重要领域和关键环节取得决定性成果,形成更加符合我国基本经济制度和社会主义市场经济发展要求的国有资产管理体制、现代企业制度、市场化经营机制,国有资本布局结构更趋合理,造就一大批德才兼备、善于经营、充满活力的优秀企业家,培育一大批具有创新能力和国际竞争力的国有骨干企业,国有经济活力、控制力、影响力、抗风险能力明显增强。政党政治引领下的国企改革纲领性文件以及国企改革"三个有利于"的重要论断,对于十三五期间乃至更长一段时间内我国的国企改革明确了方向,其核心都指向国有企业核心竞争优势的培育。因此,在新一轮国企改革过程中,探寻国有企业竞争优势的来源,成为国企核心竞争力再造首先要回答的命题。

1. 企业竞争优势来源的理论维度:外生优势到内在优势的演进

自1939年英国经济学家张伯伦在其著作《垄断竞争理论》中首次提出竞争优势的概念以来,企业竞争优势的来源遂逐渐衍生出"竞争优势外生论"和"竞争优势内生论"。以管理学大师波特为代表的竞争优势外生论者认为,市场结构对企业竞争优势的建立起重要作用,一个企业所属产业的内在盈利能力是决定该企业获利能力的一个要素,因此,产业的选择是企业竞争优势的重要来源,同时,企业在选定的产业内取得竞争优势地位,也是获得竞争优势的关键。在此基础

之上，波特提出了著名的"五力模型"①，其自 20 世纪 80 年代起关于企业、产业和国家的竞争优势理论，为竞争优势做出了巨大的贡献，其竞争战略理论成为战略管理的主流。随着竞争优势理论的发展，越来越多的研究将视角置于企业的内部，致力于从企业内在寻求竞争优势的来源，挖掘企业自身相较其他竞争者的独特优势，被称之为竞争优势内生论。竞争优势从外部市场环境回归至企业的内在要素，对于我国国有企业探寻自身的独特竞争优势颇具意义。

对于企业内部竞争优势的来源，学术界经历了从"资源基础论"②向"动力能力论"③的转型与变革。"资源基础论"者认为：具有行政组织结构的企业之所以赢利，是因为他们拥有企业特有的稀缺资源，它可以产出成本显著低或质量非常高的产品，即有效益的产品；这种资源依附于企业内在组织中，具有无形性和知识性，难以模仿，为企业专有。因此企业的竞争优势并不是在波特所指的市场中，而是在企业内部，依赖于企业的异质性的、非常难以模仿的、效率高的专有资源；并且企业有不断产生这种资源的内在动力，保持企业的竞争优势在于不断地形成、利用这些专有的优势资源。

"动力能力论"者认为：首先，企业的资源可分为四个层次：(1) 企业购买的生产要素和获得的公共知识(如产品生产标准)，这些资源是企业的基础；(2) 企业的专有资产，如商业秘密、生产秘诀和特殊的生产工艺等，非常难以复制和模仿；(3) 企业的能力，即将企业的生产要素和专有资产有机地整合起来的组织惯例和管理活动，这些是企业在长期生产经营过程中形成并固定下来的专有活动，是企业比市场更有效率、可以替代市场的关键因素，因而具有很强的经济性。对于那些与竞争对手比有显著优势的能力就是企业竞争优势的主要来源；(4) 对目前激烈变化的外部环境来说，能力必须随之不断创新，企业的动力能力也就成为了最为关键的能力。"动力能力论"强调为适应不断变化的外部环境，企业必须不断取得、整合、再确认内外部的行政组织技术、资源和功能性能力。动力能力可以使企业在给定的路径依赖和市场优势条件下，不断地获得新竞争优势。因此，战略分析的基本元素不再是笼统的"资源"，而是有利于形成和维持动力能

---

① "五力模型"认为：一个企业的竞争战略目标在于使公司在产业内处于最佳的定位，保卫自己，抗击五种竞争作用力，或者根据自己的意志来影响这五种竞争力，这也即五种竞争模型，具体指企业竞争者、购买者、供应商、替代者、潜在竞争者五种产业结构力量。

② 基于资源的企业理论以 1984 年伯格·沃纳菲尔特发表的《企业资源基础论》一文为标志，该学派相关的经典著作有巴尼 1991 年发表的《公司资源和持续竞争优势》以及彼特瑞夫 1993 年发表的《竞争优势的里程碑：一个基于资源的观点》等文章。

③ 企业动力能力理论以普拉哈拉德和哈默在 1990 年 5—6 月的《哈佛商业评论》上发表的划时代文章《企业的核心能力》一文为标志，后来经过斯多克、伊万斯、舒尔曼、蒂斯、匹萨若、苏安、福斯、贺尼、蒂斯等人的发展而逐渐完善。

力的组织过程、专有资产状况和获得这些资源和能力的路径。

2. 企业竞争优势来源的实践视角：产权优势与制度优势的共生

自改革开放以来，我国的国有企业改革经历了不同的发展阶段。如果说从十一届三中全会到 20 世纪 80 年代中期，国有企业改革的重点主要是放权让利，进一步扩大企业自主权的话，紧随其后推进的全民所有制工业企业承包经营责任制改革则是基于所有权与经营权分离理论对国家与企业责、权、利界定的探索，在两权分离基础上，国家以承包经营合同的形式赋予企业更多的自主权，使企业自主经营、自负盈亏，进一步还原其企业属性。随后，以邓小平同志南方谈话和党的十四大为标志，国有企业改革进入了机制转换、制度创新的新阶段，十四届三中全会明确提出国有企业改革的方向是建立"产权清晰、权责明确、政企分开、管理科学"的现代企业制度，从这一时期开始，国家相继颁布了《国有企业财产监督管理条例》《企业财务通则》《企业会计准则》《公司法》《劳动法》等一系列重要法律法规，为实现政企分开和转换企业经营机制提供了重要保证。到 2012 年十八大召开之际，上一轮国企改革基本解决了国企的经营困境、下岗国企员工的安置问题，完成了部分国有中小企业改制退出、国退民进，国资委登台，国资监管体制进行了改革，国企的战略布局初步完成。

上述历程表明，我国国有企业的改革与我国经济体制改革的历史进程相生相伴，随着社会主义市场经济体制的确立和发展而不断推向深入，并在持续深化对国家和市场、国家与国企关系认识的基础之上，以逐步明晰企业产权、确立国企市场主体地位、持续释放市场活力为主线来持续深入推进改革进程。国有企业在法理上属于"全民所有"，但实践中由谁代表"全民"来具体行使出资人的权利却并不清晰，由此导致国有企业产权关系不明，责任不清，同时国企的组织制度不科学，企业行为不规范，缺乏必要的激励和约束机制发挥作用。基于此，从放权让利到两权分离，从赋予企业法人自主财产权到确立现代企业制度，数轮国企改革的主线在于理清国有企业的市场主体地位和企业中国有资产的产权属性，使企业从根本上摆脱计划经济框架的束缚。换言之，经济体制改革的任务就是要创造出真正的企业，更严格地说，是把原有的工厂或作业组转变为企业①。而以《公司法》为代表的一系列法律法规对国企改革的支撑，毫无疑问成为国企改革中国有企业主体优势与法律规则引领的制度优势共生的最好例证。

3. 新一轮国有企业改革与国企竞争优势的重塑：以产权效率为核心

自十八届三中全会重启改革历程以来，我国的改革已进入深水区，伴随上一

---

① 参见吴敬琏、刘吉瑞：《论竞争性市场体制》，中国大百科全书出版社 2009 年版，第 51 页。

轮改革红利枯竭,"好吃的肉都吃掉了,剩下的都是难啃的硬骨头"①,这也给我国上一轮国企改革中改革不完善的公司治理结构和发展不可持续的资源依赖型产业布局等方面带来了新的挑战,进一步寻找、孕育国有企业竞争优势的全新动力,成为深化国有企业改革的必然要求。

企业组织的形成是一个过程,这个过程经常伴随着企业内部治理结构与科层制的改良与企业外部竞争结构与规则的优化而不断完善,竞争力从无到有、从小到大是一个包括政治、经济、文化的演绎过程,国有企业亦同。因此,对于十八届三中全会重启改革背景之下国有企业竞争优势的来源,本文认为可从国有企业所处的外部环境与国有企业自身拥有的内部资源等两方面进行分析。

第一,从外部竞争结构来看,起始于20世纪90年代中后期的上一轮国企改革虽然取得了巨大成绩,极大提升了国有企业的活力、竞争力,但是也遗留了一些问题,包括改制后的企业股权结构大多表现为"一股独大",国有股东占绝对控股地位,进而制约了公司治理结构的进一步完善;国有企业监管机制不当和国有企业盈利能力低下之间的矛盾较为突出;由于政策倾向导致部分国企在各自领域的垄断问题依然突出,部分行业"国进民退"等情况依然受到全社会的极大关注。根据十八届三中全会的改革要求,政府切断向国有企业的资源供给成为必然,资源分配市场化机制和资源配置机会平等将持续强化,根据政党政治引领下国有企业改革的要求和改革开放以来国企改革的实践经验,进一步提升国有企业的市场化机制成为改革的关键。

第二,从内部要素结构分析,企业的竞争优势体现在于核心竞争力,表现为较强的盈利能力和抗风险能力,而其实质是资源、资本、劳动、技术、环境容量在制度中统一为生产要素时的共同作用力。然而,目前我国国企的资源、劳动等生产要素的成本优势不再,环境容量几已饱和,资本受制于多重因素的影响且需长期培育积累,唯有培育"竞争优势内生论"所指向的动力能力,将技术提升置于核心路径,才能进一步提升国有企业的全要素生产率。但是,企业动态能力的提升有赖于企业与市场的融入程度,而其关键在于企业作为组织体的市场化程度,亦即企业产权的市场化。国有企业亦是如此,唯有按照市场规律和机制运作,继续打造符合市场经济形态的企业主体,还原国有企业的企业属性,才能在竞争中立于不败之地。

归根到底,市场经济是制度经济,制度经济的核心是产权效率②。市场经济

---

① 参见《习近平描绘改革攻坚"路线图"引领"中国号"巨舰乘风破浪》,http://politics.people.com.cn/n1/2016/0811/c1001-28628681.html,2017年2月27日访问。
② 参见〔美〕约翰·康芒斯:《制度经济学》,于树声译,商务印书馆1962年版。

是产权多元的经济,只有产权多元,才会实现竞争或者博弈的公平,有些场景下,效率与公平才可以具有同一性,从这一意义上讲,市场经济是效率经济,效率是产权的效率,产权的效率源自产权的博弈。博弈是对策的争锋,包含合作博弈与非合作博弈,理性的程度经常决定着博弈的优劣,决定着绩效的大小,而理性的作用是通过选择制度来实现的①。规则是理性的结晶,理性的选择就是规则选择。从产权效率的角度出发,可以"发现"国企混改的机理,即产权效率体现为国企资本结构与组织结构的同步变迁,通过组织内部不同产权之间的博弈,实现治理结构的帕累托最优。

由此可见,在新一轮国企改革进程中,我国国有企业改革与转型的路径在于从低效率向高效率的组织转型及由此引致的能力提升,转型的实质是国有企业产权效率的提升及制度规则的同步转型,这要求我们必须围绕效率来设计或选择产权与制度。因此,本文认为,在新一轮国企改革中,进一步提升国有企业的产权效率,更好发挥国有企业的产权优势,由国有企业的组织创新进而带动国企做为企业本身所应当具有的各项能力的提升,以继续培育国有企业的市场化机制,使国企更好地参与市场竞争,才是国有企业竞争优势的最终来源!

(二)国有企业产权效率提升的实证分析——以民航业混合所有制改革为例

做为指导我国未来一段时期内国有企业改革的纲领性文件,中共中央、国务院《关于深化国有企业改革的指导意见》提出了"1+4+3"的整体方略,其中,1是指新一轮国企改革的总体要求,包括指导思想、基本原则、主要目标等;4是指《关于深化国有企业改革的指导意见》为本轮国企改革明确的四项主要措施,包括分类推进国有企业改革、完善现代企业制度、完善国有资产管理体制、发展混合所有制经济;3是指本轮国企改革的三项保障,包括强化监督防止国有资产流失、加强和改进党对国有企业的领导、为国有企业改革创造良好环境条件。在四项主要措施中,国有企业的分类界定是国有企业改革的基础;混合所有制改革是国有资本实现放大功能、保值增值、提高竞争力的重要手段;国有资产管理体制是保证国有资产可以保值增值的制度保障,这也是针对上一轮国企改革留下的国资委职能定位不明确的进一步制度改革;最终改革的目的是建立现代化的企业制度,实现国有企业的自主盈利以及国有资产的保值增值。基于上述分析,本文认为,作为本轮国企改革重要突破点的混合所有制改革,正是未来国有企业进一步提升产权效率、彰显产权优势的关键。

---

① 参见〔美〕阿维纳什·K.迪克西特、巴里·J.奈尔伯夫:《策略思维——商界、政界及日常生活中的策略竞争》,尔山译,中国人民大学出版社 2003 年版。

根据《关于深化国有企业改革的指导意见》，国务院于 2015 年 9 月发布了《关于国有企业发展混合所有制经济的意见》，进一步提出了混合所有制改革的总体要求和具体步骤。2017 年中央经济工作会议更为鲜明地指出：混合所有制改革是国企改革的重要突破口，按照完善治理、强化激励、突出主业、提高效率的要求，在电力、石油、天然气、铁路、民航、电信、军工等领域迈出实质性步伐①。国资国企深化改革的政策目标要靠法治的方式去实现，基于政党政治对国企改革尤其是国企混合所有制改革的引领和总体部署，结合我国民航业混合所有制改革的实践，从法治尤其是经济法角度对其做进一步的界定尤为重要。

1. 案例背景

根据目前公开的报道，2016 年 9 月，国家发改委明确了东航集团、联通集团、南方电网、哈电集团、中国核建、中国船舶等 6 家央企列入首批混改试点，而到了同年 12 月，国资委将 7 大领域进一步缩小，直言要在"民航、电信、军工等领域推动混合所有制改革试点"②。在 6 家中央企业试点名单中，东航集团作为民航业唯一的试点单位，近年来在混合所有制领域采取了一系列举措，包括：(1) 2015 年 7 月，外资身份的美国达美航空投资 4.5 亿美元认购东方航空 H 股 4.66 亿股，占本次发行后东方航空 H 股股本的 10%，占本次发行后东方航空总股本的 3.55%，成为了除东航及关联公司外的第一大外部股东③；(2) 2016 年 1 月，东航非公开发行 A 股获证监会核准，有媒体报道称，增发完成后，东航集团持股从原先约 64% 有望降低到 50% 多，东航国资持股比例降低④；(3) 2016 年 4 月，民资身份的在线旅游平台携程旅行网以 30 亿元入股东方航空，占本次发行后东方航空总股本的 3.22%，与达美航空公司并列成为东方航空第四大股东⑤；(4) 东航于 2017 年 2 月 10 日发布公告宣布，公司 2017 年第一次临时股东大会审议通过了出售从事物流货运业务的全资子公司的议案，东航所持有的东航物流 100% 股权将转让给控股股东东航集团下属全资子公司东方航空产业投资有限公司，并已于 2017 年 2 月完成办理相关法律手续⑥。根据媒体的公开报道，东航物流也被国家确定为民航领域混合所有制改革试点企业，而东航物流

---

① 参见《2017 年中央经济工作会议公报》。
② 参见《民航业或接混改接力棒》，载《北京商报》2017 年 1 月 10 日。
③ 参见《中国东方航空股份有限公司关于完成向美国达美航空公司发行 H 股股票的公告》，http://static-cdn.ceair.com/upload/2015/9/9164110989.pdf，2017 年 2 月 27 日访问。
④ 参见《中国东方航空股份有限公司关于非公开发行 A 股股票获得中国证监会核准的公告》，http://www.ceair.com/upload/2016/1/8171145991.pdf，2017 年 2 月 27 日访问。
⑤ 参见《中国东方航空股份有限公司关于控股股东东航集团与携程签订战略合作框架协议暨股票复牌公告》，http://www.ceair.com/upload/2016/4/21212932170.pdf，2017 年 2 月 27 日访问。
⑥ 参见《中国东方航空股份有限公司关于东航物流股权转让关联交易完成情况的公告》，http://www.ceair.com/upload/2017/2/10173940514.pdf，2017 年 2 月 27 日访问。

100%股权的转让成为整个混改的关键一步。

2. 国有企业混合所有制改革的经济法解读

随着混合所有制改革方案的出台,学术界对于国企混改的研究掀起了新的高潮,不同学科对于混改的概念、意义、方式、背景、效用等问题均进行了不同的解读。本文认为,从经济法尤其是国有经济参与法的角度,对于混改需要关注的核心问题包括:国企混改的目的和意义、国企混改的路径与方式、混改国企的法律属性等。

(1) 国企混改的目的与意义

混合所有制并非是一个全新的概念。自1993年十四届三中全会通过的《中共中央关于建立社会主义市场经济体制若干问题的决定》中首次提出"财产混合所有"概念以来,其后,党的十五大报告、十六大报告、十六届三中全会决议等文件中对混合所有制均有所论述。十八届三中全会通过的《中共中央关于全面深化改革若干重大问题的决定》属于对混合所有制的再一次重申,同时将混合所有制经济提升到中国基本经济制度的重要实现形式的高度。做为具体落实十八届三中全会关于发展混合所有制经济的具体措施,《关于深化国有企业改革的指导意见》《关于国有企业发展混合所有制经济的意见》为国有企业推进混合所有制改革提出了官方意见,这意味着,在国有企业推进混改的政治意义,首先在于落实十八届三中全会关于"混合所有制经济是基本经济制度的重要实现形式"这一重要论断。我国当前的基本经济制度表现为公有制为主体、多种所有制经济共同发展,一般认为多种所有制经济以个体经济、私营经济和外资经济等非公有制经济为主,同时,十八届三中全会再次确认公有制经济和非公有制经济都是社会主义市场经济的重要组成部分。在此语境下,十八届三中全会既已将混合所有制经济界定为基本经济制度的重要实现形式,因此,在学理上,将混合所有制经济与非公有制经济共同归入"多种所有制经济"应当更符合文件语句表述的逻辑。

除了在国企改革领域落实发展混合所有制经济的政治使命之外,《关于深化国有企业改革的指导意见》《关于国有企业发展混合所有制经济的意见》系统界定了国企推进混合所有制改革的途径,并将国企混改做为推进新一轮国企改革的重要手段与方式,赋予了国企混改以"促进国有企业转换经营机制,放大国有资本功能,提高国有资本配置和运行效率,实现各种所有制资本取长补短、相互促进、共同发展"的重要经济使命,并且对国企混改定位的认识也在不断深化。从十八届三中全会在强调"两个毫不动摇"[①]的同时,要求"积极发展混合所有

---

① 两个毫不动摇,是指必须毫不动摇巩固和发展公有制经济,以及毫不动摇鼓励、支持、引导非公有制经济发展。

经济",到 2015 年 3 月政府工作报告要求"有序实施国有企业混合所有制改革",再到 2017 年中央经济工作会议强调的"混合所有制改革是国企改革的重要突破口"等论述,彰显了各界对国企混改认识的逐步统一和深化,也显示了我国经济在追求更高层次市场化过程中混改的关键作用。可见,在国有企业领域推进混改,既是推进国有企业竞争力提升的手段,也是进一步深化国企改革的目的。

需要指出的是,对于十八届三中全会重提混合所有制改革,学术界存有不同的解读,有的观点认为,重提混合所有制经济并无新意,应当在坚持公有制为主体的前提下,适当让民间资本参与充当配角;有的观点认为,重提混合所有制经济就是要加快实行私有化,让国有经济尽快从竞争性领域退出[1]。因此,在我国国有企业改革已历经多年的大背景下,进一步梳理本次混合所有制改革与之前数轮国企改革中的主要措施存在的区别,是厘清本次混改法治路径与方式的关键所在。对此,笔者认为,本轮国企改革所面临的形势与以往截然不同。改革开放以来,我国的国企改革经历了从政府的附属机构和生产部门向确立市场主体地位的转变,从政府放权让利到建立现代企业制度,逐步实现政企分开,使企业真正走向市场,在此过程中,政府立足于提高国有经济的整体素质,从着眼于搞好每个企业到着眼于搞好整个国有经济,对国有企业实施战略性改组。应当说,历经了近四十年的改革之后,今日的国有企业无论是规模还是内在素质都是 20 年前的国企无法相较的,但下一步的发展却遇到了前所未有的瓶颈:一方面,纯粹国企的背后仍是政府配置资源,而政府过度追求 GDP 的结果会导致重复建设、产能过剩、严重污染等问题;另一方面,国企改制不到位,国有大股东绝对控制地位导致公司治理机制无法有效充分发挥作用,同时,由于国企决策机制以及监督机制不合理,内部人控制严重,造成贪腐行为层出不穷[2]。可见,如果说之前的改革是为了解决国有企业的生存问题的话,本轮国企改革则重在解决国有企业的发展问题和转型问题,包括因上一轮改革之后出现的国有企业大而不强、国资一股独大、资源依赖、垄断等痼疾,以期突破国有企业长期以来体制机制的障碍与束缚,进一步完善现代企业制度,提升国有企业的市场化运行效率。

(2)"混合"的对象

混合所有制经济的主要特征为国有资本、集体资本、非公有资本等交叉持股、相互融合。由此可见,混合所有制改革侧重于不同所有制资本之间的融合,而在国有企业推行混合所有制改革,则主要侧重于以国有资本为载体,实现多种所有制的共同发展。以国有企业为混改的重要标本,表明混改一方面要促进国

---

[1] 参见陶卫华:《混合所有制:冷与热的背后》,载《中国民商》2014 年第 5 期。
[2] 参见顾功耘:《论国资国企深化改革的政策目标与法治走向》,载《政治与法律》2014 年第 11 期。

有企业转换经营机制,放大国有资本功能,提高国有资本配置和运行效率,另一方面则要通过混改实现各种所有制资本之间取长补短、相互促进、共同发展。从产权效率优化的视角考量,国企混改的首要问题在于"混合"的对象如何界定。笔者认为,根据官方文件、国企改革的市场实践以及学术界的解读,本次混合的对象可以包括:

第一,非国有资本。资本结构、组织结构与竞争结构的同步变迁,竞争性组织结构的培育,首先是资本结构的变迁,即扩大非国有资本。将非国有资本引入国有企业的资本结构,进而优化其组织结构,将成为混合所有制企业制度结构优化或绩效较高的原因。根据混改文件的规定,非国有资本包括集体资本和非公有资本,后者又可主要区分为外资和民营资本。然而,根据现有的法律法规,目前上述三种主要类型的非国有资本进入国有企业存在着不同程度的制约,表现为:首先,在所有制混合的准入方面,对于集体资本如何激活其市场价值和产权价值仍需突破政策领域的禁忌,对于非公有资本尚需系统梳理各个产业的投资准入限制,并以规则和制度赋予其同等的话语权与决策权。做为民航业混改试点企业的东航集团于近几年先后引入外资达美航空和民营资本携程公司,并以市场化的运作机制赋予入股方相匹配的董事会席位与表决权,值得借鉴。其次,在不同产权的平等保护方面,应围绕产权保护的平等性、资源配置的效率性、博弈信息的对称性、利益主体的包容性来建构制度与实施制度。产权是经济的核心,有恒产者有恒心,市场经济是平等平权经济,否则市场自由无法形成。私人产权的表达通过国家主权保证或实现,将产权效力扩张到主权效力,其标志是主权国家将私人利益保护与效率放在第一位,而不是相反。保护私人物品及其产权,特别是保护其收益的私人归属,理应成为评价混改绩效高低的根据。国务院《关于国有企业发展混合所有制经济的意见》明确指出要完善制度、保护产权,希冀以保护产权、维护契约、统一市场、平等交换、公平竞争、有效监管为基本导向,切实平等保护各类产权主体的权益,意义重大。

第二,利益相关者。利益相关者理论认为,企业不仅要代表股东的利益,而且要代表其他利益主体如员工、消费者、社区的整体利益。该理论强调企业的所有权和控制权应由出资者、债权人、职工、供应商、用户等利益相关者共同分享,并由此将公司目标理解为公司价值最大化。从利益相关者理论出发,本次混改明确规定混改国企可通过试点稳妥推进员工持股,包括采取增资扩股、出资新设等方式支持对企业经营业绩和持续发展有直接或较大影响的科研人员、经营管理人员和业务骨干等持股。据此,国务院国资委于2016年8月发布《关于国有控股混合所有制企业开展员工持股试点的意见》,对员工持股企业试点提出了试点企业的条件,明确了员工入股的范围、出资方式、入股价格、持股比例、股权结构、持股方式等,并对员工股权管理的主体、方式、股权流转与分红、破产清算与整顿等内容做出细化规定。然而,在推进员工持股过程中,有如下问题仍需要关注:其一,如何进一步发挥员工持股的制度绩效?需说明的是,员工持股源自西方的 ESOP[①],并伴随我国的国有企业改制而实施多年,本次混改继续深化员工持股试点改革,如何根据实践中经常发生的问题设计出相对合理的方案与步骤,并使其发挥出"旧瓶装新酒"的制度绩效,需要法律和制度的进一步规范、调整与完善。其二,如何防止国有资产流失?国有资产流失一直是国有企业改革的最大绊脚石。在上一轮国企改革过程中,由于制度不规范,出现了国有资产流失和许多不公平现象,以 MBO 等方式低价收购国有企业资产的教训仍历历在目。尽管国资委、财政部于 2016 年联合发布了《企业国有资产交易监督管理办法》,对企业国有资产交易过程中的相关程序做了较为细化的规定,有利于破解混改尤其是员工持股中的国有资产流失问题,但其实际效果如何,仍有待进一步评估。

(3)"混合"的路径

新一轮国企改革过程中,官方对于混改方式的表述呈现了路径多元化、手段市场化、时间灵活化等特征。所谓路径多元化,是指中央一方面鼓励非国有资本投资主体通过出资入股、收购股权、认购可转债、股权置换等多种方式,参与国有企业改制重组或国有控股上市公司增资扩股以及企业经营管理,另一方面鼓励国有企业通过投资入股、联合投资、重组等多种方式,与非国有企业进行股权融合、战略合作、资源整合。而在这些文件许可的方式中,有许多措施都是我国国企改革实践中曾经采取过的合法有效的措施,并且对当时阶段的国企改革向纵深发展起到了较好的推动作用。所谓手段市场化,是指本次混改坚持以市场为导向,以企业为主体,充分尊重市场经济的规律,发挥市场机制在改革中的引领作用,而非行政主导式的改革。所谓时间灵活化,是指本次改革不搞一刀切,不以为了改革而改革,而是坚持因地、因业、因企施策,一企一策,成熟一个推进一个,并且不设改革时间表,充分体现了中央对于各地区、各企业不同情况的尊重。

做为国资领域体现混合所有制经济的重要形式,目前国企混改仍处于政策的解读与实践的试点阶段。虽然政策为混改提供了落地的指南,试点实践为其提供了行动的参照,但是,产权是由法律制度安排的,做为所有权合作与博弈的合约也是通过合同、契约等法律制度安排的,因此,法律在混合所有制的结果安排及实现中具有决定作用。

---

① Employee's Stock Ownership Plan 的简写,即员工持股计划,是指由公司内部员工个人出资认购本公司部分股份,并委托公司工会的持股会(或信托机构等中介组织)进行集中管理的产权组织形式。

(三)国有企业竞争优势重塑的制度进路

如果说政府资源分配方式的改革为国有企业从对资源的过度依赖中回归奠定了基础,那么,新一轮国有企业的改革则成为打造国有企业核心竞争力的必然过程。以"1+4+3"为改革总方略的路径设计成为牵动政府与市场、国资与民资、竞争者与监管者的链接点,而以混合所有制改革为国企改革重要突破口的政策引导与实践试点则为国企竞争优势的再造提供了案例参照,并指明了法律规制的路径与方向。笔者认为,在新一轮国有企业改革过程中,基于改革与转型的路径在于从低效率向高效率的组织转型及由此引致的能力提升的基本判断,经济法应当以国有企业"产权结构—行为—绩效"的联动为着眼点,以国企改革的引领性政策向经济法立法的转化为突破点,以国有资产监督管理体系的进一步完善为支撑点,以理性的制度设计推动国有企业核心竞争优势的提升。

正如前文所述,企业竞争优势的来源在理论学说上经历了由外生优势到内生优势的演化,实践层面经历了主体优势到制度优势的转型,这些理论学说和实践经验表明,企业的发展与成长并非基于某一种因素即可完成,而是企业与市场持续博弈的相对结果。西方产业组织理论中 SCP(Structure-Conduct-Performance Model)分析框架为我们提供了市场结构决定企业行为、企业行为决定经济绩效的基本判断,而我国改革开放以来国有企业改革实践的重要成果之一即在于还原企业的市场主体属性,这成为国有企业绩效提升的行为之源,亦即本文认为的"产权—行为—绩效"是国有企业竞争优势养成的基本逻辑。原因在于,组织是制度运作的前提,是科层存在的形态,是由结构组成的。从企业产权到企业行为再到企业法律制度的演化过程中,法律结构或体系来自于组织的科层与结构,规则与制度也是必须针对特定的主体或组织,具体到国企改革中,由组织变革引致的法律转型和制度变革为国企的公司化、市场化改革提供了制度支撑,而制度优势的发挥又进一步促进了国有企业产权优势的彰显。

如果说传统领域的民商法为 SCP 范式中的市场结构(Structure)提供了基础性规范的话,则经济法在国有企业"产权—行为—绩效"中的作用至关重要。不断推进的市场化改革为国有企业的发展提供了不竭动力,而宏观历史进程中的改革则是以国有企业市场主体地位不断优化、提升的微观改变来展现,并具体化为国有企业从资本结构的优化推动治理机构的完善,继而最终通过市场竞争的优胜劣汰来实现国有资产的保值增值。从资源优势到竞争优势成为制度优势的抉择,而竞争优势的关键在于国有企业的产权优势。明晰界定产权是一切交易活动的基础,唯有当产权明确并受到保护,具有合法性与权威性时,才能保证主体行为的内在动力,反之则将因产权欠缺有效的配置和利用而造成无形的交易成本。因而,从资本结构层面理顺国有企业的产权安排,在国有企业由低效率向高效率的组织转型中至关重要,并成为国有产权效率提升的关键来源。

具体到制度设计层面,《关于深化国有企业改革的指导意见》已为国有企业产权的合理界定以及产权效率的提升指明了方向。在"1+4+3"的整体方案中,包括分类推进国有企业改革、完善现代企业制度、完善国有资产管理体制、发展混合所有制经济等在内的四项主要措施中的三项措施均与国有企业主体地位与产权优势的发挥密切相关。如果说国有企业分类改革致力于解决国有企业参与市场竞争的公平性问题,则完善现代企业制度与发展混合所有制经济则致力于从产权角度进一步提升国有企业的竞争力。对于经济法而言,应进一步探讨国企分类改革中的分类立法、《全民所有制工业企业法》的未来走向、《公司法》对于集团公司制度的规范、国有企业公司治理的持续优化、国企混改的立法实现、公平竞争审查制度的完善等。

以国有企业混合所有制改革的立法实现为例。未来,以混改为重要突破口的国资国企改革仍需增强法治的基础性作用,而其核心即在于混改方式的法治化。具体而言:

第一,战略性法律制度的创新是国企混改制度设计的标志。推进任何一项改革,法治的力量都是不可或缺的,以法治引领改革,推动改革,可以保证改革行动不偏向并顺利前行[①],国资国企改革亦同。这意味着,一方面,在推进混改过程中,无论是以股权为纽带,还是以资产或者其他资本要素为连接点,合作的路径与方式必须合法合规,原因在于我国的混合所有制经济已实践了20余年[②],各种基于市场化手段的资本合作及其配套法律服务相对而言已较为成熟,依照现有的相关法律制度基本可以从法律技术的层面涵盖混改实施的具体措施。另一方面,由于本次国企混改被赋予了提升国有资产运营效率、突破现有国企运营过程中的体制机制障碍等重要使命,并成为政党政治引领下国企改革的重要组成部分,成为通过法律制度保证实施的战略构想。不过,我国现行法律制度并不能满足国企混改的战略性要求,而战略性法律制度的创新是国企混改得以实施的契机。法律是理性的选择与制度设计,有关混改的理性解读成为战略性法律制度创新尤其是国资国企法律制度创新的前提。虽然国企混改已经成为我国国企改革的战略构想,并被纳入主流话语体系,但如何将其演绎为制度规则特别是

---

① 参见顾功耘:《论国资国企深化改革的政策目标与法治走向》,载《政治与法律》2014年第11期。
② 1993年《公司法》的颁布为国企的公司化改革提供了制度支撑,依据《公司法》的规定,国企改制除非采用国有独资形式,其他都是在发展混合所有制,因此,从1994年《公司法》施行之日算起,混合所有制经济已实践了20余年。参见顾功耘:《论国资国企深化改革的政策目标与法治走向》,载《政治与法律》2014年第11期。

有绩效的法律制度规则,仍需进一步深入讨论。

第二,国资利益与民企利益的平等保护是国企混改制度设计的基础。如果说以员工持股为代表的利益相关者的合作为国企混改提供了来自于企业内部合作动力的样本的话,以民营资本为代表的非国有资本则成为国资国企在资本结构层面的主要合作对象,而其成败的关键不仅仅在于国资国企的单方壮大,更在于国资与民资的平等合作、互利共赢以及公平受保护。从简单商品经济到现代市场经济,民营资本始终是劳动市场、产品市场与资本市场的主角之一,其壮大也被视为是一国市场经济成熟的基本标志之一。在新一轮国企混改中,对于民营资本及私人产权的保护既是市场经济的内生性要求,也是新一轮国企改革尤其是国企混改的重要标志,也为民资积极参与国企混改提供了原动力。正因为如此,多元产权的平等保护、公平分配与效率支配成为了衡量规范国企混改的经济法律制度绩效之关键所在。

第三,国有资产监督管理体系的进一步完善是国企混改制度设计的支点。国有企业竞争优势的养成要求推进国有企业进一步深化各项改革,同时更要求国有资产监管体系的完善。而做为政府与市场关系的核心维度之一,国资监管及其法治化也恰恰是经济法所要回答的重要命题。有效的监管将会使市场主体行为的外部性内部化,这对于降低资源配置的交易成本、提升配置的效率和效益具有积极的促进作用。特别是,在混改过程中,无论是对于民营资本与私人产权的保护,还是对于混改中避免国资落入私有化陷阱,唯有法律、规则和制度可以提供确定性的指引与规范。在具体制度设计层面,国有企业深化改革中的监管应以打造多元、高效、科学的现代监管体系为目标,并从监管的主体、对象、方法等多个维度推进制度建构。

五、结　　论

如果说进一步推进国有企业改革、拓展改革红利是我国国有企业发展转型成功的根本性条件,那么国有企业从资源优势走向竞争优势则是新一轮国企改革的界碑,而围绕国有企业竞争优势养成进行制度设计则是国有经济参与法及其制度持续转型的方向。虽然国有经济参与法的具体制度设计需要国有企业在落实国家战略和法律价值观上重新定位,但是推进以资源配置方式改革为代表的一系列政治、经济、文化、法律制度的变革对于实现十八届三中全会所确立的"各种市场资源主体公平分配、公平享有与公平受保护"的目标也至关重要。因此,从这一角度出发,可以发现,国有企业的改革是一项系统性工程,改革成败的关键不仅仅在于国企本身,尽管国企必须对自身竞争优势的培育担负起主体责任。同时，国企改革需在经典理论的指导下，结合包含政治、经济、文化、体制、社会结构等多重因素的本国国情，找出一条符合自身实际的发展道路，培育基于中国国有企业理论和实践特征的核心竞争优势，以为国企自身、政府与市场乃至国家与社会经济的发展注入全新的动力。而在这一伟大转型中，法律尤其是经济法律制度的抉择尤为关键。

第五编　对外经济管制法律制度

外资准入制度改革相关法律问题研究

王　洋[*]

【内容摘要】 我国正在进行围绕负面清单和备案制改革进行外资准入制度改革。这是引进外资的需求,更是在全球化中履行入世承诺的需要,对国内而言,自贸区对该制度的试行以及在这之后在全国的推广是治理能力现代化的体现。国内外资准入法律制度的改革主要是制定负面清单,负面清单内的外国投资者适用审批制,清单外的则适用备案制,准入前适用国民待遇。全国版负面清单的建立至关重要,此外备案制所配套的监管措施,即事中事后监管对于外资准入制度改革至关重要。最后,在"三资企业法"的改革中,建立统一的《外国投资法》尤为重要。

【关键词】 外资准入　备案制　负面清单

在"十三五"规划中明确提出要提升利用外资和对外投资水平,"扩大开放领域,放宽准入限制,积极有效引进境外资金和先进技术,提升利用外资综合质量。放开育幼、建筑设计、会计审计等服务领域外资准入限制,扩大银行、保险、证券、

---

[*] 王洋,华东政法大学博士研究生。

养老等市场准入。鼓励外资更多投向先进制造、高新技术、节能环保、现代服务业等领域和中西部及东北地区"。其中,更是提到了"对外资全面实行准入前国民待遇加负面清单管理制度。完善外商投资国家安全审查制度。创新外资监管服务方式。"① 为实现这一目标,在 2016 年我国的外商投资准入制度围绕着备案制改革和负面清单,进行了相应的改革,这些改革影响无疑是深远的。

诺斯曾说:"政体在很大程度上决定经济绩效,因为它们确定并强制执行经济规则。因此发展政策的一个关键部分就是各种能够创造并能强制执行有效产权的政体的创设,但我们对如何创设这样的政体知之甚少。"② 党的十八届三中全会提出:"全面深化改革的总目标是完善和发展中国特色社会主义制度,推进国家治理体系和治理能力现代化。"外商投资的相关准入制度,对于一个国家竞争力的提升有着重要的作用。而我国正在进行的外资准入制度改革,正是从制度变迁的角度,推动国家治理体系和治理能力现代化,从以前的行政性指令为主的治理制度,转变为以市场为导向的治理制度。总之,外资准入制度改革,也正是全面深化改革,加强对外开放的重要一环。

而回到经济法的范式中,其中对外经济管制法律是经济法的重要组成部分,也是随着我国市场经济的发展而兴起的法律。通过经济管制,国家从"国家目的出发,对国际市民法秩序上进行的涉外经济活动实施各种干预"。③ 而在涉外经济法律中,外资准入向来是一个重要的制度。外资准入的管制,就像是在我国外资企业的管理这一系统中,控制其外生变量一样。如果对于外资企业的监管是对市场中主体的监管,那么准入管制就是从源头入手。因此,研究我国现行外资准入制度改革路径中的法律问题,不但对对外经济管制法律有着极为重要的作用,其中涉及的市场监管也对旨在调整政府与市场关系的经济法有着深远影响。因而笔者拟从外资准入改革作为切入点,分析其中的负面清单和备案制改革,以规范分析的方法来分析其价值取向,从而对现有问题提出相应的制度构建。

一、外资准入改革问题的提出

(一) 外资准入制度改革的背景

1. 政府职责转变的需要

在以市场为导向进行国家治理的今天,如何看待政府与市场的关系?在计

---

① 参见《中华人民共和国国民经济和社会发展第十三个五年规划纲要》。
② See Douglas North, Economic Performance Through Time, American Economic Review, 1994 (84), p.366.
③ 参见〔日〕金泽良雄:《当代经济法》,刘瑞复译,辽宁人民出版社 1988 年版,第 302 页。

划经济中,经济法自然是政府调控经济的法律,运用的也正是行政手段,这也是为何在这个阶段经济法被称为经济行政法的原因。但现今,经济法奠基于市场基础上,就成为了国家干预市场和市场干预国家的有机统一体。经济法实质上是政府与市场矛盾运动的结合体,是两种力量博弈的均衡,而绝非仅仅是博弈的某一方。[1]

从法律上来讲,经济法中存在着多对利益冲突,其中最大的就是政府与市场的博弈,因此不应只考量某一方,而应达到一种均衡。同样,在涉外经济管制相关法律中也同样如此。同时,这也涉及商法的问题。商法是市场经济的基本法,它在计划经济下适用的空间很小,它旨在调整市场机制、规范市场资源配置。商法的一个原则就是维护市场正常运行原则,其中包含了市场进入、商事分解、风险分散、市场退出这四个方面,其中市场进入虽然强调了营业自由,但是也强调分工,强调对资源的合理配置。

回到"简政放权"的大背景下。从更高的意义上来看,秉承方法论个人主义的米塞斯曾说过国家和政府从来不是目的,而是手段;[2]而正是康德提出,人不能被当作手段,除非将其当作目的。[3] 在这种意义上,"简政放权"本身就是公平和正义的体现,通过调整政府与市场关系,保证了个人权利。因为,尽管自由至上主义者(如诺齐克)的"最小政府"理论并未成为共识,但政府对市场的干预应当是有限的,不应有"包罗万象"的大政府,这已经成为了一种共识。退一步说,这一制度至少会降低交易成本,提高社会总体经济绩效。

具体到外资准入问题上。我国的市场准入,无论是对外资市场还是内资市场而言,目前仍然以政府逐项审批为主。十八届三中全会所说的"国家治理体系和治理能力",其实指的是一个国家的制度体系和制度执行能力。而在实践中,这一准入体制也逐渐显现其效率低下的一面。因而,从提高效率的方面来看,对于之前逐案审批制的外资准入制度的改革,也是必要之举。

2. 引入外资的需要

目前我国外资也正处于一个结构调整的阶段。根据商务部数据,2017年1月,全国新设立外商投资企业2010家,同比增长0.1%;实际使用外资金额801亿元人民币(折120亿美元),同比下降9.2%。而从2016年全年来看,我国实际使用外资金额8132.2亿元人民币,同比增长了4.1%,增速较往年有所下降。从大环境来看,根据UNCTA发布的《2016世界投资报告》,2016年全球FDI流

---

[1] 参见顾功耘主编:《经济法教程(第三版)》,上海人民出版社、北京大学出版社2013年版,第31页。

[2] 参见[奥]米塞斯:《人的行为》,夏道平译,上海社会科学院出版社2015年版,第720页。

[3] 参见[德]康德:《实践理性批判》,韩水法译,商务印书馆2003年版,第95页。

动将收缩 10%—15%,而发达经济体吸收 FDI 的份额也反超了发展中经济体,扭转了由发展中经济体占主导的趋势。发展中国家 FDI 流入量总体下降了 20%。总体来说,2017 年全球 FDI 有望增长,但不确定因素很多,而发达国家跨国公司对外投资前景也并不明朗。① 外资进入中国市场的兴趣不大,一方面,国内由资源密集型经济开始转型,包括劳动、土地、自然资源各要素成本的上升,使得外资企业进入中国的热情下降;另一方面,外资优惠政策的清理使得引入外资的难度加大。在此背景下,如何更有效率地吸引外资,并且在此基础上保证公平,保证国家安全和国家经济安全,是一个很大的问题。

3. 经济全球化中的涉外经济管制法律变革的需要

我国近年来经济的高速发展与全球化的浪潮密不可分。因而,涉外经济管制法律与此有着更为紧密的关系,但是也应当看到,面对全球化带来的冲击,涉外经济管制法律中需要调整的部分。

我国在加入世界贸易组织(以下简称 WTO)时,享受了一系列权利,但也承担了对应的义务。对入市时一系列承诺如何履行,也是一个重要的问题。

根据商务部网站上所列举的《入世承诺》,②涉及对外资准入方面的,包括在非歧视(包括国民待遇)方面,我国将对所有 WTO 成员给予非歧视待遇,包括属单独关税区的成员。我国将对包括外商投资企业在内的国有企业、在我国的外国企业和个人给予相同的待遇。我国将修改、调整并废除和停止实施违反 WTO 国民待遇原则的所有现行法律、法规和其他措施。这实际上是外资准入制度改革的一个主要动机,因为外资准入制度实际上体现了一个国家经济的开放程度和市场化程度,对于市场化程度较低的国家自然无须利用全球化浪潮走向世界市场。原有的外资准入制度与国民待遇可能存在一定的差异,这是因为我国长期计划经济体制下行政审批本位导致的。

在外商投资措施中,我国将全面遵守《与贸易有关的投资措施协定》(以下简称《TRIMS 协定》),并取消外汇平衡要求、贸易平衡要求、当地含量要求和出口实绩要求。而事实上,我国在《外商投资产业指导目录》中,限制措施的逐步取消,也正反映了我国的这一承诺。另外,就透明度原则,我国承诺所有涉外经贸法律、法规和部门规章将在官方刊物或政府网站上公布,未经公布的不予执行。

在具体的行业中,如汽车行业,将提高只需在省一级政府批准的汽车制造商

---

① 参见联合国发布 2016 全球投资报告,http://www.investment.gov.cn/zhtzdongtai/20170222/57576.html,2017 年 3 月 12 日访问。及 UNCTAD 发布《2016 世界投资报告》,http://www.mofcom.gov.cn/article/i/jshz/zn/201606/20160601345905.shtml,2017 年 3 月 12 日访问。

② 商务部网站 http://www.mofcom.gov.cn/aarticle/Nocategory/200612/20061204000376.html,2006 年 11 月 6 日访问。

投资比例的限额。从现在的 3000 万美元,提高到加入后 1 年的 6000 万美元,加入后 2 年的 9000 万美元,加入后 4 年的 1.5 亿美元。关于汽车发动机的制造,自加入时起取消合资企业外资股占比不得超过 50% 的限制。

其中最重要的是服务贸易方面的承诺。在透明度要求上,需要主管机关在官方刊物上公布所有的营业许可程序和条件;在许可程序和条件上,承诺在这些行业内不会形成许可壁垒。此外,就法律服务、计算机及其相关服务、房地产服务及其他商业服务的外资准入进行了规定。以广告服务为例,其中约定外商在中国只能设立合资企业,而且外资股份不超过 49%。在我国入世后 2 年内,将允许外资拥有多数股份,在入世 4 年内,允许设立外商独资子公司;而就管理咨询服务而言,在我国只允许设立合资企业,外资可拥有多数股权。在入世后 6 年内取消限制,将允许外国公司设立外资独资子公司。尤为令人注意的是金融机构的许可。入世时,我国金融服务部门进行经营的批准标准仅是审慎性的(即不包括经济需求测试或营业许可的数量限制)。入世后 5 年内,取消现存的限制所有权、经营权、外国金融机构的法律形式,包括内部分支机构和营业许可的任何非审慎性措施。

涉外经济管制立法的统一性和一致性,使得我们要清理修改与《WTO 规则》和我国承诺不相符合的法律、法规,也要保证执法的质量。同时,《WTO 规则》也带来了透明度的要求,作为涉外经济管制立法需要对其建立完善的公示制度。当然,涉外经济管制法应充分利用《WTO 规则》的空间。

除了 WTO 外,这种外资准入制度的改革,也是因为中美、中欧双边贸易协定洽谈的需要。须知负面清单制度正是缘起于双边协定,对于外资能进入哪些行业,又要受到哪些限制,向来是谈判中争夺的焦点。而外资准入制度向来被作为主权国家的一项重要全力,作为外资国民待遇的两项"一般例外"之一。所以,如何科学合理地设立外资准入、禁止、限制的领域,对其应当采取何种审查程序,都是很重要的。

4. 自贸区的成功实践与复制、推广需求

2013 年我国建立上海自贸区的初衷,就是探索如何真正地提高制度竞争力,而不是通过集中税收、土地等方面的优惠政策,通过让利而形成"政策洼地";随后,在成熟的制度形成后,将其中可复制、可推广的制度推广至全国,从而完成平稳的制度改革。为此,在自贸区设立伊始,全国人大常委会就发布了《全国人大常委会关于授权国务院在中国(上海)自由贸易试验区暂时调整有关法律规定的行政审批的决定》,其中明确提到,在外资企业、中外合资企业、中外合作企业的设立、分离合并等问题上的行政审批在自贸区暂时停止实施,改为备案管理。

紧接着,在 2013 年上海自贸区推出了我国首个外商投资负面清单,其中特别管理措施共190条。随后上海自贸区颁布了《自由贸易试验区外商投资准入特别管理措施(负面清单)(2014年修订)》。相应地,在2014年《自由贸易试验区条例》中,明确规定了自贸试验区内国家规定对外商投资实施的准入特别管理措施,由上海市人民政府发布负面清单予以列明,并根据发展实际适时调整。其中明确提出:"自贸试验区实行外商投资准入前国民待遇加负面清单管理模式。负面清单之外的领域,按照内外资一致的原则,外商投资项目实行备案制,国务院规定对国内投资项目保留核准的除外;外商投资企业设立和变更实行备案管理。负面清单之内的领域,外商投资项目实行核准制,国务院规定对外商投资项目实行备案的除外;外商投资企业设立和变更实行审批管理。"①而在广东、天津、福建也设立相关自贸区后,2015年国务院颁布了针对各自贸区的负面清单制度,即《自由贸易试验区外商投资准入特别管理措施(负面清单)》,这一清单在2017年得以更新,适用于全部11个自贸区。最后,《国务院关于做好自由贸易试验区新一批改革试点经验复制推广工作的通知》中,认为"负面清单以外领域外商投资企业设立及变更审批改革"制度应当在全国范围内推广。总之,自贸区的充分实践为全国范围内开展外资准入制度的改革提供了可能。

(二) 我国外资准入法律规范现状

1. 我国外资准入法律法规体系

尤根·艾利希曾提出,国家推行其法律的方式有两种,一种是通过裁判规范,即向其司法机构(如法院)发布指令;另一种形式是干涉规范,即指令国家机构行事的规范。在此基础上,无论这种规范是否被援用,权力机构均应按此类规范行事。②

为何要引用上面这段话?那是因为,在我国外资准入制度中,正是由较多的指令国家机构行事的规范所构成的。换言之,外资准入规制中,有较多的行政法规、部门规章和行政性的规范性文件构成。外资企业不仅在商务部主管下,也在其行业各主管部门的主管下。因而除上述准入的法律法规外,各主管部门也对外资企业的准入有自己的相关规定。如我国《对外合作开采海洋石油资源条例》中就规定了对外国企业投资的保护。③再如房地产行业,2006年《关于规范房地产市场外资准入和管理的意见》中,规范外商投资房地产企业的市场准入,提高了部分外商投资房地产企业注册资本金在投资总额中的比重。

---

① 参见《中国(上海)自由贸易试验区条例》第13条。
② 参见〔奥〕尤根·埃利希:《法律社会学基本原理》,叶名怡、袁震等译,中国社会科学出版社2009年版,第280页。
③ 参见孙南申:《进入WTO的中国涉外经济法律制度》,人民法院出版社2003年版,第346页。

总体上来说，我国外资准入法律体系形成二元结构，一方面是以产业政策为基础的实体性规范，包括《指导外商投资方向规定》《外商投资产业指导目录》及各主管部门所制定的外资准入法规和规范性文件之中；另一方面是以"三资"企业法和《关于外国投资者并购境内企业的规定》等程序规范。但这一情况在 2016 年有所改变，目前外商投资企业的设立变更程序，受《外商投资企业设立及变更备案管理暂行办法》的规制。

我国的外资审批机构是国务院对外经济贸易主管部门或者国务院授权的部门或地方政府。在分级审批制下，投资额在国务院规定的限度内，由国务院授权省、自治区、直辖市人民政府审批，其余的由中央审批机构审批。从横向上来看，目前是由包括发改委、商务部、行业主管部门等多个行政机关按照企业的组织形式，按照上文中二元结构的程序法律规范，遵守着二元结构中的行业政策进行审批。

2. 外资准入规制的范围及其规避——以"VIE 第一案"为例

在我国，外国投资者首先包括外国公司、企业和其他经济组织或自然人，其次，来自中国大陆以外的港澳台投资者一般也被纳入其中。①

如何认定内资企业与外资企业？既然对外资有高于内资标准的规制，那如何应对通过控制内资企业而达到实质意义上外资企业进入禁止或限制领域？事实上，由于对外商投资的种种限制，应运而生的就是一些规避外商投资准入的措施。其中运用最多的自然要属在外商并购中，采用可变利益实体（variable interest entity，以下简称 VIE）结构来达成对于外商投资限制的规避。

而在 2014 年福建纵横公司、福建分众公司等申请不予执行香港仲裁裁决案中，被申请人（执行人）申请执行仲裁裁决，其中涉及 VIE 结构。申请人（被执行人）认为本案"VIE"结构安排，违反中国内地强制性法律规范，以合法形式掩盖非法目的，适用中国内地法律应该无效。根据国务院《外商投资电信企业管理规定》和信息产业部《关于加强外商投资经营增值电信业务管理的通知》，外国投资者在我国境内投资经营电信业务的，必须设立外商投资电信企业，并申请相应电信业务经营许可证，否则不得在我国境内投资经营电信业务。另外，根据商务部《实施外国投资者并购境内企业安全审查制度的规定》，外国投资者不得以包括"协议控制"在内的任何方式实质规避外资并购安全审查。故本案 VIE 结构违反中国内地法律关于禁止外国投资者以协议控制方式在中国内地经营新媒体广告传媒及增值电信业务的强制性规定，并构成以合法形式掩盖非法目的，适用中国内地法律应为无效，违反公共利益，因而该仲裁裁决不应予以执行，但被申请

---

① 参见顾功耘主编：《经济法教程（第三版）》，上海人民出版社、北京大学出版社 2013 年版，第 624 页。

人认为该裁决未违反公共利益。该案中法院并未对 VIE 结构是否违背强制性规范作出实质判断,仅根据最高院《关于对海口中院不予承认和执行瑞典斯德哥尔摩商会仲裁院仲裁裁决请示的复函》作出了形式上的审查,认定即使它违背强制性规范,但也不一定违背公共利益。

直到近期所谓的"VIE 第一案",即长沙亚兴置业发展有限公司(下称亚兴公司)与北京师大安博教育科技有限责任公司(下称安博公司)合同纠纷对于外商投资准入制度的研究,有一定的影响。其中对于外资准入中如何认定外商投资企业、VIE 结构下对《外商投资产业指导目录》禁止性行业的规避等问题都进行了讨论。

本案中,亚兴公司开办了湖南长沙同升湖实验学校和湖南长沙同升湖幼儿园(下称目标学校),并拥有目标学校 100% 的权益。而在 2009 年,同为内资企业的亚兴公司(甲方、转让方)和安博公司(乙方、受让方)签订《合作框架协议》,设立了 VIE 结构。之后,亚兴公司认为,首先《中外合作办学条例》第六条规定中外合作办学者不得举办实施义务教育等特殊性质教育的机构。其次义务教育机构属于《外商投资产业指导目录(2007 年修订)》中的禁止外商投资产业目录。最后《合作框架协议》实质就是安博公司与安博在线公司之间利用 VIE 模式以内资合法收购目标学校的外在形式,恶意规避法律和产业政策禁止外资进入义务教育领域的规定,从而实现境外上市目的,属于以合法形式掩盖非法目的的无效合同。因而,亚星公司要求法院判决《合作框架协议》无效。安博公司则认为《合作框架协议》不属于外商投资范畴。该案一审和二审中,湖南省高级人民法院和最高人民法院均认为,仅仅根据不确定的投票权让渡和利润转移安排而认定安博公司系外商投资企业,这不符合我国当前立法中主要依据投资主体划分内资企业和外资企业的标准,而安博公司的股东均为中国公民,工商登记为国内的有限公司。安博公司相关利润转移协议并不涉及目标学校的教学安排,并不违反我国对禁止外资进入我国义务教育领域的立法本意。总之,《合作框架协议》是双方真实意思表示,亚兴公司败诉。[①]

这就涉及另一个问题,即如何认定外商投资?是以股东身份,还是以资金来源?在《外国投资法》草案中,对外国投资者的认定是指:"在中国境内投资的以下主体:(一)不具有中国国籍的自然人;(二)依据其他国家或者地区法律设立的企业;(三)其他国家或者地区政府及其所属部门或机构;(四)国际组织。"首先,这将外国投资者的范畴扩大到了政府及其所属部门或机构上。但它最大的创新之处在于,受前款规定主体控制的境内企业,视同外国投资者。而对于外国

---

① 参见最高人民法院(2015)民二终字第 117 号。

投资,《外国投资法》(征求意见稿)规定不仅包括绿地投资,还包括并购、中长期融资、取得自然资源勘探开发或基础设施建设运营特许权、取得不动产权利以及通过合同、信托等方式控制境内企业或者持有境内企业权益。

当然,属于大陆法国家的我国,个案并无判例的效果,且本案主要关注的还是双方协议的问题。但这无疑给我们带来了一定的思考:在外商投资准入规避的大环境下,如何达成一定的平衡?如何判断我国禁止外商进入某个行业的立法本意?如何将受国外实体控制的国内实体纳入受外国投资者限制的范畴之中?这些都是亟待解决的问题。

(三) 我国外资准入制度的改革探索

从宏观经济学上来说,资本、劳动力、技术等都是生产模型中的要素,而外商投资正是一种要素流动,通常意义上是资本的流动,但某种意义上来说也是技术要素的一种变更。从制度经济学的范畴来讲,外商准入制度改革是为了降低交易成本,提高经济绩效。

事实上我国外资准入改革经历了制度初创(1978—1994 年)、制度规范(1995—2001 年)和制度调整(2002—2017 年)三个阶段。它的标志性事件,从改革开放初期,到包括作为规制外商"绿地投资"的"三资企业法"即《中外合资经营企业法》《中外合作经营企业法》和《外资企业法》及其实施细则的匆匆订立和后来的修订,以及《外商投资产业指导目录》的数次调整等等,直到 2002 年入世后相关法律法规的调整。

本次改革其实可以追溯至 2013 年《中共中央关于全面深化改革若干重大问题的决定》中提出的探索对外商投资实行准入前国民待遇加负面清单的管理模式。随后在 2015 年《外国投资法(草案)》的征求意见中,进一步提到了准入前国民待遇、负面清单等模式。在准入管理制度上,废除了逐案审批制度。

2016 年,"三资企业法"对相关行政审批条款进行修改,将不涉及国家规定实施准入特别管理措施的外商投资企业和台胞投资企业的设立和变更由审批改为备案管理,以及相应配套的外商投资企业设立及变更备案管理暂行办法这一制度。

2017 年,国务院发布了《关于扩大改革开放积极利用外资若干措施的通知》(简称"20 条"),其中不但重申了"修订《外商投资产业指导目录》及相关政策法规,放宽服务业、制造业、采矿业等领域外资准入限制"等,也对部分制造业、服务业产业放宽外资准入的条件进行了规定。① 但其中最重要的部分,还是建设内外资公平竞争的环境,各部门在制定外资政策时,不得擅自增加对外商投资企业的限制,在外商投资管理体制改革中还强调了准入前国民待遇加负面清单管理模式。

二、外商投资准入改革的原则与价值

(一)经济法基本原则在外商投资准入制度中的体现

经济法有五大原则,但在外商投资准入时,仅讨论制度中体现的最明显的三大原则。

1. 效率兼顾公平原则

我国外资准入制度的一大基本价值取向,就是对外资实施国民待遇,更加积极、合理、有效地利用外资。② 这是外资准入制度的第一要务。因而,如何通过降低交易成本,提高制度的产出,从而避免制度变迁中走上路径依赖,是一个重要的问题。因而在准入改革中,重视市场的作用,并以市场为导向,是必要之举。

与此同时,也应当注重公平。如何体现产业政策与外资政策的法律协调?在这个"经济政策魔方"的转动过程中,如何体现外资规模的合理化、适度化?目前改革的实质,是弱化对外商投资的鼓励和准入限制,对符合要求的外商投资给予国民待遇,对不符合要求的外商投资进行严格的审批。在对外国投资者的公平对待之外,也应当注重对国内市场公平的保护。

2. 可持续发展原则

可持续发展是经济法的价值之一。在国家治理现代化中,更注重的是"质"而非"量"。经济法中的可持续发展不仅包括它与资源、环境的承载能力相互协调,也包括稳步发展,提高社会发展的质量。这就要求在外资准入中,应当以促进经济健康发展为己任,通过外资准入制度,调整外资结构,全盘考虑长远

---

① 《国务院关于扩大对外开放积极利用外资若干措施的通知》中:"……(二)服务业重点放宽银行类金融机构、证券公司、证券投资基金管理公司、期货公司、保险机构、保险中介机构外资准入限制,放开会计审计、建筑设计、评级服务等领域外资准入限制,推进电信、互联网、文化、教育、交通运输等领域有序开放。(国家发展改革委、商务部牵头,教育部、工业和信息化部、财政部、人力资源社会保障部、住房城乡建设部、交通运输部、文化部、人民银行、新闻出版广电总局、国家网信办、银监会、证监会、保监会等按职责分工负责)(三)制造业重点取消轨道交通设备制造、摩托车制造、燃料乙醇生产、油脂加工等领域外资准入限制。采矿业放宽油页岩、油砂、页岩气等非常规油气以及矿产资源领域外资准入限制。石油、天然气领域对外合作项目由审批制改为备案制。"

② 参见丁伟主编:《经济全球化与中国外资立法完善》,法律出版社2004年版,第331页。

利益。①

例如,1977年的《葡萄牙外国投资法典》正体现了这一原则,即在符合与经济发展的要求和国家经济政策的总方针情况下,承认外国投资对国民经济发展的价值。这一规定的目的正是为了在国家利益和保护外国投资者之间建立有机平衡。在该法典中,规定对外国投资的审查应当集中在以下因素:(1)创造新的就业机会;(2)利于国际收支;(3)因改造而促进国家资源价值的增长;(4)利于本国商品和劳务的利用;(5)有利于工业改造计划;(6)其地址选定是否注意到地区的发展目标;(7)其是否生产新的商品或提供新的劳务;(8)引进新的技术。可见,在引进外资的准入时,不仅应注重额度数量,还要注重用途。

3. 国家经济安全原则

经济法中的国家经济安全原则,主要是指对于国家经济战略利益的无风险或低风险的状态的保持,使基本经济制度和经济主权未受到严重损害,从而风险可控。② 此外,应当注意的是,国家安全属于国家利益的一种,为公共利益所包含。③ 而在涉外经济管制领域,国家经济安全体现得十分明显。例如,在《外商投资产业指导目录》中,将危害国家安全或损害社会公共利益的项目列为禁止外商投资类项目;而在限制类领域中,同样有很多是在国家安全和公共利益的敏感领域。

国家经济安全原则并非我国所独有。很多发达国家同样遵循了这一原则,其中最明显的是美国,美国在外资准入方面秉承自由主义的精神,在大部分行业中,外商投资与美国国内投资都适用美国国内立法,无须经过政府机关批准,对外资所投资的领域也几乎无限制,但在涉及公共政策与国家安全的领域,如通讯、航空、秘密政府合同、沿海和内河航运、水电、原子能、海关经纪人、广播、承运商、联邦土地矿业开发、无线电台、通信卫星、金融服务、海底电缆、家用单向卫星传送、电子音频服务和直播卫星电视等,未彻底向外商投资者开放。④ 此外,美国还有专门的国家安全审查机制。美国财政部、商务部等部门可按照2007年《外国投资与国家安全法》规定,临时组成国家安全审查委员会,对外资并购行为进行审查。

举一些发展中国家的例子。阿根廷对外国投资,除渔业、通信媒体、军事领域等以外,可在各个领域进行投资活动,这是因为阿根廷对外国投资者采取了国

---

① 参见顾功耘主编:《经济法教程(第三版)》,上海人民出版社、北京大学出版社2013年版,第73页。
② 参见叶卫平:《国家经济安全定义与评价指标体系再研究》,载《中国人民大学学报》2010年第4期。
③ 参见胡锦光、王楷:《论公共利益概念的界定》,载《法学论坛》2005年第1期。
④ 参见张国平:《外商直接投资的理论与实践》,法律出版社2009年8月第1版,第400页。

民待遇。当然也有限制较为严格的国家。俄罗斯在2008年通过的《有关外资进入对国防和国家安全具有战略性意义程序》的联邦法律中,将13大类42种经营活动视为战略性行业,限制外资进入;而禁止的行业主要包括赌博业、人寿保险业等。墨西哥也确定了一些只可由本国控制的产业,包括基础石化工业、核能发电、放射性矿物等。

总结来说,受到限制和禁止的产业,有的是涉及国家安全,如军事工业等;有的涉及国家经济安全,如上文中提到的石化工业等;有的则涉及产业政策,旨在保护本国相对弱小的产业,如发展中国家一般会用外资准入限制发达国家进入其金融服务业。这实际上也涉及外资政策和产业政策的相互关系。因而,国家应当依据不同行业特点制定不同外资政策,开放性行业引入外资,竞争力较弱的行业限制外资进入的同时提升自己的关键竞争力,而涉及国家安全、国家经济安全和产业安全的产业则严格地限制或禁止外资进入。当然,国家经济安全这一原则,也应有一定的限制,避免这一原则成为一些行业陷入垄断的借口。

(二) 涉外经济管制基本原则在外资准入制度改革中的体现

涉外经济管制基本原则包括依法管制、国家经济安全、适当管制、协调管制、效率管制五大原则。[①] 这五大原则在准入改革中均得以体现,且是准入改革制度构建中应遵循的基本原则。

依法管制原则要求监管机关在管制活动中依照法律,必须依照法律,不得与法律相抵触。在外资准入制度的改革中,之所以要强调政策法律化,不是以政府的政策和行政行为为中心,而是以相应法律法规为中心,若脱离相关法律,被赋予过大权力的监管机构将滥用权力,而法律赋予权力过于混乱的话,外资准入制度的效率也难以得到保证。

国家经济安全原则也是经济法的原则之一。主要包括经济主权的独立、产业安全及企业竞争力的持续提高等。

适当管制原则包括合理管制和适度管制。一方面,监管部门要强调法治,另一方面也应当强调自由裁量,灵活应对外资准入市场的种种问题。要以尊重市场规律为核心,不滥用行政手段干预市场。

协调管制原则旨在对错综复杂的外资、外贸、金融、税收关系进行相应的协调,同时在监管时加强合作。在外资监管中,后文中也将提到,作为商务主管部门应当与其他主管部门展开共同执法,建立信息共享机制,这也是协调管制的一方面。同时,协调管制原则旨在形成一定的利益平衡,力争达到最优解。

[①] 参见顾功耘主编:《经济法教程(第三版)》,上海人民出版社、北京大学出版社2013年版,第612—614页。

效率管制原则旨在使涉外经济监管的成本最小化,它的目的与上文中经济法的可持续发展原则是一致的。效率监管一方面是通过监管,优化外商投资市场;另一方面,监管成本应当尽可能小,这符合简政放权的原则。最后,这也要求在外资准入改革中,遵循以市场为核心、以市场需要为主的原则,这正是外资准入监管所需要的。

事实上,这些原则间存在冲突。其中最为明显的就是国家经济安全原则和协调管制之间的关系。外资政策和产业政策、国家经济安全如何协调?对于外资准入制度改革而言,最好的方法是在备案制改革之下,单独建立国家经济安全审查,同时建立相关的外资报告制度。

三、外商投资准入改革相关制度构建

广义上的外商投资市场准入,不仅包括准入权(right of admission),即是否允许外资进入,还包括设业权(right of establishment),即是否允许外国投资者进入东道国从事商业活动并确立永久性商业存在的问题。

外商投资制度包括三个内容:投资领域,履行要求和审批制度。投资领域,即关系国家安全和公共利益的、关系国计民生的行业和部门保留在政府和本国国民的手里;并对外资进行引导。履行要求,即东道国对外国投资者在外资准入和运营阶段,就其获准进入、经营、以及取得特定优惠所规定的前提条件。外商投资的审批,是指资本输入国政府或授权的机关依据一定的程序、标准和特定外资项目的本质,依据本国的法律、政策和特定时期的经济发展水平、重点目标和能力,对进入本国的外商投资进行鉴定、甄别、评价,并决定给予或不给予许可的一种制度。在外资准入制度改革中,对于投资领域进行了负面清单改革,而对属于审批的领域做了备案制改革。以下讨论的是这两项改革措施的制度构建。

(一) 负面清单制度的构建

1. 负面清单制度的法理基础

为什么要有负面清单?这要从负面清单的起源说起。负面清单(negative list)是国际投资协定中用以规范各国外资准入的重要形式,是以清单形式列明与国民待遇不符的投资管理措施,因而又被称为否定清单。最开始常被用于国际贸易和投资协定谈判之中。在国际投资领域运用负面清单最著名的文件是美国、加拿大、墨西哥签订的自由贸易协议《北美自由贸易协定》(简称 NAFTA),该协议明确规定了投资准入阶段的国民待遇要求。与其相对的正面清单的典型例子即 WTO 的《服务贸易总协定》(简称 GATS),其中成员需逐项做出承诺,而负面清单仅规定什么"不能为"。

之前亦有学者从"法不禁止即可为"的法理来分析负面清单制度。这正是因为国际法中,存在"国际法不禁止即为允许"的原则。[①] 事实上,与此理念相似,在国务院发布的 2014 年《国务院关于促进市场公平竞争维护市场正常秩序的若干意见》中就明确指出:"法不禁止的,市场主体即可为;法未授权的,政府部门不能为。"尽管"法不禁止即可为"在法学历史上是私权的重要保障,但一般作为私法上的原则被使用。

具体而言,在我国《外商投资产业指导目录》中是以鼓励类、限制类、禁止类进行分类的。由于具体的产业不胜枚举,而新产业又层出不穷,若将其当作正面清单,自然这些未列入的产业均应被禁止。但根据 2002 年国务院颁布的《指导外商投资方向规定》,其中认为"不属于鼓励类、限制类和禁止类的外商投资项目,为允许类外商投资项目。允许类外商投资项目不列入。"而国家发展改革委员会、商务部于 10 月 8 日发布 2016 年第 22 号公告,明确外商投资准入特别管理措施范围按《外商投资产业指导目录(2015 年修订)》中限制类和禁止类,以及鼓励类中有股权要求、高管要求的有关规定执行。最后,在 2017 年负面清单中得以确认,在现有的《外商投资指导目录》中明确列出了外商投资准入特别管理措施(外商投资准入负面清单),这可以说负面清单这一事物,终于从自贸区推向了全国。

当然需要指出的是,就我国的负面清单而言,并非外商"法不禁止即可为",而是"法不禁止即享受国民待遇",也就是准入前的国民待遇。这是因为我国作为社会主义市场经济国家,就国内而言也存在很多投资方面的限制。在 2017 年版的外商投资准入负面清单中也明确指出,内外资一致的限制性措施以及不属于准入范畴的限制性措施,不列入该负面清单中。

2. 自贸区的"负面清单"实践:批评与经验

负面清单制度率先在作为自贸区 1.0 版本的上海自贸区试行。在 2013 年版本的上海自贸区负面清单中,就规定了外商投资准入特别管理措施,随后在 2014 年修订的《上海自贸区外商投资准入特别管理措施(负面清单)》中,列明了自贸区内对外商投资项目和设立外商投资企业采取的与国民待遇等不符的准入措施。同时,对负面清单之外的领域,按照内外资一致的管理原则,外商投资项目实行备案制(国务院规定对国内投资项目保留核准的除外),外商投资企业设立和变更实行备案管理。对负面清单内的领域,外商投资项目实行核准制(国务

[①] 参见龚柏华:《"法无禁止即可为"的法理与上海自贸区"负面清单"模式》,载《东方法学》2013 年第 6 期。

院规定对外商投资项目实行备案的除外),外商投资企业设立和变更实行审批管理。

而在自贸区 2.0 时代,国务院办公厅印发《自由贸易试验区外商投资准入特别管理措施(负面清单)》(以下简称《自贸试验区负面清单》)。《自贸试验区负面清单》依据《国民经济行业分类》(GB/T4754—2011)划分为 15 个门类、50 个条目、122 项特别管理措施。其中特别管理措施包括具体行业措施和适用于所有行业的水平措施。《自贸试验区负面清单》中未列出的与国家安全、公共秩序、公共文化、金融审慎、政府采购、补贴、特殊手续和税收相关的特别管理措施,按照现行规定执行。自贸试验区内的外商投资涉及国家安全的,须按照《自由贸易试验区外商投资国家安全审查试行办法》进行安全审查。《自贸试验区负面清单》之外的领域,在自贸试验区内按照内外资一致原则实施管理,并由所在地省级人民政府发布实施指南,做好相关引导工作。这份全国版负面清单,乃至下文所提到的最后统一的全国市场准入负面清单制度建构都是以自贸区作为先行试点的。

值得一提的是,在 2017 年,国务院办公厅又印发了《自由贸易试验区外商投资准入特别管理措施(负面清单)2017 年版》,取代了 2015 年 4 月印发的版本。这是一个针对现有自贸区 3.0 版本的方案,它在现有的 11 个自贸区中使用,根据负面清单,相关行业被划分为 15 个门类、40 个条目、95 项特别管理措施。减少的条目大多是与放开服务贸易有关,比如保险业务、会计审计等,这是出于 GATS 体系和 WTO 体系下我国承诺开放相关服务贸易的原因,特别是保险业相关的事项进一步从三项减少为两项,外资保险公司的再保险业务也变为备案制,这也符合《扩大对外开放积极利用外资若干举措》所提出的"服务业重点放宽银行类金融机构、证券公司、证券投资基金管理公司、期货公司、保险机构、保险中介机构的外资准入限制"。同时,该清单也包括如道路运输、医药制造等工业。作为在自贸区适用的负面清单,这一版负面清单有着很高的价值,它规定涉及"国家安全、公共秩序、公共文化、金融审慎、政府采购、补贴、特殊手续、非营利组织和税收相关的特别管理措施"需要按照现行规定,而涉及国家安全的则需要根据《自由贸易试验区外商投资国家安全审查试行办法》进行安全审查。

自贸区设立伊始,基于《外商投资产业指导目录》而制作的负面清单限制、禁止的条目甚至多于作为蓝本的前者,因而受到了学者们的批评,认为其落入了"负面清单就是减掉允许的产业"的窠臼。但也有学者指出,产业指导目录中的限制类和禁止类并不完整,很多限制措施散见于各部委的文件中。例如,有些在《外商投资产业指导目录》中没有被列入禁止类的,在 2013 年自贸区负面清单里被列为禁止项目,包括:禁止盐的批发;禁止投资文物拍卖;禁止投资文物商店;

禁止直接或间接从事和参与网络游戏运营服务;禁止投资经营因特网数据中心业务;禁止投资经营性学前教育、中等职业教育、普通高中教育、高等教育等教育机构,这反而是透明度规则的体现,将已存在的禁止或限制性规定进行列举,为投资者降低其交易成本。①

总之,自贸区负面清单和准入制度的改革并向全国推广的过程,是一个动态的过程。

3. 统一的全国市场准入负面清单制度建构

《外商投资产业指导目录》作为外商准入的负面清单终究只是一个权宜之策。限制和禁止外资进入我国市场的规定实际上散落在各法律、法规、规章和规范性文件之中,自贸区的实践也只是在一个地区进行的尝试,如上海自贸区的负面清单正是架构于外商投资产业目录上的。

而如何构建全国性的、统一的市场准入负面清单？目前《外商投资产业指导目录》的修改固然对此有很大的意义。但是,无论是外商投资,还是国内企业,都期待着统一的市场准入负面清单。这一点在《国务院关于实行市场准入负面清单制度的意见》中得以体现,其中明确了负面清单的性质,指出除此之外的行业、领域、业务等,无论是中国投资者还是外国投资者都可以依法平等进入。

在即将建立的市场准入负面清单中,只包括禁止准入类和限制准入类。对前者而言,将无法得到审批、核准等;而对后者而言,是由市场主体申请后,由行政机构作出审批,或在规定的准入条件和方式下进入市场。

而这份负面清单将包含市场准入负面清单和外商投资负面清单。该制度有助于外国投资者了解我国的投资环境,在国民待遇的基础上了解哪些行业仍无法投资,符合 WTO 的透明度原则,而从某种意义上来看,这正是一个由开放促改革的过程,先从外商准入的负面清单做起,从作为开放前沿的自贸区做起,进而到全国,针对内外资投资者。

(二) 备案制改革——从自贸区到全国的推广

1. 备案制改革的理论基础

涉外经济管制改革的目标,正是"善治"。② 上文中曾提到,政府角色转变中,简政放权是重要一点,也就是充分发挥市场在资源配置中的决定性作用。从注重事前审批向提供公共服务和加强事中事后监管转变,在大幅取消行政审批

---

① 参见龚柏华:《"法无禁止即可为"的法理与上海自贸区"负面清单"模式》,载《东方法学》2013年第6期。
② 参见贾希凌:《涉外经济管制法律协调论》,北京大学出版社2007年版,第3页。

的同时,加强投资促进与保护、监督检查等制度。

行政审批是指行政审批机关以及其他享有行政审批权的组织根据自然人、法人或者组织依法提出的申请,经依法审查,准予其从事特定活动,认可其资质、确认特定的民事关系或者民事权利能力和行为能力的行为。[①] 由此,对外商投资的审批,是指资本输入国政府或授权的机关依据一定的程序、标准和特定外资项目的本质,依据其本国的法律、政策和特定时期的经济发展水平、重点目标和能力,对进入其本国的外商投资进行鉴定、甄别、评价,并决定给予或不给予许可的一种制度。[②] 审批是否可以等同于《行政许可法》中的行政许可?根据《行政许可法》中的定义,行政许可是指行政机关根据公民法人或者其他组织的申请,经依法审查,准予从事特定活动的行为。相比较而言,行政审批和行政许可具有较为相似的内核。

而备案的核心内涵是指当事人向主管机关报备相关事项,主管机关负责接受保存有关资料以便公示。备案是一种事实行为,备案的结果不会对需要备案的事项产生直接影响。在《外商投资企业设立及变更备案管理暂行办法》中对备案制得到了进一步的印证,其中指出备案制并非营业执照签发的必要条件,可在执照签发后再进行备案。这与必须"先证后照"的审批制有明显的不同。

从这一意义上,此处备案的目的不在于改变现有法律关系,而在于确定现有法律关系,以方便监管。这事实上也正是政府从"家长型"向服务型转变的一个措施。

2. 自贸区实践及域外经验

从自贸区已有的实践来看,备案制无疑大大提高了行政效率。与过去逐案审批制比较,纸质材料减少了90%以上,平均办理时限从20多个工作日缩减到3个工作日以内,同时,自贸区设立了网上备案系统,相关企业设立所需时间大大降低。这一制度已经推广到全国,目前不涉及负面清单的外商投资企业的设立变更,都使用外商投资综合管理信息系统(以下简称综合管理系统)。此外,自贸区也建立了相应的诚信系统,虚假备案的企业将被公示。

逐案审查的外资准入制度,效率较低,也大大降低了投资者的投资热情。因而,在不在"负面清单"的外资准入中的备案制改革上,应当借鉴发达国家的经验。

以日本为例。根据商务部2015年的研究报告,认为它目前没有明文规定绝

---

① 参见欧桂英等编:《行政审批制度改革若干问题解说》,中共中央党校出版社2003年版,第104页。

② 参见姚梅镇主编:《比较外资法》,武汉大学出版社1996年版,第518页。

对禁止的行业,大部分行业均允许资本自由进入。日本根据原《外资法》的规定,根据各产业竞争力的强弱将本国的产业分为三类:第一类自由化产业、第二类自由化产业和第三类非自由化产业。对于本国竞争力较强的第一类自由化产业持有允许和鼓励的态度。对本国竞争力尚存在差距的第二类自由化产业,仍然制定相关法律法规限制外商投资。除了上述两类产业,剩余的产业都为非自由化产业,法律规定禁止外商对这些产业进行投资。而对于自由化产业而言,日本的现行《外资法》规定:当外资在自由化产业领域新建企业时,对其不再实行审批制度,而实行申报制度,若其符合相关形式要求,就可提出申请,30天后获得自动许可,不再对其进行实质审查。[①]

四、改革的后续路径与配套措施

(一) 外商投资管制立法的统一

众所周知,我国的三资企业法正是为了应对对外开放中外资的进入而产生的法律,具有鲜明的时代特色。它们与《公司法》形成"双轨制"。同时,就外资法体系而言,我国外资准入相关法律在由计划经济主导的模式向市场经济模式转型的过程中,显示了混合型体系特征,包容了国际经济法的一部分,又以专门的外资法和统一的经济法和商法作为基础,并且产生了更多适用的趋势,在现阶段终究不能取代专门的外资法。[②]

外商投资管制立法的统一在于《外国投资法》的立法。如上文所述,它引入了"实际控制"的标准,进而对外国投资者、外国投资的定义进行规定,并规定了对外资管制的原则。它从外资准入制度入手,确立相关监管制度。

在2016年的人大立法计划中,可看出《外国投资法》仅列入预备项目中仍在立法过程中。由于"三资法"修改和相关管理办法的出台,在外资准入方面及其配套方面与《外国投资法》的相关条款基本相同,因而《外国投资法》似乎丧失了立法的急迫性。但是从长期来看,涉外经济管制立法存在统一性的问题。从《外国投资法》草案来看,最终可能对整个外商投资法律、法规、规章体系进行系统的调整。从该法草案可看出,它的第1条到第7条均涉及"负面清单"目录的设立与执行,以及在何种情况下需要行政许可的审批;在第三章第一节则具体讨论了外国投资准入制度,并对负面清单进行了规定;第二节讨论外资准入许可的程序

---

① 参见张国平:《外商直接投资的理论与实践》,法律出版社2009年版,第410页。
② 参见曾华群:《WTO与中国外资法的发展》,厦门大学出版社2006年版,第332页。

性问题,包括准入的许可程序等等。

总之,在外资准入的立法上,应当坚持"法律政策中心主义",建立某种具有可预测性的原则和纲领,而非相机抉择的政策。①

(二) 准入制度配套设施的完善

通过梳理相关法律法规,使得负面清单发挥实际作用。负面清单是一种管理模式,它并不是简单地做减法,将所有允许进入的产业减去得到限制和禁止进入市场的产业。要建立真正的负面清单,就要对外商投资准入政策进行充分的梳理,将限制、禁止类项目进行有效汇总,剔除不协调的政策。② 此外,外资准入制度的解释权也不统一,各部委均有权对此进行解释并立法,导致了外资准入监管在涉及多部门时可能存在矛盾。从中央到地方呈现多头管理、多层次立法、区域差异大、内容复杂且欠缺统一性、规范性等问题。这就需要统一的立法,投资者能够仅凭一份负面清单就能了解何为准入行业,何为限制行业等等。

如何确定哪些可以作为开放领域并真正完善负面清单?在自贸区进行压力测试是很重要的,如借鉴"监管沙盒",对于敏感产业领域进行监管测试,通过实证手段确认负面清单应当包含哪些行业等等。

(三) 外资准入监管方式的完善

"宽进"意味着"严控"。换句话说,企业由过去的核准制、审批制转为备案制之后,就存在如何加强管控、控制风险的问题,也就意味着加强企业合规经营变得愈发重要且紧迫。

具体来说,监管中商务主管部门应当改变过去计划经济下行政审批为主的监管方式,通过抽查、根据举报以及有关部门或司法机关的建议和反映的情况,依职权启动检查等方式开展监督检查。商务主管部门应与这些企业的相关主管部门建立相应的协调和信息共享机制。同时,在准入中不诚信、伪造备案回执的企业和投资者,主管部门应将其记入相应的信用系统中并进行公示。

监管中也存在着地方政府和中央政府间利益的冲突,地方政府对于外资准入制度上存在一定的影响力。在现行的财政体制下,地方政府作为"理性经济人",追求自身利益最大化,制定了更能吸引外资的标准,因此可能存在放松监管的倾向。如,在江苏铁本钢铁有限公司违规建设钢铁项目案中,江苏铁本钢铁有限公司计划在常州建立相关钢铁项目。铁本公司为了避开"超过3000万美元的

---

① 参见贾希凌:《涉外经济管制法律协调论》,北京大学出版社2007年版,第35页。
② 参见张嵋喆、赵阳华:《我国外资市场准入管理的战略调整》,载《经济纵横》2014年第1期。

外资项目应由中央政府主管部门批准"的规定,设立了7家中外合资企业,其中几家的注册资本均为2980万美元。此时为2002年,江苏省的部分外资准入核准权被下放到区政府一级。地方政府明知项目得不到批准,存在违规审批的行为,而这个项目也存在着地方政府和企业的"合作"。① 如何平息这种冲突?应当看到,在监管中,为地方政府保留相当的自由裁量权力是很重要的,但也应当对地方的相关监管权力进行相应的限制。具体而言,对于不适用备案制的外资准入,应当将相当数量的审批权力留归中央。

五、结　　语

在国内市场之所以要实行市场准入制度,目的是为了通过相关的行政审批,确保进入市场的主体具有相应的资质,预防市场失灵以及随之而来的资源低效配置和过度竞争,形成规模经济以提高经济效率。因而外资准入制度改革的目标实际上是一个循序渐进的过程,首先提高对外资的吸引力,其次提高自身的行政治理水平,最后建立全国的、统一的市场准入机制。但改革总会遇到阻力,其中必然存在利益的博弈,包括相关审批权力的丧失、外资进入后导致对本土企业的冲击等等。但是,本次从设立负面清单,负面清单外国民待遇,备案制的改革,使得这一制度向着提高经济绩效的路径上移动。

不过,我们需要问这样一个问题:良好的法律加良好的执法,必然能达到LLSV学派所认为的良好经济绩效吗?这个问题要追溯到对制度变迁的考量,即理性的法律是否通过为市场交易提供合法性促进了经济活动。② 然而好的制度并不是以普通法或大陆法、市场经济国家或非市场经济国家而论的。法律这一正式制度的移植,需要若干非正式制度的构建。一方面,应当探索适应我国国情的制度。另一方面,对于外国好的制度应当谨慎地移植,同时注意配套制度的构建。这也是社会主义市场经济中,以市场为导向的经济法及涉外经济管制法律的职责所在。

此外,对于准入制度,我们不由得会产生思考:在一个理想的、完全竞争的市场环境中,自然需要开放的市场准入机制,也就是说,在这种准入机制下,允许资本进入并进行竞争是常态,而禁止资本进入是例外。参照2017版自贸区负面清单和2017版《外商投资指导目录》,也正是逐渐在实现这样的制度。在允许外资

---

① 参见陈长文主编:《企业家跨国财经法》,法律出版社2007年版,第288—219页。
② 参见〔美〕米尔霍普、〔德〕皮斯托:《法律与资本主义——全球公司危机揭示的法律制度与经济发展的关系》,罗培新译,北京大学出版社2010年版,第3页。

充分进入的同时,明确哪些领域不能进入,同时利用国家安全审查机制等来对国家安全、国家经济安全等进行保障。理想层面上,我们自然希望看到一个充分竞争、社会福利得以最大化的自由市场和维护市场的有力政府。但实然层面上,面对市场失灵和政府失灵,我们常常要面对的是存在道德风险和频繁致使负外部性发生的投资者,以及可能滥用管制权力的政府。如果套用《联邦党人文集》中的名言,这种仿写可能会是:外国投资者不是天使,否则就不需要东道国政府的管制权力了;而政府也不是由天使来运作的,否则就不需要涉外经济管制法这种具有行政法性质的规则进行规制了。于是,在经济法语境下政府与市场的互动中,更需要立法者的妥协和睿智,执法者、司法者对于规则和利益的明确理解,去维护这种公权力和私权利的动态平衡。

总之,在目前的外资准入制度改革中,无论是从2016年的备案制改革还是2017年的负面清单来看,都是有效地推进外商准入改革,乃至整个市场准入改革的。这有利于简政放权以及有效运用外资,也是自贸区相关规则向全国推广的一次有益尝试,而从经济法的眼光来看,这也反映了目前经济法治的一个发展进路。健全的市场需要充分的竞争,但成熟的市场监管需要的不再是有形的手在每一项市场事项上都平均用力,而是在事前规制中集中力量着眼于保护经济安全以及着重事中事后的监管等等。

资本市场对外开放中境外投资者引入的法律对策研究

——以原油期货的制度安排和规则设计为例[*]

黄 鹜[**]

【内容摘要】 资本市场对外开放是中国经济转型的必由之路。2015年中共中央、国务院在《关于构建开放型经济新体制的若干意见》中提出,推动资本市场双向有序开放,扩大期货市场对外开放,允许符合规定条件的境外机构从事特定品种的期货交易。在风险可控的前提下,研究逐步开放金融衍生品市场,并以此为契机全面提升中国期货市场在国际市场上的竞争力和影响力。原油期货作为资本市场对外开放的重要试点,它在期货交易通道、结算、报价、交割等方面的诸多创新,即是对上述发展战略的回应。发展原油期货的主旨除向境外投资者开放境内资本市场外,更加深远的意义包括以油气产品价格市场化倒逼国有原油企业改革、以与原油直接相关的交易衍生工具为相关企业提供保值避险工具、以原油交易地争夺大宗商品国际定价权、以增加人民币海外供给平衡推动人民币国际化、以及协助完成石油战略储备以维护国家石油安全等。基于此,本文以原油期货上市筹备中的制度安排和规则设计为对象,分析中国资本市场在对外开放过程中在吸引境外投资者问题上存在的诸多难点,通过对以原油期货为代表的国际化金融创新合约进行有针对性的法律对策研究,旨在为更多境外投资者安全有效地参与境内资本市场提供参考。

【关键词】 原油期货 境外投资者 资本市场 对外开放

---

[*] 项目基金:本文受华东政法大学第七期博士研究生海外调研资助。
[**] 黄鹜,华东政法大学博士研究生。

一、原油期货在资本市场对外开放中的意义

（一）以油气产品价格市场化倒逼国有原油企业改革

长期以来,由于原油企业的国企背景以及原油所具有的战略价值等方面的因素,我国原油产业始终处于被垄断的格局。原油产业链包括勘探、开采、仓储、贸易、管网运输、炼化加工以及销售等一系列环节,其中多数环节尚未完全实现市场化。尽管主张原油产业参与市场竞争的呼声不绝于耳,作为原油产业链下游的油气产品价格的市场化也在不断推进,但总体而言,原油产业市场化进程十分缓慢。从 2006 年起,境内成品油市场开始改革,其价格变化逐步与国际油价联动。然而,简单机械地将境内原油价格与国际原油价格进行接轨存在较大问题。具体而言,境内原油市场与国际原油市场在价格构成模式、消费者消费习惯、季节变化所造成的原油供给变化上都存在较大差别。此外,简单的价格联动会鼓励过多的投机行为,投资者可以国际原油价格变动预测境内原油价格变动,这对于境内原油市场秩序有害无益。直到 2014 年,中石化才在一定程度上实现了原油领域混合所有制的发展目标,允许在原油销售领域引入民营资本。2014 年下半年,国际原油价格暴跌为国内原油产业重新调整带来可能。一方面,国内原油企业为应对油价下跌不得不通过国际原油期货进行套期保值交易以减少损失,然而即便其通过该交易获得价格较低的原油,也会因为无原油进口资格无法将原油运回境内。因此,面对油价下降,多数国有原油下游企业只能以停产减少损失。另一方面,面对价格跌幅达 50% 以上的原油,有原油进口资格的原油企业库存爆满,而原油价格持续下降所带来的机遇对于国家和企业而言都十分有利,但国有原油企业已无更多储存能力。在此背景下,商务部于 2015 年对规则做出调整,允许民间资本参与原油进口贸易。

相对而言,上述措施对于打破原油市场垄断有进步意义,但需要恰逢内生改革力量和难得一遇的契机。在国内实行原油进口配额管理的今天,各类性质的企业原则上均可以申请原油进口配额,但民营企业必须满足拥有一定数量的原油进口码头、一定库容的原油储罐以及原油进口资质的条件,此外还需拿到国有石油系统炼厂排产单。实际上,原油进口排产主要留给国有石油系统的下属公司。换言之,在有限开放的境内原油市场上,民营原油企业只能被动地应对繁复的市场变化。原油期货利用开放的期货市场,一方面可以帮助获得原油进口配额的民营企业排除上述排产单的限制,在公开的期货市场进行原油交易,促进原油市场形成更加透明的原油价格,削弱原油上游产业的价格垄断,从国家层面完

善境内石油市场;另一方面,国有原油企业在原油市场化竞争中可以不断发现曾经未暴露出的问题,从价格端自下而上地倒逼国有原油企业改革。

(二) 为原油相关企业提供保值避险工具

由于国际原油价格始终处于波动的状态,境内原油企业不论性质,都面对较大风险。具体而言,从原油产业链的角度看,上游开采企业需要面对价格风险;中游生产企业需要面对库存价格风险;下游消费企业需要面对燃料采购价格风险。如果上述交易中涉及原油进出口,原油企业还要面对人民币汇率变动风险。以2015年国际油价下跌为例,境内原油价格跌幅小于国际原油价格,原油相关企业理论上的确可以赚取利差获得收益。然而,国际原油价格的大幅波动往往对应美元价格的大幅波动,这也导致当年人民币汇率波动较大,加之各原油相关企业缺乏统一规划,原油库存陡增,反而使得上述企业巨额亏损。

究其原因,是因为境内尚无原油期货,尽管国际原油价格暴跌使得保值重要性凸显,但境内原油相关企业没有对将要进口的以及所库存的原油进行套期保值的工具,只能通过现有的沥青、甲醇以及燃料油等与原油相关度较高的期货合约进行一定程度上的保值,保值效果十分有限。此外,原油相关企业以国际原油期货进行套期保值也并非优选,一方面主流原油期货的标的为轻质低硫原油,而境内进口原油以中东地区的中质含硫原油为主,期货合约所对应标的不匹配也会影响套期保值的效果;另一方面,在国际市场上进行期货交易以外币结算,这会给企业带来新的汇率风险,所以仍旧无法达到套期保值的目的。再进一步,境内尚无原油期货还造成单一原油企业无法预测原油市场整体变化,这直接导致2016年原油相关企业在大量进口原油后,无法通过原油期货锁定资产价值或利润,只能转为库存,国际原油的持续下跌又使得进口时间相对较早的库存原油贬值,导致原油相关企业遭受损失。同时,在原油市场环境不佳的背景下,银行对于原油相关企业的贷款评估更加严苛,缺乏原油期货对冲风险锁定价值更使得原油相关企业的现金流雪上加霜,融资难度剧增。换言之,原油期货的推出可以帮助原油相关企业在国际油价大幅波动的情况下,通过套期保值避险来抵御油价波动所带来的负面影响,将生产经营成本或预期利润预期锁定,不再被动地应对市场变化。

(三) 以原油价格话语权争夺大宗商品国际定价权

大宗商品指用于生产与消费以及交易单位较大的物质商品,主要包括三类:一是金融属性强、避险保值功能强的商品,如黄金、白银等高价值商品;二是以有色金属为代表的工业品;三是国民生产生活所需的农产品。一般而言,大宗商品价格猛增对一国的影响巨大,可能引发输入性通货膨胀,并将导致制造型企业利益受损,给我国宏观调控带来严峻的挑战。由于历史发展等因素,美元与原油价格相关性联动高,我国很难在以美元结算的石油商品交易中获取定价权。究其原因,是因为国际大宗商品贸易的定价取决于供需双方的供需关系和价格公信力。如前文所述,我国在石油进口领域对外依存程度高,议价余地十分有限;就价格公信力而言,尽管沙特的石油出口量位列全球第一,但沙特限制原油流向,使得它的价格公信力大打折扣;我国由于原油市场并未市场化,调控后的石油价格很难在国际市场上具有公信力;而日本和新加坡尽管原油交易情况良好,原油交易规则设计较为完备,但实际交易量较小,只能作为区域定价参考。因此,全球市场还是以纽约商业交易所的 WTI 原油期货价格作为北美地区原油定价依据,以伦敦的国际石油交易所的 Brent 原油期货价格作为西欧地区原油定价依据。这样做有两方面原因:一方面是由于美国和欧洲本身是全球第一和第二大原油消费区域,又具有足以支撑原油现货市场成交的产量;另一方面,包括交易所所在国、原油出口国以及 OPEC 等对原油价格具有影响力的主体都无法对原油价格进行限制,使得这两种原油价格具有作为原油定价基准足够的公信力。

一般而言,掌握特定大宗商品的定价权需要较长时间,而构建相关衍生品价格体系对于该进程有巨大的推动作用。以铁矿石为例,由于铁矿石相关产业的开采、运输以及贸易等环节高度集中,三家矿山巨头掌握了全球 78% 的铁矿石贸易,形成寡头垄断经营。同时,三家寡头在经营中不断提高准入门槛并限定产量,对全球铁矿石拥有绝对定价权。然而上述局面随着铁矿石掉期交易的出现开始变革,多家投行以铁矿石指数为基准,为饱受铁矿石垄断经营控制之苦的购买方提供对冲交易安排。随着铁矿石期货交易、掉期交易交易量的增长,它的价格波动与指数波动形成高度关联,即铁矿石价格在铁矿石生产者、国际金融服务者与国际金融投资者三者间实现平衡,使得它的价格被相关衍生品锁定。同理,在商品供求关系已经难以直接左右全球大宗商品价格波动幅度的今天,大宗商品交易和价格明显呈现金融化特征,中国推出原油期货符合发展趋势并有利于原油价格的争夺。

(四) 以增加人民币海外供给平衡推动人民币国际化

一般而言,一国主权货币要实现国际化往往要经过三个阶段,即结算货币、投资货币、储备货币。[①] 具体而言,成为结算货币的首要因素是一国货币被他国

[①] See The Clearstream, Internationalizing the Renminbi, Weaving a Web for the Next World Currency, 2014(5).

使用者所结算。我们知道,一国主权货币对应的是该国的信用,对于一国信用的认可往往表现为对一国货币的认可。中国经济实力的提升,使得人民币在境外的接受度提高,同时,随着人民币跨境支付系统的建立以及人民币纳入 SDR 等一系列举措,人民币在世界范围内已经得到认可。从这个意义上而言,人民币作为结算货币的阶段已经完成。然而,在人民币被认可作为投资货币的过程中存在一定阻碍。具体而言,要使境外投资者用人民币进行投资,就要增加境外人民币的可获取性,即境外投资者在投资时持有足够多的人民币以供选择。然而,外汇管制使得人民币在境内外有限制地流通,造成在岸人民币市场与离岸人民币市场存在割裂,使得人民币成为投资货币的难度远大于成为结算货币。

原油期货以原油交易吸引境外投资者,在完成交易后可在限定范围内支取人民币,从而实现人民币与外币在可控范围内的双向流通,以市场的方式间接向境外市场供给人民币。同时,原油期货在境内以人民币交割,也为人民币国际化的第三阶段即储备货币奠定基础。如果未来原油期货交易量可观,这将促成人民币与石油的计价联系,使得原油出口国积攒人民币储备。当原油出口国拥有较多人民币储备时,必然需要与人民币相关的汇率期货等对冲产品以防范风险,为未来人民币汇率国际化、丰富人民币流通渠道提供条件。

(五) 协助完成石油战略储备以维护国家石油安全

在石油已经足以影响生产生活各个方面的今天,战略石油储备意义空前。一般而言,当原油价格快速上涨,对国家经济造成冲击时,国家向市场释放储备原油以减轻市场压力,抑制价格继续上升。我国是全球第四大石油生产国、第二大石油消费国和最大的进口国,维护石油市场稳定对于我国能源安全和经济安全都具有重要意义。据统计,2016 年我国石油进口依赖程度达到 64.4%,而根据国际标准,当一国石油进口依赖程度超过 50%,该国就被认定为无法自给自足国家。从这个意义上来说,我国石油进口依赖程度相当之大。然而,我国石油进口依赖程度仍在增加,2016 年 1—5 月,我国石油进口同比增长 16.5%,相当于每日使用大约 749 万桶。依照该趋势进行预测,2030 年我国的石油对外依存度将升至 80%。[①] 根据国际能源署(IEA)的测算,一国战略石油储备的"安全线"是该国 90 天平均石油进口量之和。随着我国石油战略储备工程分阶段地完成,我国石油战略储备量不断提高,而拥有大量的石油储备势必也存在库存和资金上的压力。以原油期货协助完成石油战略储备从而维护国家石油安全具有紧迫性。一方面,原油期货所特有的交易保证金制度可以为石油战略储备工程所

---

① 参见中国石油集团经济技术研究院:《2016 年境内外油气行业发展报告》,2017 年 1 月。

涉及的企业更加准确有效地计划提供可能,减轻上述的库存和资金压力;另一方面,社会资金的流入有助于原油期货行业的良好运行,通过完善交割仓库、运输以及仓储等方面的基础设施建设,为国家石油储备减轻压力。

二、资本市场对外开放中境外投资者引入的法律障碍

(一) 跨境监管中各国长臂管辖权的扩张与重复监管的矛盾

管辖权是国家管理人、物及事项的权力,是国家主权的基本属性之一,域外管辖本质上是一国主权的域外扩张,有可能与他国主权存在冲突。2008年国际金融危机后,遭受金融危机严重打击的美国抢在全球达成共识并行动之前,制定《多德-弗兰克法案》,旨在对全球范围内的美国主体,或与美国有直接联系的主体进行严格监管。尽管《多德-弗兰克法案》在集中结算、交易透明化等制度方面对于严格监管起到了积极意义,但该法案对于美国主体的定义之宽,对于域外管辖权力之大,导致美国事实上成为全球金融监管者,对其他国家金融监管权力造成影响和困扰。例如,美国监管机构认为,全球的场外交易都应集中结算,且上述集中结算均应在被美国所认证的机构进行,否则禁止其被监管的主体在未经认证的中央对手方进行结算。上述规定导致作为我国主要结算机构的上海清算所,为吸引美国主体参与交易并集中结算,不得不向美国监管机构申请资格认证,并定期向其报送数据和报告。尽管上述监管效果显著,但美国过于宽泛的长臂管辖权始终遭到他国诟病和反对。2013年4月,欧盟及其主要金融大国的财政部长们联合向美国监管机构发出措辞强硬的信函,警告其如果各国监管权力持续无法得到美国的尊重,国际金融市场可能将因为监管权力的斗争而分裂。同时,《多德-弗兰克法案》给美国带来的巨大监管成本和对美国本土机构竞争力的削弱也使得美国监管机构承受较大压力,它所坚持的监管也有所动摇。

具有讽刺意味的是,欧盟在诟病美国监管机构不尊重他国监管权力的同时,在其出台的《欧洲市场基础设施监管条例》中,规定了与《多德-弗兰克法案》类似的宽泛域外监管权力。例如,针对非欧盟实体之间的交易,该条例规定只要交易对欧盟有直接的、实质性的和可预见性的影响,或者对打击逃税有必要时,欧盟具有长臂管辖权,同时对于何为直接的、实质性的和可预见性的影响,欧盟保留解释的权利。上述规定与《多德-弗兰克法案》第722条基本相同。[1] 换言之,在

---

[1] See Guido Ferrarini, Paolo Saguato, Reforming Securities and Derivatives Trading in the EU: From EMIR to MIFIR, 13 J CORP L STUD 319, 2013, pp. 357—359.

金融监管的问题上,系统性风险的公共物品属性导致监管失衡。从缺乏监管到重复监管,域外监管出现的困局与矛盾导致监管合作停滞不前。在缺乏监管合作的大背景下,在中国资本市场引入境外投资者的过程中,境内监管部门需要时刻考虑对在境内发生的交易和纠纷管辖权的争夺,然而管辖权的过度强调又可能导致境外投资者对境内投资环境产生不必要的顾虑和担忧,这也可能导致境外投资者受到重复管辖的尴尬局面,因此境外投资者的合约和交易规则在管辖权方面的设计处于两难境地。

(二) 资本流动障碍导致资本市场发展相对封闭

中国外汇管制在一定程度上对货币币值稳定和平衡国际收支从而保护境内企业起到了积极作用,但有限开放的发展方向也导致了资本市场的相对封闭。以"沪港通""深港通"为代表的证券领域互联互通的制度安排,在投资渠道上的确推进了资本市场的国际化,然而,上述互联互通制度安排仍无法适应国际金融的快速发展,巨大的汇率互换需求与严格的外汇管制形成矛盾。回顾我国境内资本市场在可控范围内突破外汇管制的尝试,2002年证监会和央行联合推出合格境外投资者(QFII)制度,但实施效果并不理想。直到2016年,QFII投资A股的比例仍不足2%,而在日本等更加开放和成熟的资本市场上,境外投资者在资本市场上的投资比例超过20%。经过十余年的认识和推广后,QFII的参与程度和实际交易量与预期仍旧存在较大的差距。2013年,QFII获准参与股指期货交易,但参与程度依旧低于预期。总体而言,尽管QFII制度作为阶段性、过渡性措施,对我国资本市场国际化具有进步意义,但在外汇管制的大背景下,它所造成的境内外市场的割裂对于原油期货的开放不利。具体而言,境内期货交易与境外期货交易相比相对落后,境内投资者对于期货交易尚在摸索阶段,外汇管制反而使得境外投资者进入股指期货的门槛普遍较高,而这恰恰使得境外投资者与境内投资者在投资实力上形成差距,[①]造成不公平竞争的局面。

一般采用价格方法和数量方法两种评估方式来评估一国资本市场的开放程度。价格方法选取该国市场上某一种物品作为评价对象,该物品的种类不限,但需要它在各国市场中均能不受限制地购买。在不考虑运输成本的条件下,只要该种物品在两个国家存在较大的价格差距,市场中自然有人通过倒卖以赚取差价。如果一国内尚无该物品的倒卖现象,即说明该国的资本管制阻碍了市场达到自然平衡。此外,利率差异和货币风险也是衡量价格的因素。如果在利率或

---

① 参见高建卿:《QFII参与中国股指期货市场的利弊分析》,载《甘肃联合大学学报(社会科学版)》2011年第1期。

货币风险程度存在较大差异的两个国家间也未出现大量的货币互换,则说明该国存在阻碍资本自由流动的因素。数量方法以一国投资和储蓄之间的联系为衡量对象,即如果一国的投资并不受该国储蓄的限制,同时敢于以提高利率来增加境外投资,则说明该国的资本可以自由流动而不受限制,反之亦然。研究结果表明,通过以上述两种方式评估得到的结果均是中国资本市场的开放程度较低,投资者即便明知向我国境内投资可以达到分散风险、优化资源配置的效果,却仍旧更加倾向于在其本国投资,主要还是因为我国境内资本自由流动存在障碍。

资本市场相对封闭还体现在人民币汇率的巨大波动上。一般而言,一国货币币值的稳定程度应当与其经济发展的总体水平直接挂钩,其中国际贸易的占比也会对币值稳定起一定作用。如前文所述,在中国经济高速发展,国际贸易比重不断提高的背景下,人民币成为结算货币之后,汇率理应相对稳定。然而,在2015—2016年间,人民币汇率频繁出现大幅波动,每次均是央行出手干预才使汇率稳定。尽管人民币汇率抵抗风险的能力有所提升,但相对封闭的资本市场限制了央行的调控效果。人民币尚不能自由地流动与兑换,导致持有人民币的境外投资者和境外经纪机构在某些不稳定时期对人民币缺乏信心,在关键时期随时准备脱手人民币以防范风险。从这个意义而言,外汇管制导致资本市场的封闭,而这种封闭又进一步阻碍了人民币汇率的双向波动,从而形成恶性循环。因此,资本市场的相对封闭也是引入境外投资者的主要障碍。

(三) 境外投资者境内实名制开户存在障碍

我国《期货交易管理条例》规定境内投资者在"一户一码"制度的制度安排下进行实名制交易。一般而言,我国境内投资者的实名开户制度要求期货公司在对投资者信息进行审核后,将投资者信息转移至交易所,并借助公安部身份证查询系统和全国组织机构代码中心查询系统进行查验,通过后由期货保证金监控中心统一开户。投资者开户后取得专属交易名称和交易编码,并在每笔交易中使用交易编码完成交易。"一户一码"的实名制开户制度有利于交易安全,是我国期货市场进行客户管理、交易结算、风险监控的制度安排,多次化解期货市场乱序以及国际金融危机所带来的困扰。从这个意义上来说,"一户一码"制度是我国期货市场安全有效运行的基石。具体而言,由于投资者均通过期货公司进行结算,期货公司对于投资者有代理结算的权利,"一户一码"制度可以防止期货公司混码结算,使得期货公司无法利用投资者的身份信息进行市场操纵行为,保护投资者利益;同时,"一户一码"制度准确定位和监控可疑投资账户,便于根据市场变化对投资者执行平仓减仓,适时对可疑投资者发出警告或进行处罚;此外,"一户一码"制度还能及时防止交易错误的发生,使得期货公司、存管银行以及保证金监控中心都能对交易反复检查,确保交易的正确性。

然而在引入境外投资者之后,境外机构提供的客户身份信息、资金信息、交易结算信息在可获性、真实性以及及时性上存在较大问题,不同国家和地区间在该问题上的规定差异较大。以法国为例,法国金融监管机构中并没有与我国保证金监控中心发挥同样功能的机构,功能最为近似的机构是法国中央信贷登记系统,但该机构所掌握的社会成员的基本信息仅向央行职员以及其他获得授权的银行职员开放,开放的目的也仅仅是查询该社会成员的信用情况,与他可能从事的期货交易并无联系。因此,对境外客户根据"一户一码"制度进行实名制开户存在一定难度。

(四) 原油期货合约竞争力不足难以吸引境外投资者

期货合约品种具有先入优势,即投资者对于某种期货合约的投资往往倾向于选择最早推出的合约,即便后推出的相似的期货合约在成本上具有一定优势,投资者也未必会更换期货合约种类。究其原因,是由于如果某种期货合约已经存在成熟的交易市场,投资者选择从一个高流动性的交易所转移到另一个低流动性交易所的成本巨大,除非这个低流动性的交易所能够提供更加低廉的交易成本或潜在的高流动性。[1] 由于交易所市场具有明显的规模经济性和网络经济性,一个期货合约只能在一家交易所或者少数几家交易所生存,尤其是在目前全球普遍采用的电子化交易方式下,任意一家交易所都很难具备其他交易所完全不具备的特点。因此,在交易所市场,期货合约的竞争具有较明显的"先行者效应"。换言之,一家交易所抢先推出了一个期货合约交易并取得可观的交易量后,相同或者类似的期货合约在其他交易所上市并获得相同或者更大成功的可能性更小,两者相互竞争也就无从谈起。此外,全球已存在的原油期货均存在系列化合约,均具有高度的互补性和相关性,使得投资者可以十分便捷地利用合约的相关性对冲风险。如前文所述,WTI 合约与 Brent 合约已经是全球交易量最高、影响范围最广的原油期货合约,中国推出原油期货合约将与其直接展开竞争,而作为新兴合约的中国原油期货合约有可能陷入国际竞争力不足的窘境。

(五) 原油期现货市场的脱节与交易的混乱对原油期货存在负面影响

原油期现货市场的脱节与原油现货交易的混乱会给原油期货交易管理带来风险。目前国际原油现货市场与原油期货市场存在脱节。具体而言,原油现货市场和原油期货市场间存在区别且发展趋势并非完全一致。原油现货价格由原

---

[1] 参见朱国华、方毅:《商品期货交易所的竞争优势》,载《现代管理科学》2010 年第 8 期。

油的供给和需求直接决定,各交易者之间的直接交易使得买卖双方对市场有直接的冲击,原油供应充足或短缺的反馈可以传遍整个市场。而原油期货市场并非完全基于原油现货市场。尽管原油供给和需求最终是以基本面实物为准,但是现货市场可能并不总是能够锚定期货价格,尤其是在未来数日、数月甚至数年等相对较长的期限内。同时因为对实物没有真实需求的投机者大量入市,原油期货价格可能会在短时间内大幅度偏离现货价格,或出现原油期货所对应的现货数量远远大于真实现货数量的情况。换言之,当原油现货市场不存在如此大量的库存原油以交割对冲空头头寸时,只能通过在期货市场回购交割的原油期货合约以完成交割。由于目前原油现货市场处于弱势,优质原油相对标准原油价格的溢价逐渐降低,地缘政治和宏观经济形势都会使得原油期货市场更加敏感,影响原油期货价格的因素更加繁杂,原油现货减少更会凸显期货和现货市场之间的脱节。

早在原油期货筹备之前,境内原油现货交易就持续受到关注。目前境内存在的几十家现货原油交易平台,部分经省级政府批准,部分经市、区甚至县级政府批准,其中部分交易平台公司也有石油相关企业的入股。经过调研发现,大部分原油现货交易平台并未受到批准部门的监管,一些中小原油现货交易平台甚至把原油产品打包出售,赚取高额佣金,这些平台交易的原油现货所对应的标的为所谓的"纸原油",尽管它也与期货采用相同的交易方式,如保证金交易、杠杆交易等等,但实际上这些中小平台发布的交易指数与境内外任何一个公允的原油价格均无联系,其性质与庄家开盘赌博无异。此外,多数原油现货交易平台并没有严格采用第三方存管,无法保证客户资金和交易所的自有资金相互独立。投资者资金处于监管之外使得原油现货交易平台可任意挪用客户资金以及修改客户交易数据进行违规操作。事实上,商务部早在 2015 年 10 月就对原油现货交易平台是否合法这一问题做出答复,对于在交易市场从事原油交易行为,应当按照《对外贸易法》及《原油市场管理办法》《成品油市场管理办法》等规定,任何从事原油、成品油进出口、批发、仓储、零售的企业,都必须具备特定资质条件并取得相关政府部门的经营许可。然而,目前没有一家从事原油、成品油交易的交易平台获得商务部的批准。换言之,境内多数原油现货交易平台均为违法交易平台,投资者利益保护更是无从谈起。从这个意义上而言,境内混乱的原油现货交易市场对原油期货造成负面影响。

三、原油期货制度安排与规则设计中境外投资者引入的法律对策

(一) 交易所对外开放的存在形式——公司制中央对手方

要吸引境外投资者参与到境内原油交易中,交易安全十分重要。在传统的会员制交易所内,交易所仅提供场地、设备以及其他基本的交易设施,并不对交易本身担责。换言之,一旦交易者在交易中遇到纠纷,需自行向交易纠纷的交易对手方追责。在上述交易环境中,境内投资者对交易对手尚且存在担忧,因此境外投资者在陌生法律环境中可能更容易因遭遇不确定的交易对手陷入无助的境地。实际上,我国法律与交易所交易规则存在多处矛盾。以交易方破产为例,我国《破产法》更加倾向于保护债权人利益,没有如国外破产法那样建立金融合约安全港规则对衍生品交易进行特殊豁免,在破产前提下当交易安全与交易对手债权人利益相冲突时,交易的有效性并不绝对,破产管理人拥有根据实际情况保护债权人权利的优先权。[①] 究其原因,主要有两方面:一方面,根据《破产法》第18条的规定,破产管理人对未履行的合同享有挑拣履行权,衍生品合同提前终止的决定权不在交易所或交易对手方,而在于破产管理人;另一方面,根据《破产法》第40条的规定,债权人在破产申请受理前对债务人负有债务的,可以向管理人主张抵销。交易对手方破产后,其债权人也可能越过该笔衍生品交易对该交易对手方财产申请抵销,与一般交易所规则中交易具有确定性的特征存在矛盾。同时,债权人在破产申请受理后对债务人负有债务的,一般不能抵销,也即交易所内的交易也有可能因为交易对手的破产申请在有效性上出现变化。

为解决上述法律障碍,保证境内外交易者投资的安全性和稳定性,以公司制的中央对手方交易所作为原油期货的交易场所更为合适。中央对手方是指在期货衍生品结算过程中,稳定地、独立地充当交易的一方主体,即充当买方的卖方、卖方的买方,真实地参与到交易中。公司制中央对手方交易所的最大特点在于采用多边金额结算制度,即在交易者的多次交易中并不实际进行交易金额的转移,而是统一轧账之后,以合同更替的方式一次性结清各方债权债务。从这个意义上而言,公司制中央对手方交易所有利于引入境外投资者,其原因在于:首先,公司制中央对手方交易所集中由境外投资者的交易对方承担风险,以对保证金的严格管控,防范可能因交易对手方违约造成的连锁反应;以对交易对手方在入

---

① 参见冯果、洪治纲:《论美国破产法之金融合约安全港规则》,载《当代法学》2009年第3期。

市时进行严格筛选防范系统性风险,保证境外投资者聚焦于原油期货交易本身,为境外投资者节省更多的时间和精力对交易对手的履约风险、诚信程度进行研究,降低境外投资者进行境内交易的复杂程度;其次,多边净额结算会提高境外投资者的交易效率,提高交易资金的流通程度,增加境外投资者信心;最后,国家之间的衍生品的监管协作可以转化为交易所之间合作,在交易中的独立主体地位使得交易所之间更广泛的合作成为可能。当交易所之间的合作达到一定程度时,境外投资者可能可以凭借其所在国或所熟悉国家的法律以及当地交易所的交易规则进行跨境交易。

(二)交易资格的对外开放——境外投资者与境外经纪机构的准入

交易资格的对外开放首先要明确交易资格的具体种类,根据央行发布的境内原油期货交易跨境事项的定义,境外投资者是指从事境内原油期货交易并承担交易结果,在境外依法成立的法人、其他经济组织,或者依法拥有我国境外公民身份的自然人。境外经纪机构是指在境外依法成立、具有所在国(地区)期货监管机构认可的、可以接受交易者资金和交易指令,并以自己名义为交易者进行期货交易资质的金融机构。既然境外投资者实名制存在困难,交易资格的对方开放要求境外投资者参与原油期货交易需要委托境内外经纪机构,即以境内外经纪机构作为监管抓手。根据《境外投资者和境外经纪机构从事境内特定品种期货交易管理暂行办法》,除少数直接获得交易所认可的境外投资者外,其他境外投资者均需要通过上述监管办法入市,即境内期货公司或我国认可的境外经纪机构,将实名制的要求转移给境内期货公司或境外经纪机构执行。

与交易所对境内期货公司的分级结算的设置相同,境外经纪机构可根据境外投资者的委托进行原油期货交易,之后再在境内期货公司以及少数境内银行等进行结算。上述规定通过层层递进的方式对风险进行分散,各层级主体对于错单的筛查有利于原油期货的稳定运行。此外,对于有原油实物交割需求的境外投资者、境外经纪机构,原油期货交易规则也为其提供交割货款结算服务的便利,境外投资者和境外经纪机构在办理"贸易外汇收支企业名录"登记,通过银行进行贸易外汇收支信息申报,并进行贸易外汇收支业务后,即可根据到期合约直接进行原油实物交割。

(三)资金渠道的对外开放——外汇管制的限制性突破与存管银行监管延伸

根据国家外汇管理局《关于境外投资者和境外经纪机构从事境内特定品种期货交易外汇管理有关问题的通知》,在原油期货交易中,境外投资者、境外经纪机构在境内存管银行开立账户后,在存管银行的外汇专用结算账户进行收付、汇兑及划转的资金没有上限。从这个意义上而言,资金渠道的对外开放使外汇管制的可控开放得以实现。当然,外汇管理局对于境外投资者与境外经纪机构进入原油期货交易的资金还是进行了一定限制,即上述资金仅能参与原油交易,交易完成后境外投资者只能支取资金或交割原油实物,禁止转入境内其他交易中,确保其他大宗商品交易不受影响。

为保证原油期货交易中的外汇管制处于可控状态,以存管银行作为监管的延伸,央行要求境外投资者、境外经纪机构根据《境外机构人民币银行结算账户管理办法》和《中国人民银行关于境外机构人民币银行结算账户开立和使用有关问题的通知》等规定,在存管银行开立人民币期货结算账户,用于境内原油期货交易的相关资金往来。鉴于直接监管境外投资者、境外经纪机构的难度较大,且境内监管机构、交易所缺乏相关经验,因此银行对于存管账户直接进行监管是较为有效的监管模式。以对第三方支付机构的监管为例,由于第三方支付领域的创新不断涌现,使得该领域的监管规则始终处于落后状态,从而使第三方支付领域发展初期的监管有效性较低。随后监管部门更换思路,要求第三方支付机构必须选择固定的存管银行和合作银行,严格区分自有资金账户和沉淀资金账户,同时要求以自有资金对沉淀资金计提一定比例的支付准备金。对于银行账户的严格监管使得第三方支付走上正轨,也为其后来在金融创新中的贡献奠定了基础。同理,央行对于境外投资者、境外经纪机构所开设的人民币基本账户赋予多项功能,既方便他们进行投资、购汇、结汇、缴纳手续费、缴纳保证金、补缴交割货款等等,也使得所有交易及其相关钱款往来处于央行的有效监管中。以保证金为例,原油期货的保证金相较于境内商品期货增加了多种方式,除直接以人民币作为交易保证金外,外币、标准仓单、国债以及其他具有稳定价值和流动性的优质资产也能作为交易保证金。不论以何种资产作为保证金,均要通过存管银行的账户完成。凭借上述规则设计,央行要求各存管银行定期报告原油期货相关账户情况、实时掌控境外投资者的原油交易、及时上报可疑交易、依照反洗钱核查大额资金往来,以保证资金来源合法。

(四) 原油期货合约的差异化设计

如前文所述,目前全球范围内已存在 WTI 合约与 Brent 合约两个原油期货指数,且上述两个原油期货指数长期指导全球原油价格。我国原油期货由于推出时间相对较晚,经验积累相对较弱,如与 WTI 合约、Brent 合约直接展开竞争,我国原油期货在交易量上可能难以达到预期目标。一般而言,期货合约除了在其所对应的标的存在地域形成的自然垄断外,同个合约品种的竞争是通过细分合约所对应的标的来完成的,即通过提供标的相类似但存在部分差异的期货合约，以使得合约间避免直接竞争。以堪萨斯商品交易所（KCBT）、芝加哥商品交易所（CBOT）和明尼阿波利斯谷物交易所（MGEX）的小麦期货合约为例。三种小麦期货合约所对应的标的均为小麦，但仍旧在具体类别上存在差异。KCBT 合约所对应的标的是 2 号硬小麦，CBOT 合约所对应的标的则包括 2 号软红麦、2 号硬红冬麦以及 2 号黑北春麦等，而 MGEX 合约所对应的标的是美国 2 号北春麦。同理，作为新兴的原油期货合约，与 Brent 合约和 WTI 合约相比，我国原油期货合约在设计上主要存在以下差异：

第一，WTI 合约和 Brent 合约对应的标的均为轻质低硫原油，而我国的原油期货对应的标的为中质含硫原油。根据数据统计，在 2013 年未受价格骤降影响的全球原油产量中，19.2% 的原油产量为轻质低硫原油，40.5% 的原油产量为中质含硫原油。从这个角度上，中质含硫原油比例高于轻质低硫原油，而中质含硫原油的产量和消费量在原油的各种类别中最大。合约对应标的原油的差异化既可以避开与 Brent 合约、WTI 合约的直接竞争，也可为全球消费量最大的原油的定价提供参考。此外，从实物交割的角度考虑，中质含硫原油由于产量最大，实物总量所对应的资金量更大，因此通过市场操纵囤积现货对期货市场进行逼仓的可能性较低，交易安全性更高。

第二，Brent 合约交割采用现金方式，而 WTI 合约和我国原油期货采用实物交割方式。与现金交割的原油期货交易相比，实物交割的原油期货交易能够更好地实行现货市场的投资策略，帮助争夺原油定价权；同时实物交割的原油期货交易能够降低结算价格受到人为操纵的可能性，满足现货市场实物交付的需求，既能保证新兴期货合约的安全运行，也能为境内实体经济的发展提供价廉质优的原油产品；此外，实物交割的原油期货交易能够保证多头与空头头寸和相关现货市场的供给与需求相配合，合理地反映现货的基本面，为原油相关企业提供保值避险的工具。

第三，Brent 合约和 WTI 合约均采用阶梯式保证金制度。以 WTI 合约为例，不同交割期合约的保证金比例不同，如 2014 年的 1502 合约保证金为 4350 美元，1602 合约保证金为 3150 美元。而我国原油期货合约的保证金比例固定，不受交割日期等其他因素影响。应当承认，阶梯式保证金制度为电子化交易带来了福利，它使保证金比例随市场变化灵活调整成为可能，而固定保证金制度对市场的反应则显得相对迟缓，只能通过设置较高的保证金比例以防范投资者和期货公司可能出现的风险。尽管在指数处在较低水平时，固定保证金制度会使得市场资金的利用率较低，同时导致市场效率降低。但对于经验不足的新兴合约而言，则有利于降低风险，提高交易安全。同时，交易所可以根据市场变化实时调整固定保证金比例，力求与市场变化趋同，在保证安全的基础上提高交易效率。

第四，Brent 合约和 WTI 合约每手合约均为 1000 桶，交易门槛较高，需要交割的小型石油企业不宜进入市场。而我国原油期货每手合约为 100 桶，方便小型石油企业参与投资。交易门槛较低有利于更多的投资者进入市场进行交易，对于初次进入境内资本市场的境外投资者而言，我国原油期货合约具有更强的流动性，原油交易也更为灵活，使得价格发现功能得到更加有效的发挥。

当然，如果我国原油期货合约与 WTI 合约和 Brent 合约完全割裂，则它的权威性也会因此大打折扣，在保持期货合约特殊性的同时，还是要与 WTI 合约和 Brent 合约保持一定的联系。具体而言，OPEC 所属成员国以及 MENA 地区是中国目前石油进口最主要的地区。上述地区的石油主要以 Platts 评估的 Dubai/Oman 合约所对应的原油价格为定价基准。然而 Dubai/Oman 合约所对应的原油现货交易量非常小，交易市场相对落后，导致期货交易十分冷清，根本无法实现当地原油的价格发现功能，因此即使是进口中东地区原油的交易商仍旧更倾向于选择 Brent 合约，然后再由 Brent 合约计算与 Dubai/Oman 合约之间的价差。从这个意义上而言，Brent 合约与 Dubai/Oman 合约之间的差价就成为 Dubai/Oman 合约的原油定价最为重要的依据。通过这种方式，Dubai/Oman 合约所对应的原油定价就与 Brent 合约处于紧密的联系之中。如前所述，我国原油进口很大程度来自中东地区，因此，我国原油期货合约价格走势在一定程度上与 Brent 合约呈现高度相关性。具体到原油期货合约所对应的原油质量上，我国进口原油的 API 和含硫量较高，因此，我国原油期货合约与 Brent 合约可能存在一定程度的折价。考虑到从海湾地区到我国的运输费用、进口税费之间的差异，最终我国原油期货合约与 Brent 合约相同月份合约之间可能不存在显著的溢价或折价。[①] 通过上述的联系，在我国原油期货合约与 WTI 合约和 Brent 合约进行差异化设计的过程中，在价格趋势上也不至于完全背离以保持公正性。

（五）原油期货建立投资者适当性制度

原油期货交易与其他期货交易具有相同特点，也存在杠杆，加之前述原油期货市场与原油现货市场存在脱节，具有较大的风险，因此原油期货首次在商品期货领域引入投资者适当性制度，使得投资者准入机制不再是金融期货的专利。投资者适当性管理包括原油期货的风险评估、原油期货投资者评估、原油期货交

[①] 参见东证期货研究所：《2015 中国期货业白皮书——油价遭"腰折"无力"爬上岸"》，载《期货日报》2015 年 1 月 5 日第 20 版。

易相关信息披露、原油期货合约与投资者的匹配、投资者教育、资产管理机构或中介机构的责任义务等一系列环节工作,力求实现资产端与投资者端的精确匹配。① 实际上,原油期货投资者的开户资金与其所能够承担风险的能力并不一定匹配,投资者为进入市场贷款开户再返还的情况时有发生,因此真实的交易记录是原油期货投资者是否理解原油期货交易的风险性、交易规则的最佳证明。

具体而言,原油期货投资者适当性规则最强调投资者的交易经验,并制定了可量化的交易经验评估标准,即具备近三年内具有十笔以上成交记录。在交易地点和场所的选择上,原油期货投资者适当性规则展现了开放的态度,不论是在我国境内交易所开户还是在与证监会签署监管合作谅解备忘录的国家(地区)期货监管机构监管的境外期货交易场所开户的,只要达到上述交易要求,均被视为拥有真实交易经验的投资者,同时认定其具有交易风险评估和防范意识。对于没有真实交易经验的投资者,可以以仿真交易进行替代,新投资者在进行了至少十个交易日的仿真交易后,方可进入市场进行交易。同时,为保证新投资者具有抵御风险的能力,个人投资者还应达到一定数额的准入门槛要求。上述安排一方面为保证境内外原油期货投资者更加安全适当地参与到原油期货交易中;另一方面,鼓励更多合适的投资者进入市场,为成熟投资者开辟快速通道,在安全交易的基础上活跃交易市场。此外,在特定情况下,原油期货交易参照国际外交中所使用的方法,将违规投资者列为"不受市场欢迎的人",不得参与原油期货交易。上述"不受市场欢迎的人"名单同时与其他市场和监管机构进行信息共享,使失信者违规成本提高并受到相应制约。

四、资本市场对外开放中进一步引入境外投资者的法律构想

(一) 加强监管合作以减少境外投资者进入成本

引入境外投资者不得不面对域外金融监管管辖权争夺的困局与矛盾,为使国际监管合作有所发展,欧盟在 2012 年首次提出"替代合规"(substituted compliance)制度。所谓"替代合规",即在各国监管机构分别对其清算所依照国际公认的标准进行持续有效的监督和管理的基础上,通过各国监管机构之间相互进行可比性认定,利用东道国监管规则替代本国监管规则以实现同等监管目的的制度。

---

① 李仁杰等:《投资者适当性管理实践》,载《中国金融》2016 年第 18 期。

美国商品期货交易委员会（CFTC）对于"替代合规"支持且认同，并将其在域外金融监管上作为《多德-弗兰克法案》的突破和补充。CFTC对于域外监管规则的可比性认定的重点，在于东道国监管规则与美国监管规则是否能实现"功能对等"（functionally equivalent）。按照CFTC的理解，如果存在对等性，则对美国的实体行使域外管辖时就应遵从东道国监管规则而非美国监管规则。尽管"替代合规"制度并未真正解决《多德-弗兰克法案》所带来的美国域外管辖权过大的问题，但在平衡各方管辖权，促进国际监管框架进一步形成等方面有积极作用，因此各经济体均表示支持，将其作为域外金融监管合作的突破口。

上述"替代合规"制度的域外监管模式一经提出就得到多个国家的认可，各个国家均以本境内的金融监管规则的实际效果出发，对于希望合作的国家寻求能达到近似效果的金融监管规则进行替代监管，在保证域外金融安全的基础上，依旧保留域内的金融监管权。"替代合规"制度是我国资本市场对外开放过程中可以尝试运用的方式，加强监管合作对于境外投资者有较大吸引力，境外投资者无须花费较多时间和成本对于他国陌生的金融法规和交易规则进行研究，在监管合作框架下，仅凭借其所熟悉的本国金融法规和交易规则就可以直接进入我国市场进行交易。当然，"替代合规"制度只是监管合作的多种选择之一，增加境外投资者交易渠道、扩充境外投资者交易方式、降低境外投资者交易成本、为境外投资者提供便利的服务与支持是资本市场进一步对外开放中吸引更多境外投资者的目标。

（二）与境外交易所互联互通以为境外投资者提供便利

交易所之间的互联互通旨在在期货合约、监管构架不变的条件下，通过交易所之间的直接合作，增加期货合约的覆盖范围，通过期货合约的影响力，使得更多的投资者能够在多种渠道下参与交易。以聚丙烯期货合约的互挂为例，2014年初，大连商品交易所和中东迪拜黄金和商品交易所实现合约互挂，聚丙烯期货产品在两家交易所同时上市交易。一般而言，商品期货由于需要实物交割，在一定程度上会受到出产国的限制。中东地区是全球能源化工产品的主要出产区，石油以及石油衍生产品的出口全球领先。同时，我国是全球最大的塑料制品生产国和消费国，聚丙烯产量及消费量均居全球第一。在此之前，大连商品交易所上市的LLDPE期货合约和PVC期货合约交易量可观，也为聚丙烯期货合约互挂模式的成功运行奠定了基础。两国企业在进出口贸易中都存在避险需求，各企业均在本国交易所进行交易，省去了境外投资者进入市场的各种环节。同时，中国交易所也能更加直观地了解境外投资者的交易习惯、交易需求，为资本市场进一步对外开放做好准备。

在电子化交易的今天,信息技术尽管是各个交易所竞争的核心技术,但监管架构、交易模式、交割能力往往是决定交易所是否能吸引境外投资者的决定因素。从国际经验来看,两地或多地交易所的合约互挂、互联、互通并没有降低各自市场的交易量,资金流动性增强和投资者参与程度的提高反而促进各自交易量的提高,因此合作的交易所之间在战略上并非前文所提到的竞争关系。我国台湾地区股指、日经 225 以及印度 Nifty 指数自合约在境外交易所互挂后,各自交易量都出现一定程度的提升。[①] 其中以在新加坡上市的我国台湾地区指数期货 MSCI-TW 对双方的影响最为显著。由于我国台湾地区市场优先推出台湾指数期货交易较为活跃,MSCI-TW 合约拥有良好的交易基础,同时对境外投资者交易快速反应,使得近十年来新加坡交易所上市的 MSCI-TW 与我国台湾地区该指数的期货 TX-FUT 成交量之间呈现正相关性。更进一步,境内交易所尚缺乏经验,香港成为目前资本市场对外开放的窗口。2012 年,香港交易所收购伦敦金属交易所,2014 年以伦敦锌期货小型合约、伦敦铝期货小型合约、伦敦铜期货小型合约为代表的伦敦金融交易所期货合约在香港交易所实现互挂。凭借"沪港通"的进一步拓展,合约互挂为境内投资者"走出去"提供便利,同时为境内交易所累积经验提供条件。因此,通过交易所间合作以吸引境外投资者也是我国资本市场对外开放的发展方向。

(三) 交易服务商国际化以满足境外投资者需求

良好的市场环境需要多方主体的共同努力,其中交易服务商的重要性不言而喻。2014 年证监会发布《关于进一步推进期货经营机构创新发展的意见》,支持期货公司为境外机构参与境内期货市场提供交易结算服务。然而,目前境内交易服务商的国际化进程并不理想,他们并未将境外投资者和境外会员作为主要服务对象。究其原因,是因为交易服务商一方面缺乏"走出去"的经验,另一方面缺乏政策支持。具体而言,交易服务商要在境外开展业务,需要在境外注册公司实体,如果该公司要开展衍生品等"信用交易",需要具备足够的资金实力。因此境内交易服务商申请境外交易所会员运行成本较高,目前仍处于初期阶段。在外汇管制的背景下,境内交易服务商在境外开展业务所需的外汇一般通过"内保外贷"的方式获得,在资金运用效率上仍旧存在一定障碍。因此境内交易服务商在国际化的进程中仍需要变革。

在"一带一路"的大背景下,国际资本市场的合作会更加频繁。"一带一路"沿线国家拥有大量优质的大宗商品资源,且缺乏与之相对应的资本市场进行支

---

① 参见李晟:《我国金融衍生品交叉上市问题研究》,载《财经问题研究》2014 年第 10 期。

撑,大量境外投资者都需要运用与其实体贸易相对应的期货合约进行避险和对冲,这正是交易服务商国际化的良好机会。以广发期货为例,结合衍生品专业化的特点,广发期货为"一带一路"沿线国家的境外企业设计一揽子风险管理计划,其中包括对该境外企业在采购、生产、运输、销售各个环节的成本进行控制,运用大宗商品期货、汇率互换交易、场外期权交易等衍生品工具,为境外企业提供服务。① 对于部分需求更高的境外企业,交易服务商还能为其进行定制化的仓单服务、"一对一"合作套保、个性化场外衍生品定价和风险管理以及基差交易等全方位的服务,满足境外投资者的需求。

(四) 场外交易集中清算降低境外投资者风险

2008年金融危机爆发后,场外金融衍生品交易风险集中爆发,双边清算制度中交易一方破产对另一方造成巨大的负面影响,进而引发系统性的风险,让各国的监管部门意识到场外交易集中清算的重要性。实际上,成熟市场中的场外交易,不论是在交易量还是交易金额上远多于场内交易,然而场外交易的风险性之大,使得境内场外交易的发展如履薄冰。人民银行于2014年初发布《关于建立场外金融衍生产品集中清算机制及开展人民币利率互换集中清算业务有关事宜的通知》,上海清算所对银行间市场参与者达成的场外金融衍生品交易实施集中清算。换言之,我国场外金融衍生品主要存在于银行间市场,清算范围包括债券远期、利率互换、远期利率协议、外汇远期、外汇掉期、货币掉期、外汇期权、信用风险缓释工具等交易,从清算主体到清算范围都存在一定局限。

鉴于场外交易在市场中占比巨大,在资本市场的对外开放进程中将境外投资者引入场外交易领域也是必然趋势,因此境内场外交易的集中清算就显得更为重要。目前,以青岛场外市场清算中心为代表的专业清算机构填补了境内衍生品场外交易集中清算的空白,这些清算中心在当地政府的引导下,为各类场外市场提供银行结算通道、资金集中管理和统一清算服务。在独立的清算中心逐渐发展壮大后,可对交易市场以及场外衍生品合约进行评级,在统一的登记清算规则和流程下,提高整个交易市场的风控能力和交易效率,避免前文所述的现货市场的乱象,为投资者提供更多保障。在场外交易集中清算的不断建立和完善中,逐渐向境外投资者开放场外市场也是建立多层次资本市场的应有之义。

---

① 参见肖成:《"一带一路"战略下期货公司发展和应对策略》,载《中国期货》2015年第9期。

(五) 建立以仲裁为主导的衍生品跨境纠纷解决方式

一般而言,衍生品跨境交易纠纷双方均倾向于不将管辖权提交至交易对手所在地的法院,因为其无法适应陌生的法律环境以及可能出现的本国保护,这些都可能使得交易方不能得到应有的保护。在前述中央对手方交易所的交易模式下,境外投资者往往也不愿意将纠纷诉至交易所所在地法院。由于衍生品交易的专业性程度较高,异常交易中新情况新信息较多,目前中国法院即使设置金融庭也难以应对日新月异的衍生品交易纠纷,因此建立以仲裁为主导的衍生品跨境纠纷解决机制对吸引境外投资者十分重要。

2013年9月9日,国际掉期及衍生工具协会(ISDA)发布《2013年ISDA仲裁指南》。ISDA会员可以以其中所提供的示范仲裁条款作为1992年版或2002年版ISDA主协议的仲裁条款。《2013年ISDA仲裁指南》的出台也反映了仲裁是金融衍生品领域争议解决的优先选择。《ISDA主协议》目前在新兴国家得到广泛使用,究其原因,是因为新兴市场司法管辖区执行外国法院判决往往存在较大困难,尤其在发生纠纷的新兴市场所在的司法管辖区与境外投资者所属国之间没有签订互惠司法协助协议的情况下,境外投资者权利很难得到保护。同时,《ISDA主协议》在《承认及执行外国仲裁裁决公约》即《纽约公约》的框架内,该公约有近150个缔约成员国,可以保证外国金融纠纷仲裁裁决在其他国家可以得到普遍的承认和执行。尽管《ISDA主协议》在征求意见阶段曾经讨论过在其默认适用的英国法律和纽约州法律外是否纳入其他司法管辖区的法律或允许交易双方约定适用的其他法律,但最终《ISDA主协议》仅允许适用其默认法律。目前选择《ISDA主协议》进行衍生品仲裁的争议双方,即便交易地发生在我国境内,也往往将仲裁地选在香港或新加坡。从长远看,在我国境内交易所发生的纠纷仲裁,其适用法律不包括我国法律以及我国境内仲裁机构非优选不利于我国衍生品纠纷解决制度的发展。在建立以仲裁为主导的衍生品跨境纠纷解决模式的基础上,制定与我国境内交易所相配套的仲裁规则和国际化的仲裁机构是资本市场对外开放的重要内容。

五、结　　语

应当承认,资本市场的发展始终伴随着困难与挑战。推出原油期货的难度不能简单等同于目前市场上任何一种大宗商品期货。原油期货推出的时机、推出时的国际油价以及地缘政治、国际关系等非原油期货本身的因素同样不可忽视。从这个意义上而言,缓慢前行却又充满希望的原油期货可以视作我国资本市场对外开放的一个缩影,新兴市场中的金融创新合约希望在充满荆棘的全球资本市场上分一杯羹,其难度可想而知。尽管资本市场的对外开放之路漫长而复杂,接纳和引入境外投资者参与到境内投资市场仍旧是大势所趋。因此,在我国原油期货即将推出之际,还需要不断研究与完善我国资本市场引入境外投资者的制度安排和规则设计。

第六编 市场运行监管法律制度

我国互联网股权众筹监管制度设计

冀 希[*]

【内容摘要】 众筹本身具有悠久的历史,近年来,随着互联网金融的蓬勃发展,它被赋予了新的内涵。众筹,具有"大众小额、大众智慧"的特性。众筹,尤其是股权众筹,能有效地化解中小企业融资难的问题。因此,众筹模式近几年来在世界范围内发展迅速,还被赋予了深刻的改革意义,有可能成为中小企业和创业企业筹集资金的一条新渠道。但是,众筹快速发展的背后积累了一系列问题,中小企业不仅在资金方面处于弱势,在法律服务方面也急需支持,因此需要尽快建立一套有效的托管体制,既起到规范的作用,又鼓励金融创新。党的十八大后,我国提出了金融监管转型的要求,要求转变政府职能,处理好政府与市场的关系,以监管转型推动新常态下资本市场的发展。众筹的监管将成为监管转型的试金石。本文将以金融监管转型背景下提出的监管思路、任务要求为纲,结合众筹的特点和互联网带来的创新监管手段,借鉴国外经验,对股权众筹的市场监管提出建议。

【关键词】 股权众筹 市场监管 互联网金融 消费者权益保护

---

[*] 冀希,华东政法大学博士研究生。

一、引　　言

我国的金融体制和金融市场,经过多年的改革与发展,已经发生了历史性变化,在适应社会主义市场经济发展方面已经发生了深刻的变革。改革开放以来,我国的金融业在国有银行商业化改革、完善金融服务体系、优化资本市场结构、化解金融风险、服务经济建设等方面取得了举世瞩目的成就。① 但是,从进一步完善社会主义市场经济体制的要求来看,我国的金融业在进一步放开搞活金融市场、建立宏观金融调控体系和金融监管体系等方面,还存在不少的问题和不足,还不能更好地满足社会经济发展对金融的要求。或者说,目前我国的金融体制和金融市场还存在着比较严重的金融压抑,②金融深化改革的空间还比较大。

随着互联网技术的发展,传统金融的运作模式发生着日益多样化的变革,③出现了不少新的金融投资方式,其中股权众筹就是一种新型的筹资模式。股权众筹模式是基于互联网技术的发展而产生的,企业通过股权众筹进行融资。一方面,企业通过众筹集中社会上的分散资金,完成自身发展对资金的需求;另一方面,居民手中的货币和社会闲散资金通过企业股权众筹的方式进入企业和资本市场,在生产和经营领域发挥其资本效能。

当下,传统金融机构短时期内在一些领域还难以有更大的覆盖面,而股权众筹具有多人小额、交易方便迅捷、信息快速传播等显著特点,对中小企业资金难、融资难的问题提供了可行和有效的解决途径。它的兴起是"互联网＋金融"④的一种创新,在满足中小企业的发展要求、优化金融资源配置、促进经济发展等方面已经起到重要作用。但是,已有股权众筹的实践告诉我们,股权众筹作为一种新生事物,它还不成熟,加上互联网的特殊性、复杂性,使得股权众筹在平台管理、股权募资主体、融资项目类型、融资金额、目标人数、投资模式、资金运营、监管体系等方面还不完善,潜存着一定的法律风险。因此,如何规范和监管股权众筹活动是我们必须逐步解决的一个现实问题。

---

① 我国《国民经济和社会发展第十三个五年规划纲要》对金融体制改革提出了新的发展规划,要求完善金融机构和市场体系,促进资本市场健康发展,健全货币政策机制,深化金融监管体制改革,健全现代金融体系,提高金融服务实体经济效率和支持经济转型的能力,有效防范和化解金融风险。

② 参见吴弘 2016 年 11 月 20 日在互联网金融投资者教育全国大讲堂上主题为"互联网金融监管需要保护投资者利益"的发言。

③ 在建设现代金融体系方面,主要着重于金融要素供给侧结构性改革、完善金融调控机制、实施金融文件对外开放、建立金融宏观审慎管理框架、加强金融法治建设。

④ 股权众筹已经成为互联网巨头的核心战略。2015 年,各大互联网公司把发展股权众筹作为其"互联网＋金融"战略的核心。中国互联网金融崛起于阿里系的余额宝,但在 2015 年蚂蚁金服也战略入股了著名的 36 氪平台,为其股权众筹发展战略铺路。股权众筹极有可能成为未来蚂蚁金融帝国的核心。其他互联网和金融巨头,诸如京东、平安、苏宁、360 等也开始涉入股权众筹平台。

二、问题的提出

股权众筹主要服务于中小微企业,对于拓展中小微企业融资渠道,促进资本形式多元化,支持创新企业,完善多层次资本市场体系均有现实意义。[①] 然而,在我国,股权众筹的发展一直存在着诸多问题:法律地位不明确导致参与各方合法权益得不到有效保障,业务边界模糊容易演化为违法犯罪活动,众筹平台良莠不齐存在潜在的资金欺诈等风险,监管界限不清晰诱发监管空白。在"双创"背景下,中国证券业协会以"鼓励创新、防范风险"为要求,对股权众筹活动实行自律管理,并于2014年12月制定《私募股权众筹融资管理办法(试行)(征求意见稿)》(下称《管理办法》),将股权众筹定性为"融资者通过股权众筹融资互联网平台以非公开发行方式进行的股权融资活动",该文件的发布间接地承认了私募股权众筹的地位。

2015年4月由全国人大审议的《证券法》修改草案中添加了关于股权众筹的规定:"通过证券经营机构或者国务院证券监督管理机构认可的其他机构以互联网等众筹方式公开发行证券,发行人和投资者符合国务院证券监督管理机构规定的条件的,可以豁免注册或者核准。"该条不仅表明了股权众筹可以以公开的方式发行,对于豁免也提供了法律依据。然而,由于2015年6月的股灾,一审稿搁置至今,正式修改后的《证券法》仍无定论。[②] 因此,目前我国关于股权众筹的合法路径仍是私募。

2015年7月,证监会、中国人民银行等十部委联合发布《关于促进互联网金融健康发展的指导意见》,文件中明确表明股权众筹的特点是"公开、小额、大众",与《私募股权众筹融资管理办法》中定性为"私募"不同,以互联网金融形式展开的私募股权众筹或非公开股权融资不属于该规定调整范围。中国证券业协会7月底发布《场外证券业务备案管理办法》;8月发布《关于调整〈场外证券业务备案管理办法〉个别条款的通知》,将《场外证券业务备案管理办法》中"私募股权众筹"修改为"互联网非公开股权融资",并于9月正式实施。

随着一系列的规定和文件的颁布,股权众筹的界定似乎日益清晰:股权众筹主要是指通过互联网形式,进行公开小额股权融资的活动,具有"公开、小额、大

[①] 参见马松:《股权众筹解决小微企业融资难问题研究》,载于《科技经济导刊》2015年第16期。
[②] 参见马国川:《梁定邦:股灾一年后的反思》,http://opinion.hexun.com/2016-06-06/184254163.html,2016年9月18日访问。

众"的特征。① 而其他冠以"股权众筹"名义的活动,是通过互联网方式进行的私募股权融资行为,现在有了一个正式名称"互联网非公开股权融资"。随着股权众筹"公募"和"私募"性质的划分,相关监管政策法规的落地已经指日可待。随着市场信用水平和监管制度的完善,股权众筹作为如今主流的众筹模式,其市场份额还将会进一步扩大,成为市场资本结构的重要组成部分。

(一)法律缺失导致涉嫌违法

1. 股权众筹与非法集资

非法集资是指不具备集资主体资格的法人、其他组织或个人,未经有权机关批准,向社会公众筹集资金的行为。② 我国关于非法集资行为的认定为:"单位或者个人未依照法定程序经有关部门批准,以发行股票、债券、彩票、投资基金证券或者其他债权凭证的方式向社会公众筹集资金,并承诺在一定期限内以货币、实物以及其他方式向出资人还本付息或给予回报的行为。"非法集资有四个特征:第一,未经法律批准的筹资行为;第二,通过一定方式筹集资金;第三,承诺予以回报;第四,面向不特定群体。这四个特征与股权众筹的模式存在相同之处。其一,股权众筹的筹资人与投资人的融资投资行为,不需要经过法律认定才能进行,其行为的做出主要依据自身的经济状况;其二,通过互联网平台的媒介,以出让股权的形式进行融资;其三,回报方式为股权,以及由股东资格所带来的企业红利等;其四,股权众筹的对象是广大互联网用户,投资群体具有不确定性。因此,比较非法集资的概念与股权众筹的特征,不难看出,非法集资是股权众筹必须面对的法律问题。③ 针对四个特征,股权众筹若要避免,在实践中也存在困难。首先,若要使筹资人和投资人在进行决策前事先经过有关部门批准,则会大大遏制股权众筹这一新兴金融模式的发展;其次,如果不通过一定的方式来获取回报,那么股权众筹也便失去了其存在意义;最后,一些众筹平台试图通过对投资人资格的审核来规避其对象为"不特定群体"这一概念,但无非是玩文字游戏,不能真正做到与非法集资区分开来。通过打"擦边球"的方式让股权众筹行为合法化,需要面临极大的法律风险。

---

① 股权众筹在中国的发展过程中诞生了很多创新的发展模式,到 2016 年为止,具有典型意义的有以下六种模式:第一是具有平台意义的众筹平台;第二是传统投资机构与互联网的结合,是股权众筹跟传统 PE 和 VC 的深度连接,主要包括天使汇、合伙圈等平台;第三是具有草根性质的、全民参与的股权众筹,主要包括大家投等平台;第四是连接身边店铺的股权众筹,主要包括人人投等平台;第五是和新三板直接连接的股权众筹,以深圳的众筹帮为代表;第六是对接区域性股权交易市场的股权众筹。

② 参见吴弘:《如何认识和惩治非法集资》,载《上海金融报》2012 年 9 月 11 日第 A13 版。

③ 参见吴凤君、郭放:《众筹融资的法律风险及其防范》,载《西南金融》2014 年第 9 期。

2. 股权众筹与非法发行证券

目前我国关于股权众筹的相关法律制度仍不完善,但是纵观我国现行法律体系,调整由股权众筹所引起的各种法律关系最为接近的即《证券法》。我国《证券法》对于发行证券进行了相关规定,要求公开发行证券必须符合法律法规规定的条件,并依法核准后方可发行。此外,《证券法》对"公开发行"的条件也作出了相关描述:第一,向不特定对象发行证券;第二,向累计超过200人的特定对象发行证券;第三,法律、行政法规规定的其他发行行为。我国目前的证券公开发行实行的是核准制,在可预见的未来会迎来注册制的改革,无论核准制还是注册制,股权众筹都要面对非法公开发行证券的问题。[①] 如前文所述,为了避免触及非法集资的红线,股权众筹在实践中往往采取一些措施以期在概念上进行规避,但又不得不面对涉嫌非法公开发行证券的嫌疑。特别是《证券法》中公开发行的标准之一是向累计超过200人的特定对象发行证券,这与非法集资概念中"不特定群体"针锋相对,使得股权众筹必须在两种规定的夹缝中求生,由此可能导致更多的法律问题。[②] 无论是涉嫌非法集资抑或是非法发行证券,股权众筹若要进行规避,都不得不由公募向私募调整,这既限制了股权众筹在我国的发展,也违背了其产生的初衷。

(二) 股权众筹模式的价值冲突

1. 融资效率与投资者保护

证券法重要的理念与价值,即为如何在保证融资效率的同时保障投资者权益,两者在动态平衡中存在着此消彼长的关系,怎样处理好天平的两端是效率与监管博弈的关键:若简化发行程序、扩大证券含义范围、提高融资效率,则可能引发证券欺诈,对投资者保护不利;若强调投资者保护,而对发行人事前、事中、事后的信息披露义务予以加强,则不利于企业融资,与股权众筹产生的土壤也有所违背,打击市场活跃度。从私法与公法关系的角度来看,融资效率代表着私法上企业的融资自由,投资者保护则代表公法上政府所努力维持的融资秩序,两者间仍存在着冲突矛盾。自20世纪初证券法产生以来,其实质就在于国家试图通过立法限制私人企业毫无边界的证券发行与交易的权利。[③] 例如,美国1933年《证券法》以及该法出台之前的各州"蓝天法",其背后实质便可视为对私人企

[①] 参见尹壮:《股权众筹中投资者权利保护体系的构建》,西北大学2015年硕士论文。
[②] 参见刘晏辰:《互联网金融视域下我国股权众筹的法律规制与完善》,吉林大学2015年硕士论文。
[③] 参见何旭强、朱戎:《投资者保护与证券市场发展:理论、经验与政策》,载《产业经济研究》2005年第5期,第26—34页。

业肆无忌惮的证券欺诈所作出的回应。因此,保护投资者才是证券法诞生时的初衷。

证券法实现投资者保护的主要手段之一,就是强制证券发行人履行信息披露义务,是一种对投资者知情权的保护。然而,事实上,不同能力的投资者对于证券法所提供的保护需求是不一样的。那些具有足够的资产规模、丰富的投资经验、较强风险抵御能力的投资者(多为机构投资者),完全可以通过自身能力来满足对于信息掌握和市场风向的需求——这类投资者被称为"成熟投资者",而"成熟投资者"制度正是美国私募豁免的核心。因此,在面对这一类有能力进行自我保护的投资者进行的融资活动时,证券法上的强制审核与公开制度有可能直接导致金融交易效率低下。美国证券交易委员会(SEC)为私募豁免专门制定的 D 条例,对于"获许投资者"的概念进行了特别创设,并令其作为一类法定的成熟投资者,以简化实践中对成熟投资者的认定。[①] D 条例对获许投资者的界定标准大致可归为三个方面:"第一,投资经验,主要是机构投资者和私人商业公司;第二,与发行人的关系:发行人的董事和高级管理人员;第三,财富标准。"满足三种条件的投资者,首先,一般多是专门从事商业投资的职业投资者,[②]他们具备远高于常人的投资技能和投资嗅觉,具有丰富的金融市场交易活动经验,对自己的投资行为有比较充分的认识,有对投资行为后果的承担能力,自然可以排除证券法的特别保护。其次,"与发行人的关系"这一条标准所反映的主要是发行人对于信息的容易取得的特性——那些与发行人关系密切、信息易于取得、信息取得渠道多元的投资者对于证券法专门的信息披露制度的需求相对较弱。基于"财富标准"的理由则在于,即便这些投资者没有足够的投资经验使其作出明智的投资决策,也可以凭借其丰厚的财力去聘请专业机构来协助投资,与此同时,足够的财富也使得他们有足够的投资风险承担能力。

我国 2012 年修订的《证券投资基金法》对于"成熟投资者"即"合格投资者"的概念进行了规定。中国证监会 2014 年出台的《私募投资基金监督管理暂行办法》第三章对"合格投资者"的具体标准则进行了细化,[③]其制定标准主要是根据

[①] 对于非获许投资者,如果具有必要的投资知识和经验,仍然可以归为成熟投资者。但这一判断标准相对主观,且在规则 506 所规定的私募中不能超过 35 人。"获许投资者"的概念外延要窄于"成熟投资者"。

[②] 参见彭冰:《构建针对特定对象的公开发行制度》,载《法学》2006 年第 5 期,第 81—89 页。

[③] 该办法具体规定:在人数与合法性方面,单只私募基金的投资者人数累计不得超过《证券投资基金法》《公司法》《合伙企业法》等法律规定的特定数量。在投资经验方面,私募基金的合格投资者是指具备相应风险识别能力和风险承担能力,投资于单只私募基金的金额不低于 100 万元且符合下列相关标准的单位和个人:(1) 净资产不低于 1000 万元的单位;(2) 金融资产不低于 300 万元或者最近三年个人年均收入不低于 50 万元的个人。

投资者的人数与合法性、投资经验以及财富标准的角度进行界定。由于我国股权众筹相关制度及规定有待完善,相关投资者实际上处于一种尴尬的境地,其主要根源在于股权众筹的公开与非公开的标准——如果认定股权众筹为私募即非公开发行,而作为私募投资者则必须满足非公开发行中相关合格投资者的标准。目前我国存在的开放式股权众筹平台如"大家投"等从来就未对投资者设立过实质性的门槛,而即便是"天使汇"等封闭式股权众筹平台对于投资者的门槛在严格意义上也未达到《私募投资基金监督管理暂行办法》的最低要求。① 如果将股权众筹认定为公开发行,那么投资者——特别是中小投资者就需要平台进行充分的信息披露,从而作出合理的投资判断。然而,股权众筹的产生背景,就是服务小微企业、初创企业等,为此类素质、规模、能力并不是十分成熟的企业提供灵活、简便与廉价的技术和资金支持。因此,股权众筹平台对融资企业往往仅在形式上作出审查,在信息披露方面也十分有限,以较低的准入标准和较大的金融风险来换取金融效率,促进金融市场的活力。然而,缺乏法定信息披露制度的保护必然使普通投资者甚至合格投资者处于易发的金融风险中,更何况股权众筹是借助互联网的开放性介入天使投资和风险投资领域,对于小微企业和初创企业而言,其投资风险要远高于投资股票市场上的成熟企业。②

不难发现,虽然股权众筹作为新型互联网融资模式,具有传统资本市场无法比拟的效率优势,但这种效率的提升是建立在牺牲投资者保护的基础之上的,与证券法保护投资者的初衷背道而驰。

2. 证券发行审核权的集中与下放

随着证券业的发展和证券市场的繁荣,证券投资已经不再单纯地被认为是企业自然的商事权利,在以市场失灵理论而兴起的国家干预主义③的指导下,证券发行逐渐在有政府介入下开展,证券公开发行须经行政部门审核通过早已成为世界默认的规制,只是不同国家、不同地区在审核程度上存在宽严之别。我国的证券发行实行严格的核准制,证券监管部门对证券发行人的发行申请作内容与形式上要求的同时,还需要对其内容进行实质审查。此外,在我国申请的证券公开发行还必须满足产业政策等政策性条件的规定,可谓是一种"比实质审查还

---

① 特别是《私募投资基金监督管理暂行办法》第12条第1款规定的"投资于单只私募基金的金额不低于100万元",该限制标准对于股权众筹来说简直难以实现。

② 参见杨东、刘磊:《论我国股权众筹监管的困局与出路——以〈证券法〉修改为背景》,载《中国政法大学学报》2015年第3期,第51—60页。美国证券交易委员会引用的一份研究报告显示:"2004年至2010年,2000家得到100万美元以上风险投资的公司中,近3/4的公司破产。"

③ 美国著名经济学家约瑟夫·斯蒂格利茨的政府干预理论主要分为两个部分:市场失灵理论和政府的经济职能理论。然而,政府同样存在失灵。

要实质审查"的核准制。① 根据前文所述,我国由于市场不成熟,监管能力有限,在股权众筹的发展过程中,平台无形承担了一定的对于项目的审核职能,而不再仅仅是单纯的信息集合中介。平台固然要对其所发布项目的真实性具有一定的责任和义务,但过多强调平台的监管职能,实际上使其扮演了类似于证券监督管理部门的角色,僭越了证监会的证券发行审核权。证券发行审核实质上是一种行政许可行为,只有拥有相应行政许可权的行政机关或是经法律、法规授权的其他组织有权实施行政许可行为,而国务院显然没有将审核权授予任何一家股权众筹平台。② 在当前的法律框架下,国内的股权众筹平台依其发展状况也没有任何一家堪当此任,股权众筹平台这种带有自律和自治性质的众筹发行审核行为具有突出的法律风险。

纵观世界各国,证券发行审核权集中于政府监管部门的国家占大多数,但也存在一些权力下放的国家可供参考,如伦敦证券交易所在向金融服务局移交发行审核权之前一直依法拥有审核证券发行的职权,德国发行股票并同时申请在交易所上市的发行申请由交易所进行审核。但严格来看,上述两例中所反映的并不完全是证券发行审核权的下放,更多体现的是证券上市审核权——英国的证券市场在当时并没有柜台市场,因此证券一旦发行即意味着上市;德国证券交易所的发行审核权所指向的股票仅限于发行并已经上市的。另外,与营利性的公司制证券交易所不同,我国的证券交易所属于会员制,在属性上为不以营利为目的的事业单位,具有较重的行政色彩。如果存在一种可能——股权众筹平台加入了众筹份额流通机制,演变为类似证券交易所的交易机构,其营利性也与我国现行法中的证券交易所存在本质上的区别。因此,股权众筹平台的发行审核权与证券交易所的上市审核权属于两个概念,不可混淆。

我国正在进行的《证券法》修改也体现了审核权下放与重整的问题。③ 目前学界和社会对于证券注册制改革的态度可以分为两类:第一类主张将证券放手于市场,使市场机制发挥调节作用,在发行监管方面去行政管制,削弱甚至取消证监会的实质审核权,转为强化其事中、事后监管,发挥市场主体及中介机构在发行人资质评价与信息披露质量保障方面的作用,加强交易所作为自律管理组织的前端审查与中后端执行权能。这一派可称为"市场派"④,其观点基本代表

---

① 参见朱锦清:《证券法学》(第三版),北京大学出版社 2011 年版,第 94—95 页。
② 《证券法》第 10 条:公开发行证券,必须依法经国务院证券监督管理机构或者国务院授权的部门核准。
③ 参见冷静:《注册制发行下审核监管的分权重整》,载《法学评论》2016 年第 1 期。
④ 代表观点如陆嫒:《朱从玖:新股发行注册制是个好建议》,载《第一财经日报》2010 年 3 月 8 日;周荣祥:《中国证券法学会研究会会长郭锋:适时重构新股发行审核制度》,载《证券时报》2011 年 11 月 28 日;吕蓁:《摩根士丹利华鑫:IPO 转向注册制意义深远》,载《中国证券报》2013 年 12 月 4 日。

了目前的主流意见。另一种声音则主张注册制改革应循序渐进地推进,根据中国不成熟的市场特征,应该在保留核准制下成功经验的同时,有选择、分步骤地借鉴和吸收境外先进资本市场的注册制经验,逐步实现注册制改革,而非照搬发达资本市场尤其是美国市场的制度。①

三、域外监管思路及其借鉴

(一) 美国对众筹融资的监管

为了尽可能地防范证券欺诈,保护公众投资者的利益,美国联邦证券法律对公募的监管规定较为严格,无论是在 IPO 阶段还是在上市后续阶段,通常都要强制进行公开信息披露。

1. 强制信息披露制不完全适用于众筹②

虽然众筹法也对信息披露作出一定要求,并允许 SEC 在后续出台的具体规则中增加更多的披露要求,但 SEC 增加额外的信息披露要求的可能性极小,主要原因有两点:其一,对众筹发行人强制过多的信息披露会增加发行成本。美国 IPO 市场的历史经验表明,强制性披露能够非常容易地推高发行成本。例如,2002 年的萨班斯-奥克斯利法案(Sarbanes-Oxley Act)加大了公司治理和信息披露成本,其确立的较为严苛的信息披露标准给中小企业带来了很大负担。③ 众筹发行人都是实力与规模较小的公司,因此对于 100 万美元以下的小规模证券发行,广泛的信息披露显然不是经济可行的选择。当众筹发行人的期望收益大于成本时,众筹才可能运作下去,因此对众筹发行人不宜强制过多的信息披露。其二,过分的信息披露对大多数众筹投资者作用有限。对于上市公司而言,专业的证券分析师会阅读和分析其披露的信息,并用简单的语言向公众投资者解读。但是,对众筹这一融资方式感兴趣的公司规模太小,不会有证券分析师提供专业的分析服务,所以公众投资者只能依靠自己去解读公司所做的任何披露。研究表明,大多数公众投资者会忽视在线信息披露,就如同消费者在网上签署"服务条款",往往直接点击"我同意"而忽略其具体内容。

---

① 学界和舆论界称其为"谨慎派",代表观点如蒋大兴:《隐退中的"权力型"证监会——注册制改革与证券监管权之重整》,载《法学评论》2014 年第 2 期;沈朝晖:《流行的误解:"注册制"与"核准制"辨析》,载《证券市场导报》2011 年第 9 期;王啸:《我们需要什么样的注册制》,载《上海证券报》2013 年 11 月 20 日。

② 传统的对公募以强制信息披露(IPO 以及上市后续阶段)为主的监管框架对众筹并不完全适用。

③ 参见刘君:《萨班斯-奥克斯利法案:认识、评估和影响》,对外经济贸易大学 2006 年硕士论文。

2. 从强制信息披露转向设定投资者投资上限[①]

众筹法要求证券发行人每年众筹融资额不得超过 100 万美元。[②] 众筹交易必须通过在 SEC 注册的金融中介机构进行,不能直接在发行人和投资者之间完成。中介可以注册成经纪自营商或者为众筹新创设的专项中介牌照"集资门户"。这些金融中介机构一方面承担了投资者教育的责任,另一方面也必须对发行人进行必要的尽职调查。

第一,对发行人的规则。由于众筹主要针对小公司的公开发行证券行为,因此对发行人的规则有两个核心原则:采取措施切实降低发行成本;尽可能简单明了。首先,信息披露要求不再一刀切,而是根据发行规模,要求相关企业对财务状况进行不同层次的披露。对于 10 万美元或以下的发行,只需主要行政人员将过去财政年度的所得税纳税申报表和未经审计的财务报表确认无误即可;对于 10 万美元到 50 万美元的发行,财务报表需要一个独立会计师的审阅;而对于 50 万美元到最多 100 万美元的发行,财务报表需要经过审计。[③] 另外,众筹排除了上市公司和投资公司等类型的发行人,只对小企业、初创企业以及其他不常与监管机构打交道的实体开放,因此 SEC 所起草的规则必须足够简单明了。

第二,对投资者的规则。众筹最有争议的地方在于其如何应对证券欺诈行为,因此对投资者保护进行有效的制度设计就成了整个众筹法的重点所在。在投资上限方面,由于美国国会非常担心投资者在众筹证券投资中遭遇各种欺诈行为,众筹法设计了一个对投资者的结构性保护机制以限制他们的潜在损失。具体来说,众筹法规定了投资者被允许投资在所有众筹产品的最高上限额度。如果一个投资者的净资产或年收入在 10 万美元以下,他可以在众筹证券上投资 2000 美元或年收入的 5%;如果一个投资者的净资产或年收入在 10 万美元以上,他将被允许投资其年薪的 10%。上述规则对于大多数人的影响就是他们被允许投资在所有众筹产品的总额度不能超过每年 5000 美元。他们可以把这 5000 美元分割成 50 个 100 美元的投资,或者把这 5000 美元全部投资在一家公司。无论如何,由于这个限制,对于大多数投资者来说,当遇到欺诈的众筹发行人时,他们的最大损失就是每年 5000 美元。这种结构性保护防止了一个投资者因为众筹发行人的欺诈行为而失去他毕生积蓄的可能性。当然,收入超过 10 万

[①] 众筹法针对小公司融资和普通投资者投资的两方面特点,提供了新的监管思路,特别是从强制信息披露转向设定投资者投资上限。

[②] See Joan MacLeod Heminway, Sheldon Ryan Hoffman, Proceed at Your Peril: Crowdfunding and the Securities Act of 1933, Tennessee Law Review, 2011, 78(4): 879—920.

[③] See C. Steven Bradford, Crowdfunding and the Federal Securities Laws, Columbia Business Law Review, 2012 (1): 1—150.

美元的高净值投资者获准投资更多一些,从而需要承担更大的潜在损失,但他们也受到很好的保护。比如,一个年收入30万美元的投资者每年投资所有众筹证券的总额度将只被允许在3万美元以下,即使是亿万富翁也被限制在每年10万美元。① 在二级市场方面,众筹法规定众筹证券自购买日起,一年内禁止转让或出售,除非转让对象为发行人、合格投资者、原投资者的家庭成员或该证券作为在SEC注册发行的一部分。另外,在实际操作中,对于任何给定的众筹证券,流通在外的股份很小,缺乏一个如纽约证券交易所这样的正式市场。因此,众筹证券难以形成有流动性的二级市场。②

第三,对中介机构的规则。众筹法的监管重点在于对中介机构的监管。这种监管思路是合理的,因为中介机构是这个市场的重复参与者,能够有效地应对SEC的监管并分散监管成本。职业操守上,众筹法要求中介机构不能持有投资者的资金或者证券,不能提供投资建议,不能劝诱或通过他人劝诱购买所提供众筹证券等。③

在注册和披露方面,众筹法规定中介机构必须在SEC注册为经纪自营商或集资门户。除了注册,中介机构还必须提供包括风险披露、投资者教育等SEC要求的其他材料。在投资者教育方面,根据众筹法,中介机构有教育众筹投资者的责任。该责任分为三个组成部分④:首先,确保每个投资者阅读了按照SEC标准制定的投资者教育资料;其次,确保每个投资者正面肯定他理解自己可能损失所有投资;最后,确保每个投资者回答各种问题以表明他理解投资企业的风险和众筹证券的低流动性。在减少欺诈风险方面,根据众筹法,中介机构有责任采取SEC规定的各项措施以降低欺诈风险,包括对发行人高管、超过20%的股东进行背景调查和相关证券监管执法历史记录的核查。这种事前的尽职调查如果过于复杂,容易推高众筹融资的发行成本,因此SEC主要依靠事后执法和年度投资上限的结构性制度安排来保护投资者利益。另外,还可以采取其他市场手段,如类似电商的信誉评价机制来减少证券欺诈风险。

确保投资者的投资额度合规是众筹监管能否完成投资者保护任务的关键,

---

① 参见袁康:《互联网时代公众小额集资的构造与监管——以美国JOBS法案为借鉴》,载《证券市场导报》2013年第6期。

② See C. Steven Bradford, The New Federal Crowdfunding Exemption: Promise Unfulfilled, Securities Regulation Law Journal, 2012, 40(3): 933—1002.

③ See Thomas Hazen, Crowdfunding or Fraudfunding? Social Networks and the Securities Laws—Why the Specially Tailored Exemption Must Be Conditioned on Meaningful Disclosure, North Carolina Law Review, 2012(1): 56—145.

④ See Armin Schwienbach, Larralde Benjamin, Crowdfunding of Small Entrepreneurial Ventures, Oxford: Oxford University Press, 2013, pp. 368—392.

SEC 要求从事众筹业务的中介机构来完成这一工作。中介机构不能简单询问投资者是否已经达到他们的年度额度上限,因为投资者可能不记得或保留他们过去的投资记录。中介机构也不能仅仅依靠自己的内部记录,因为所谓上限是指在任何平台上从任何发行人处购买所有众筹证券的总和。如何规范中介机构对年度上限的确认,是 SEC 一项艰巨而复杂的任务,实现这一点需要各个中介机构的众筹平台形成联网,进而利用现代信息技术低成本、有效率地执行这一监管要求。中介机构还承担了一系列其他责任,如向 SEC 和潜在投资者发布发行人的披露文件和财报;当众筹发行未达到目标金额时,帮助投资者取消投资并收回本金;对投资者收集信息的隐私保护等。

3. 小额豁免制度的设计与考量

美国 JOBS 法案第三章对于公募性众筹豁免进行了规定,但是其规定的实施需要 SEC 颁布具体规则。在美国证券法体系下,小额豁免制度主要变现为 1933 年《证券法》第 3(b)(1) 条。该条规定,对于总额不超过 500 万美元的证券发行,只要 SEC 认为其涉及金额不大(small amount)或者公开发行的限制性质(the limited character of the public offering),要求其注册对公共利益或者投资者保护没有太大必要,可以颁布规则或者条例豁免该类证券注册。在该条与其他相关条款的规则下,SEC 陆续颁布各种条例扩展小额豁免制度,其中主要的两个条例为条例 A 和条例 D 中的规则 504。

条例 A 的规定包括发行额度、发行人要求、披露要求、发行程序、试水规则、发行方式、转售要求,在七个主要方面对投资者进行保护与豁免。但是,其适用效果并不理想。条例 A 未能得到广泛适用主要有两方面原因,即发行成本高和州法监管过于复杂。在发行成本方面,小额豁免制度的理论基础即为成本收益的考虑,较小的发行融资额度不足以支付正式发行的注册成本,发行人如走正规发行注册程序将得不偿失。条例 A 在设计时已经考虑发行成本的控制,尽量降低相关要求,如在信息披露时要求发行人披露财务信息,但并不要求披露的财务报表经过审计。然而,从实践来看,SEC 需要对发行申请进行审查和批准。条例 A 的发行还有沉重的发行时间成本,在发行时仍会成为限制条件。在州法监管方面,一个重要问题是,难以获得州法的广泛豁免。[1] 美国证券监管为两层监管,分为联邦级和州级,联邦监管并不必然排斥州法监管,而作为"蓝天法"的州法证券监管对于发行人的要求更为严格。同时,各州的证券发行注册程序要求也各不相同,在条例 A 下的发行还需要在各州进行证券注册,这再一次加大了发行成本。

---

[1] 参见徐瑶:《从〈A+条例〉看美国小额发行豁免之殇》,载《法律与金融》2016 年第 14 期。

条例 D 中的规则 504 规定:"发行人在 12 个月内的发行不超过 100 万美元的,可以豁免发行注册。"该条对于投资者的资质、人数、信息披露没有强制性的要求,但是在对广告等公开劝诱方式上有所限制。众筹通过互联网融资,难免要通过广告等方式进行宣传,因此往往无法绕开公开劝诱的问题,规则 504 要求必须符合州法对公开宣传或者公开注册的要求才能进行公开宣传,同样面临与条例 A 类似的困难。因此,规则 504 在适用时受到了限制。

(二) 英国沙盒监管模式

英国是众筹发展较为先进的国家之一,股权性众筹在英国一开始就受到有关法律的规制——在公开宣传方面,凡是协助证券发行和证券投资的推广宣传活动均需获得许可。英国于 2014 年 3 月发布了《关于网络众筹和其他方式推介不易变现证券的监管规则》,并于当年 4 月 1 日正式实施,将网络众筹分为投资型众筹和借贷型众筹,由金融行为监管局(Financial Conduct Authority,FCA)对两类众筹予以不同形式的监管,主要根据众筹在发起时、筹资时、筹资后不同阶段的投资者、融资者、平台三方进行限制,如平台的最低资本、客户的资质、破产时的投资者保护等。英国金融行为监管局最初采取的是个案审批的方式,批准若干股权众筹运营平台,同时也对一些涉及众筹发行的金融推介活动进行逐个审批。

英国的金融监管体制创建从英格兰银行建立开始,宽松的监管政策和金融行业自律性强是英国金融业的特点。直到 20 世纪末,金融监管服务局才接替了英格兰银行的监管权,成为独立的金融监管机构。英国的金融监管体制具有以下特征:灵活、非制度化的金融监管向日益规范化、制度化发展;由多家监管机构向单一金融监管机构转变;质化的监管标准和非量化的弹性管理。因为从事多元化金融业务的金融集团的存在,英国政府也一直在寻求合理的金融监管体制。在 20 世纪末,英国又一次推行了新的金融监管体制改革,这次改革成立了金融服务监管局(FSA)。FSA 作为独立机构承担了原来多家监管机构的监管职能,对该国金融行业进行统一监管,它在负责英国金融机构监管的同时,也承担了该国各类行业自律规则、消费者教育等任务。单一金融监管机构使金融机构只与一家监管机构打交道,降低了监管成本,提高了监管的效率。

2015 年 11 月,FCA 向英国财政部提交了有关开展沙盒监管可行性和实用性的报告。所谓沙盒或沙箱(sandbox),原本是一个计算机术语,指在受限的安全环境中运行应用程序的一种做法。FCA 借鉴了这个概念,将之应用于金融创新监管。其原理与计算机领域的沙盒类似:在监管机构授权的可控环境中,允许金融企业进行各种金融创新的尝试;由于环境可控,因此各种金融创新活动可以得到一定的监管缓释,从而在保证金融安全的前提下促进金融创新。由沙盒概念引出的金融试验区与普通的经济试验区如上海自贸区有所不同:金融具有更强的流动性(不仅指货币的流动,还特指风险的流动)。若经济特区的实验出现问题,将一般经济风险控制在一个区域内还相对容易。但金融风险大部分易转化为系统性风险,不可控因素较多,将之控制在一个区域内非常困难。同时,在进行沙盒实验时参与实验的金融消费者可能遭受损失。金融创新的风险向来很大。在沙盒制度下的金融消费者保护如何展开,也是个挑战。因此,如何控制一个区域内的金融风险,不让其风险外溢对系统金融安全构成威胁,同时又须保障金融消费者权益,这是一个技术含量非常高的难题。

(三) 日本众筹主要规制

日本众筹规制主要调整的对象是投资型众筹,通过规制运营者和投资企业等主体,以实现对投资者的保护。①

1. 信息披露制

在日本,如果募集出资的行为符合"有价证券的募集",就产生提交有价证券报告书或招股说明书的交付义务。提交有价证券报告书之后,原则上产生一系列的信息披露义务,这些义务与是否上市无关。关于"有价证券的募集",《金融商品交易法》(以下简称《金商法》)详细地作了规定,以股份为对象时,原则上劝诱行为的相对方为50人以上时,符合"有价证券的募集"。通过互联网筹资的众筹方式如果符合该要件,那么就涉及"有价证券的募集",从而自然增加募集者的负担。"视为有价证券"在"募集"要件方面有人数要求,实际上购买有价证券的应达到500人以上,因而即使通过众筹募集资金,而实际出资者未达到500人,那么以提交有价证券报告书为主的一系列的信息披露义务就可以免除。尤其是,不符合"募集"时不是任何规制都无法适用,实际上符合"私募"的范畴,根据少数人私募规制,其义务内容只有对投资者的告知以及书面交付义务,与前述信息披露负担截然不同。②

2. 对金融商品交易业的规制

另外,针对非上市有价证券的两种行为:其一,在网上公布信息的行为;其二,在网上披露信息与电子邮箱等信息送达方式并用的行为。这些行为符合"有价证券"的"募集"或"私募"的情形下,将其称为"电子募集交易业务",设置了特殊规制:(1) 签订合同之前交付的书面材料:进行电子募集业务时,签订合同之

---

① 参见陈景善:《日本众筹现状分析》,载《金融创新法律评论》2016年第1期。
② 参见毛智琪、杨东:《日本众筹融资立法新动态及借鉴》,载于《证券市场导报》2015年第4期。

前交付的书面材料中,除了一般性记载以外,添加以下内容:第一,确认发行人名称或姓名以及住所;第二,发行人为法人时,法定代表人的姓名;第三,记载发行人的事业计划内容以及资金用途。另外,在网页上有格式或电子邮箱等"电子申请型""电子募集业务说明",在这些表格之上需要填写申请期间、募集目标金额、募集资金的管理办法、申请后的撤销或解除所需事项等内容。(2)在网上提供信息的服务:金融商品交易业者等进行电子募集业务时,原则上有义务在网页上明显的地方提供相应的信息。具体而言,签订合同之前交付的书面材料应记载的事项中包括手续费等、风险以及上述签订合同之前交付的材料所记载的提供信息的义务。

除此之外,在进行电子募集交易时,需要注意的是:必须充分采取措施管理电子信息处理组织;采取足够的措施在网页上表示应记载的事项。此外,进行前述"电子申请型"电子募集业务时,应完善下列机制:第一,发行人的财务状况、事业计划内容以及资金用途,判断其适合与否,是否进行了确切的审查等,均需要采取必要的措施;第二,应募额在申请期间内未达到目标募集额的情形,以及超过目标募集额的情形如何处理的方式,该方式不得令顾客产生误解;第三,只限于顾客的应募额在申请期间内达到目标募集额的情况,适用有价证券发行方式时,对应到达该目标募集额的期间为止,如果发行人未确保收到相应对价,应采取确保收到资金的措施;第四,顾客在申请之日起不低于八日的期间,该顾客可以撤销申请或与发行人解除合同;此外,发行人得到应募顾客的缴费之后,该发行人对顾客应定期提供事业状况的确切信息。①

3. 对投资型众筹平台从业者的规制

投资型众筹的融资平台是指代替发行人进行有价证券募集和私募的机构,属于以从事有价证券募集为业的"金融商品交易业者"。以股票的募集和私募为业的,属于"第一种金融商品交易业者";通过集团投资方案持股方式募集和私募的,属于"第二种金融商品交易业者"。如果众筹平台进行承销,则属于有价证券的承销业务,需要按照"第一种金融商品交易业者"进行注册。另外,无论是第一种还是第二种,为了确切地履行业务,应完善业务管理体制,并有必要完善公司内部规章制度等以及对员工的培训。

"第一种金融商品交易业者"的注册条件是最低资本金五千万日元,"第二种金融商品交易业者"的最低资本金是一千万日元。承销业务则根据具体状况,根据《金商法》规定分别是5亿日元以上或者30亿日元以上最低资本金要求。另外,《金商法》对"第一种金融商品交易业者"设置了兼业规则等,同时从事其他业

---

① 参见〔日〕赤井厚雄:《众筹融资的现状与展望》,载于《证券分析家月刊》2014年第1期。

务的需要根据《金商法》进行备案或获得行政认可等。日本证券业协会为保护投资者,其自律性规则原则上禁止会员就非上市企业股票进行募集,因此实务中股票型投资众筹在立法修订前几乎不存在。

4. 关于运用的规制

《金商法》规定,以"金融商品的销售等"为业进行业务者,具有对重要事项的说明义务。无论是股份行还是隐名合伙型(基金型),对其进行销售、代理或中介的时候应适用该法律规定。因此,众筹平台的运营者基于该法,对作为顾客的投资者,负有说明投资风险及重要事项的义务。另外,运营者应根据该法确保制定以劝诱适当性为内容的劝诱方针,并有公布的义务。

关于隐名合伙型基金资产①的运用,适用投资运用业相关规制,即使在筹集资金的方式为众筹的情形下也不例外。进行投资运用业的金融商品交易业者的登记要件是严格的,而且行为规制也是严格的。在以签订隐名合伙合同形式进行出资的情况下,该出资在《金商法》上被视为有价证券的"集合投资计划权益"。不同于股份出资,这种出资方式无须提交有价证券申报书。但是,利用"集合投资计划权益"进行融资,原则上需要注册为"第二种金融商品交易业者",而相关注册并不容易。

此外,账户之间也极易产生洗钱风险,众筹平台的运营者应该是符合"金融商品交易业者",所以应防止洗钱,基于"防止转移犯罪收益相关法律"(所谓"守门法"),交易时具有确认的义务。具体而言,投资者出资时,运营者有必要确认是否为本人的特定事项以及进行交易的目的。

(四) 域外监管制度的启示及借鉴

美国在众筹方面立法启动较早,虽然 SEC 在规则制定方面较为缓慢,但JOBS 法案为私募型众筹、公募型众筹和小额众筹提供了土壤和空间,加之各州"蓝天法"对众筹的规制与豁免,实际上,众筹在美国的生长与发展存在着多种可能性。英国将众筹分为借贷型众筹和投资型众筹,认为借贷型众筹风险较低,监管较为宽松,其监管侧重于众筹平台,从事借贷型众筹平台不但要获得牌照,还有最低资本要求和信息披露要求(要求平台披露其违约率等相关信息)。而对于股权众筹,即投资型众筹,英国的监管重点则放在了对于投资者的限制上,如要求投资者必须是职业投资人或成熟投资者,对于发行人的要求很少。日本将投

---

① 所谓隐名合伙,指的是出资者(隐名合伙成员)对特定的营业者的营业进行出资,并对产生的利益享有分红权的一种合同形态(日本《商法》第535条)。出资者与营业者之间为合同关系,出资者之间不发生权利义务关系。

资型众筹在立法设计上定位为"有价证券",使得通过面向不特定多数人的众筹集资方式受制于证券法(《金商法》)的规范,其募集劝诱等在法律上属于有价证券的募集劝诱,需要根据法律进行信息披露和履行说明义务等,其发展受到了限制。2014年5月的《金商法》修订设置了小额除外规定,在一定范围内放宽了对股权众筹的限制。

尽管各国对于众筹模式的规定有所差别,但通过比较分析,不难发现,各国在众筹模式的立法中,主要围绕发行人、众筹平台以及投资者三方进行。股权众筹平台是连接融资人和投资者的核心,是股权众筹监管的重点。虽然各国对股权众筹平台的认识不一,但全部对股权众筹平台的运营实施注册或许可制度,即只有通过许可后才能进行平台的运营,同时对以期通过平台进行融投资的双方进行了限制和要求。结合我国立法现状和实际情况,可对股权众筹平台或其运营机构采许可制,并建立众筹豁免机制,为股权众筹的发展提供法治环境和生长土壤。

四、国内监管路径设计

股权众筹是互联网金融的重大创新,它借助互联网技术构建金融交易平台,提升了金融产品和服务的质量和效率,构建起我国多层次的金融体系,更好地服务实体经济。互联网金融通过互联网平台化解了传统金融中信息不对称的问题,提高了交易效率,但是股权众筹的创新并不局限于互联网金融,纵观所有发达经济体民众财富管理方式的发展历程,都大致经历了从以银行定期存款为主要产品的储蓄型到以信托、基金、网贷等产品为主要产品的理财型,再到天使类股权投资和创业合伙等模式的投资型的转变。而股权众筹正好属于股权投资的范畴,它在顺应财富管理方式转变潮流的同时,有力推动着其向前发展,并为投资型财富管理创造了新的选择。本质上,互联网金融并没有改变金融的功能和属性,仍然发挥着金融的支付清算、融资、价格发现、风险管理等功能,还是属于金融的范畴。股权众筹模式最大的创新在于创新渠道和经营模式,对传统金融业的垄断造成冲击,有助于推进利率市场化,促进产业资本与金融资本的高效合理配置。

美国JOBS法案对股权众筹一系列问题的规定,无不透露出鼓励金融创新的深意。特别是对筹资人、投资人的分类以及资格的降低,对创业企业和中小企业的政策偏斜,已经不只是降低门槛的层次,而是期望通过合理的制度和全面的法规来取缔门槛。这种措施的背后目的是进一步放开市场,为中小企业提供融资渠道,为投资人提供投资空间。这不仅为初创公司节约了成本,同时提高了融投效率;减少政府行政部门对市场的管制,使市场的价值规律、竞争规律、供求规律相互作用,实现市场选择优胜劣汰,切实让市场机制发挥作用,鼓励金融创新,鼓励市场开放,促进市场结构优化;使金融创新有充分的天地,但又不至于受到严格的入市标准和监管要求的过分限制,避免导致扼杀创新、封闭市场、降低市场活力。

互联网金融监管的逻辑起点和基本原则应是,在鼓励金融创新与维护金融体系稳定上寻求平衡。互联网金融是基于金融供求关系的金融创新,对股权众筹这一重大互联网金融创新,不宜过早实施太严格的监管,否则会抑制金融创新,影响金融资源配置效率的提升。同时,股权众筹是新兴的金融业态,适度宽松的监管政策有利于鼓励创新,促进互联网金融健康发展,从而更好地服务于实体经济。

(一) 证券法的修改调整

随着金融创新、互联网金融时代的到来,投资性产品蓬勃涌现,我国证券法含义狭窄的问题越来越突出,表现之一就是给各类无法认定为证券的金融产品盖上"非法集资"的帽子,包括近年很火的P2P以及本文讨论的股权众筹。这说明我国的证券法已经与市场经济的实践相脱节。且因国务院立法层级过高,使得操作上存在困难。这种背景下,资本市场的功能监管就难以实现,同时会扼制资本市场的投融资需求,为规避监管而推出的变通不小心触碰了"非法集资"的界限。此外,因这些金融产品没有被纳入监管,法律关系不确定,投资者利益受损的风险也大大增加。可以说,证券含义不拓展,所谓的监管转型是很难真正实现的。

我国证券立法实质是建立在"机构监管"的基础上,而目前各发达国家已基本完成了向"功能监管"的转变。"功能监管关注金融机构的业务活动及其发挥的基本功能,可以跨产品、跨机构、跨市场协同,不单单局限于金融机构本身。"在具体操作上,学者们提出了各自的看法。有学者认为,波及信托、委托理财、份额化交易的文化产品等物权、债权、信托权益的权益凭证,都应被纳入证券范围。有学者认为,应导入"集合投资计划",或者用"金融投资产品"取代证券概念,对上述金融产品进行统领。具体立法上,英国FCA构建了一个新的术语——不易变现证券,对投资类众筹进行界定。无论采用何种方式,目的都是把具有投资性的金融产品和投资服务最大限度地纳入监管,从形式界定转为实质界定。我国正在积极地推动证券含义的拓展,将符合条件的财产权利证券化,能进一步地包容创新,这对拓展市场功能,全面保护投资者权益,实现金融监管由机构监管向功能监管的过渡,促成监管的成功转型具有重大意义。

(二) 适当的信息披露

证券监管的主要方式之一是信息披露,美国对于投资者保护的监管思路就是通过信息披露,对发行人科以严格的义务责任。这一模式在很大程度上有效保护了金融消费者的利益,但是对于股权众筹——特别是小型的众筹而言,是非必要的。充分信息披露固然能对金融交易安全提供保障,但过度的信息披露同投资规模存在一定的负相关关系。由于股权众筹具有"大众"的特点,受众面广,细致规范的信息披露要求可能未必是保证投资者获得相关信息的有效手段。发行人将大量的时间放到准备各种文件上,倾向于尽可能全面地披露相关信息,从而避免因为遗漏所要承担的责任,而投资者未必会花费时间去阅读和理解。过低的信息披露不利于投资者保护。因此,信息披露应力求恰到好处。考虑到中小企业、初创企业的规模和有限资源,较为不精细但较为频繁的披露可能会更加适合其发展,从而较好地服务于投资者,符合成本效益原则。①

基于提高效益,可以尝试从投资者角度来解决这个问题。从融资者角度到从投资者角度的转变,契合了我国信息披露由监管需求导向转变为投资者需求导向。如果一项发行没有得到充分的信息披露,得到资金投资的可能性会很低。但是,良好的信息披露通常是由于投资者对于其相关信息如财务或治理信息等的需求,而非由监管决定。在众筹活动中,投资者会更多关注公司提供的财务和公司治理信息,②而且根据众筹项目的不同,对投资者有用的信息——"有用"的标准——也会不同。总之,对于众筹,合适的披露是多样化的,对于披露的内容和项目应交予市场,更多地让融资者、投资者根据具体的投资项目自己决定,而监管者只需制定出最基本的强制信息披露的原则和要求,推动信息披露的简明化,对不同的企业、不同的项目可尝试采用不同的、分层的披露形式,为发行人和投资者留出更多的发展空间。

(三) 小额豁免制度的尝试

股权众筹法制化的先决条件和首要任务是明确股权众筹的性质与定位——究竟是互联网私募还是可豁免的小额公募?如前文所述,股权众筹在本质上是

---

① 简单的披露更强调要突出发行人投资的重要方面,至少有一些强制性的信息披露是对各种不同层次的众筹都适用的,比如说发行人的认定、发行股权的信息通常也是比较重要的。因为众筹投资者的不成熟性和众筹行业处于起步阶段,发行人应要求解释他们是谁,他们将生产什么,他们基本的商业计划,目前的财务状况(侧重于明确的负债),资金的预期目的,投资者能从其投资中获得什么(如所有权股份、投票权等)。因此,制度构建者需要与其传统的证券监管的立法习惯做斗争。

② 参见中国银行国际金融研究所课题组:《新一轮市场化改革:"十二五"金融改革热点探讨》,人民出版社 2010 年版,第 318 页。

一种具有公众性的互联网小额融资活动。但由于《证券法》对证券公开发行、《公司法》对股东人数的限制性规定，股权众筹在冒着违法公开发行证券的风险同时，单次只能吸纳至多 50 名投资者。这不仅导致股权众筹的投资门槛居高不下、民众参与度不高，也明显与众筹"集公众之力"的本来意义不相符合。至于股权众筹平台所出现的封闭式与开放式的模式分化，也无非是因部分平台为规避过于显眼的违法公开发行证券的法律风险而做出的无奈之举。特别是证监会于 2015 年 8 月发布的《关于对通过互联网开展股权融资活动的机构进行专项检查的通知》（以下简称《检查通知》），强调了任何主体未经证监会批准不得公开发行证券，并区分了股权众筹平台与以"股权众筹"之名行私募之实的互联网融资平台。但由于现阶段并无公募股权众筹平台的任何批准程序规定以及上位法支持，股权众筹在当前仍然只能走相对小众的互联网私募路线，而这同时也引发了业界平台的更名压力。

《私募股权众筹融资管理办法（试行）（意见征求稿）》（以下简称《管理办法》）是我国第一部专门以股权众筹为调整对象的规范性法律文件。该办法即便还仅是证券业协会草拟的意见征求稿，但一经公布仍引起了学界与业界的激烈议论。从名称上看，《管理办法》似乎仅调整走互联网私募路线的封闭式股权众筹平台，但它实际上并未对股权众筹进行"公私"区分。这一文件名称所反映的其实正是证券业协会对整个股权众筹行业的定位。《管理办法》第 2 条对股权众筹融资的概念进行了界定，明确指出股权众筹是一种非公开发行。第 12 条更是强调了"融资者不得公开或采用变相公开方式发行证券，不得向不特定对象发行证券"；"融资企业的股东人数累计不得超过 200 人"。当然，《管理办法》囿于其行业规范的法律地位，必须以尚未修改的《证券法》为上位法依据，在为没有法律土壤的股权众筹谋求合法地位之时只能尽量向私募靠拢。"意见稿的相关规定已经是现有法律、法规基础上的最大可能的制度创新"，因而对其过度苛责未免有求全责备之嫌。事实上，对股权众筹予以豁免的正当性不在于公募与私募之争，而在于小额证券融资所牵涉的社会公共利益较小，同时却又可以有效满足创业企业的融资需求。

小额证券发行豁免在我国存在法律制度供给上的空白。虽然我国为建立多层次的资本市场而进行了诸如新三板这样的制度创新，但新三板是以机构投资者和做市商为主体的全国性场外交易市场，其主要目的是"为解决高科技企业原始投资的退出通道问题，为主板和中小企业板培养上市资源"，与仍处于一级市场的小额证券发行没有关联。美国对小额证券发行豁免早有制度化的法律规定，主要是美国证券交易委员会（SEC）颁布的 A 条例以及 D 条例中的规则 504 和规则 505。遗憾的是，这些规定因各自的局限性而始终未能得到广泛应用，与股权众筹也不相兼容。其中,A条例的局限性在于它并非完全意义上的发行豁免,而是小额证券发行简化注册程序。据SEC数据统计,2002—2011年的82例A条例发行中,从提出豁免申请至获批的平均审核时间为228天。如此漫长的等待时间,使得A条例在实践中被边缘化。规则505禁止一般性劝诱或公开广告,难以适应股权众筹所依托的互联网技术,也不符合股权众筹的公众化本质。倒是规则504看起来是最适合众筹企业援引的。规则504适用于在12个月内发行总额不超过100万美元的证券,不禁止采取一般性劝诱或公开广告的方式进行要约发行,对购买者的资格和人数也无限制。但规则504的致命缺陷在于,发行人虽然可以援引规则504在SEC豁免注册,却不能当然豁免地方各州"蓝天法"规定的注册义务。显然,对于以遍布全美的互联网用户为对象的众筹发行人来说,援引不能豁免各州"蓝天法"注册义务的规则504并无任何实际意义。这些小额证券豁免规则虽然不能适用于股权众筹,但为JOBS法案中众筹豁免规则的推出提供了大量基础性理论依据和实践经验,不容忽视。

无论从股权众筹的本质、发展趋势来看,还是从解决初创企业融资难的实际效果来看,股权众筹都应当被定位为一种可豁免的证券公开发行。《关于促进互联网金融健康发展的指导意见》肯定了股权众筹"公开、小额、大众"的特点,明确将其定位为小额证券公开发行,是准确的。正处于修订进程中的《证券法》应当引入小额证券发行豁免理念并建立股权众筹豁免制度,承认股权众筹平台上的证券发行行为的公开性和合法性。当然,这种小额证券公开发行的合法性仅限于在股权众筹平台之上的融资行为。此外,股权众筹豁免并不意味着证券监管部门对股权众筹完全放弃干预,而是将对股权众筹行为的监管重点转移到对股权众筹平台的监管上来。这种间接监管在保证从宏观上控制众筹行业风险的同时,还能为股权众筹提供一个较为宽松的成长环境。从具体内容来看,间接监管至少应当包括证券监管部门对股权众筹平台的设立批准、定期检查,要求股权众筹平台对本平台上的众筹发行提交备案等。同时,股权众筹豁免还意味着证券监管部门对证券审核权的下放,这就自然解决了众筹平台证券发行审核权的来源问题。

(四)构建网络论坛交流平台

在互联网高速发展的今天,"互联网+"已成为各领域创新与监管的前沿阵地。众筹机制侧重于筹资人和投资者直接进行交流、接触、互动,平台多以网络社区的方式运作。作为互联网金融创新模式之一,建设集中统一、信息共享的中央监管信息平台,利用大数据进行监管,建立高效的金融信息共享制度,是推进股权众筹监管转型的重要措施。在这样的监管模式下,对于众筹的有效监管需要各方尤其是各个平台间信息的共享。针对我国信用体系不完善的现状,保障众筹发行人与投资人的沟通通畅,有利于解决人与人之间的信任问题。

传统的证券披露框架是典型的通过自上而下的方式提供信息,即单向的、从发行者到投资者的信息交流。而众筹本质上倾向于对话式的交流,在发行人与投资者以及投资者与投资者之间进行沟通。虽然互联网对话也有其弱点,但大多数人表示,"大众中的成员,而不是政府,能对任何新的想法或理论的优点得出客观公正的结论"。开放沟通的渠道使得发行人提供的信息可被质疑、检测和讨论。通过这种对话,投资者还可以指导发行人哪些信息类型是重要的,保证提供给投资者的信息是在特定的项目或产品的背景下相关并且重要,实现较好的披露水平。对于大众来说,可帮助其了解市场中的风险,并据此作出调整。通过网络论坛,投资者们可以分享他们的知识,包括对创始人乃至全行业的风险信息,从而共同达到一个理性的决策。

如果沟通渠道足够开放,允许信息在大众之间自由流动,欺诈的企业能够很容易被发现,欺诈的信息也很快地得以遏制,从而协助监管机构分担限制欺诈的责任,增加众筹的透明度,而不是每个人都得去做各自的尽调。"发行人和投资者之间的对话能够帮助教育投资者,揭露欺诈,使发行人承担虚假或误导性陈述的责任。"因此,如果信息能够做到自由地传播,则没有必要通过广泛的信息披露防止欺诈。

不可否认,电子信息板也可能是欺诈的另一种出路,虚假广告和垃圾邮件会对用户进行欺骗性宣传或误导。同时,在互联网上大量的信息也提出了新的问题,即信息质量的保证以及投资者是否知道如何使用这些信息去帮助其进行投资决策。此外,客观上,最近通过互联网欺诈的案例不断上升,而非下降。这一上升的证据就是垃圾邮件的增多,个人信息的泄露越来越严重。虽然Kickstarter这样的网站可能已经成功消除了对投资者的欺诈行为,但大众智慧能否在股权众筹上保护投资者还有待考证。即便大众智慧能够发现表面的欺诈行为,但问题是是否已经足够保护投资者防范初创企业固有的更深层次的风险,仍然有待考究。

因此,通过论坛的形式实行自我监管和用户评论应受到限制,从而最大化信息的质量和可信度。众筹平台应该限制参与者使用社交媒体网站的冲动,直接参与社交网络将有可能迎来海量的未经证实的、不可靠的信息。监管机构可以通过制定法规,采用用户验证、将违规者逐出市场等手段限制虚假陈述或欺诈。另外,早期的投资者有动力夸大其项目以促使其他成员投资。根据Crowd Cube和Grow VC的规则,如果其目标没有达成,将不能从投资者处获得一分钱。这样可以促使早期投资者比较谨慎,只有在其认为该项目有较大成功可能时才去发布积极的评论。

（五）平台通过间接监管实行监管合作

我国过去强调要加强"自律监管"，因自律机构如交易所地位特殊，行政职能强大，与真正的自律型监管体制相去甚远，需要借助更多的市场力量。众筹平台的出现为实现真正的自律监管创造了契机。众筹平台具有"投融资信息中介功能、维护证券交易秩序功能和创造股权交易条件功能"[①]。大众是具有独特个人特征的新兴阶层，不适合采用标准的监管方式，监管机构应尊重这一特点，可以创新地尝试采用间接监管，不施加过度的监管以免阻塞众筹资本形成的通道。监管机构也许不是合适的制度设计者。任何明智的投资者都不会"依靠政府或监管机构来执行他们的尽职调查"。披露要求的减轻会增加对投资者的风险，为了实现投资者保护，也应要求众筹平台承担起责任，实行一个更为严格的监管程序。

从监管成本转移的角度考虑，中介机构可以承担监管众筹的负担。众筹平台有很强的市场激励吸引高品质的项目，减少欺诈，并促进资本与投资理念配置的效率。更重要的是，通常一个项目的创始人只参与一个众筹项目，将过多的监管负担赋予他们将会阻塞项目的市场推广。而如果让众筹平台承担较重的负担，它可能会迫使一些参与者离开市场，但仍然会有人愿意承担这些额外的负担。因此，众筹平台是承担前期监管成本，汇聚并传播投资者和发行人信息，分配市场参与者之间的成本和收益的最佳选择。发挥平台的监管作用，以下几方面内容必不可少：

第一，投资者教育。投资者教育是保护投资者的根本举措。众筹平台应向潜在的投资者进行足够教育。针对普通大众对财务金融知识的欠缺，建议在众筹网站上发布基本的投资理念等知识，这些材料可包括"普通投资文件的例子和解释，基本的投资理财的概念，并结合图形、统计数据进行深入分析类似投资的潜在风险等"，通过提供这些材料，缺乏必要财务知识的非成熟投资者将能够作出更明智的投资决定。中介机构还可以选择开展持有人教育研讨会，并进行考试。如嫌麻烦，也可在互联网上进行互动式教育。可在网站上附上教育的视频链接，作为投资者参与投资的先决条件。为了保证视频的全程观看，可以采用在线测试或者安装软件监测。众筹网站可在认购协议中通过陈述和保证的条款说明投资者已经审查了相关材料，具有提问的权利，并且这些问题都已得到解决。监管机构应该力求规范投资者教育，使投资者得到一个关于投资的统一介绍，并

[①] 刘明：《美国〈众筹法案〉中集资门户法律制度的构建及其启示》，载《现代法学》2015年第1期。

通过投资风险能力考试。如果投资者未能通过,则不允许进入众筹市场。

第二,尽职调查的要求。许多评论者建议补充中介的尽职调查要求。《管理办法》规定平台要对投融资双方的真实性、项目合法性进行必要审核,尽职调查范围规定模糊,远远达不到要求。在美国,作为政策性的问题,任何需要背景调查的都应遵循《公平信用报告法案》和平等就业机会委员会的准则。Kickstarter最近通过采用预检流程最大限度地提高了交易量。经过不断地试错,其管理层认为降低风险的好处超过了监管成本。类似地,监管机构应授予众筹平台一定的自由裁量权,进行防止欺诈的前期审核。为了达到这个目的,众筹平台可以聘请专业投资者来评估拟议的项目,从而只发布对投资者有益的项目,移除那些显然没有任何成功机会的项目。众筹平台可通过这种方式获得投资者的信赖,同时投资者可以依靠大众智慧辨别有价值的投资。

第三,投资者互动社区。监管机构可以通过强制创造投资者互动社区来促进投资者之间的交流。中介机构可以主持这一项目,允许投资者创建账户并通过论坛或留言板交流。根据《管理办法》,中介机构必须作为中立的第三方,禁止提供投资的意见或建议。发行人也可以创建用户账户,允许投资者根据其与发行人的接触进行打分和评论。投资者可以通过分享知识和大众智慧,做出更明智的投资策略。

第四,第三方账户托管。"第三方托管"并不是一个新概念,在股权众筹中引用第三方账户托管,可以禁止发行人或中介机构实施欺诈而携款潜逃。考虑到商业银行的资质条件和托管业务门槛较高,由其承担托管与众筹追求效率的目标不符,可考虑适当放宽托管人资格或委由当事人的意思自由选择商业银行之外的机构担任。

总体而言,在构建众筹融资模式中,加强对互联网平台监管的同时,应当适当分权,向互联网平台分散监管责任,建立完善的网络平台投融资行为准则,将对网络平台的外部监管与发挥其自律约束作用结合起来,从多个维度形成众筹投资者保护的合力。

五、结　　语

股权众筹天然地具有"大众智慧"和互联网的属性,决定了它的到来是革命性的,传统的由少数机构参与的资本分配方式正在被"潜力几乎深不可测的大众集体智慧的融资新模式"挑战。众筹,可连接处于全球范围内不同地域的投资者和企业,如果精心管理,将可能成为早期初创企业融资手段的替代或有益补充。

众筹监管与一般证券监管存在诸多不同,众筹该如何监管,这是各国都在探索的一个问题。市场与法律的关系是互动的,法律既服务市场,同样也可以损害市场。在一定意义上,有什么样的法律,也就有什么样的市场。金融法律制度建立的实质并不是国家对金融的控制,而是为了使金融效率最大化。众筹是一种新的实践,其规范、商业模式和发行人与投资者之间的关系仍在进行定义。虽然国外已经有了一些成熟的经验可以借鉴,但众筹的监管应强调立足本土,适合本土的监管才是有效的监管。

目前我国处于金融监管转型的历史时期,所面对的经济新常态必将极大地改善资本市场发展的基础和环境。我们应对监管转型进行深入思考,从理念上转变设计法律制度的思路,抓住这一难得的发展机遇。我国的股权众筹无论是行业发展还是监管构建都处于初期,在具体制度构建上,应牢牢把握好监管转型的契机、众筹的本质属性、Web2.0时代带来的创新,坚持市场化的方向,根据我国本土情况在各种利益间寻求动态的平衡。在众筹监管上,尽可能地为效率出让空间,因为降低市场运作成本,减轻投资者负担,也是保护投资者权益的重要体现。此外,金融市场的健康发展,离不开以《证券法》为核心的证券法律制度的规范和引领。应利用《证券法》修改的契机,拓展证券含义、完善合格投资者制度、建立豁免制度,通过完善股权众筹依托的私募制度,促进"监管再造",为股权众筹的监管创造更广阔的空间,从而让股权众筹真正成为我国多层次资本市场的有机部分。

险资举牌上市公司法律监管规则的反思与完善

胡 鹏[*]

【内容摘要】 保险业"新国十条"明确指出险资是股票市场重要的机构投资者,并要求险资主动介入资本市场以助推其长期稳定地发展。然在其反面,近期"险资频繁举牌"事件却让公众纷纷侧目,一时间险资反倒成为众矢之的。其实,险资举牌过程出现的各种问题,凸显了我国在这一领域的监管规则中存在着诸多短板。为解决险资短期操作和血洗董事会等问题,我国应该从保险监管和证券监管两个角度着力。前者从负债和资产两个端口同时发力,负债端注重提高保险产品风险保障额度,回归"保险姓保"的本质;资产端则注重加强偿付能力充足率监管,实现资产负债匹配,引导险资进行价值投资。后者要从完善险资和一致行动人举牌规则,准确评估险资股票投资集中度风险入手、强化险资信息披露义务、建立穿透式监管规则。

【关键词】 险资举牌 一致行动人 集中度风险 信息披露 穿透式监管

一、引 言

2015 年以来,保险资金在二级市场上频繁举牌上市公司受到人们的极大关注。依我国《证券法》之规定,险资举牌是指保险公司持有或者与其关联方及一致行动人共同持有一家上市公司已发行股份达 5%,以及之后每增持达到 5% 时,按照相关法律法规规定,在 3 日内通知该上市公司并予以公告的行为。这个

---

[*] 胡鹏,华东政法大学博士研究生。

概念肇始于"宝万之争"中前海人寿作为一致行动人举牌万科。此举引发了公众对险资举牌的强烈质疑,宝能系与万科管理层的鏖战更是将全社会对险资举牌的讨论推向了高潮。2016年下半年,恒大人寿短炒股票、安邦保险两度举牌中国建筑、南玻管理层集体辞职、前海人寿企图举牌格力电器更是引发了股票市场的轰动。2016年12月初,证监会主席刘士余发表讲话,剑指险资为"野蛮人""妖精""害人精"。随后保监会暂停前海人寿开展万能险新业务,并派驻检查组对该公司开展现场检查。2017年2月24日,保监会依据现场检查中查处的违法行为,对姚振华作出撤销任职资格,并禁止进入保险业10年的行政处罚。

据统计,2015年至今,险资举牌达253次,共举牌了127家上市公司。2015年下半年,险资举牌达到高峰,举牌达到130次。2016年,受监管政策收紧影响,险资举牌次数虽有所回落,但与2015年之前相比,依然处于比较高的水平。其中,举牌最为活跃的保险机构有宝能系、恒大系、安邦系、阳光系、国华人寿系、华夏人寿系。保险机构偏好举牌的上市公司大致为估值低、股息率高、有稳定现金流、拥有大量隐蔽资产、股权分散的高成长公司。按行业来划分,险资持股市值占比最高的5个行业为银行、非银金融、建筑材料、商业贸易、房地产。

自"宝万之争"后,险资频繁举牌上市公司,俨然成为股票市场上重要的机构投资者,但险资举牌涉及的保险资金及其他杠杆资金运用风险、险资和一致行动人监管规则、金融资本和产业的融合等问题引发了理论界和实务界的持续争议。对理论界的争议点进行归纳和梳理可发现,首先,当今学界的研究比较偏重于保险大类资产的配置,而对险资举牌这一具体问题缺乏深入的挖掘和研究,其最大的欠点在于研究范围过于宽泛。其次,现存的理论成果大多偏重于运用经济学的方法进行研究,而鲜见从法学的角度系统分析保险资金运用风险的学术论文,更未见针对险资举牌监管规则展开详尽论述的相关论文。最后,"宝万之争"后虽有部分学者开始关注并研究险资举牌问题,但其研究的对象仅限于资金运用的风险把控、创新与监管边界的厘清之层面,[①]至于对现行法律监管规则进行检视、反思的深度研究则很难觅见,更遑论在监管体制上提出行之有效的完善之策。

基于此,本文拟首先从四个层面系统解析险资举牌上市公司的成因,并指出险资举牌上市公司对支持资本市场长远发展和保险业调整产业布局的积极意义;其次,反思我国险资举牌上市公司背后的保险公司治理问题、保险资金运用

---

① 相关学者的论文有:朱南军、韩佳运:《险资举牌的逻辑、特征与策略》,载《金融市场研究》2016年第4期;叶颖刚:《保险资金频繁举牌面临的风险及对策研究》,载《浙江金融》2016年第3期;刘纪鹏、刘志强:《厘清创新与监管边界规范险资举牌行为》,载《清华金融评论》2016年第3期;李海朝:《从保险资金运用谈险资举牌——基于SWOT分析》,载《保险职业学院学报》2016年第5期。

问题;再次,全面检视目前监管部门对险资举牌上市公司的监管规则,并指出其存在的短板;最后,从保险监管和证券监管两个角度出发,提出完善我国险资举牌上市公司监管规则的建议。

二、险资举牌上市公司的行为动因与积极价值

自"宝万之争"后,险资举牌上市公司往往被视作"野蛮人"的敌意收购。其实,金融资本的投资行为本身是价值中立的,无所谓好坏之分。所谓"野蛮人"只不过是上市公司管理层为了保护自身利益,抵制外来者的"搅局"所进行的情感宣泄。我们必须运用理性思维,客观分析险资举牌上市公司背后的逻辑,才有助于完善监管规则,引导险资更好地支持资本市场的发展。

(一) 险资举牌上市公司的行为动因

1. 行业层面:保险业资产规模高增长和"资产荒"的矛盾

在经济高速增长的背景下,人民生活水平不断提高,民众越来越倾向于购买保险来分散未来的疾病和死亡风险。此外,许多保险产品兼具分散风险和投资理财双重功能,迎合了消费者的多种需求。据保监会统计,截至 2016 年 11 月,全国保费收入 2.8 万亿元,保险资产规模已达 14.9 万亿元。[1] 保险行业资产规模的快速增长一方面展示了保险业强大的生命力,另一方面迫切要求保险机构配置高收益的优质资产。但 2015 年以来,我国经济下行压力持续显现,央行先后 10 次降息降准,银行存款、债权等固定收益类资产收益率持续下降,保险资金资产配置压力进一步增大。

纵观世界各国的保险资产配置情况,固定收益类资产是保险资金的主要投资领域。保险资金属于利率敏感型资金,受银行利率调整影响较大,如果保险公司先期销售的保单的预定利率高于同期银行存款利率,就会产生巨大的利差亏损,并且这种亏损短时间内难以消化。早在 20 世纪 90 年代末,央行 8 次降息,一年期存款利率从 10.98% 降至冰点 1.98%,就导致我国保险行业出现巨额亏损。2007 年中金公司研究报告称:"平安集团在 1996—1999 年销售的保单隐含的亏损超过 200 亿元,而峰值(2050 年前后)亏损将达 400 亿元左右。"[2]因此,我国保险行业一直对利差损风险心有余悸。而股票等权益类资产,尤其是长期股

---

[1] 数据来源:《2016 年 1—11 月保险统计数据报告》,http://www.circ.gov.cn/web/site0/tab5257/info4054410.htm,2017 年 2 月 25 日访问。

[2] 转引自陈恳:《迷失的盛宴——中国保险产业 1919—2009》,浙江大学出版社 2009 年版,第 69—71 页。

权投资,其平均收益率能够达到18%。在央行持续降息的预期下,保险公司立即调整资产配置战略,降低银行存款、债券等固定收益类资产的配置比例,转而投向股票等权益类资产。

2. 战略层面:中小险企欲借资产驱动负债模式"弯道超车"

本次"举牌潮"中,股票投资行为激进,频频举牌的大多是中小险企,如前海人寿、安邦人寿、恒大人寿,却鲜见中国人寿、中国平安等大型险企的身影。究其原因,笔者认为有以下三个因素值得关注:

第一,二者的发展模式不同。以中国人寿、中国平安为代表的大型险企坚持负债驱动资产模式,即先进行产品设计,再进行资产配置,从而使保障型产品占业务比重较大,通过个人代理的渠道销售保单,销售成本较低,可以进行比较稳健的投资,利差①和费差②都比较稳定。加上保险行业存在明显的规模效应,即保费越大,则单位保费承担的费用就越少。而新设立的保险公司前期因为保费规模较小,风险比较集中,赔付支出和保费收入不能平衡,甚至出现亏损。经过6—7年扩大规模之后,保险公司承保的风险能够分散,才能逐渐实现盈利。

第二,大型险企大多是国有股东,资金实力雄厚,能够承担巨大的时间成本和资金成本。但对中小险企背后的民营股东来说,投资风险大、回报周期长的负债驱动资产模式难以实现快速盈利的目标。通过借鉴国外经验,股神巴菲特执掌的伯克希尔哈撒韦公司开创的资产驱动负债模式正好迎合了中小险企的需求。③ 中小险企保费规模短时间内难以迅速超越大型保险公司,只能先行开发高收益率的投资理财型保险,迅速积累保费并进行较为积极的投资,以资产端的高收益反哺负债端的高成本。

第三,资产驱动负债型险企的产品成本和销售成本都较高,以前海人寿为例,其万能险的结算利率基本保持在5%以上,而同期固定收益类资产利率却不到5%。产品成本和渠道成本使得通过资产驱动负债模式发展的中小险企负债端成本高企,由此整体投资策略和风险偏好更为积极,加大对股票这一高收益率资产的配置也就不足为奇。

3. 业务层面:保险公司延长产业链和完善产业布局的需要

首先,"随着我国经济的快速发展,居民财富快速增加,养老、健康、零售和金

---

① 利差是指人寿保险资金运用的实际收益与保单预定利率的差额,盈利称为"利差益",亏损则为"利差损"。

② 费差是指实际发生的营业费用与保单预定的营业费用率的差额,盈利称为"费差益",亏损则为"费差损"。

③ 伯克希尔哈撒韦公司是资产驱动负债模式的典范,即先通过投资将资产端总资产做大,再在负债端吸引销售保单,积累保费收入。其成功有三个前提:负债成本低、资产流动性高、资金运用杠杆率低。

融等行业进入黄金发展时期。保险资金具有长期资金的优势,加快对这些关联产业的战略布局,使关联产业同保险主业产生协同效应,可以延长保险业的价值链。"[1] 保险公司新设企业的成本很高,比较便捷的途径是在资本市场上收购品牌和管理都相对成熟的公司。媒体报道的举牌事件中,保险资金举牌大多涉及地产、零售、金融等朝阳产业也印证了这一点。

其次,被举牌的上市公司在经过年中股灾震荡后成为超低估值的标的,而这些低估值的蓝筹股在往年都有稳定的现金流和资产回报率。据统计,被举牌的标的中,净资产收益率高于A股平均净资产收益率值4.72%的数量达到30个。[2] 对于保险资金而言,无论是短期的财务投资,还是长期的价值投资,都可谓是稳赚不赔的好生意。

最后,随着保险资金运用渠道的不断放开以及我国资产证券化进程的推进,保险公司举牌房地产企业对今后参与房产抵押贷款和贷款支持证券(MBS)具有重要的战略意义。

4. 政策层面:监管新政成为险资举牌催化剂

2012年,保监会正式启动建设风险导向的偿付能力体系(简称"偿二代")。相比于以规模为导向的偿一代,偿二代对保险公司的投资风险进行风险因子量化,从而影响保险公司资产和负债配置策略。

首先,按照保险行业的会计处理规则,保险资金持股上市公司达到5%且派驻董事,其认可资产就可以由公允价值法转为权益法计算,由此可以分享上市公司的经营业绩,而不必受到股票价格涨跌的影响。

其次,按照偿二代的风险计量规则,持有主板股票的基础风险因子是0.31,而对合营企业和联营企业的股权投资的基础风险因子是0.15。也就是说,如果险资举牌达到5%,那么这笔投资可以计入"长期股权投资"项下,不仅可以节约资金占用,也能够满足对偿付能力充足率的要求。偿二代将保险公司偿付能力充足率考核时间定在每季末和每年度末,一旦偿付能力低于监管红线,保险公司承保和投资等业务就会被暂停。这也解释了为何险资在下半年集中举牌。

最后,一系列政策红利也推动了险资入市。2012年,保险业"新国十条"明确要求保险资金支持股市。2015年年中股灾,保监会积极响应救市,将投资单一蓝筹股票的余额占上季末总资产的监管比例上限由5%提高到10%,投资权益类资产的余额占上季末总资产的比例由30%提高到40%,这加速了险资入市

---

[1] 陈文辉等:《新常态下的中国保险资金运用研究》,中国金融出版社2016年版,第162页。
[2] 数据来源:《解构2015举牌潮:捕猎目标呈四大特征》,http://finance.qianlong.com/2016/0106/248078_2.shtml,2017年2月25日访问。

的步伐。前海人寿也正是在此时顺势增持万科股票的。

(二) 险资举牌上市公司的积极价值

1. 有利于支持资本市场长远发展

"险资的运用和其他一般性的金融资金一样,都必须遵循流动性、安全性和收益性三项原则的有机统一。"[①]一般性的金融资金可以根据不同的投资需求动态地调整投资偏好,但险资的负债性、长期性等特征决定了险资是天然的长期价值投资者,能够在股票市场上发掘长期稳定的优质资产,做股票市场的稳定器,支持资本市场的长远发展。

首先,险资的负债性特点决定了险资运用必须以安全性为前提。负债性是指保险展业中获得的保费并不是保险公司的收入,而是被计入长期负债项下。在未来很长一段时期内,如果发生保险事故,保险公司必须能够随时履行保险金给付责任。负债性决定了保险资金运用必须以安全性为前提,追求相对稳定的收益,否则无法履行按期赔付义务。

其次,险资的长期性特点决定了险资可以实现长期投资。一般的财产险和短期意外险保障期间通常为1—2年,存续期限较短,保费积累形成的保险资金要随时应对突发保险金给付请求,所以很难长期运用。长期性主要针对寿险产品,寿险产品的保障期一般都很长,传统寿险的保障期限通常在15年以上;分红险的期限一般在10年以上;而万能险、投连险等险种的投资期限相对灵活,但在实践中,期限通常也在5年以上。

保险产品的长期性使得保险机构拥有大量的长期稳定、可供投资的资金。我国股票市场长期盛行"炒题材""炒概念"的短期投机行为,而缺乏长期价值投资的理念,携带大量长期稳定资金的保险机构能够作为股市的稳定器,树立长期投资、价值投资的典范。

最后,我国上市公司长期存在"一股独大"和"内部人控制"现象,大股东或管理层利用关联交易侵占公司利益等违法行为屡禁不止,中小股东权益无法得到保障。保险资金等机构投资者举牌上市公司,能够打破上市公司被垄断的局面,通过强化对大股东和管理层的监督,降低委托代理成本,优化上市公司治理,提升上市公司业绩。

2. 有助于完善保险业的产业布局

近年来,随着居民财富的增加,人们的风险意识增强,民众越来越倾向于购买保险产品分散疾病、养老风险。保费不断地积累促使保险行业可运用的

---

① 朱南军等:《保险资金运用风险管控研究》,北京大学出版社2014年版,第10页。

资金规模快速扩大,保险机构迫切需要寻找新的投资渠道实现资产的保值增值。2012年以来,保监会陆续开放了大批保险资金的投资通道,目前保险资金可以投资的范围基本覆盖所有投资品种。在经济下行压力加大的背景下,险资举牌上市公司是寻找高收益率资产,拓宽投资渠道,多样化配置资产的表现。一方面,通过配置股票资产,能够提升资产收益,满足偿付能力充足率。另一方面,投保人是保险资金保值增值的最终受益者,当保险事故发生时能够及时获得保险机构的赔付,而且通过购买分红险、万能险等理财型保险分享股票市场的收益。

此外,我国已经进入经济"新常态"的发展模式,普惠金融、全民健康、养老地产等新兴概念成为下一个经济爆发点。俗话说:"无风险则无保险",保险天生具有跨界的特质。保险业通过丰富的数据积累和完善的风险控制体系为各行各业提供风险管理和风险保障。近期"举牌潮"中,银行金融股、房地产股成为险资举牌的主要对象。保险公司通过和这些公司的融合,能够拓展出许多业务,例如金融领域的支付安全险、履约保证保险、寿险领域的长期护理保险、房产养老保险等。这充分证明保险行业对寻找新的发展空间有敏锐嗅觉,不仅能够延伸保险行业的产业链,完善保险业的产业布局,更能够促进资本和产业的融合,支持实体经济的稳定发展。

三、险资举牌上市公司中的问题省思

随着险资资产规模的快速增长以及险资资金运用渠道的不断拓宽,险资已经成为资本市场上重要的机构投资者。从宏观上看,险资以其庞大的体量为股票市场注入充足的流动性,能够提振投资者对股市的信心。从微观上看,险资具有丰富的投资经验,能够发掘价值被低估的股票,通过持股上市公司加强对上市公司管理层的监督,降低委托代理成本,优化上市公司治理结构。近期的险资举牌事件中,险资却引发了市场的种种质疑。其中的原因是多方面的:一方面,我国股票市场本身还不成熟,上市公司还缺乏同险资沟通协商的经验,险资大规模举牌产生的影响被放大。另一方面,险资自身的公司治理结构存在缺陷、股票投资行为激进导致险资偏离长期价值投资的轨道。因此,有必要透过当前险资举牌的重重迷雾,梳理和总结险资举牌上市公司中存在的问题,为进一步规范险资举牌行为打下基础。

(一) 险资举牌受实际控制人操纵

保险资金运用的风险大小首先取决于保险机构内部的风险控制体系是否完

善,而保险机构内部的风险控制体系的完善依赖于科学的公司治理结构。近期的"举牌潮"中,作为举牌主力的中小险企的出资股东大多是民营股东,他们更偏重短期利益,很有可能"不是真心做保险,企图把保险作为融资平台"。因此,必须深挖险资举牌背后的公司治理缺陷。

与普通公司不同,保险公司单一股东持股有特殊规定。2004年施行的《保险公司管理规定》限制保险公司单一股东持股不得超过20%,2013年《保险公司股权管理办法》上调至51%。之所以设置保险公司单一股东持股比例上限,是为了防止保险公司股权过于集中,大股东"一股独大"对上市公司治理产生不良影响。

一些中小险企的股东为了规避单一股东持股的比例限制,以股权代持的方式实际操控保险公司。控股股东或者实际控制人操纵举牌,滥用股东权,有的甚至将保险公司当成拓展其他业务的融资平台。以前海人寿为例,其四位股东在历史上均曾为宝能系下属子公司。但是,2010—2014年这四年间,宝能系却逐个将这四家公司的股权转让给四位自然人控制下的企业,而这四位实际控制人都曾与宝能系有着千丝万缕的联系。①

从业务层面来看,前海人寿自2012年成立以来,保费规模突飞猛进的同时,更是大规模投资房地产领域。据前海人寿披露的信息统计,仅2014年一年就发生了10宗重大关联交易,全部投向房地产领域,且很多都是与宝能集团旗下企业的关联交易。② 前海人寿之所以热衷房地产,很可能与其背后的房地产股东有关。在"宝万之争"中,前海人寿更是作为宝能系旗下钜盛华的一致行动人,通过销售万能险积累了大规模的保费,为收购万科股份提供了充足的资金。从以上分析可知,前海人寿已存在沦为实际控制人操纵的融资平台的风险,不排除通过举牌和其他关联交易进行利益输送,存在违规交易的可能性。日前保监会对前海人寿作出的处罚决定也印证了这一点。

(二) 资金运用杠杆率过高,易引发交叉风险

首先,险资举牌中,部分保险机构运用万能险、资管计划、融资融券、收益互换等多种金融衍生工具,以极少的自有资金撬动了大量杠杆资金用于在二级市场上增持,真可谓把监管政策运用到了极致。以"宝万之争"中宝能系的资金运用方式为例,2015年下半年,宝能系在五次举牌万科的同时,为筹措购股资金同

---

① 参见《深扒前海人寿股权结构:缘何老被质疑是一个人的公司》,http://stock.qq.com/a/20161122/038595.htm,2017年2月25日访问。
② 参见《前海人寿关联交易40亿全投楼市 涉及宝能集团》,http://sz.house.163.com/14/0625/10/9VJ1M60G00073T3P.html,2017年2月25日访问。

步进行连环的股权质押。简言之,前海人寿被宝能系旗下的钜盛华质押了 9 亿股,钜盛华质押了万科 7.28 亿股,宝能又质押了钜盛华 30.98 亿股,宝能的实际控制人姚振华又质押了宝能 30% 的股权。① 连环的股权质押使得宝能系充分放大了杠杆,减少了资金占用。

其次,股权质押也巧妙地规避了法律对保险公司股权转让的禁止性规定。2014 年保监会发布的《保险公司收购合并管理办法》规定,除风险处置或同一控制人的不同主体之间的转让等特殊情形外,收购人应书面承诺自收购完成之日起三年内,不转让所持有的被收购保险公司股权或股份。之所以限制保险公司股东转让股权,是因为保险公司对长期资本金的需求很大,特别是寿险公司,为了确保保险公司的持续稳健运营,提高保险公司的偿付能力充足率,必须长期锁定股东的资本金。② 而宝能系对前海人寿的股权质押实质上达到了股权转让的效果,规避了法律的规定。更让人担忧的是,收购方和被收购方的股权均被质押,在股市处于牛市时尚可支撑,如果股市由牛市转为熊市或者万科股价下跌,一旦股价触及平仓线,前海人寿和宝能系必定会发生流动性风险,从而危及广大投保人的权益,也会影响万科的正常经营。

再次,一些险企还利用"自我增资"的方式借债进行举牌,将银行资金、信托资金引入股票市场,导致金融市场风险相互交叉和传染,进一步放大了风险。现行的《保险公司股权管理办法》第 7 条规定:"股东应当以来源合法的自有资金向保险公司投资,不得用银行贷款及其他形式的非自有资金向保险公司投资,中国保监会另有规定的除外。"但在"宝万之争"中,宝能系旗下的钜盛华为增资控股前海人寿,先利用资管计划对自己进行增资,这一部分资金从法律上转化成钜盛华的自有资金,钜盛华再用增资所得的资金收购前海人寿的股权。这种"自我注资"的方式在法律上找不到任何漏洞,但实质上是保险公司股东借债进行投资。

最后,2016 年 7 月 26 日,保监会发布《关于进一步加强保险公司股权信息披露有关事项的通知》,明确要求保险公司加强股权管理,规范保险公司筹建及股权变更行为,并要求保险公司股东作为信息披露义务人,要上溯一级披露股权机构,确保投资入股保险公司的资金来源真实、合法、有效。保监会监管的意愿值得肯定,但实际操作上很难确定资金的真实来源。更为严重的是,如果通过"自我注资"的方式使得不同渠道的资金大规模流入股市,一旦股价下跌,保险公司的资金盘极有可能崩溃,整个股票市场甚至会酿成似 2015 年年中股灾一样的大祸。

---

① 参见《宝能系抢筹万科钱从何来:连环股权质押链条浮现》,http://money.163.com/15/1215/08/BAS3RRAB00253B0H.html,2017 年 2 月 25 日访问。
② 参见曾福斌:《收购保险公司股权三年内不得转让》,http://stock.hexun.com/2014-04-05/163688082.html,2017 年 2 月 25 日访问。

(三) 部分险企过度开发万能险产品

保险的本质是利用大数法则分散风险。传统保险公司经过多年的经营,保费规模已十分巨大,所以产品一般以保障型为主,资金运用也相对稳健。中小险企多是民营资本出资设立,难以承受长期回报风险和巨大的投资风险,并且其保费规模短期内难以迅速增长,只能过度开发预定收益率较高的投资理财型保险以实现保费的快速积累,资产负债错配的风险进一步增大。据统计,截至2015年10月,我国保险行业万能险规模已超过6000亿元,占保险行业总保费的比例约30%。本次参与举牌的中小险企的举牌资金多是来源于万能险保费,以举牌万科的主力之一前海人寿为例,其万能险产品保费收入占比达77.92%。目前前海人寿的万能险结算利率基本维持在5%—7%,加上产品成本和渠道成本约4%—5%,实际资金成本在10%—12%,远高于银行和传统保险公司。① 尽管恒大人寿、安邦保险等保险公司向市场表示举牌行为是长期财务投资,但上市公司产生的现金分红远远不足以覆盖负债端的资金成本。另一方面,中小险企保单同质化现象严重,如果发生大规模退保或者保单销售不畅,没有稳定的保费流入,举牌的保险公司将会面临流动性压力。

(四) 部分险企"围而不举",短炒股票

除了险资举牌引起资本市场强烈震动以外,部分保险机构"围而不举",短炒股票的行为同样受到市场的广泛质疑。2016年9月底,恒大人寿突击买入4.95%梅雁吉祥的股份。按照监管规定增持股份在5%以下不需要履行信息披露义务,恒大人寿每次买入都接近但不超过5%,而后快速清仓。一进一出,恒大人寿赚取差价上亿元。恒大人寿"围而不举",短炒股票的行为颠覆了保险资金公认的长期价值投资者的形象,甚至有利用保险资金的规模优势操纵市场之嫌。随后,保监会约谈恒大人寿主要负责人,明确表态不支持保险资金短期大量频繁炒作股票。实践证明,通过短炒股票大幅度获利的只可能是极少数投机者,这种炒作投机的投资方式一旦被多数投资者效仿,长期价值投资的理念会被弃置一旁,股市泡沫也只能越吹越大,这损害的是整个市场的信誉,最终影响整个市场参与者的实际利益。

实际上,自2004年监管层允许保险资金进入股市投资以来,保险资金短炒股票的行为就屡见不鲜。监管层曾善意地相信:保险资金作为长期价值投资者

---

① 数据来源:苏向杲:《举牌险企11月份万能险利率出炉:年化最高达8%》,http://finance.sina.com.cn/money/insurance/bxdt/2016-12-08/doc-ifxypipu7287886.shtml,2017年2月25日访问。

将会成为稳定股市的中坚力量。但实际上,保险资金在股市中的地位一直很尴尬。一方面,保险资金作为商业资本要追求盈利。股市不景气时,保险资金如果不及时抛售,将会影响盈利能力以及当年的投资绩效排名。如 2008 年,受全球金融危机影响,A 股股指大幅下跌,保险资金股票投资损失惨重,行业净资产大幅缩水,甚至危及偿付能力。另一方面,股市泡沫之时,保险资金凭借规模优势,在一级市场大量申购新股,在二级市场短炒股票,收获颇丰。"据 Wind 资讯统计,2005 年第四季度中国人寿持有 49 只股票,到 2006 年年初已经抛售 31 只,留下 18 只,简单换股率为 63.26%。2006 年第一季度中国人寿持有的 43 只股票中,只有 16 只股票保留到了第二季度,其余 27 只股票悉数被抛出,简单换股率为 62.79%。如果加上第二季度中国人寿增加的新股,这两者相加得出的换股率将超过 100%。"①从这个角度来说,保险资金又成了波段操作的短线投机者。反观美国的保险市场,养老基金的监管者规定:"对基金准备或已经投资的公司,规定了个人买卖该公司股票的禁售期;限制个人短线炒作股票;聘请独立机构对于理事会成员的个人股票买卖记录进行定期审查等。"②

(五)影响上市公司正常的经营管理

上市公司股权变动不仅影响新老股东之间的利益分配,更会涉及新股东和公司管理层之间的权利博弈。比如,平安入主上海家化后同原公司管理层的冲突、新黄浦产业资本和控股股东之争、雷士照明创始人与投资人之争。

险资举牌收购过程中势必会导致股权之争。在"宝万之争"中,针对宝能系的连续举牌,时任万科董事长王石明确作出回应,指责宝能是"野蛮人""信用不够",表示"不欢迎宝能成为万科第一大股东","资本的力量不会强暴万科的文化"。随后,双方的冲突进一步升级。2016 年年初,宝能系提起召开第二次临时股东大会,提出罢免包括王石在内的 10 位董事及 2 位监事等 12 项议案。事实上,万科作为国内地产的龙头,一直是业内公认的好企业。万科一直发展稳定,从 1994 年净资产 10.9 亿元增长到 2015 年上半年的 1177 亿元,实现年复合增长 26%,每年都能取得近 20% 的净资产收益率回报。即使在 2008 年金融危机时,万科的净资产收益率回报也高于同行业其他公司。③ 王石带领的经理人团队对万科的发展战略、公司的经营管理起到了关键性的作用。宝能系与万科管理层交恶,势必会影响到一个优秀的上市公司的经营业绩。

---

① 陈恳:《迷失的盛宴——中国保险产业 1919—2009》,浙江大学出版社 2009 年版,第 227 页。
② 转引自盛立军:《私募股权与资本市场》,上海交通大学出版社 2003 年版,第 185 页。
③ 参见方垠:《险资举牌背后的无奈》,http://stock.hexun.com/2016-01-19/181886285.html?from=rss,2017 年 2 月 25 日访问。

目前宝能与万科的股权之战尚未结局,但宝能系对南玻 A 的收购似乎预示着万科管理层的结局。在 2015 年 3、4 月份,南玻管理层曾经对宝能系的举牌有所警惕,将股票停牌并筹划非公开发行股票,并试图修改公司章程及股东大会、董事会的议事规则。但此举因前海人寿反对而作罢。2016 年 11 月 15 日晚间,南玻 A 发布公告称:公司董事会成员集体辞职。南玻现有高管与宝能系的矛盾公开化。南玻作为一家化工企业,其生产销售和经营管理具有极强的专业性,董事会成员的集体辞职势必会影响南玻的正常经营管理。而作为金融资本的宝能短时间内无法迅速接收公司。就在此时,南玻的股价跌超 3%。[①] 险资举牌更直接的影响是许多上市公司开始有针对性地完善自身治理结构,在公司章程中制定反收购条款,预防险资举牌。[②]

四、险资举牌上市公司法律监管规则检视

险资举牌上市公司横跨保险监管和证券监管两大领域。其中,保监会是保险机构的法定监管机关,主要通过偿付能力充足率指标、大类资产比例限制、信息报告等手段维护保险行业的稳健运行。同时,险资举牌还是股票投资行为,受到证监会关于证券监管规则的规范。通过对现有的监管规则进行分门别类的梳理,可以全面了解险资举牌上市公司法律监管的现状和缺陷,为完善险资举牌上市公司法律监管奠定基础。

(一) 现行监管规则的梳理

1.《保险法》视域下的监管

(1) 偿付能力监管。2015 年 2 月,偿二代正式实施,其中偿付能力充足率仍旧是保险公司监管的核心指标。偿二代下保险公司的各种投资风险类型都反映到资本要求中,包括保险风险、市场风险、信用风险、操作风险等。每一类风险都进行细化,并赋予相应的风险权重。如保险机构投资沪深主板股,最低资产基础因子是 0.31,而持有中小板和创业板股票的最低资产基础因子分别是 0.41 和 0.48。持股比例大于 20% 可以被划为长期股权投资,具体又细分为对子公司的长期股权投资和对合营、联营企业的长期股权投资,最低资产基础因子分别为 0.1 和 0.15。经过对比可知,保险机构投资主板股票且持股到 20%,可以降低

---

① 参见任明杰、王兴亮:《南玻 A 高管集体辞职"罗生门"》,http://money.163.com/16/1117/06/C628RO9T0025814T.html,2017 年 2 月 25 日访问。
② 参见《上市公司争相修改章程反收购》,http://news.ifeng.com/a/20160927/50027589_0.shtml,2017 年 2 月 25 日访问。

风险因子,提升偿付能力充足率。这是保险机构集中举牌的重要原因之一。

(2) 资产负债监管。自 2015 年 12 月起,为规范险资举牌行为,保监会从资产端和负债端同时发力,颁布了一系列监管文件。

其一,资产端。2017 年 1 月,保监会颁布《关于进一步加强保险资金股票投资监管有关事项的通知》(下面简称《通知》)。为规范激进险企,首先将股灾发生时放宽的投资比例收回,将持有单一蓝筹股占上季末总资产比例上限由 10% 回调至 5%,持有权益类资产占上季末总资产比例上限由 40% 回调至 30%。其次,将股票投资分为一般股票投资、重大股票投资和上市公司收购三种情形,实行差别监管,险资与非保险一致行动人实施重大股票投资,新增投资部分应使用自有资金,禁止险资与非保险一致行动人共同收购上市公司。

其二,负债端。为了解决部分险企过度开发万能险问题,2016 年 3 月,保监会颁布《关于规范中短存续期人身保险产品有关事项的通知》,将中短存续期产品的实际存续期间由不满 3 年扩大至不满 5 年,鼓励保险公司发展长期业务。9 月,保监会又从提高保险产品风险保障额度入手,颁布《关于进一步完善人身保险精算制度有关事项的通知》,提升人身保险产品的风险保障水平,将主要年龄段的死亡保险金额比例由 120% 提升至 160%。

(3) 公司治理监管。为健全险资公司治理结构,规范股东行为,2016 年底,保监会发布《保险公司股权管理办法(征求意见稿)》。首先,严格股东准入标准,将保险公司股东分为财务类、战略类、控制类股东,分别规定严格的准入条件,并设定市场准入负面清单,提高准入门槛。其次,将单一股东持股比例由 51% 回调至 1/3,以充分发挥股东制衡作用,防止不正当利益输送。再次,明确不得入股的资金类型,防范用保险资金通过理财方式自我注资、自我循环。最后,规范股东行为,禁止股东与保险公司有不正当关联交易,不得利用自己的影响获取不正当利益。

2.《证券法》视域下的监管

证监会对险资举牌监管的主要依据是《证券法》和《上市公司收购管理办法》,主要从信息披露义务、持股锁定期和禁止内幕交易和操纵市场三个角度进行监管。

(1) 信息披露。依照《证券法》第 86 条、《上市公司收购管理办法》第 13 条,险资举牌达到上市公司股份的 5% 时,应当在该事实发生之日起 3 日内编制权益变动报告书,向证监会、证交所提交书面报告,通知上市公司;以后每增持或减少该上市公司股份的 5% 时,也应当按照前述规定进行报告并公告。

(2) 持股锁定期。依照《证券法》第 47 条,险资持有上市公司股份 5% 以上,禁止将其持有的股票在买入后 6 个月内卖出,违规卖出的所得收益归该公司所有。另外,依照《上市公司收购管理办法》第 74 条,以取得上市公司控制权为目的进行举牌,在收购完成后 12 个月内不得转让持有的股份。

(3) 禁止内幕交易和操纵市场。险资往往具有资金优势、规模优势和信息优势,一举一动都有可能引发中小股民的跟风,导致股票市场的震动。因此,险资应当遵守《证券法》第 73 条和第 77 条之规定,禁止利用内幕信息从事内幕交易,禁止利用资金优势和规模优势操纵市场。

(二) 凸显现行监管规则的短板

1. 监管规则出现漏洞

2017 年 1 月保监会颁布的《通知》对险资及一致行动人股票投资行为实行差别监管,即区分一般股票投资、重大股票投资和上市公司收购,并设定不同的偿付能力充足率指标。其中,重大股票投资是指保险机构或保险机构与非保险一致行动人持有上市公司股票比例达到或超过上市公司总股本 20%,且未拥有上市公司控制权的股票投资行为。反之,持股低于 20% 则为一般股票投资。上市公司收购,依照《证券法》规则,是指持有上市公司股份达 30% 以上或者实际拥有公司控制权的行为。

股票市场上,公司股权变化往往十分频繁。一方面,股东可以增持股票,主动谋求控制权。另一方面,股东也可因其他股东减持而被动成为第一大股东,从而拥有控制权。在后一种情况下,因其他股东减持,险资及一致行动人成为第一大股东并拥有上市公司控制权,该如何处理?依照《通知》规定,这已然构成上市公司收购。而《通知》规定险资及一致行动人收购上市公司应事先申请保监会核准,并使用自有资金。显然,针对后一种情况监管,出现了明显的矛盾。要说明的是,这绝非玩弄逻辑游戏。据统计,沪深两市已有逾 200 家上市公司第一大股东持股比例在 15% 以下,上市公司股权极度分散将使得监管漏洞频繁出现。

2. 缺乏集中度风险考量

在以规模导向的偿一代监管体系下,客观上鼓励集中持股。在计算偿付能力充足率时,保险公司持有的上市公司股票,按照账面价值的 95% 作为认可资产;如果对上市公司的持股比例符合对联营企业、控股子公司持股的标准,则持有的上市公司股票按照权益法核算账面价值的 100% 作为认可资产。偿二代延续了偿一代的风格,将保险公司投资联营企业、控股子公司的最低资产基础因子设定得比投资普通股票更低,从风险计量上引导保险机构对同一上市公司大规模集中持股。同时,偿二代在量化的市场风险因素中仅包括保险风险、信用风险、市场风险,而市场风险包括利率风险、权益风险、房地产风险、境外资产风险、汇率风险,并没有包括集中度风险。目前保险机构投资股票、股权等权益类资产的余额占总资产的比例不到25%,而且保险机构举牌上市公司的标的主要以价值股、蓝筹股等优质资产为主,离目前40%的监管红线还有很大空间。仅此而言,险资举牌上市公司会造成的偿付能力风险似不足为虑。但险资举牌的上市公司所涉及的行业主要是银行业和地产业,如2015年险资举牌的35家上市公司中有6家都是地产公司。如果将持股比例未达到5%的银行金融股考虑进去,加上险资通过其他渠道持有的未上市地产公司股权、银行金融股权等权益类资产,再加上海外投资中所持有的地产、金融资产,恐怕这类权益类资产的集中度风险不可小觑。

众所周知,投资者投资股票的收益和风险来源于市场、行业和个股三个层次,大规模集中持股的背后不仅仅是某个上市公司股价的风险,还潜藏着所在行业和相关行业的风险。简单的持股比例不足以反映险资所举牌的企业含有的流动性风险,而保险业权益类资产投资风险也不是各个险企持股比例的简单相加。① 许多保险公司对资产负债匹配管理的决策往往是基于一般经济情形考虑的,但之后的小概率事件的出现可能与预期形成数倍差距,被认为是万分之一概率的风险事件。② 正是这万分之一的小概率事件将危及保险公司的偿付能力。笔者所虑的是,如果股市行情较好,金融、地产板块股价上扬,险资投资股票可以获得非常高的偿付能力充足率。但是,一旦股市遭遇"黑天鹅事件"③,或者银行、地产股逆市而下造成交叉风险,保险公司的偿付能力充足率将遭遇断崖式下降,而风险的源头正潜藏在高偿付能力充足率的假象背后。

3. 缺乏穿透式监管

险资举牌上市公司运用了多渠道的资金,而这些资金在目前分业监管的背景下很难摸清具体流向。例如,在"宝万之争"中,宝能系的资金来源引发人们强烈的质疑,深交所向宝能系下发关注函,要求宝能系披露资金来源;保监会也发布《保险公司资金运用信息披露准则第3号:举牌上市公司股票》,进一步要求披露保险账户和产品的资金运用比例、期限。但实践中,保险公司的股东通过"自我注资"的方式,将银行资管计划资金、券商资金转化成自有资金,对保险公司违规增资。这种通过私下的协议借债增资的行为往往不为监管部门所察觉。

2016年8月,保监会下发《关于加强保险机构与一致行动人股票投资监管

---

① 参见李心愉:《险资举牌:谨防合理逻辑下掩盖的陷阱》,http://news.10jqka.com.cn/20160315/c588510787.shtml,2017年2月25日访问。

② 参见段国圣、李斯、高志强:《保险资产负债匹配管理的比较、实践与创新》,中国社会科学出版社2012年版,第32页。

③ "黑天鹅事件"(black swan event)是指非常难以预测且不寻常的事件,通常会引起市场连锁负面反应甚至颠覆。它存在于各个领域,无论金融市场、商业、经济还是个人生活,都逃不过它的控制。

有关事项的通知(征求意见稿)》,提出"保险机构不得与非保险一致行动人共同收购上市公司","重大股票投资超出20%的新增投资部分应当使用自有资金"。不过,截至目前,《征求意见稿》尚未正式出台。实际上,险资及其一致行动人仍可以通过关联交易的方式规避上述禁止性规定。比如,保险公司先通过关联交易的形式将收购标的的股份从名下转出,设立一家新的公司或者转给其他公司,再和一致行动人进行收购。保险公司可以通过协议控制收购过程,只要交易过程信息披露合规,最终也能达到收购目的。同时,目前监管部门缺乏对违规行为的有效处罚机制,违规成本比较低,不能对险资违规行为起到震慑作用。

五、险资举牌上市公司法律监管规则的完善

2014年,国务院颁布保险业"新国十条",要求"促进保险市场与货币市场、资本市场协调发展。进一步发挥保险公司的机构投资者作用,为股票市场和债券市场长期稳定发展提供有力支持"[①]。一方面,险资顺应政策号召,通过持股上市公司投资朝阳产业,参与上市公司治理,为股市健康发展提供了强有力的支持。另一方面,本次险资"举牌潮"凸显目前我国保险行业自身发展还不成熟,集中反映了保险行业存在的种种问题,无论是资产配置水平、风险控制水平还是相应的保险监管水平都有待进一步提高。因此,有必要总结和反思,在风险尚未集中爆发之前制定相应的监管规则,为保险资金更好地参与资本市场提供制度支持。

(一) 保险监管角度:回归"保险姓保"的本质

保险的本质是分散风险,保险监管的立足点是回归"保险姓保"的本质。一方面,负债端监管保费的流入,提高风险保费占保费收入总额的比重,从而提升保险产品的风险保障额度。另一方面,资产端监管保险资金的流出,加强资产负债匹配,防止流动性风险,同时贯彻价值投资理念,实现资本和产业的融合。

1. 负债端:提升保险产品的风险保障额度

保险的本质是分散风险,但随着居民财富增加,财富管理需求快速增加,兼具保障和理财功能的保险产品越来越受到消费者的欢迎。从几大险企寿险产品的业务结构来看,以分红险、万能险、投连险为主的非传统保险产品占比高达85%,而传统保障型保险产品占比不足15%。从这一点来看,目前的保险产品更重视理财,而忽视保障功能。其实,寿险产品的保障属性和理财属性是相伴相

[①] 《国务院关于加快发展现代保险服务业的若干意见》(国发〔2014〕29号)。

生的。"从万能险的起源地美国来看,寿险产品之所以能够呈现稳定增长的趋势,很大程度是依赖投资理财型保险的推出和热销。如今,美国的保险市场中,投资理财型保险产品已经占据 90% 的市场份额,而相对成熟的香港、台湾的寿险市场,也是投资理财型保险的天下,与中国大陆市场无二。"①产生这种现象的原因是,消费者对长期的风险往往并不敏感,却更加在意短期的资金增值。而投资理财型保险恰恰迎合了消费者风险保障和投资理财的双重需要。我们所建议的回归"保险姓保"的本质并不是一味地压缩投资理财型保险的业务占比,而是从产品设计的源头出发,提升保险产品中的风险保障额度,确保保险产品分散风险的功能。

具体来说,保监会应当从以下几个方面加强监管:首先,准确评估市场中的保险产品的风险保障额度是否满足居民分散风险的需要,适时调整保险产品精算中风险保障额度的最低比例要求。其次,适当延长保险产品的最低保障期间,防止部分险企滚动发行短期高现价产品造成"短钱长配"所带来的流动性风险。最后,强化保险公司总精算师和高级管理人员的责任,加大处罚力度,落实违法责任,提高违法成本,及时对违规险企进行窗口指导和行政处罚,必要时暂停开发新产品的资格。

2. 资产端:加强资产负债匹配,贯彻价值投资理念

美国的保险资金股票投资实行分账户监管。销售保障型保险收取的风险保费归入一般账户;而投资理财型保险的大部分风险由保单持有人自担,这类保费归入独立账户。一般账户监管因提供基本的风险保障功能,比独立账户监管更为严格,所以监管对二者投资配置股票的比例限制也大不相同:一般账户股票配置比例常年不超过 5%,而独立账户股票配置比例一般都在 80% 左右。但令人惊奇的是,保险业实际配置股票资产的比例远低于美国保险 280 号示范法和纽约州保险法规定的比例上限。② 究其原因,是因为美国保险机构将资产负债匹配作为保险资金运用的第一目标,而不是为了获得资本盈利。当固定收益类资产能够满足期限匹配、资金匹配且能够保证最低收益时,保险机构尽可能降低配置股票的比例,避免因股市的大幅波动造成的亏损。"国际金融危机后,世界各国保险资金运用的显著特征是风险偏好普遍降低,保险公司更加注重经营的稳健性,强调资产和负债的匹配。股票等高风险资产的配置比例被调低,高等级的固定收益类资产成为重点配置对象。从各国实践看,美国寿险公司管理的一般

---

① 《从保险产品衍生的三大功能谈回归保障》,http://www.gaodun.com/caiwu/580326.html,2016 年 12 月 24 日访问。

② 参见韩汉君等编著:《金融监管》,上海财经大学出版社 2003 年版,第 185 页。

账户中,股票资产占比从危机前的 4.7% 持续下降到 2013 年的 2.2%。与美国的情况相似,英国从 21.5% 下降到 11.5%,德国从 8.5% 下降到 3.3%,日本从 11.2% 下降到 5.1%。"①

我国股市波动性远远大于发达国家,保监会应审慎监管险资股票投资,特别是二级市场举牌上市公司的行为。首先,监管层应当细化偿二代下险资投资各种投资品种的最低基础资产风险因子。例如,险资投资股指期货、ETF 指数基金、上市公司优先股等投资品种的风险因子要低于普通股票,用偿二代对险资投资行为形成软约束。其次,监管层要特别关注险资集中大规模持股的集中度风险,将集中度风险纳入偿付能力充足率的考核指标中,防范金融市场风险的交叉和传染导致的偿付能力危机。最后,监管层应当鼓励长期持股,对保险机构长期价值投资给予政策优惠,对快进快出、短炒股票的行为及时进行窗口指导,必要时暂停股票投资能力,引导保险机构回归长期价值投资的角色。

(二)证券监管角度:细化险资举牌上市公司监管规则

目前,险资举牌上市公司暴露出诸多问题,例如险资重大股票投资概念模糊、险资举牌监管规则存在逻辑冲突、金融混业背景下缺乏穿透式监管等。险资举牌上市公司更多的是股票市场上的操作,必须从证券监管的角度细化险资举牌上市公司监管规则。

1. 完善险资和一致行动人举牌监管规则

首先,对险资和一致行动人持股低于 30%,但因其他股东减持而成为第一大股东,从而成为实际控制人的特殊情况,保监会应当考虑。笔者认为,这种情况导致的偿付能力充足率不达标,保险机构应当及时向保监会申报,保监会应当根据险资的偿付能力充足率、资产负债配置状况、集中度风险情况进行评估。如果对险资偿付能力、股票市场没有太大的影响,应当认定其合规性。如果造成险资偿付能力压力或引起股票市场震动,应当让险资限期减持。

其次,保监会《通知》规定"险资与非保险一致行动人共同开展重大股票投资,新增投资部分应当使用自有资金"。但是,"自有资金"仍可作两种解释:一为险资一方的自有资金,二为险资及其一致行动人两者的自有资金。如果是前者,当举牌达到重大股票投资,购股者可以先用尽险资的额度,再用一致行动人的其他资金进行增持,仅仅限制险资不得使用自有资金似乎不能达到监管目的。而如果是后者,保监会规定其他非保险一致行动人不得使用自有资金似乎超越了法定权限。不知保监会是否与证监会等相关部门有效协调?笔者揣测监管意图

---

① 陈文辉等:《新常态下的中国保险资金运用研究》,中国金融出版社 2016 年版,第 92 页。

是后者,举牌达到重大股票投资时,险资与一致行动人两者都应当使用自有资金,保监会应加强与证监会、银监会的协调,确保监管规则的统一与顺利执行。

2. 加强险资举牌集中度风险考量

本次"举牌潮"中,险资持股上市公司的比例并不算太高,如前海人寿只持有万科股份6.66%,而更多的是券商资金、银行资管计划资金等杠杆资金。笔者认为,应对险资股票投资设置"双重比例限制",目前监管只规定股票投资占险资上季末总资产比例限制,而没有对险资持有上市公司股份的比例进行适当限制。"双重比例限制"的原因是:一方面,我国保险机构本身发展不成熟,需要更多配置固定收益类资产,对股票资产的配置只能逐步增加,不宜冒进。另一方面,我国股票市场发展也不成熟,上市公司管理层缺乏同险资等机构投资者沟通的经验,容易造成冲突。韩国保险法就严格要求保险公司不得持有一家上市公司15%以上的有表决权股票。我国2004年允许险资入市时曾有过类似的规定,但似乎未发挥作用。所以,现阶段有必要设置险资持有上市公司股份的比例上限,使险资平稳进入股市操作,待到将来各方面条件都成熟时再逐步放开。

3. 强化保险公司的信息披露义务

"阳光是最好的防腐剂",信息披露制度一直是证券市场约束交易主体的最佳手段。监管部门不仅要运用信息披露制度规范险资举牌上市公司行为,更要上溯源头,强化保险公司治理和产品销售的信息披露。

首先,加强保险公司治理的信息披露。险资举牌行为激进的根源在于保险公司治理结构存在弊端。与一般公司相比,法律对保险公司的治理结构有其独特的要求,要求保险公司能够独立进行风险分析,独立进行投资决策,防止受到大股东或者实际控制人的操纵。因此,监管层应当要求保险公司股东披露出资来源、与保险公司的关联交易、与其他股东的控制关系等信息,防止保险公司沦为大股东的"融资平台"或者"提款机"。

其次,加强对保险公司产品销售的信息披露。保险业发展到现代已经是十分专业的行业,保险产品更是融合了精算、法律、经济等多学科的知识,保险消费者和保险公司之间具有高度的信息不对称。因此,从平衡双方的谈判能力,保护弱者的角度出发,应当加强保险公司产品风险保障额度、保障期限、最低保证利率、保险账户投资方向等信息的披露,使适当的产品销售给适当的消费者,真正发挥保险产品分散风险的功能,也能够从源头对险资股票投资行为形成制约。

最后,加强保险公司二级市场持股的信息披露。保险公司持股上市公司股份达5%以上及每增持或者减持达5%,应当履行信息披露义务。另外,保险资金具有规模优势、资金优势和信息优势,对股票市场影响更大,更应当披露更多的信息,包括但不限于一致行动人、资金来源、保险资金账户资金运用余额、持有期限等。同时,监管部门应当建立市场监测预警机制,开发监测保险资金投资流向的信息系统,提高风险的事前防范能力,打击利用其他秘密账户建立"老鼠仓"从事非法交易的行为。

4. 建立险资举牌穿透式监管规则

险资在举牌上市公司中运用了多种金融衍生工具,来自保险、银行、信托、券商等不同渠道的资金汇集到这场收购战中。监管层曾表示险资举牌上市公司,只要资金来源合规合法,监管层不会干预。但问题在于,分业经营、分业监管的背景下,保监会的监管范围仅限于保险机构的偿付能力、产品开发和市场投资行为,证监会的监管范围仅限于确定险资和其他主体是否属于一致行动人,银监会的监管范围仅限于确定是否有银行借款被保险机构用作举牌上市公司。可见,对一个投资者不同交易行为的监管被人为划分成独立的三块。在金融混业的趋势下,绝大多数投资者都是横跨"银政保信"四大领域,其中的关联交易、资金来往更是错综复杂。笔者担心的是险资举牌上市公司在三家监管机构各自的监管范围内都是合法合规的,但在三方交叉领域或者灰色领域,可能会累积大量风险,2015年年中股灾中暴露出的监管协调失灵就已充分证明这一点。"十三五"规划建议已经明确提出,要"加强金融宏观审慎管理制度建设,加强统筹协调,改革并完善适应现代金融市场发展的金融监管框架"。金融混业背景下,如何完善功能监管,建立和完善"穿透式"监管规则,成为不仅针对保险资金,更是立足于整个金融市场的新课题。

六、结　　语

一个国家保险资金资产配置状况同其金融市场的发展程度有很大关系。通过上述各部分的详细分析和全面论述,可知本次险资"举牌潮"暴露出的问题是多方面的。首先,我国保险机构投资者的资产配置能力还比较低,尚未树立长期价值投资的理念。其次,我国股票市场中机构投资者科学参与上市公司治理的相关制度尚未完善,如以优先股为代表的类别股制度。最后,保险资金股票投资的监管水平还很低,没有对险资资产配置发挥正确的引导作用。

基于以上原因,险资举牌上市公司的风险被成倍地放大,险资更是被冠以"野蛮人""妖精""害人精"等负面称呼。其实,保险资金本质上属于商业资本,逐利性是其本质属性。我们更应该反思监管规则是否完善,市场制度是否健全,而不是寄希望于商业资本主动弘扬道德情操,自觉地实现监管目的。庆幸的是,目前险资举牌上市公司的风险是可控的,监管漏洞仍然可以在风险集中爆发前被堵住。

2014年,国务院发布保险业"新国十条",进一步要求保险资金支持资本市场长期稳定发展。在此背景下,以保险资金为代表的金融资本和以上市公司为代表的产业资本如何更好地对话、融合,成为监管部门乃至整个金融市场需要研究的新课题。

单用途商业预付卡监管的法律问题研究

张逸凡[*]

【内容摘要】 预付式消费模式是信用经济时代所产生的一种新型的消费模式,预付卡则是其主要载体,是电子支付系统在现代社会运用的具体体现。预付卡的兴起具有现实基础。相对于传统的交易方式,预付卡交易方式更简便快捷,它改变了传统的交易方法和习惯,并且具有强大的生命力。在短短几十年的时间里,预付卡已经进入人们生活的各个领域。截至2011年底,我国单用途商业预付卡发卡规模已经超过6000亿元。[①] 预付式交易的蓬勃发展存在着必然性。在理想的状态下,预付式消费不仅能实现消费者和市场的双赢,还能满足市场经济发展的内在需求。但在实际的发展进程中,由于市场失灵和监管的失败,并且行业又无法通过市场自律来实现自我救赎,使得预付式消费的发展并没有能像预期的那样健康、有序,存在着扰乱金融秩序、侵害消费者利益、扩张负面功能等诸多问题。能否对预付卡进行有效的监管成为政府治理能力的试金石。参考各国关于预付式消费的法律监管模式和制度,可以发现,通过对商业预付卡的监管来规制预付式消费,公法和私法双管齐下,并辅以自律组织的积极作用,是各国常用的手段。而我国现行的监管手段存在法律规范层次低、对象不全面、效果差等缺陷。因此,对我国现有的预付卡监管制度进行调整,构建一个规则精细、目标精准的体系,从而最终全面提升监管效能,是非常有必要的。

本文从问题出发,在讨论我国现行单用途商业预付卡管理办法中存

---

[*] 张逸凡,华东政法大学博士研究生。
[①] 参见《预付消费超1.4万亿 单用途预付卡管理办法近期出台》,http://www.chinadaily.com.cn/hqgj/jryw/2012-07-13/content_6428473.html,2017年3月10访问。

的缺陷以及市场实践的现状的同时,比较分析国际上对预付卡管理方面的经验,来探析我国完善单用途预付卡管理制度的几种可行性路径。本文包括以下几方面内容:第一部分通过比较域外国家或地区以及我国现行的单用途预付卡定义,对单用途预付卡的界定提出了不同的看法,并讨论分析其特征和性质,认为预付卡的金融属性未得到应有的重视,相应的监管手段也极度欠缺,因而在构建制度时应特别考虑到这一特征。第二部分阐述了预付卡相关问题的提出和监管的必要性。分析单用途商业预付卡市场的现状后不难发现其庞大的发卡体量、背后所隐藏的巨大风险以及现行法律的滞后性,使得调整和完善规范、监管商家发行预付卡行为的相关法律规范的需求成为一个必须重视的问题。而单用途商业预付卡的存在能够实现买卖双方双赢的现实利益,是不能一刀切而必须选择监管,从而引导其健康有序发展的根本原因。同时,基于预付式消费具有的信用性、不对等性、信息不对称性等特点,以及现行法律的滞后性,使得调整和完善预付式消费模式法律规制也具有必要性。第三、第四部分则对单用途商业预付卡的监管范围和监管主体进行了讨论,认为应当以全行业规制,辅以负面清单并考虑"小额豁免"的可行性为监管范围,提高监管主体的专业化水平、执行能力并以行业协会作为补充,从而实现更高效有力的监管。第五部分通过分析比较境外国家或地区与我国的现行规定,从市场准入机制、信息披露制度、事后监管制度等几个方面讨论了调整和完善我国单用途商业预付卡监管方式的几种可行路径。

【关键词】 商业预付卡 监管 电子支付 消费者

一、单用途商业预付卡的界定

(一) 单用途商业预付卡的定义

预付卡,又称为预付式消费卡、商业预付卡、储值卡。从不同国家所制定的法律法规来看,各国对预付卡的定义大不相同。美国是预付卡的起源地,它的兴起在很大程度上是由于美国高昂的税收和交易手续费造成的。[①] 根据美国在

---

① 参见林钧跃:《美国信用管理的相关法律系统》,载《世界经济》2000年第4期。

《关于非传统存款机构进行预付卡储值融资活动的意见》中的描述,预付卡,又可被称作"价值贮值卡",从实质上来讲,就是一种可以用来频繁交易的支付卡,交易金额通常很小,很多时候都能取代现金发挥作用。①

日本对预付卡有着严格而明确的定义,《预付式证票规制法》第2条明确了预付式证票的定义:"预付式证票是指记载有金额或物品数量或用电磁方式记录金额或物品数量的证票。"②根据《资金结算法》第3条、第4条的规定,预付卡指发行者发行,消费者同意支付对价购买,通过票证、电子或其他方式记载有金额、商品或服务,并能兑付的产品,包括纸质、磁条卡、IC卡等形式。但政府明确的车票、门票,政府或特设的福利组织发行的预付卡,政府明确的转为企业内部职工使用而发行的预付卡,正常的商业预付款等不适用预付卡相关法律。③

在我国台湾地区,预付卡因其发行主体与适用领域的不同而分别被称为商品(服务)礼券、现金储值卡、电子预付票证。不同于日本用于规制消费预付卡立法所采用的一元立法模式,④我国台湾地区是由多个法律规范因预付卡类型不同而分别对预付卡进行规制的,也即二元立法模式,涉及预付卡的法律规范包括了"零售业等商品(服务)礼券定型化契约应记载及不得记载事项""现金储值卡许可及管理办法"以及"电子票证发行管理条例"。三者的调整对象有所不同,后两者调整的对象为多用途商业预付卡,不在本文的讨论范围之内,涉及单用途商业预付卡的,只由"零售业等商品(服务)礼券定型化契约应记载及不得记载事项"加以规制。

直至2011年,我国在规范性文件中才首次正式使用"单用途预付卡"的概念。时隔一年之后,商务部《单用途预付卡管理办法(试行)》(以下简称《管理办法》)对单用途预付卡作出明确界定:企业发行的,仅限于在本企业或本企业所属集团或同一品牌特许经营体系内兑付货物或服务的预付凭证,并规定了其形式包括以磁条卡、芯片卡、纸券等为载体的实体卡和以密码、串码、图形、生物特征信息等为载体的虚拟卡。⑤ 当然,出于特定的目的,该管理办法仅适用于从事零售业、住宿和餐饮业、居民服务业的企业。然而,这一定义存在着一定的问题。从法律技术来说,对某一事物定义之前,必须先界定其法律性质。

首先,需要明确的是,"预付卡"承载的是预付式消费合同法律关系,并不包

---

① FDIC, General Counsel's Opinion NO. 8—Insurability of Funds Underlying Stored Value Cards and Other Nontraditional Access Mechanisms.
② 转引自李钢宁:《预付卡法律问题研究》,西南政法大学2011年硕士论文。
③ 参见杜晓宇:《日本预付卡法律制度及对我国的借鉴意义》,载《金融发展研究》2012年第10期,第56—59页。
④ 参见林育生:《预付型商品之规范——以日本法为借镜》,载《科技法律透析》2006年第1期。
⑤ 参见《单用途商业预付卡管理办法(试行)》第2条。

括已确认其使用时间的一次性预付款票证。预付式消费合同法律关系是指,商家与消费者签订合同,消费者预付一定资金,商家将该笔资金以磁介质、芯片、纸质或其他工具存储,消费者按照合同约定在商家获取商品和服务,商家逐笔扣除储存金额的业态。而如提前购买的车票、船票、飞机票,预购的电影票、游乐园门票、音乐会门票等票证,虽然也表征了预先支付欠款的交易心态,但由于其债务履行的时间往往是确定的,且仅限于一次履行,因此该类交易形态中付款行为与义务履行行为之间的时间跨度性为债务自身的期限性使然,其中的交易凭证不具有预付卡之"一次交付、多次消费"的本质属性,应当被排除在概念之外。

其次,"卡"的称谓可以考虑以"预付式消费"来取代"预付卡"。在实践中,承载货币价值的卡、券、芯片、微信二维码、账户等有型或无形的介质,林林总总,要逐一列举,难免挂一漏万。因此,可以借鉴新加坡金融管理局(MAS)于2006年发布的《储值工具指引》,不将此种介质称为"卡",而称其为"储值工具"(Stored Value Facility,SVF),即用来指代一种可用以支付与商品或服务等值的货币的工具。美国与日本的相关规定,也采取了类似的表述。与此相适应,可以将此种消费业态称为"预付式消费",相应地,可以将相关条例取名为《单用途预付式消费管理条例》。

最后,就合同性质而言,预付式消费合同本质上是一种非即时履行的预约合同,而非本约合同。它以预付、储值、消费和结算为主要内容。该合同的订立和履行,在很大程度上依赖于商家的商业信用。而就法律性质而言,预付卡是面向不特定对象发售的融资工具,可以归为商品证券,也就是指针对特定商品或服务拥有提取请求权的证券形式,蛋糕券、美容美发卡,海陆空等各式提单、仓单等,均属此类。

综上所述,笔者认为,对于单用途预付卡可以定义为,指发卡主体预收资金后向持卡人发行的存储或者记载一定金额的预付凭证。该凭证可以是以磁条卡、芯片卡、纸券等为载体的实体卡,也可以是以密码、串码、图形等为载体的虚拟卡。持卡人依据法律与合同约定,有权在发卡主体、发卡主体所属集团、同一品牌特许经营体系、自有经营场所内兑付商品或服务。

(二) 单用途商业预付卡的特征

单用途商业预付卡分为记名卡和不记名卡,作为现代电子商务的产物,与其他传统的支付方式相比,有其自身的特点:

1. 先付性

预付卡最突出的特征就是消费者与发卡机构或商家约定,消费者预先支付一定金额,然后在约定的商家范围和时间范围内分次享受服务或者获得相应物品，并按照接受服务或者所购买商品的价格扣取卡内的预存款。

2. 有限性

单用途预付卡的适用范围仅限于在发卡企业及其特许经营体系内兑付货物或者服务，并且通常具有时间限制。消费者不能随意延长、变更预付卡的使用时间和范围。

3. 格式性

预付卡通常具有固定面值和有效使用日期。卡上记载的"在某某日之前有效"等字样，属于商家预设好的交易条款，不是与消费者现行协商所确立，因而具有格式性，可认为是格式合同条款。

4. 转让方便

虽然记名卡被要求在购卡协议中包含转让方式，但无明确限制和规范。在具体使用中，无论是记名卡还是不记名卡，都比较容易转让，持卡人往往并非实际购卡者。

5. 单向风险性

预付卡消费中，消费者单向承担风险，主要体现为消费者损失了预付款的同期利息，限制了自由选择权，容易陷入不平等格式条款的陷阱，权益处于不确定状态。①

(三) 单用途商业预付卡的法律性质

从法律性质层面对预付卡的消费模式进行分析，可以对预付卡的适用和消费过程从法律的视角有一个更加直观、清晰的认识。

1. 预付卡中的资金与预付款

从合同监管角度看，预付卡内资金并非合同履行中的预付款性质。两者的性质、目的、前提条件、处理方式等方面皆有不同。预付卡内资金是消费者根据经营者预先制定好的资金使用规则即预付额度规则，将自己拥有的货币注入预付卡内，以供未来消费使用的一种资金。预付款是按照当事人约定或者合同规定，由合同一方先行支付给合同另一方部分或者全部价款，作为诚意的表现，以保证合同的顺利履行。因此，预付款的金额一般不会高于合同标的物的价格。而预付卡内资金则与合同标的物的价格没有必然联系，消费者向卡内注入资金的多少基本取决于经营者事先制定的有关规则。消费者所能享受到的，仅仅是

---

① 参见刘敏：《我国预付卡监管法律制度研究》，中国政法大学2015年硕士论文；李钢宁：《预付卡法律问题研究》，西南政法大学2011年硕士论文；刘太然、郑彧：《论单用途商业预付卡法律监管问题》，载《法制与社会》2015年第27期。

与注入资金金额相应的价格优惠率。从实际情况看，消费者向预付卡内注入的资金往往会数倍于甚至数十倍于未来所接受服务的单次价格以及相关商品的单件价格。①

2. 预付卡是一种债权凭证

预付卡与货币一样，本身不具有价值，预付卡里面记载的额度才具有价值，通过使用这个额度，才逐步换取相应的产品或服务。因此，预付卡是记载着一定额度价值的一种凭证，所能代表的是购卡人对发卡方所有的债权。这种债权又不是简单的合同关系，基于履约的先后性，它是促使未来合同完成的因素之一。预付卡对于持卡人来讲，属于债权凭证，是其主张自身权利的有效证明工具；而对于发卡机构来讲，则是一种以企业信誉为担保的债务凭证。商业预付卡是将来履行合同的诱因，它通过给发卡主体和购卡人带来利益，使两者走到一起，是对本来不确定的产品或者服务进行约束。之所以不同于预付款或者保证金，是因为它已经将一种或多种产品或者服务都预先存入卡中，相应的对价包括余额也已经支付给发卡方。

3. 预付卡是一种支付结算工具

单用途商业预付卡具有货币的某些特征，如使用价值、交换功能、能够在一定范围内流通等，在支付结算方面与货币类似。商业预付卡易携带、流通性强等特点使得"商业预付卡的代货币性""商业预付卡的人民币威胁论"等说法甚嚣尘上。甚至有学者认为，参照 1998 年欧洲央行发布的《电子货币报告》中对电子货币的宽泛定义，不记名的储值卡已经属于货币职能比较齐全的电子货币。② 但是，单用途商业预付卡并不具备货币的最本源属性。货币是一种被普遍接受作为交换媒介、价值储藏和计算单位的物品。而一国的法定货币具有价值尺度，即法定计价单位属性。但是，商业预付卡并不具备这些属性，因为在使用商业预付卡时，预付卡的价值仍旧是依赖于人民币的计价单位来衡量的，因此"人民币威胁论"等都是可以不攻自破的。商业预付卡与变相货币也有本质上的不同。在单用途预付卡消费中，消费者预存了一定金额的货币，以换取未来的商品或者服务，因而并不存在商家向消费者扩张信用货币的问题，③所以不能将其视为一种代币工具。同时，这也揭示了中国人民银行不是行业主管部门的原因。

---

① 参见李钢宁：《预付卡法律问题研究》，西南政法大学 2011 年硕士论文；张文华：《预付款和预付卡内资金辨析》，http://www.saic.gov.cn/gsld/gztt/xxb/201003/t20100310_80861.html，2017 年 2 月 12 日访问。

② 参见王春晖：《关于规范商业预付卡管理意见的解读》，http://www.chinavalue.net/Finance/Blog/2011-5-27/772109.aspx，2017 年 3 月 10 日访问。

③ 参见罗培新：《在教育培训等市场处处可见，预付卡乱象究竟怎么治》，http://www.jfdaily.com/news/detail?id=44747，2017 年 2 月 20 日访问。

单用途商业预付卡之所以可以得到如此之快的普及,与其支付手段的属性有着密不可分的联系。商业预付卡本质上是一种为方便交易行为而集中储值、分散消费的支付结算工具,既可以体现为一种记录和授权传递支付指令和信息的账户证件,也可以体现为发起者签署的可用于清算和结算的金融机构认可的资金凭证。① 正是因为预付卡在交易的过程中,成功地扮演了交易的媒介,持有者便可以此换取服务和商品,大大便捷了人们的交易行为。

4. 商业预付卡是一种金融工具

根据商业预付卡的基本交易原理,一般都是先付款后使用。也就是说,商业预付卡具有一定的信贷功能。那么,是否可以将其归为金融工具的一种呢?金融工具在金融市场汇总可交易的金融资产,是金融资产或货币资金借以转让的工具,借此来证明借贷双方货币融通,并以支付金额和支付条件为其最基本的要素。从国际会计准则委员会《第32号准则》第5条的规定来看,金融工具是一种含有权利和责任、具有法律强制性的合同。按此定义,可以认为商业预付卡也可以是一种金融工具,具有金融属性。通常所说的"金融"一般只是资金融通。但是,这个金融工具与资本市场上的金融工具又不完全相同。商业预付卡除了具有资金融通功能之外,还有促进产品销售的功能,可以说是一种营销模式。这种营销模式类似于融资租赁。② 融资租赁作为一种解决消费者购买力不足、经销商资金短缺的金融工具,现在已经得到认可并为法律所规范。

此外,商业预付卡所承载的法律关系与特定主体之间的债权债务关系不同,它面向不特定多数人发行,具有以下特征:其一,债权人不确定。由于购卡者没有门槛,任何自然人、法人或其他组织,无论其收入状况、认知能力、风险承担水平如何,都可以成为债权人,发卡时甚至没有类似于证券私募发行时对于投资者的资质要求。其二,债务规模不确定。按照目前的规定,在政府不掌握准确信息的情况下,商家可以无限制地发卡,导致其债务规模不断扩大,大大超过了其提供商品或者服务的能力,消费者获得服务和偿付的能级越来越低,风险越来越高。其三,履约质量不确定。在预付式消费合同中,消费者先履行付款义务,后分次行使合同权利。消费者预付款与商家提供商品或服务之间往往存在时空差异。这不但使得商家的履约质量存在巨大的不确定性,消费者甚至还面临商家关门跑路的风险。这三种不确定性也使得单用途预付式消费卡立法保护的法益不仅仅是消费者权益,还包括市场竞争秩序,尤其是要维护金融秩序的安全。

而商业预付卡的金融属性未得到应有的重视。当发生预付卡纠纷时,有人

---

① 参见马太广、范励:《论商业预付卡的本质属性与法律规制》,载《东方法学》2013年第2期。
② 参见刘迎霜:《商业预付卡的法律规制研究》,载《法商研究》2012年第2期。

主张适用一般的民事法律即可解决。的确,在现行法律关系上,消费者可依据我国《消费者权益保护法》《民法通则》《合同法》《侵权责任法》《破产法》的相关规定享有优惠权、知情权、违约救济、加害给付、损害赔偿等多项权利。预付卡是面向不特定多数人发行,并且具有相当的融资功能的金融工具属性。世界各国对于金融工具的监管,无不以信息披露和偿付能力的保障为依归,而这些恰恰是前述传统立法所极度欠缺的。因此,在讨论相关制度的构建时应当特别注意对其金融属性的监管。

二、单用途商业预付卡监管的必要性分析

(一) 单用途商业预付卡运行中的风险

近年来,伴随着经济和技术的发展,除了传统的消费模式之外,预付式消费这一种新型的消费模式,在美容、健身、教育、医疗、各种商会、电信等领域悄然兴起。目前在我国被广泛使用的预付卡分类标准,即由国务院办公厅 2011 年 5 月转发的七部委《关于规范商业预付卡管理的意见》(以下简称《意见》)规定,将预付卡分为两种形式:一种是商业企业发行的,只在本企业或者同一品牌连锁商业企业购买商品或服务的单用途商业预付卡;另一种则是由专营机构发行的,可以跨地区、跨行业、跨法人适用的多用途商业预付卡。本文所要探讨的仅限于狭义上的预付式消费卡,也即由商业企业发行的单用途商业预付卡。单用途商业预付卡的发展呈井喷状,体量之大让人咋舌。中商联预付卡委员会公布的最新数据显示,2015 年,零售业预付卡销售规模达 7370.21 亿元,消费规模达 7328.81 亿元。[①] 2016 年 1—11 月,累计售卡增幅为 4%,累计消费增速超 10%。全国单用途预付卡发卡企业达 100 万家左右,上海地区发卡企业就有 10 万家之多。单用途商业预付卡的出现虽然便利了人们的生活,但是也存在着巨大的安全隐患和风险,商家卷款跑路的现象层出不穷。比如,2014 年,上海知名养生机构康骏会馆突然"倒闭",60 多家连锁店数万会员的钱款被锁。又如,2015 年底,"水果营行"全国数百家门店突然关停,会员预付款面临"一夜消失"的风险。据报道,被波及的未消费的预付款,仅南宁、柳州两地就有 600 万元之多。[②] 上海市商委公布的数据显示,2015 年,上海市商委直接处理的因发卡主体关门倒闭等情形致使消费者无法继续使用单用途商业预付卡的投诉事项有 875 件。

[①] 参见刘长忠:《2015 年零售业预付卡销售规模达 7370.21 亿元》,http://finance.china.com.cn/roll/20160708/3803559.shtml,2017 年 3 月 11 日访问。

[②] 参见向志强、李美娟等:《"水果营行"怎么了》,载《农产品市场周刊》2016 年第 2 期,第 18 页。

综合分析众多预付卡的相关社会事件以及其预付式消费功能,可以将预付卡可能滋生的各种风险大致分为以下几类:

1. 违约风险

这是消费者购买使用预付卡时最常面临的风险。单用途商业预付卡消费在形式上有些类似于预付式合同,但是由于它要求消费者先行给付价款、标的不确定、信息不对称。使得消费者明显处于弱势地位。① 这具体表现在三个方面:第一,消费欺诈多。很多商家在发卡之初会用较低的价格或者较大的优惠诱使消费者购买预付卡,而在之后的实际消费中,商家的服务内容、标准则与先前的承诺存在差距。同时,有的经营者会在消费者购买预付卡后暗自提高消费价格;有的经营者在收取费用之前未尽到告知义务,收取费用之后才明示消费者相关的要求和条件,使得消费者的预期利益得不到满足;有的经营者不提前公告迁址、歇业、停业等信息,导致消费者无法正常消费甚至无法拿回卡内余额。此外,不少经营者在宣传的过程中会借"连锁""加盟"的概念,以此获取消费者的信任,当后续消费出现问题涉及责任承担时,连锁店、加盟店、特许店之间相互推诿的情况时有发生,强调其经营的独立性,从而规避责任,消费者的权益则得不到保护。第二,霸王条款多。预付卡购买合同中充斥着霸王条款,直指消费者支付的价金,如"一经缴费,概不退换""卡内余额过期作废"等。合同订立时,经营者对于这部分条款既不突出显示也不提示消费者,使得消费者在与经营者处理纠纷时才发现自己签署了这些内容,从而不得不接受最初合同中的"约定"。② 第三,退卡退费难。例如,当消费者因为对经营者的服务或者产品不满意,或者其他原因,而不愿意再接受服务或者商品,要求经营者退换卡内余额时,经营者常常会以消费者单方面违约,或者依据霸王条款,拒绝消费者的合理要求。又如,当经营者发生分立、重组、倒闭等经营状态的变化,变更后的经营者拒绝接纳先前的会员,甚至本身经营者就是欺诈发卡,发完直接消失不见,消费者也很难再拿回预付卡内的余额甚至钱货两空。③ 因此,在单用途预付卡的使用上,相比于一般的合同,消费者对经营者更缺乏了解,信息不对称的情况更明显,因而极易产生违约风险。

2. 经济风险

有些经营者将发放预付卡作为营销手段,以低于成本的价格来吸引消费者,挤对竞争对手;或者通过折扣、促销等方式吸引消费者预先付费,之后再限制消

---

① 参见刘太然、郑彧:《论单用途商业预付卡法律监管问题》,载《法制与社会》2015年第27期。
② 参见赵云:《我国预付费消费合同法律规制探析——以消费者权益的法律保护为视角》,载《中国政法大学学报》2013年第2期。
③ 同上。

费者的选择方式来收回让步的利益,而该行为从某种程度上说是不正当竞争行为。相对于其他不正当竞争行为而言,这种竞争手段是更隐蔽且高效的,它大大地节约了竞争的时间成本和物质成本,①直接影响市场运行的正常秩序,不但会使竞争失去公平性,甚至导致无序竞争。另外,购买单用途商业预付卡作为福利发放给员工已经成了越来越多的企业发放福利的首选方式。给员工发放福利本无可厚非,但是通过预付卡的方式则会导致国家税收流失的问题。对于购买预付卡的一方,隐瞒因优惠而获的利润可以增加企业成本开支,从而少缴企业所得税;对于发行预付卡的一方,通过将发行预付卡所得的钱款作为负债部分则可以减少利润收入,从而逃避了部分的应缴税额;对于预付卡的持卡人来说,预付卡作为一种实际上的变相收入,很难在工资单上有所反应,于是持卡人可以逃避这一部分应缴纳的个人所得税。② 可以说,预付卡为购卡单位、发卡单位甚至个人提供了偷税、漏税、逃税的渠道。

3. 道德风险

仔细观察这几年的贪腐案件,可以发现单用途商业预付卡成为越来越常用的一种腐败工具。这主要是因为:首先,行贿者购买预付卡往往采用不记名的方式,转让无记名预付卡不需要任何身份证明,快速便捷;其次,单张单用途商业预付卡价值较小,一般不会被列入侦查范围之内,难以察觉;再次,购买单用途预付卡不需要登记,登记信息的缺乏使得在后期的侦查中难以找到证据;最后,受贿者在接受行贿者的这种不用身份证明且数额较小的单用途商业预付卡行贿时,心理上压力会比较小,有种这并非行贿受贿的错觉。综上,单用途商业预付卡,因其转让方便、后期追踪难度大等特点,成为贪污腐败的新工具。③ 中国人民银行、监察部、财政部、商务部、税务总局、工商总局、预防腐败局七部门于2011年5月联合发布的《关于规范商业预付卡管理意见》,针对这一问题,从促进反腐倡廉等方面提出了具体的措施,对减少道德风险起到了很好的约束作用。

4. 金融风险

由于发卡市场不规范、转让过程又缺乏登记,使得洗钱集团可以假借发卡业务需要发行大量的预付卡为由,将非法资金混入发卡所得收入之中,增加追查实际来源的难度,以最终实现其洗钱的目的。同时,市场上存在的大量倒卖单用途商业预付卡的违法行为,使得预付卡的受贿者将预付卡混杂在合法行为之中变得更容易,受贿者一旦进行退卡则可实现洗钱的目的,获得不法收入,影响金融

---

① 参见杜爱霞:《预付式消费的法律问题》,载《商业经济评论》2011年第6期,第12页。
② 参见王建文:《我国预付式消费模式的法律规制》,载《法律科学(西北政法大学学报)》2012年第5期。
③ 参见刘太然、郑彧:《论单用途商业预付卡法律监管问题》,载《法制与社会》2015年第27期。

市场的稳定。① 此外，经营者发行预付卡虽不能称为非法集资，但经营者不仅可以借此无偿吸收和占用一部分社会资金，其所获得的资金往往不列入财务大账，从而使单用途商业预付卡从发行到资金清算，基本都游离于金融监管体系之外，很可能会扰乱金融秩序甚至造成金融风险，同时还会为消费者的预付资金带来安全隐患。例如，消费者的预付资金一旦过了经营者规定的有效使用期，就直接归入经营者账户，成为其新的利润来源。②

综上所述，单用途商业预付卡庞大的发卡体量、其背后所隐藏的巨大风险以及现行法律的滞后性，使得调整和完善规范、监管商家发行预付卡行为的相关法律规范的需求迫在眉睫。

（二）对单用途商业预付卡监管之必要

既然单用途商业预付卡体量庞大、风险巨大，为什么不一刀切，不允许所有商家发行预付卡呢？那是因为单用途商业预付卡有着存在的必要性。对于经营者来说，这种消费方式首先吸引并稳定了一批顾客群，并将原本潜在的消费者线性化，从而建立起稳定的客源，有利于节约企业成本，创造企业的品牌效应；同时可以通过提前收取消费者资金增加公司预收款项的方式为企业的持续发展提供更多的或为企业及时补充更多的可利用资金，实现快速融资，迅速扩大经营规模，弥补现金流的不足，提高企业营运资金的流动性，有效避免企业的财务困境，③还能占领市场，加快结算速度，掌握顾客消费习惯并改善服务和销售计划。此外，对于消费者来说，预付费式的消费是当前的发展趋势，消费者通过预付一定的费用，一方面不必携带大量的现金，方便结算；另一方面或能获得一定的折扣和优惠，在满足了消费者消费需求的同时，也获得了额外优惠。④ 所以，预付式消费能够体现买卖双赢，具有优势：首先是能增进社会消费，商业预付费作为一种消耗预先支付的费用的消费方式，可以有效促进商业消费，拉动内需；其次是为电子商务的发展增添助力；最后是有助于交易安全，商业预付卡的广泛应用可以减少现金的使用频率，从而降低大量携带现金的安全隐患，并且为消费者提供了更为便捷的支付方式。⑤ 因此，无论从消费者还是经营者的角度，无论从

---

① 参见刘太然、郑彧：《论单用途商业预付卡法律监管问题》，载《法制与社会》2015年第27期。
② 参见王建文：《我国预付式消费模式的法律规制》，载《法律科学（西北政法大学学报）》2012年第5期。
③ 参见刘少军：《准金融"机构与业务"监管的法理研究》，载王卫国主编：《金融法学家》（第五辑），中国政法大学出版社2014年版。
④ 参见杜爱霞：《预付式消费的法律问题》，载《商业经济评论》2011年第6期，第12页。
⑤ 参见胡家强：《基于法经济学视角的商业预付费交易制度：共赢模式与风险防范》，载《齐齐哈尔大学学报（哲学社会科学版）》2016年第2期。

法律角度还是拉动内需的经济角度来看,预付式消费卡的存在是值得肯定的。

基于预付式消费具有的信用性、不对等性、信息不对称性等特点,强化预付式消费模式法律规制具有必要性。

第一,这是维护实质公平的需要。众所周知,市场自我调节机制可以实现形式公平,却无法完成对实质公平的维护。从形式上看,预付式消费是消费者与经营者双方真实意思表示的结果,然而由于消费者在购物或消费之前已经支付了对价,消费者实际上已丧失了根据经营者的履约情况进行救济的机会。同时,预付式消费具有继续性和长期性。订立合同之时,消费者对于经营者未来是否会正确履行消费合同并不知情。消费者与经营者的地位不对等,若不加以监管,势必会产生实质不公平。因此,有必要对预付式消费进行适度监管,给予处于弱势一方的消费者特别保护。

第二,这是矫正市场失灵的需要。市场失灵是公权力介入市场运行的重要原因,其表现之一就是信息不对称。在市场交易中,卖方比买方占有更多的与交易对象相关的信息,处于信息优势地位。卖方有可能凭借自己的信息优势,隐瞒真实信息或者编造虚假信息为自己牟利。在预付式消费中,消费者很难充分了解产品或服务的全部信息,包括价格标准、优惠条件、服务标准、使用商品品牌、有效期限、有效次数等诸多事项,而这些事项往往含糊不清,极易导致对消费者合法权益的侵害。市场自我调节机制本身也不能矫正信息不对称的缺陷,这就要求以公权力的介入来矫正预付式消费中的信息不对称现象。

第三,这是维护市场秩序的需要。良好的社会信用环境是市场健康运行的客观要求。市场秩序混乱的重要原因往往就在于经营者信用的严重缺失。预付式消费显然具有信用性特点。此种消费方式必须要以经营者的商业信用作为保障,必须以完善有效的信用机制为基础,对当事人的诚实与信用有更高的要求。在预付式消费环节中,一旦出现欺诈、不履行义务、经营不善等情况,不仅会损害消费者的合法权益,还会引起市场秩序的混乱。[①]

在单用途商业预付卡方面,我国现行的法律法规主要有两个:《单用途商业预付卡管理办法(试行)》(以下简称《管理办法》)和《关于规范商业预付卡管理的意见》。为什么现有立法还不足以管住预付卡?这是因为商业预付卡所承载的法律关系与特定主体之间的债权债务关系不同。

正如前文所述,单用途商业预付卡存在着债权人不确定、债务规模不确定、效率与质量不确定的性质。这些不确定性,使商业预付卡的立法必须超越保护

[①] 参见王建文:《我国预付式消费模式的法律规制》,载《法律科学(西北政法大学学报)》2012年第5期。

单个民商事交易的法益价值,而转至保护不特定多数人的公共利益价值。这种涉众性的存在,还使得单用途预付式消费立法与纯粹的消费者保护立法不同,它要保护的法益包括:第一,保护消费者权益。立法除援引《消费者权益保护法》《上海市消费者权益保护条例》的相关规定外,还要特别注意从准金融投资者的角度设定规则,其中信息披露是关键。第二,维护市场竞争秩序。单用途预付卡如果规制失当,会诱发以超低价发售预付卡以抢占市场份额等种种不正当竞争行为,扰乱市场秩序,立法要根据《反不正当竞争法》,并结合业态特征确立妥当的规则。第三,维护金融秩序。如果发卡主体一开始即无兑现承诺的意愿,则属恶意发卡,容易陷入非法集资的犯罪泥淖,立法要与金融违法犯罪的相关法律进行对接或者设定指引条款。

然而,我国现行的法律规范具有一定的滞后性,无法为监管发卡行为提供有效的支撑。我国目前在部门规章层面于 2012 年制定并实施了《单用途商业预付卡管理办法(试行)》,然而在市场快速发展及变化的情况下,该办法在解决单用途预付卡的问题上面已经显得捉襟见肘。例如,在适用范围上,《管理办法》仅仅适用于零售业、住宿和餐饮业、居民服务业等几个行业,这就给具体实践留下了疑问:旅游业企业如果发卡怎么办?是否不属上述范围的企业就不能发卡?但是,这又违背了"法无禁止即可为"的原则。那么,如果发卡,又该适用什么规则?更进一步,《管理办法》仅仅给出三种发卡企业的分类,即集团发卡企业、品牌发卡企业和规模发卡企业。很显然,很多的个体工商户等小型企业无法被该范围涵盖,而这一部分企业在现实生活中却有着发卡需求,而且大量此类企业实际已经在发卡。

此外,《管理办法》对发卡的有效期作了要求,记名卡不得设立有效期,不记名卡的有效期不得少于 3 年,即使过期了,对尚有资金余额的不记名卡也应提供激活、换卡等配套服务。但是,实践中已经有突破该规定的情况。例如,在上海元祖梦果子股份有限公司首次公开发行股票的过程中,由于其生产的是月饼、粽子等具有节令性或保质期的产品,并且为生产、库存、运输、销售该类预约产品也要耗费一定的成本,若发放的不记名卡有效期在 3 年以上,则会产生大量的企业成本。为此,上海市商委专门出具答复意见,明确月饼券等兑付特定商品的卡券有效期可以少于 3 年,但企业必须通过章程或协议明确双方的权利义务,并负有一定的通知义务。[①] 这说明,《管理办法》简单划定的时间界限一定程度脱离了

---

① 参见《上海元祖梦果子股份有限公司首次公开发行股票招股说明书》,http://www.cninfo.com.cn/cninfo-new/disclosure/fulltext/bulletin_detail/true/1202874270? announceTime = 2016-12-14,2017 年 2 月 26 日访问。

实际。

再如,从《管理办法》"法律责任"一章来看,对于不遵守《管理办法》的企业,仅仅会处以1万元以上3万元以下罚款。试想,如果一家企业的记名卡金额为5000元(最高不得超过5000元),那么企业只要发放6张卡,就可以消除罚款的影响,这样的违规成本已经无法起到其应有的威慑作用。这也是大量企业不履行发卡备案的义务,监管无法有效实施的重要原因之一。

除以上几点外,《管理办法》还存在很多无法满足现今单用途预付卡监管要求的方面,包括监管主体、监管方式等,作为单用途预付卡监管的主要依据和基础,其滞后性问题的解决是当前最迫切的需求。

三、单用途商业预付卡的监管范围

现行的《管理办法》所调整范围较小,明确适用于零售业、住宿和餐饮业、居民服务业(如美容美发)的企业法人,而文化娱乐、体育、旅游、会展等行业以及个体工商户发卡主体,不适用《管理办法》。也就是说,这些主体的发卡行为,尚无监管法律规范。以个体工商户为例,我国《民法通则》第29条规定:"个体工商户……的债务,个人经营的,以个人财产承担;家庭经营的,以家庭财产承担。"由于个体工商户通常规模较小,没有雄厚资金作为支持,若再无相应制度对该类主体进行监管,如果个体工商户不能按约定履行预付式消费的义务,那么消费者的权益将无法得到有效保障。事实上,实践中大量的发行、使用商业预付卡,并且发生跑路事件的经营者多为个体工商户,这样的规定无疑是将真正的、大量的、应受到约束的发卡经营者排除在了监管范围之外,造成了消费者投诉无门,权利无法得到有效救济。

仔细研究现行规定调整范围较小的原因,可以发现,由于《管理办法》是由商务部发布的,部门事权限制了其适用范围。而从我国单用途商业预付卡的现状来看,只要市场存在预付式消费样态,就必须纳入法律的调整范畴,选择性监管并没有法理正当性,并且完全不能解决现在面临的消费卡发行乱象的问题。因此,预付式消费立法,宜采取全行业规制口径,同时辅之以负面清单的方式,把拥有政府信用担保的预付式消费模式排除在法律调整范围之外。例如,地铁、水、电、燃气、通信、医疗卫生等公共服务单位发行的预付卡,不纳入法律调整范畴。因为这些企业在立法技术上,可以考虑重点针对与民众生活密切相关的行业进行条文设计,如零售业、住宿和餐饮业、居民服务业(如美容美发)以及文化娱乐、体育、旅游、会展等行业,其他行业可参照执行。确立全行业、全组织形态监管范式,并引入公共服务单位的豁免安排,可以作为调整和完善相关立法的一个思路。

除此之外,还有一个问题值得思考,就是小额的单用途商业预付卡的发行是否也值得监管,比如早餐摊、剃头店、小水果店等。此类预付卡的发行无论是数量还是面额都非常小。如果对此类小额发行也需要监管,那么政府的管理成本会非常巨大,管理能力也是一个问题,政府部门既没有足够的人手也没有足够的时间去排查每一家小额发行者的情况。但是,如果完全放弃对这一块的监管,那么由于这类经营者很可能是偿付能力最没有保障的,极其容易产生跑路等问题,造成社会矛盾。同时,一些发行量并不符合"小额"标准的企业,可能会利用政府对小额发行的监管豁免,从而规避监管。此外,对于"小额"的定义也是实施小额豁免时需要仔细斟酌、深入讨论的一个重要问题,这需要高超的立法技术,才能平衡市场与监管的关系。

四、单用途商业预付卡的监管主体

就我国现行的相关法律来看,单用途商业预付卡的管理工作由商务部及地方县级以上商务主管部门负责。根据《意见》及《管理办法》中的相关条款,目前我国多用途商业预付卡的监管主体为中国人民银行,单用途商业预付卡的监管主体则为商务部。与此同时,在实践中,单用途预付卡行业组织尽管不具有行政权,也在配合着主管部门给予发卡市场中的主体一定的咨询与培训服务,帮助建立健康高效的市场环境。

有人认为,目前相关的法律规范模糊和缺失,执法部门职能不够明晰,导致监管混乱,有监管权的无执法能力,有执法能力的无监管权。[1] 笔者认为,尽管目前的法律法规存在一定的滞后性,措辞可能不够精准,但在权力分配方面,通过仔细研读,可以看出相关规定是有界限的:商务部门负责发卡行为的具体事项,关注具有融资属性发卡行为所需要具备的安全性;工商部门负责企业的经营事项等。尽管看起来这些部门的职能似有重合或界限模糊,但各自规定追求的目标与其所包含的内在本质是不同的,即使真的存在重合,如在向商务主管部门备案时的信息披露不真实也可能会违反《消费者权益保护法》而受到工商部门的管理,对该行为的管理是不缺乏依据的,消费者当然也会被保护,甚至被双重保护。但现实中,这样的重合不会带来及时的保护,却会带来互相推诿工作的结果。因此,加强对法律法规的理解以及提高执行力才是主管部门以及市场主体最需要关注的问题,一味地将责任推卸于法律规范界定的界限不明确是不客

---

[1] 参见陈雪:《商业预付卡经营行为的法律规制》,载《法制与社会》2016 年第 30 期。

观的。

事实上,由于单用途预付卡的性质复杂性,其监管的工作量与所需要的专业化程度才是监管中主要的问题,而并非是监管主体不明确。为此,改进监管结构的配置,提高监管的专业化程度或许是解决监管主体方面问题的突破口。

行业协会指导下的市场自律,无疑是政府监管的有力补充。立法可赋予行业协会一定的权责,如单用途预付卡协会除承担行业培训、咨询服务等常规职责外,还可被赋予制定或者指导制定预付式消费标准合同、推行行业信用评价的职责,并将相关信息归集于政府的公共服务平台予以共享。对于信用良好的发卡主体,在备案时可以采用告知承诺制。此外,作为社会共治的一部分,鼓励银行、保险机构、担保机构对于信用良好的发卡主体降低保险与担保费率。例如,中国证券投资基金业协会在近两年的私募基金管理人登记备案工作中发挥着巨大的作用:一方面,它所具有的专业知识帮助其很好地为企业提供信息服务,有效地开展工作;另一方面,它也为证监会分担了监管压力,使得两者都有更多的精力应对各自的工作。反观目前的单用途预付卡监管模式,行业协会仅仅发挥着提供咨询与培训服务的作用,而商务部在负责单用途预付卡的同时还需要兼顾其他各项工作,如外商投资等。笔者认为,给予行业协会更多的权力,使其发挥更大的作用,不失为一个很好的提高监管效率的方式。

美国在单用途预付卡管理上,就赋予行业协会、自律组织更多的权能。美国联邦金融机构检查委员会(FFIEC)作为自律组织,依照《银行保密法与反洗钱手册》对以预付卡为手段的洗钱犯罪进行监督,对发卡者的国内外资产进行检查管控,一旦发现违法情形,及时向政府部门举报。[1]

由于发行主体涉及多个行业,各个行业均具有其特殊性,甚至由于保质期的问题,餐饮企业之间也存在很多的差别,因此对发卡标准的设定当然需要根据各行业的不同来改变。为了提高管理的质量,由各自行业的部门负责单用途预付卡的管理不失为一种解决问题的途径。然而,这样的方式会耗费大量的监管成本,是否可行仍然有待考证。

此外,由于单用途预付卡的发卡主体分布领域广泛,涉及商务、工商、教育、旅游、文化、道路交通等多个政府主管部门,立法必须将其设定为预付卡备案部门,并明确其主管职责,同时厘清其与市场监督管理部门的属地监管职责的边界。

总的来说,提高监管主体的专业化水平、执行能力是监管主体方面最为迫切的问题,监管主体的完善将弥补制度方面的滞后,使得监管依法高效地进行。

---

[1] 参见李猛:《我国商业预付卡金融监管制度完善之域外经验借鉴》,载《上海金融》2015年第5期。

五、单用途商业预付卡的监管方式

由于《管理办法》只对零售业、住宿和餐饮业、居民服务业的发卡企业进行备案管理,体育健身、教育培训、休闲旅游等大部分领域还处于监管空白,大量的发卡主体游离于监管体系之外。事实上,最近备受关注的教育培训市场乱象,很大一部分也体现为预付卡履约质量纷争。对于我国单用途商业预付卡监管空白大量存在,监管手段捉襟见肘的现状,境外国家或地区的相关制度或许值得我们借鉴。对于预付式消费的法律规制,目前大体有三种模式:一是以美国为代表的功能性监管模式,其特点在于严格控制富余资金的使用,更为关注金融体系运行安全,避免过分管制,并且随时在必要时采取行动;二是以日本为代表的主体型监管模式,侧重对发行主体进行监管,对发行主体的资质和信用予以严格规定;三是以我国台湾地区为代表的专题型监管模式,对预付卡单独进行监管。

(一)完善单用途商业预付卡市场准入制度

以上海为例,根据上海市单用途预付卡协会 2016 年 12 月 23 日发布的数据,全市发卡主体总数近 10 万家,但实际备案发卡企业只有 366 家,备案比例不足 1%。[①] 大量应备案而未备案发卡企业游离在政府监管之外。同时,《管理办法》明确发卡企业的备案为事后备案行为,没有准入门槛的限制。由此带来的隐患是,只有少数发卡企业完成了备案,还向市场传递了这些企业获得政府信用背书的错误信号,一旦企业发生服务质量或兑付问题,消费者理所当然向政府寻求支持。

另外,即便是纳入备案管理的领域,大量企业应备案而未备案,从而形成不备案比备案受约束少、违规比守规更受益的"劣币驱逐良币"现象。就处罚而言,根据《管理办法》,执法部门对单卡各类违规行为的最高处罚是 3 万元,对一个发卡动辄数千万元甚至上亿元的企业而言,处罚金额实在太低,无异于隔靴搔痒。对于这类情况,可以考虑借鉴境外国家或地区的相关规定,完善我国的市场准入制度。

就日本、美国和我国台湾地区的相关规范来看,市场准入制度对于提供预付式消费的经营者没有主体上的限制,只是在资格上有所限制。美国在发行主体方面,由于更为关注金融体系运行安全,仅就经许可的非银行机构及其分店、代

---

① 参见《全市发卡企业备案仅有 366 家 备案比例不足 1%》,http://sh.sina.com.cn/news/economy/2016-09-22/detail-ifxwevmf1896570.shtml,2017 年 3 月 1 日访问。

理点、经销点的关系作出规定,以防止发卡人滥用预付款,保证其还款能力。日本则规定,在满足申报或登记事项及谨慎要求的条件下,任何人或实体都可以发行预付凭证。日本在预付卡发行上,对于单用途预付卡实行事后报告制度,包括两个部分:第一部分是基准日月申报制度。即在计划发行或正在发行预付卡时,在"基准日"之时(3月31日和9月30日)未使用余额在法定金额(1000万日元)以上的发行者,必须在该基准日次日之后的两个月内,将发行情况报告金融厅,包括发行人名称、注册资本、住所、高级管理人员,预付卡未使用的余额,预付卡名称、金额、期限、投诉方式,加入支付服务协会的名称等情况。第二部分是对已申报的单用途商业预付卡发行者,出现前述申报内容变更的,应及时向金融厅报告。单用途预付卡的申报书只要符合基本的格式和内容要求,不需要经过严格的审批。但是,法律规定申报后的单用途预付卡发行人同样有支付保证金、提交业务报告书、随时接受主管机关检查的义务。[1]

对于我国的发卡乱象,有观点认为,为实施源头监管,有必要引入预付卡的政府许可,即经政府部门批准方可发行预付卡,同时为保证发卡主体的偿付能力,可以将许可条件之一设定为一定限额的注册资本。此种设想既不合法理,亦不合时宜。根据我国《行政许可法》第12条的规定,预付卡发行,应当不属于可以设定行政许可的范畴。同时,在当下简政放权、大规模削减审批的时代背景下,对于商家与消费者缔结非即时履行合同的行为设置资质许可,着实不妥。再者,经验表明,政府通过许可来监管的领域,监管失败的情形屡见不鲜。对于商家发卡行为,抛弃审批思路,强化事中事后监管方为正道。

至于将一定的注册资本设定为发卡的资质条件,则于理于法均有不合。在近年的商事制度变革中,取消注册资本最低限额是一项核心内容,注册资本与注册者的偿付能力并不必然成正比。同时,目前发卡企业分布领域广,营业额从数万元到上亿元,大小不等,从单个门店的企业法人到数千门店的连锁企业集团,规模不一,还有数量众多的个体工商户,一刀切地划定注册资本的最低数额作为发卡条件,并不科学。

为此,可以借鉴日本的经验,考虑在备案方面设定要求,以实现两项目的,即确保政府可以掌握有关发卡的动态信息,确保发卡主体具备必要的偿付能力。

(二) 完善单用途商业预付卡信息披露制度

如前文所述,尽管单用途商业预付卡在法律性质、流通性等方面不同于股

---

[1] 参见杜晓宇:《日本预付卡法律制度及对我国的借鉴意义》,载《金融发展研究》2012年第10期,第56—59页。

票、债券等具有增值预期的证券,但从其用途及公众性等角度看,依然具有金融性及准证券性。因此,作为金融市场监管的一种核心手段,信息披露也将在单用途预付卡发行过程中发挥作用。因为消费者监督企业及获取企业经营情况、资产等信息的难度和成本非常高,消费者当然地处于弱势地位,若不将信息披露的义务分配给企业,则处于弱势的消费者难以获取企业的的真实情况,从而无法判断单用途预付卡的价值及是否购买单用途预付卡。① 然而,由于私法只能为投资者提供一种与交易对手平等的保护,但无法给予其作为弱势群体的倾斜性照顾,故对消费者与企业的私人交易,就具有公法介入的必要性,强制要求信息披露来对抗企业的信息优势地位。②

在尽量减少信息不对称带来的决策风险的情况下,作为平等主体的消费者和企业之间才可以公平公正地进行交易。这样,对最后风险的发生与承担不需要再作过多的干预,因为市场中必然存在风险,主体应当对自己的判断(在信息对称的情况下)负责。这也就解决了一个问题,即在真实完整地披露信息的情况下,一个濒临破产的企业是否可以发行单用途预付卡。这里存在一个矛盾,一个濒临破产的企业很可能通过发行单用途预付卡完成融资,最后渡过危机,而正是因为濒临破产,其无法兑付的风险也非常高,是否准予发行也当然成为一个问题。若真实完整披露,笔者认为这样的问题也就不存在了,因为消费者可以根据真实充分的信息作出判断,也应当为自己的判断负责,市场没有理由过分保护消费者或者保护一个粗心大意、不对自己负责的消费者。

目前,《管理办法》中的内容也体现了立法者对企业信息披露的要求,包括对单用途预付卡卡面的内容要求,发行后一定时间内向备案机关提交相关的材料进行备案,在出售时履行对消费者的告知义务等。然而,这些规定并不足以提供充分的信息供消费者进行判断。当一个发卡企业发生可能导致兑付困难的重大问题时,《管理办法》并没有明确要求企业进行披露。即使《管理办法》中有要求发卡企业在每季度结束后在商务部"单用途预付卡业务信息系统"进行信息报送,该信息内容也无法使消费者获得准确有效的信息。事实上,目前该系统并没有起到应有的效果,政府并不拥有实时监控发卡企业相关数据和信息的措施与手段。查询功能仍旧不完善,无法查询到企业的经营情况。更为糟糕的是,一旦发生企业关闭等突发事件,监管部门根本无法提前作出准确判断和有效应对。此外,《管理办法》也没有给出有效的对违反信息披露义务的惩罚措施。例如,违

---

① 参见李伯侨、侯汉杰:《浅议证券信息披露法律制度》,载《暨南学报(哲学社会科学)》2000 年第 4 期。
② 参见窦鹏娟:《证券信息披露的投资者中心原则及其构想——以证券衍生交易为例》,载《金融经济学研究》2015 年第 6 期。

反第 12 条企业在备案信息变更时应及时办理变更的规定就没有相应的处罚措施,而这恰恰又是信息披露的关键内容。这一系列问题导致了目前存在的虚报信息等问题。例如,在美味七七关门事件中,实际发卡余额逾 500 万元,而系统报送信息仅为 80 万元,内容严重失真。又如,上海发生的康骏养生会馆倒闭事件中,公司自主通过信息系统填报的三季度末预收资金余额仅 1100 万元,与市场反映的 2.06 亿元相距甚远。事后调查发现,彼时康骏公司已经负债累累,经营面临巨大危机。

针对上述信息披露的问题,首先,应当明确并细化企业信息披露的内容,将可能影响企业兑付能力、危害消费者权益的事项纳入信息披露的范围之中。关于具体信息披露的尺度,因为单用途预付卡所具有的准证券性,笔者认为则可以参考目前股票、债券等证券发行信息披露的要求制定一定的标准。但是,毕竟证券并不承诺一定回报,而单用途预付卡事实上是承诺了回报的,即特定的商品或服务,因此单用途预付卡的风险低于证券,其信息披露的要求也不需要达到证券发行的标准。

其次,建立一个便捷有效的发卡企业信息查询、交互平台而使得消费者可以方便地获取企业的业务经营情况、资产总额以及发卡情况,也是完善信息披露系统的硬件基础。在这方面,日本对于预付卡信息的公示已经有了较为全面的规定。日本《资金结算法》对预付卡的发行、变更、卡面表示事项、退出需公示的内容作出规定,预付卡的发行、变更和退出要在日本金融厅公示,预付卡的卡面记载事项要在日本支付服务协会公示。[①] 很有借鉴意义的是,日本的监管将单用途预付卡的金融属性提取出来,将其分在金融厅下管理。

最后,加大对违反披露义务行为的处罚力度也是形成一个真实、完整、有效的信息披露系统的前提。信息披露制度运作的机理可以按顺序表述为:制定监管制度;实施监管制度;检查监管制度的执行情况;处罚违规行为;根据环境变化改进监管制度。[②] 由此可见,信息披露制度的完善离不开处罚这一环节。因为忌惮于高额的违法成本,企业也将及时备案并报送信息供政府部门审查;而当建立一个有效的信息披露体系时,政府也可以进行精准式的监管。

此外,在信息披露时,可以要求发卡主体引入电子手段,建立与发卡相适应的业务处理系统。立法只需规定发卡主体的发卡业务能够与政府信息管理系统实时对接,准确、完整传送单用途卡发行和兑付明细以及预收资金余额等信息即

---

① 参见杜晓宇:《日本预付卡法律制度及对我国的借鉴意义》,载《金融发展研究》2012 年第 10 期,第 56—59 页。
② 参见乔旭东:《上市公司会计信息披露与公司治理结构的互动:一种框架分析》,载《会计研究》2003 年第 5 期。

可。同时,为保证消费者个人隐私及发卡主体商业秘密,在确定发卡主体与政府部门共享的动态信息的范围时,必须以满足监管需要为界限而审慎进行。例如,不得提取消费者的姓名及可识别持卡主体的个人信息,也不得提取会暴露发卡主体商业秘密的信息。①

(三)单用途商业预付卡事后监管机制

1. 完善对消费者的私法保护

在私法领域,涉及单用途商业预付卡惩罚机制的法律仅有《消费者权益保护法》以及一些地方性消费者权益保护条例。经过修订并实施的《消费者权益保护法》对预付卡消费活动,于旧法而言并没有作任何的修改。虽然在修改过程中也有观点主张应在新《消法》中加入更可行的针对预付式消费的规定,但是由于相关问题过于复杂,限于篇幅的关系,最终该观点并没有被采纳。而《管理办法》和《意见》虽然为单用途商业预付卡正名,对加强相关预付卡市场的管理和防范企业运营资金风险具有较为积极的作用,但是在对预付式消费者的保护中忽视了私法路径的作用。通过美、日等国的监管经验来看,私法调整与公法监管的双轨制管理模式是一种较为有效的管理模式。

实践中,除了商家跑路之外,大多数的预付卡纠纷问题源于经营者提供的格式条款对消费者权利的限制和剥夺。而《消法》及地方条例中并没有对预付式消费格式合同条款作出专门的规定。因此,可以考虑通过明确格式条款中的无效条款来保护消费者的合法权益。如"经营者保留最终解释权"条款,由于它实质上具有变相否定预付式消费合同全部内容的效果,故应当被认为是无效条款。其他类似"概不负责"的条款,也可以被视为无效条款。

目前,我国相关法律还未对预付卡不得记载的事项作出明确的规定。以我国台湾地区为例,通过"零售业等商品(服务)礼券定型化契约应记载及不得记载事项",明确公告预付式消费活动中,定型化契约应记载及不应记载的项目,在私法框架下通过对单用途预付卡格式条款的法定化,使得经营者负担更多的法定义务,由此来强制要求经营者不得利用其优势地位在合同条款中作出不利于消费者的规定,进而在预付式消费形态中实现经营者与消费者之间相对的利益平衡。② 这种立法条款颇有借鉴意义。此外,对于消费者预付卡格式条款,应当采取客观解释立场与限制解释原则。原因在于,格式条款的内容由经营者单方拟

---

① 参见罗培新:《在教育培训等市场处处可见,预付卡乱象究竟该怎么治》,http://www.jfdaily.com/news/detail? id=44747,2017年2月20日访问。

② 参见苏永钦:《私法自治中的国家强制》,中国法制出版社2005年版,第20—21页。

定,未经与消费者协商,实质上具有单方制定交易规范的属性。因此,为保护处于弱势地位的消费者,不宜采用主观解释。当格式条款内容不完全、不明确之时,也应考虑作出有利于消费者的解释。最后,预付卡消费中应当保证消费者的索赔权。针对经营者的某些恶意行为,从长远来看,相关的惩罚性赔偿的范围与幅度也不应拘泥于我国《消法》中惩罚性赔偿的规定,可以结合经营者的经济实力、行为性质以及其义务违反的严重程度综合确定惩罚性赔偿的数额。

2. 完善对经营者的公法制约

如前文所述,单用途商业预付卡具有涉众性,故商业预付卡的立法必须超越保护单个民商事交易的法益价值,而转至保护不特定多数人的公共利益价值。这种涉众性的存在,也使得单用途预付式消费立法与纯粹的消费者保护立法不同,需要考虑在公法领域设立有效的惩罚机制。

目前在我国违反单用途预付卡的管理规则的成本过低,已经在前文进行了诸多的论述,而如何完善相关的法律责任制度也需要仔细地考量。目前的罚款最高仅为3万元,同时也没有规定停止发卡行为、吊销营业执照等非罚金措施,力度极为有限。没有足够的威慑力,监管就失去了意义。笔者认为,当下增加行政处罚或行政强制措施的种类以及加大处罚的力度是完善监管制度的一个关键。例如,当一个企业可能跑路时,及时扣押财物或是冻结存款、汇款就可以发挥巨大的作用,可以有效地保护消费者的利益;而当一个企业不遵守单用途预付卡的监管规则可能使其被吊销营业执照时,它必然会在单用途预付卡的问题上小心谨慎,除非设立企业的目的并不是要在激烈的市场竞争中生存下去,而是借机敛财,那么这又涉及另一个问题了。然而,目前想要完善处罚制度还有着诸多的阻碍。关于单用途预付卡管理的现行法律的最高层级仅在部门规章层面,而部门规章的行政处罚及行政强制措施设定权是十分有限的。根据我国行政法的相关规定,部门规章可以设定的行政处罚仅包括警告和一定数额的罚款,而由于法律、法规之外的规范性文件一律不得设定行政强制措施,目前的《管理办法》在这一方面也显得毫无办法。因此,在法律、行政法规或者是在地方性法规层面对单用途预付卡进行新的立法就显得十分有必要。

除了行政监管,事实上,刑法作为社会管理的兜底工具,在这方面也可以发挥作用。笔者认为,单用途预付卡的违规监管可以在刑法中寻得支持,但这一部分很容易被忽略。毕竟,在《管理办法》这一专门法中已经规定了相关的处罚措施,而这也容易使人忽视刑法的作用。因此,笔者将对刑法在监管单用途预付卡时可以起到的作用作一些探讨。

首先,在信息披露方面,《刑法》第161条规定了违规披露、不披露重要信息罪,"依法负有信息披露义务的公司、企业向股东和社会公众提供虚假的或者隐瞒重要事实的财务会计报告,或者对依法应当披露的其他重要信息不按照规定披露,严重损害股东或其他人利益,或者有其他严重情节的,对其直接负责的主管人员和其他直接责任人员,处三年以下有期徒刑或者拘役,并处或者单处二万元以上二十万元以下罚金。"尽管该条在立法时所要达到的目的可能并不在于规制单用途预付卡发行这一类行为,但从主、客观方面来看,违反单用途预付卡发行的信息披露义务完全可以被该罪涵盖。

其次,在金融性方面,《刑法》第176条规定了非法吸收公众存款罪,"非法吸收公众存款,扰乱金融秩序,处三年以下有期徒刑或者拘役,并处或者单处二万元以上二十万元以下罚金,数额巨大或者有其他严重情节的,处三年以上十年以下有期徒刑,并处五万元以上五十万元以下罚金。"对于条文中的"非法",一般认为包括主体不合法。由于目前《管理办法》对于发卡主体规定得并不完善,主体不合法的认定可能存在问题。另一方面,单用途预付卡发行是否有可能扰乱金融秩序也值得考虑?单用途预付卡是否有扰乱金融秩序的可能性?前文中已经阐述了单用途预付卡具有金融性,虽然与一般意义上的金融工具存在差别,但笔者认为,拘泥于形式而忽略其一定金融性的本质是不可取的。因此,单用途预付卡应当可以成为扰乱金融秩序的一种形式。此外,何时会引起金融秩序混乱?一般认为,当行为人将吸收资金用于进行货币、资本的经营时,才能认定扰乱金融秩序罪;而用于生产经营活动时,该罪不成立。因此,单用途预付卡发卡企业未按照《管理办法》的规定将发行所得资金用于生产活动的,就有触犯该罪的可能。

最后,《刑法》第192条规定了集资诈骗罪,以非法占有为目的,使用诈骗方法非法集资,数额较大的,处以有期徒刑或拘役,并处罚金。该罪对将单用途预付卡发行作为一种诈骗手段而非营销方式的情况具有很好的威慑作用。该罪的关键在于对主观方面以非法占有为目的的判断。

因此,除了行政监管外,不难发现,我国《刑法》实际上可以为单用途预付卡发行的监管提供有效的支持,但问题在于是否可以在实践中做到有效地应用。笔者认为,现行的《管理办法》并没有与《刑法》很好地衔接,因此可以在其中加入《刑法》的内容,以强调严重的违规可能触犯《刑法》。事实上,这样的做法在很多立法中已经运用了,我们时常可以看到如"构成犯罪的,移送侦查机关处理"一类的规定。尽管即使不作这样的强调,《刑法》也并非不能在监管处罚中进行运用,但这样的方式的关键在于可以使得《刑法》更精准有效地得到运用,同时提高威慑作用。